陳祖武學術文集

清史稿儒林傳校讀記

陳祖武 著

商務印書館
创于1897 The Commercial Press

圖書在版編目（CIP）數據

清史稿儒林傳校讀記 / 陳祖武著. — 北京：商務印書館，2024
（陳祖武學術文集）
ISBN 978-7-100-23043-8

Ⅰ. ①清… Ⅱ. ①陳… Ⅲ. ①學術思想－思想史－研究－中國－清代 Ⅳ. ①B249.05

中國國家版本館CIP數據核字（2023）第178241號

陳祖武學術文集
清史稿儒林傳校讀記
陳祖武　著

商　務　印　書　館　出　版
（北京王府井大街36號　郵政編碼 100710）
商　務　印　書　館　發　行
三河市尚藝印裝有限公司印刷
ISBN 978-7-100-23043-8

2024年12月第1版　　開本 680×960　1/16
2024年12月第1次印刷　　印張 38 1/4

定價：188.00元

作 者 簡 介

陳祖武　祖籍湖南茶陵，1943 年 10 月生於貴州省貴陽市。1965 年 7 月畢業於貴州大學歷史系。1981 年 1 月畢業於中國社會科學院研究生院歷史系，歷任中國社會科學院歷史研究所研究實習員、助理研究員、副研究員、研究員。2006 年當選中國社會科學院學部委員。2009 年應聘爲中央文史館館員。主要學術著作有《中國學案史》《清初學術思辨録》《清儒學術拾零》《清代學術源流》等。兼任全國古籍規劃小組成員，古籍整理成果有《榕村語録》《楊園先生全集》《清儒學案》《榕村全書》等。

学术文集自序

生也有涯，学无止境，读书为学一生，不觉已届桑榆暮迫。饮水思源，不忘根本。我生在贵州，长在贵州，是在五星红旗下成长起来的新中国学人。从小学、中学一直到大学，我在家乡接受了系统的学校教育。家乡的山山水水和各民族父老乡亲的养育，赋予我坚定不渝的家国情怀和艰苦奋斗的精神品格。一九六五年七月，由贵州大学历史系毕业，从此告别故乡。始而昆明，继之北京，负笈南北，兼师多益，一步一个脚印地摸索前行。

晚近以来，病痛缠身，几同废物。回过头去看一看艰难跋涉的足迹，无间寒暑，朝夕以之，数十年功课皆在伏案恭读清儒学术文献之中。恪遵前辈师长教诲，历年读书为学，每有所得，则只言片语，随手札记。日积月累，由少而多，居然亦能自成片段。承出版界诸多师友厚爱，从一九八三年中华书局约撰《中国历史小丛书》之《顾炎武》，到二〇二二年商务印书馆刊行之《中国学案史》和《感恩师友录》，四十年间，读书所得幸获十余次结集。

近期，又蒙商务印书馆盛谊，拟将我数十年之历次为学结集汇为一帙，凭以为新时代之浩瀚学海存此一粟，奉请方家大雅赐教。传承学脉，德高谊厚，谨致深切谢忱。责任编辑鲍海燕同志，不辞辛劳，兢兢业业，置疫情起伏于不顾，屡屡枉驾寒舍，斟酌商量，精益求精。年轻俊彦如此之敬业精神，最是令我终身铭感。

陈祖武谨识

二〇二二年五月卅日

陳祖武學術文集自序

生也有涯，學無止境，讀書爲學一生，不覺已届桑榆景迫。飲水思源，不忘根本。我生在貴州，長在貴州，是在五星紅旗下成長起來的新中國學人。從小學、中學一直到大學，我在家鄉接受了系統的學校教育。家鄉的山山水水和各民族父老鄉親的養育，賦予我堅定不渝的家國情懷和艱苦奮鬥的精神品格。一九六五年七月，由貴州大學歷史系畢業，從此告别故鄉。始而昆明，繼之北京，負笈南北，兼師多益，一步一個脚印地摸索前行。

晚近以來，病痛纏身，幾同廢物。回過頭去看一看艱難跋涉的足跡，無間寒暑，朝夕以之，數十年功課皆在伏案恭讀清儒學術文獻之中。恪遵前輩師長教誨，歷年讀書爲學，每有所得，則隻言片語，隨手劄記。日積月累，由少而多，居然亦能自成片段。承出版界諸多師友厚愛，從一九八三年中華書局約撰中國歷史小叢書之顧炎武，到二〇二二年商務印書館刊行之中國學案史和感恩師友録，四十年間，讀書所得幸獲十餘次結集。

近期，又蒙商務印書館盛誼，擬將我數十年之歷次爲學結集匯爲一帙，憑以爲新時代之浩瀚學海存此一粟，奉請方家大雅賜教。傳承學脈，德高誼厚，謹致深切謝忱。責任編輯鮑海燕同志，不辭辛勞，兢兢業業，置疫情起伏於不顧，屢屢枉駕寒舍，斟酌商量，精益求精。年輕俊彦如此之敬業精神，最是令我終身銘感。

陳祖武　謹識

二〇二二年五月卅日

前　言

清史稿儒林傳凡四卷，卷一至卷三，大致以學術宗尚區分類聚，略依年輩先後爲序，著録一代儒林中人近三百家生平學行。卷一專記理學諸儒，二、三兩卷分記經學、小學、史學及諸子學中人。所録各家，人自爲傳，或獨領一篇，或諸家共席，首尾一貫，自成一體。憑以知人論世，可得一代學術演進之大要。卷四則沿明史舊規，略記清代歷世衍聖公之承襲，惟無以附麗，乃置諸儒林傳末。由於清史稿儒林傳前三卷所具學術價值，因之自一九二八年刊行以來，一直以治清代學術史之基本史籍，而爲學人所重視。

然而清史館開，正值民國肇建，軍閥紛争，社會動盪，並非史家潛心修史之時。故而蹣跚十四載所成之清史稿，錯訛甚夥，争議不絶。誠如上世紀中，點校清史稿諸位專家所言：「清史稿成於衆手，編寫時很少照應，完稿以後，又未經復核改定，匆忙刊行，校對也很不認真。因此體例不一，繁簡失當，往往發生年月、事實、人名、地名的差誤，遺漏顛倒，以及文理不通的現象。此外，還有史事論斷的錯誤。」同史稿全書相比，儒林傳本來基礎很好，既有清國史舊文可據，又有晚清國史館耆碩繆荃孫先生提供之初稿，理當脱穎而出，獨步全書。繆先生過世，在其後的八九年間，如果後繼者能够勤於比勘，精心校核，則不難訂訛正誤，去非存是，編就上乘信史。恰恰相反，由於史館管理無章，統稿乏人，加之後期急於成書，斧鉞隨意，以致釀成儒林傳之過多失誤。

清史稿成書之後，迄今曾經有過兩次較大規模的集中整理。第一次是新中國建國初期，自五十年代末起，國家集合四方專家，對二十四史暨清史稿的系統點校。第二次則是其後的七八十年代間，臺灣地區史學界衆多清史專家，合作完成的清史稿校注。清史稿的兩次整理，於儒林傳用力重點各異。前者係具有開拓意義的創舉，做了可貴的傳文分段，並施加新式標點。後者乃採「以稿校稿，以卷校卷」原則，利用存檔史稿及相關資料，進行全面校勘，出有校記四百七十六條。之後，以傳主著述、碑傳、年譜及實録、會典、起居注等官私史籍爲據，從歷史學與文獻學相結合的角度，逐傳精心校讀，遂成前輩師長交給後起學人的爲學功課。

一九七八年十月，筆者有幸負笈京城，考入中國社會科學院歷史研究所，追隨先師楊向奎先生問清儒學術。從此，恭置清史稿儒林傳於案頭，成爲入門史籍而隨時檢讀。光蔭荏苒，轉瞬四十年過去，當初所購史稿，而今裝幀已多破損，然從中所獲教益，則受用終身。猶記拜讀之初，每有疑似，則録之專用卡片，置諸紙質硬盒。久而久之，苦於卡片盒無處放置，便逕記於各傳天頭、地脚，乃至字裏行間。歲月流逝，字迹漫漶，早年之所記竟有難於辨識者。因之晚近以來，遂生將歷年所記整理成帙之想。二〇一六年四月，清代學者象傳校補竣稿，未作停歇，旋即開始清史稿儒林傳校讀記之整理。歷時兩年，粗見眉目，所成校記居然已逾千條。撫卷冥思，百感交集。

清代乾嘉史家錢竹汀先生有云：「史非一家之書，實千載之書，祛其疑乃能堅其信，指其瑕益以見其美。拾遺規過，匪爲齮齕前人，實以開導後學。」恪守「實事求是，護惜古人」之宗旨，先生究心歷代史籍，撰成不朽名著廿二史考異。筆者之從事清史稿儒林傳校讀，實乃遵循竹汀先生教誨，沿著前輩史家之艱苦跋涉而學步向前。古往今來，於中華學術之世代傳承，前哲屢有教言：「先創者難爲功，紹述之易爲力。」清史稿儒林傳校讀記之幸成完帙，皆仰賴二百餘年來，先輩史家一代接一代之辛勤耕耘。其間，既有嘉慶中葉以降，清代國史館儒林傳之創編及迄於清亡的數度重修，亦有民國初年，清史稿儒林傳之據以成書，還有二十世紀中，前輩史家的兩次系統整理，以及晚近數十年，衆多專家的勠力精進。飲水思源，不忘根本，惟有無盡的緬懷和感恩。祇是學殖寡淺，識見孤陋，桑榆景迫，病痛纏身，凡所校讀，多有錯訛，敬祈方家大雅不吝賜教。

陳祖武　謹識

二〇一八年春杪

時年七十有五

凡　例

一、本書秉持乾嘉史家錢竹汀先生倡導之「實事求是，護惜古人」宗旨，以中華書局一九七七年十二月版清史稿點校本爲依據，對該書儒林傳著録之近三百家傳記進行整理。逐字校讀，訂訛正誤，以期得一可據可依之讀本。

二、訂正範圍，擬包括人名、地名、時間、史事、職官、制度、著述及學術主張等。

三、凡有訂正，一般不改動原文，概見之於各傳篇末之校記。惟避諱改字一類，則逕予改回，並酌出校記。

四、諸家傳記，原文過録，依通行規範，施加新式標點。原點校本偶見之疏忽，則隨文酌改，並出校記説明。

五、中華書局一九九三年六月影印之復旦大學圖書館所藏嘉業堂鈔本清國史，乃本書梳理清史稿儒林傳史源之主要依據。該鈔本之儒林傳凡見三稿，一爲吴格教授所稱之儒林前傳八卷本，二爲作上下區分之儒林傳七十三卷本，三爲不分卷之儒林傳後編本。

六、逐傳附録中華書局一九八七年十一月版清史列傳之相關傳記。一則可存清史稿儒林傳之史源，見清史館當年删削清國史舊文之痕迹。再則憑以補史稿儒林各傳所記傳主籍貫，不録行省名之闕失。三則意欲竭盡綿薄，爲已故王鍾翰先生早年之辛勤勞作，做些許文字句讀校對工作，既以報先生知遇之恩，亦以備他日先生後學修訂清史列傳點校本之參考。

七、清史稿儒林四，專記一代衍聖公承襲，不涉二百數十年間學術遞嬗，故校讀從略。

目録

儒林傳序〔一〕

清史稿　卷四百八十

昔周公制禮，太宰九兩繫邦國，三曰師，四曰儒。復於司徒本俗，聯以師儒。師以德行教民，儒以六藝教民，分合同異，周初已然矣。數百年後，周禮在魯，儒術爲盛。孔子以王法作述，道與藝合，兼備師儒。顏、曾所傳，以道兼藝，游、夏之徒，以藝兼道。定、哀之間，儒術極醇，無少差謬者，此也。荀卿著論，儒術已乖，然六經傳説，各有師授。秦棄儒籍，入漢復興，雖黄老、刑名，猶復淆雜，迨孝武盡黜百家，公卿、大夫、士吏，彬彬多文學矣。東漢以後，學徒數萬，章句漸疏，高名善士，半入黨流。迄乎魏、晉，儒風蓋已衰矣。司馬、班、范，皆以儒林立傳，叙述經師家法，授受秩然。雖於周禮師教，未盡克兼，然名儒大臣，匡時植教，祖述經説，文飾章疏，皆與儒林傳相出入。是以朝秉綱常，士敦名節，拯衰銷逆，多歷年所，則周、魯儒學之效也。兩晉玄學盛興，儒道衰弱，南北割據，傳授漸殊。北魏、蕭梁，義疏甚密，北學守舊而疑新，南學喜新而得僞。至隋、唐五經正義成，而儒者鮮以專家古學相授受焉。宋初名臣，皆敦道誼，濂、洛以後，遂啓紫陽，闡發心性，分析道理，孔、孟學行，不明著於天下哉！宋史以道學、儒林分爲二傳，不知此即周禮師、儒之異，後人創分，而闇合周道也。元、明之間，守先啓後，在於金華。洎乎河東、姚江，門户分歧，遞興遞滅，然終不出朱、陸而已。終明之世，學案百出，而經訓家法，寂然無聞。揆之周禮，有師無儒，空疏甚矣。然其間臺閣風厲，持正扶危，學士名流，知能激發，雖多私議，或傷國體，然其正道，實拯世心。是故兩漢名教，得儒經之功；宋、明講學，得師道之益：皆於周、孔之道，得其分合，未可偏譏而互誚也。

清興，崇宋學之性道，而以漢儒經義實之。御纂諸經，兼收歷代之説。四庫館開，益精博矣。國初〔二〕講學，如孫奇逢、李顒等，沿前明王、薛之派，陸隴其、王懋竑等，始專守朱子，辨僞得真。高愈、應撝謙等，堅苦自持，不愧實踐。閻若璩、胡渭等，卓然不惑，求是辨誣。惠棟、戴震等，精發古義，詁釋聖言。後如孔廣森之於公羊春秋，張惠言之於孟、虞易説，淩廷堪、胡培翬之於儀禮，孫詒讓之於周禮，陳奐之於毛詩，皆專家孤學也。且諸儒好古敏求，各造其域，不立門户，不相黨伐，束身踐行，闇然自修，周、魯師儒之道，可謂兼古昔所不能兼者矣。

綜而論之，聖人之道，譬若宫牆，文字訓詁，其門徑也，門徑苟誤，跬步皆歧，安能升堂入室？學人求道太高，卑視章句，譬猶天際之翔，出於豐屋之上，高則高矣，户奧之間，未實窺也。或者但求名物，不論聖道，又若終年寢饋於門廡之間，無復知有堂室矣。是故但立宗旨，即居大名，此一蔽也。經義確然，雖不踰閑，德便出入，此又一蔽也。今爲儒林傳，未敢區分門徑，惟期記述學行；若有事可見，已列於正傳者，兹不復載焉〔三〕。

【校記】

〔一〕清史稿之儒林傳序篇題，係此次整理酌加。

〔二〕「國初」乃清人稱本朝用語，清史館開，既已入民國，再襲用清人稱謂，顯然失當。

〔三〕此一序文，幾乎全出阮元之擬國史儒林傳序，大體無改，小有變通而已。阮文末有句云：「仿明史載孔氏於儒林之例，别爲孔氏傳，以存史記孔子世家之意。」清史稿既沿清代國史館舊規，列襲封衍聖公於儒林四，又删除阮序此句交代語，實嫌欠妥。

孫奇逢 耿介

清史稿　卷四百八十　儒林一

孫奇逢，字啓泰，又字鍾元〔一〕，容城人〔二〕。少倜儻，好奇節，而内行篤修，負經世之學，欲以功業自著。年十七，舉明萬曆二十八年順天鄉試。連丁父母憂，廬墓六年，旌表孝行。與定興鹿善繼講學，一室默對，以聖賢相期。天啓時，逆閹魏忠賢竊朝柄，左光斗、魏大中、周順昌以黨禍被逮。奇逢、善繼故與三人友善。是時，善繼以主事贊大學士孫承宗軍事，奇逢上書承宗，責以大義，請急疏救。承宗欲假入覲面陳，謀未就而光斗等已死廠獄。逆閹誣坐光斗等贓鉅萬，嚴追家屬。奇逢與善繼之父鹿正、新城張果中，集士民醵金代輸，光斗等卒賴以歸骨，世所傳「范陽三烈士」也。臺垣及巡撫交章論薦，不起。孫承宗欲疏請以職方起贊軍事，其後尚書范景文聘爲贊畫，俱辭不就。時畿内賊盜縱横〔三〕，奇逢携家入易州五峰山〔四〕，門生親故從而相保者數百家。奇逢爲部署守禦，絃歌不輟。順治二年，祭酒薛所藴以奇逢學行可比元許衡、吴澄，薦長成均。奇逢以病辭。七年，南徙輝縣之蘇門〔五〕。九年，工部郎馬光裕奉以夏峰田廬，遂率子弟躬耕。四方來學者，亦授田使耕，所居成聚。居夏峰二十有五年，屢徵不起。

奇逢之學，原本象山、陽明〔六〕，以慎獨爲宗，以體認天理爲要，以日用倫常爲實際。其治身務自刻厲，人無賢愚，苟問學必開以性之所近，使自力於庸行。其與人無町畦，雖武夫悍卒、野夫牧豎，必以誠意接之，用此名在天下而人無忌嫉。著讀易大旨五卷〔七〕。奇逢學易於雄縣李崶，至年老乃撮其體要，以示門人，發明義理，切近人事。以象傳通一卦之旨，由一卦通六十四卦之義。其生平之學，主於實用，故所言皆關法戒。又著理學傳心纂要八卷〔八〕，録周子、二程子、張子、邵子、朱子、陸九淵、薛瑄、王守仁、羅洪先、顧憲成十一人，以爲直接道統之傳。康熙十四年卒，年九十二。河南、北學者祀之百泉書院。道光八年，從祀文廟。

奇逢弟子甚衆，而新安魏一鼇、清苑高鐈、范陽耿極等，從遊最早，及門問答，一鼇爲多。睢州湯斌、登封耿介，皆仕至監司，後往受業。斌自有傳。介，字介石，登封人。順治九年進士，翰林院檢討，出爲福建巡海道，築石城以防盗。康熙元年，轉江西湖東道。因改官制，除直隸大名道。丁母憂，服除不出，篤志躬行，興復嵩陽書院。二十五年，尚書湯斌疏薦介踐履篤實，冰蘗自矢，召爲少詹事〔九〕。會斌被劾，介引疾乞休，詹事尹泰等劾介詐疾，並劾斌不當薦介。尋以假歸卒〔十〕。所著有中州道學編、性學要旨〔十一〕、孝經易知、理學正宗〔十二〕，大旨以朱子爲宗。中州講學者有儀封張伯行、柘城竇克勤、上蔡張沐等，皆與斌、介同時。伯行自有傳，沐見循吏傳，克勤附李來章傳。

【校記】

〔一〕湯斌等輯傳主年譜及諸家撰傳，皆作「字啓泰，號鍾元」，史稿例不稱號，故作「又字」。

〔二〕史稿此傳，源出清國史之孫奇逢傳。原傳於奇逢籍貫，記之甚確，作「直隸容城」。史稿删「直隸」二字，失當。

〔三〕「賊盗縱横」四字，清國史原作「盗賊數驚」，乃史官曲筆，不可信據。史稿誇大其詞，更非實録。合孫夏峰先生年譜及清太宗實録並觀，實係指明崇禎九年八月、十一年十月、十五年十月、十六年三月，清軍入關，數度擄掠畿輔。

〔四〕「五峰山」，據清國史及魏裔介、魏象樞、方苞諸官私奇逢傳，當作「五公山」。

〔五〕傳主南徙緣由，清史稿沿清國史曲筆，一字不存。據湯斌、耿極輯孫夏峰先生年譜順治三年丙戌、六十三歲條記：「是年春，先生田園俱供采地，遂驅車入新安。」順治六年己丑、六十六歲條，又引述譜主自叙日譜云：「自丙戌後，故園不可居，寄渥城者四越春秋。己丑五月，吾邑不戒，故園益不可一日居。」再據傳主日譜卷三十三、康熙十二年四月初二，所録示猶子及諸兒云：「甲申以後，畿南地多爲從龍諸貴人采地，故携爾等移居蘇門之夏峰。」足見，孫奇逢之背井離鄉，緣由乃在家園爲滿洲貴族所圈佔。

〔六〕「奇逢之學，原本象山、陽明」之後，清國史尚有如下數語：「而兼采程、朱之旨，以彌闕失。」所論甚合傳主會通諸儒，合朱、王於一堂之爲學大旨。史稿删而不存，有違歷史真相，失之輕率。

〔七〕讀易大旨，清國史作四卷，係專釋周易經傳之文字。史稿則合傳主晚年之兼山堂答問易，故作五卷。

〔八〕清國史之孫奇逢傳，凡見二稿，一載儒林傳卷二，一載儒林傳上卷卷一。前者文簡，當係初稿，可稱簡稿。後者文繁，當係定稿。「理學傳心纂要八卷」，語出初稿。據定稿，當作「理學宗傳二十六卷」。又，清史稿藝文志記作「理學心傳纂要八卷」，亦誤。

〔九〕清國史之耿介傳，亦見二稿。史稿所用，乃初稿，故記介復起官職有誤。據定稿所記，當爲先任侍講學士，旋升詹事府少詹事，在朝凡五十三日遂歸。耿介之此段經歷，康熙起居注詳記於康熙二十六年四月至八月，國史定稿所記，確然無誤。

〔十〕耿介卒年，清史稿失記。清國史之介傳初稿，亦失記，定稿則誤作康熙二十七年。據敬恕堂文集及諸家撰傳，當作康熙三十二年。

〔十一〕「性學要旨」，不確。據清國史，當作「理學要旨」。清史稿藝文志亦記爲「理學要旨不分卷」。

〔十二〕理學正宗並非耿介所著，乃同時稍後柘城竇克勤所輯。清史稿沿襲清國史初稿誤，當删。清文稿藝文志則不誤。

孫奇逢 耿介〔一〕

清史列傳　卷六十六　儒林傳上一

孫奇逢，字啓泰，直隸容城人。少倜儻，好奇節，而内行篤修，負經世之學，欲以功業自著。年十四，謁尚寶楊補庭，問曰：「設在圍城中，外無救援，内無糧芻，如之何？」對曰：「效死勿去。」補庭奇之。年十七，舉明萬曆二十八年鄉試。與定興鹿善繼講學，一室默對，以聖賢相期許。既連丁父母憂，哀毁成疾，廬墓六年。家故貧，饔飧不給，巨室以金粟餽，婉卻之。嘗自言：「於哀慟窮苦中，證取本來面目，覺向來氣質之偏。」其學問實得力於此。後入京師，見曹于汴，舉仁體以告，恍然此心與天地萬物相通。左光斗、魏大中、周順昌，皆與定交。天啓末，魏忠賢竊柄，左、魏被逮，遣子弟相投。奇逢與善繼之父正及張果中，共調護之。時善繼贊大學士孫承宗軍事，奇逢上書承宗，責以大義，請急營救。承宗疏請入覲，忠賢懼，繞御牀哭，詔止承宗。獄益急，坐贓酷拷。奇逢復與正、果中集士民，醵金代輸。至都，左、魏已死。逾年，周順昌被逮，醵金一如左、魏時。俄而順昌又死，奇逢、正、果中咸傾身護濟，使得歸骨，世所稱「范陽三烈士」也。孫承宗以奇逢有經世才，欲以職方題授，命茅元儀致意。奇逢辭不就，謂元儀曰：「朝野倚重者，關門一片地，將相不調，未有能立功於外者。君文士，與二三大帥共事，儻一有見才之心，便不能容人，人肯爲我用乎？」元儀服其言。後祖大壽以疑懼東奔，元儀鼓勵馬世龍追還，得和衷共事。奇逢一言之力也。

崇禎時，督學李蕃舉孝行，建坊旌表。御史黃宗昌、給事中王正志，咸交章保薦。大兵薄畿輔，容城被圍，土垣將圮。奇逢率宗黨矢志守禦，城賴以完。巡撫張其平甚器之，疏請擢用。尚書范景文亦以軍務聘，並辭不赴。時畿内盗賊數驚，乃携家入易州五峰山。門人親故相保者數百家，奇逢爲條教部署守禦，又以其暇賦詩習禮，絃歌聲相聞，寇盗屏迹。國朝順治二年，祭酒薛所藴具疏讓官，以元許衡、吴澄相擬。有旨徵爲國子監祭酒，奇逢以病辭。三年，移居新安縣。七年，南徙輝縣之蘇門。九年，工部郎中馬光裕奉以夏峰田廬，乃闢兼山堂，讀易其中。率子弟躬耕自給，四方來學願留者，亦授田使耕，所居遂成聚。居夏峰二十五年，屢徵不起。

奇逢之學，原本象山、陽明，而兼采程、朱之旨，以彌闕失。其論學以慎獨爲宗，以體認天理爲要，以日用倫常爲實際，而其大本主於窮則勵行，出則經世。其治身務自刻勵，而於人無町畦，有問學者，隨其高下淺深，必開以性之所近，使自力於庸行。上自公卿大夫，下及野人牧豎、武夫悍卒，壹以誠意接之。用此名在天下，而人無忌嫉。嘗學易於雄縣李崶，及老乃撮其體要，以象傳通一卦之旨，由一卦以通六十四卦之義，發明義理，切近人事，所言皆關法戒，著讀易大旨四卷。又於四子書挈其要領，統論大指，間引先儒之説，以證異同，著四書近指二十卷。又表周、程、張、邵、朱、陸及薛瑄、王守仁、羅洪先、顧憲成爲「十一子」，以爲直接道統之傳，别爲諸儒考附之，著理學宗傳二十六卷〔二〕。他著有尚書近指、聖學録、兩大案録、甲申大難録、乙丙紀事、孫文正年譜、歲寒居文集、答問、日譜、畿輔人物考、中州人物考、孝友堂家規〔三〕、四禮酌等，書凡百餘卷。

奇逢之學，盛於北方，與李顒〔四〕、黄宗羲鼎足。年踰耆耋，講道不倦。嘗自言：「六十以後工夫，每十年而較密。」生平於婣族故舊，恩意篤厚，聞節孝事，必爲之表揚。閨門肅穆，寂若無聲。每晨興，拜謁家祠，退坐空齋，終日無惰容。子孫甥姪數十人，揖讓進退，皆有成法。康熙十四年卒，年九十二。河南、北學者，祀之百泉書院，容城與劉因、楊繼盛同祠，保定與孫承宗、鹿善繼並祠〔五〕。道光八年，奉上諭：「孫奇逢學術中正醇篤，力行孝弟，其講學著書，以慎獨存誠，闡明道德，實足扶持名教，不愧先儒。著從祀文廟西廡，以崇儒術而闡幽光。」

子六人，博雅最知名。弟子甚衆，而新安魏一鼇、灤州趙御衆、清苑高鐈、范陽耿極，從遊最早。睢州湯斌、登封耿介，皆以仕至監司，歸里後往受業焉〔六〕。

耿介，字介石，初名冲璧，讀北山移文，至「耿介拔俗」之句，遂更今名，河南登封人。順治九年進士，改翰林院庶吉士。在館中，與睢州湯斌共處一室，以澹泊寧静相砥礪。授内祕書院檢討，出爲福建按察司副使，巡視海道，歷福、興、泉、漳、延、建六府，所過禁迎送餽遺。造船命下，介入山採木監造，未嘗告勞。大兵復閩安，檄築城海上，介晝督工役，夜備海盜，四十餘日，成表裏石城三百六十丈。復修營房二百餘間，屹爲重鎮。康熙元年，轉江西湖東道，缺裁改直隸大名道。所至除積弊，革冗費，戒貪墨，恩威大著。時方嚴旗逃之令，株連動三四十人，介惻然曰：「功令固嚴，曲全由我，獨不可行仁於法中乎？」在任期年，清三百餘案，不牽一人，民咸感之。丁母憂歸，服除不出，詣蘇門受業孫奇逢，執弟子禮甚堅。篤志躬行，以昌明絶學爲己任。體明道「内主於敬，而行之以恕」語，以敬恕名其堂。興復嵩陽書院，定講課，汲引不倦，來學者衆。二十五年，斌疏薦介賦質剛方，踐履篤實，家居澹泊，潛心經傳，學有淵源。召爲侍講學士，旋升詹事府少詹事，特命輔導皇太子。上嘗命書字，介書「孔門言仁言孝，蓋仁孝一理。仁者孝之本體，孝者仁之發用，不言仁無以見孝之廣大，不言孝無以見仁之切實」四十三字以進。上悦，書「存誠」二大字賜之。會斌被劾，介引疾乞休。詹事尹泰劾介詐疾，並劾斌不當薦介，部議革職。奉旨：「耿介免革職，依原道員品級休致。」在朝凡五十三日遂歸，歸後仍主嵩陽，講學不輟。

介之學，大旨以朱子爲宗。嘗與斌書，以爲：「道本中庸，作不得一些聰明，執不得一些意見，逞不得一些精采。」斌然其言。所著孝經易知，斌開府吴中，頒行所屬。他著有中州道學編、理學要旨、敬恕堂存稿。二十七年〔七〕，卒於家。時中州講學者，有上蔡張沐、新安陳愹。沐見循吏傳。

【校記】

〔一〕耿介原獨領一傳，附見陳愹。姑依清史稿編次，移置於此。

〔二〕原整理本依耆獻類徵，改作「二十四卷」，誤。故逕以改回。

〔三〕「規」字，整理本改作「乘」。可不改，故改回。

〔四〕「顒」字，列傳本作「容」，係清人避諱改字。整理本未改，故逕改。

〔五〕「祠」字，清國史作「祀」。宜依國史改。

〔六〕以下所附諸傳，從略。

〔七〕耿介卒年，當爲康熙三十二年。

黄宗羲 弟宗炎 宗會 子百家

清史稿 卷四百八十 儒林一

黄宗羲，字太冲，餘姚人〔一〕。明御史黄尊素長子。尊素爲楊、左同志，以劾魏閹死詔獄，事具明史。思宗即位，宗羲入都訟冤，至則逆閹已磔，即具疏請誅曹欽程、李實。會廷鞫許顯純、崔應元，宗羲對簿，出所袖錐錐顯純，流血被體。又毆應元，拔其鬚歸祭尊素神主前。又追殺牢卒葉咨、顏文仲，蓋尊素絶命於二卒手也。時欽程已入逆案，實疏辨原疏非己出，陰致金三千，求宗羲弗質。宗羲立奏之，謂：「實今日獨能賄賂公行，其所辨豈足信？」於對薄時，復以錐錐之。獄竟，偕諸家子弟設祭獄門，哭聲達禁中。思宗聞之歎曰：「忠臣孤子，甚惻朕懷。」歸，益肆力於學，憤科舉之學錮人，思所以變之。既盡發家藏書讀之，不足則鈔之同里世學樓鈕氏、澹生堂祁氏，南中則千頃堂黄氏、絳雲樓錢氏，且建續鈔堂於南雷，以承東發之緒。山陰劉宗周倡道蕺山，以忠端遺命從之遊，而越中承海門之緒，援儒入釋，姚江之緒幾壞。宗羲獨約同學六十餘人，力排其説，故蕺山弟子如祁、章諸子，皆以名德重，而禦侮之功，莫如宗羲。弟宗炎、宗會自教之，有「東浙三黄」之目。戊寅，南都作防亂揭攻阮大鋮，東林子弟推無錫顧杲爲首，天啓被難諸家推宗羲居首。大鋮恨之刺骨，驟起，遂按揭中一百四十人姓氏，欲盡殺之。時宗羲方上書闕下而禍作，遂與杲並逮。母氏姚歎曰：「章妻滂母，乃萃吾一身耶！」駕帖未行，南都已破，宗羲踉蹌歸〔二〕。

會孫嘉績、熊汝霖奉魯王監國，畫江而守，宗羲糾里中子弟數百人從之，號世忠營。授職方郎，尋改御史，作監國魯元年大統曆，頒之浙東〔三〕。馬士英奔方國安營，衆言其當誅，熊汝霖恐其挾國安爲患也，好言慰之。宗羲曰：「諸臣力不能殺耳。春秋之孔子，豈能加於陳恒？但不謂其不當誅也。」汝霖謝焉。又遺書王之仁曰：「諸公不沉舟決戰，蓋意在自守也。蕞爾三府，以供十萬之衆，必不久支，何守之能爲？」聞者皆韙其言，而不能用。至是，孫嘉績以營卒付宗羲，與王正中合軍，得三千人。正中者，之仁從子也，以忠義自奮。宗羲深結之，使之仁不得撓軍事。遂渡海屯潭山，由海道入太湖，招吳中豪傑，直抵乍浦，約崇德義士孫奭〔四〕等内應。會清師纂嚴不得前，而江上已潰。宗羲入四明山，結寨自固，餘尚五百人。駐兵杖錫寺，微服出訪監國，戒部下善與山民結。部下不盡遵節制，山民畏禍，潛爇其寨，部將茅翰、汪涵死之。宗羲無所歸，捕檄累下，携子弟入剡中。聞魯王在海上，仍赴之，授左副都御史〔五〕。日與吳鍾巒坐舟中，正襟講學，暇則注授時、泰西、回回三曆而已。

宗羲之從亡也，母氏尚居故里，清廷以勝國遺臣不順命者，録其家口以聞。宗羲聞之，亟陳情監國，得請，遂變姓名間行歸家。是年〔六〕，監國由健跳至滃洲，復召之副馮京第乞師日本〔七〕。抵長崎不得請，爲賦式微之章以感將士。自是，東西遷徙無寧居。弟宗炎坐與馮京第交通，刑有日矣，宗羲以計脱之。甲午，張名振間使至，被執，又名捕宗羲。丙申，慈水寨主沈爾緒禍作，亦以宗羲爲首。其得不死，皆有天幸，而宗羲不懾也。其後，海上傾覆，宗羲無復望，乃奉母返里門，畢力著述，而四方請業之士漸至矣。戊午，詔徵博學鴻儒，掌院學士葉方藹寓以詩，敦促就道，再辭以免。未幾方藹奉詔，同掌院學士徐元文監修明史，將徵之備顧問，督撫以禮來聘，又辭之。朝論必不可致，請敕下浙撫，鈔其所著書關史事者送入京。其子百家得預參史局事。徐乾學侍直，上訪及遺獻，復以宗羲對，且言：「曾經臣弟元文疏薦，惜老不能來。」上曰：「可召至京，朕不授以事，即欲歸，當遣官送之。」乾學對以篤老無來意，上歎息不置，以爲人材之難。宗羲雖不赴徵車，而史局大議，必咨之。曆志出吴任臣之手，總裁千里遺書，乞審正而後定。嘗論宋史別立道學傳，爲元儒之陋，明史不當仍其例。朱彝尊適有此議，得宗羲書示衆，遂去之。卒年〔八〕八十六。

宗羲之學，出於蕺山，聞誠意、慎獨之説，縝密平實。嘗謂：「明人講學，襲語録之糟粕，不以六經爲根柢，束書而從事於遊談。故問學者必先窮經，經術所以經世。不爲迂儒，必兼讀史，讀史不多，無以證理之變化，多而不求於心，則爲俗學。」故上下古今，穿穴群言，自天官地志、九流百家之教，無不精研。所著易學象數論六卷，授書隨筆一卷，律吕新義二卷，孟子師説二卷。文集則有南雷文案、詩案〔九〕，今共存南雷文定十一卷、文約四卷。又著明儒學案六十二卷，叙述明代講學諸儒流派，分合得失頗詳。明文海四百八十二卷，閱明人文集二千餘家，自言與十朝國史相首尾。又深衣考一卷，今水經一卷，四明山志九卷，歷代甲子考一卷，二程學案二卷。輯明史案〔十〕二百四十四卷。又明夷待訪録一卷，皆經世大政，顧炎武見而歎曰：「三代之治可復也。」天文則有大統法辨四卷，時憲書法解新推交食法一卷，圜解一卷，割圜八線解一卷，授時法假如一卷，西洋法假如一卷，回回法假如一卷。其後，梅文鼎本周髀言天文，世驚爲不傳之秘，而不知宗羲實開之。晚年又輯宋元學案，合之明儒學案，以志七百年儒苑門户。宣統元年，從祀文廟〔十一〕。

宗炎，字晦木。與兄宗羲、弟宗會俱從宗周遊，其學術大略與宗羲等。著有周易象辭三十一卷，尋門餘論二卷，圖書辨惑一卷。力闢陳摶之學，謂：「周易未經秦火，不應獨禁其圖，至爲道家藏匿二千年始出。」又著六書會通，以正小學。謂：「揚雄但知識奇字，不知識常字，不知常字乃奇字所自出也。」又有二晦、山棲諸集，以故居被火俱亡。康熙二十五年卒，年七十一。

宗會，字澤望。明拔貢生。讀書一再過不忘。有縮齋文集十卷。

百家，字主一。國子監生。傳宗羲學，又從梅文鼎問推步法，著句股矩測解原二卷。康熙中，明史館開，宗羲以老病不能行，徐乾學延百家入史館，成史志數種。

【校記】

〔一〕清史稿之黃宗羲傳，源自清國史宗羲本傳，合全祖望梨洲先生神道碑文而成。傳主籍貫，國史作「浙江餘姚」，史稿擅删行省名，雖體例使然，實不可取。以下各傳，皆不再出校記。

〔二〕「宗羲踉蹌歸」，歸自何處？依史稿行文，似自南京返鄉，其實不然。據傳主思舊録及避地賦所記，阮大鋮逮黃宗羲、顧杲令下，幸刑部掌院鄒虎臣與杲爲姻親，蓄意拖延，縱二人逃離南京。宗羲乃「避地昌國」即浙東定海，南都破，始自昌國歸。

〔三〕據黃炳垕輯黃梨洲先生年譜，宗羲作監國魯元年大統曆頒浙東，爲順治二年事，三年，始有爲兵部職方司主事，再改監察御史之事。

〔四〕「奭」字疑誤，據吕晚邨文集之孫氏墓誌銘，當作「爽」。

〔五〕傳主何時授左副都御史？史稿失記。依年譜，當在順治六年。

〔六〕「是年」謂何年？史稿誤删全祖望撰碑文之「己丑」二字，以致前後失據。當爲順治六年。

〔七〕宗羲副馮京第乞師日本，史稿記年不確。全祖望撰碑文，作順治六年。晚近梁啓超提出異議，梁文誤讀避地賦，定乞師日本爲順治元年。將「避地昌國」與「乞師日本」混作一事，不可取。筆者早年有專文討論，恕不贅述。

〔八〕宗羲卒年，史稿失記，當爲康熙三十四年。

〔九〕「詩案」之「案」字疑誤。據今存傳主詩集，當爲「詩歷」。

〔十〕「明史案」之「史」字疑誤。據傳主子百家撰梨洲府君行略，當作「明文案」。行略記宗羲一生著述有云：「明儒學案六十二卷，此有明一代學術所關也。明文案二百一十七卷，明文海四百八十二卷，此有明一代之文章也。」數十年之後，全祖望爲黃宗羲撰碑文，擅改百家舊文，臆增宗羲史學著述明史案，遂成：「史學則公嘗欲重修宋史而未就，僅成叢目補遺三卷。輯明史案二百四十四卷，有贛州失事一卷，紹武争立記一卷，四明山寨記一卷，海外慟哭紀一卷，日本乞師記一卷，舟山興廢一卷，沙定洲紀亂一卷，賜姓本末一卷。又有汰存録一卷，糾夏考功幸存録者也。」清國史及清史稿沿襲全説，更以明史案取代明文案，謬種流傳，迄於今日。

〔十一〕黄宗羲之獲准從祀文廟，據清德宗實録卷五百九十六記，乃在光緒三十四年九月二日，而非史稿所記之宣統元年。

黃宗羲 弟宗炎　宗會　子百家

清史列傳　卷六十八　儒林傳下一

黃宗羲，字太冲，浙江餘姚人。年十四，補諸生。父尊素，明天啓間官御史，以抗直死魏閹之難。宗羲年十九，袖長錐入京頌冤，至則魏閹已磔，即疏請誅曹欽程、李實。又於對簿時，錐許顯純流血，毆崔應元胸，拔其鬚歸祭其父。又與吴江周延祚等，錐牢子葉咨、顏文仲，應時立斃。時欽程已入逆案，宗羲復於對簿時錐實。獄竟，偕同難諸子弟設祭詔獄中，哭聲如雷，聞禁中。及歸，從劉宗周遊。姚江末派，援儒入釋，宗羲力摧其説，時稱禦侮。陳貞慧等作南都防亂揭，署名日，被難諸家推宗羲居首。福王時，阮大鋮案揭中姓名欲殺之，會大兵至得免。尋歸浙東，糾合黄竹浦子弟數百人，隨諸軍於江上，時呼世忠營。大兵定浙，宗羲間行歸家，遂奉母里門，畢力著述。既而請業者日至，乃復舉證人書院之會於越中，以申宗周之緒。其後東之鄞，西之海寧，皆請主講，守令亦或與會，然非其志也。康熙十八年〔一〕，詔徵博學鴻儒，掌翰林院學士葉方藹欲薦之，宗羲辭以疾，且言母老。十九年，左都御史徐元文監修明史，薦宗羲，辭如初。及〔二〕詔取所著書關史事者，宣付史館。二十九年，上訪求遺獻，刑部尚書徐乾學復薦宗羲，仍不出。然宗羲雖不在史館，而史局每有疑事必諮之。

宗羲之學，雖出宗周，不恣言心性。教學者説經則宗漢儒，立身則宗宋學。嘗自謂：「受業蕺山時，頗喜爲氣節斬斬一流，所得尚淺。憂患之餘，始多深造。」又謂：「明人講學，襲語録之糟粕，不以六經爲根柢，束書而從事於游談，更滋流弊。故學者必先窮經。然拘執經術，不適於用，欲免迂儒之誚，必兼讀史。」又謂：「讀書不多，無以證理之變化，多而不求於心，則爲俗學。」故上下古今，穿穴群言，自天官地志、九流百家之教，無不精研。所著易學象數論六卷，謂：「聖人以象示人者七，有八卦之象，六爻之象，象形之象，爻位之象，反對之象，方位之象，互體之象。後儒之爲僞象者四，納甲也，動爻也，卦變也，先天也。」乃崇七象而斥四象。又謂：「遁甲、太乙、六壬，世謂三式，皆主九宫以參人事。」乃以鄭康成太乙行九宫者證太乙，以吴越春秋占法、國語伶州鳩之對證六壬，以訂數學。其持論皆有依據。授書隨筆一卷，則太原閻若璩問尚書而告之者。春秋日食曆一卷，辨衛樸所言之謬。律吕新義二卷，少時取餘杭竹管斷之爲十二律，與四清聲試之，因廣其説。孟子師説二卷，以宗周四書諸解，獨少孟子，乃疏其舊説爲之。其書闡發良知之旨，推究事理，不爲空疏無用之談，亦不盡主姚江之説。史學則欲輯宋史而未就，僅存叢目補遺三卷。又輯明史案〔三〕二百四十四卷。其明史有三例，一國史取詳年月，二野史取當是非，三家史備官爵世系。明史稿出於萬斯同，斯同之學出於宗羲也。天文則有大統法辨四卷，時憲書法解新推交食法一卷，圜解一卷，割圜八線解一卷，授時法假如一卷，西洋法假如一卷，回回法假如一卷。其後梅文鼎本周髀言天文，世驚爲不傳之秘，而不知宗羲實開之。又著明儒學案六十二卷，叙述明代講學諸儒流派，分合得失甚詳。後又輯宋儒學案、元儒學案，以誌七百年儒學源流。又明文海四百八十二卷，彙集明人文集二千餘家，擷其菁華，典章人物，燦然具備，與十朝國史亦多彈駁参正。文集則有南雷文案、吾悔、撰杖、蜀山諸集及詩集。後又分爲南雷文定。晚年復定爲文約。文定十一卷，文約四卷。又深衣考一卷，今水經一卷，四明山志九卷，歷代甲子考一卷，二程學案二卷。

尚書湯斌嘗曰：「黄先生論學，如大禹導山導水，脈絡分明，吾黨之斗杓也。」紹興知府李鐸欲以爲鄉飲大賓，宗羲遺書曰：「宗羲蒙聖天子特旨，召入史館，庶人之義，召之役則往役，筆墨之事亦役也。宗羲時以老病堅辭不行，聖天子憐而許之。今之鄉飲酒，亦奉詔以行者也，若召之役則避勞而不往，召爲賓則貪養而飲食衎衎，是爲不忠。」卒辭之。三十四年卒，年八十六。弟宗炎、宗會並負異才，有「三黄」之目。子百家。

宗炎，字晦木。明貢生。與兄宗羲、宗會俱從宗周遊，其學術大略與宗羲等，而兀奡過之。既經憂患，潛心學易，著有周易象辭三十一卷，尋門餘論二卷，圖書辨惑一卷。力闢陳搏之學，謂：「周易未經秦火，不應獨禁其圖，至爲道家藏匿二千年始出。」又著六書會通以正小學，謂：「揚雄但知識奇字，不知識常字，不知常字乃奇字所自出也。」又有二晦、山栖諸集，以故居被火俱亡。康熙二十五年卒，年七十一。

宗會，字澤望。明拔貢生。讀書一再過不忘。有縮齋文集十卷。

百家，字主一。國子監生。傳宗羲學，又從梅文鼎問推步法，著句股矩測解原二卷。康熙中，明史館開，宗羲以老病不能行，徐乾學延百家入史館，成史志數種。其天文志、曆志，則百家稿本也。又著有失餘稿、希希集。

【校記】

〔一〕「十八年」，據清國史，當作「十七年」。

〔二〕「及」字，形近而誤，據清國史，當作「乃」。

〔三〕「明史案」，「史」字誤，當作「文」。詳見前史稿校記。

王夫之 兄介之

清史稿　卷四百八十　儒林一

王夫之，字而農，衡陽人。與兄介之同舉明崇禎壬午鄉試。張獻忠陷衡州，夫之匿南岳，賊執其父以爲質。夫之自引刀遍刺肢體，舁往易父，賊見其重創，免之，與父俱歸。明王〔一〕駐桂林，大學士瞿式耜薦之，授行人。時國勢阽危，諸臣仍日相水火，夫之説嚴起恒救金堡等，又三劾王化澄，化澄欲殺之。聞母病間道歸。明亡〔二〕，益自韜晦，歸衡陽之石船山，築土室曰觀生居，晨夕杜門，學者稱船山先生。

所著書三百二十卷〔三〕，其著録於四庫者，曰周易稗疏、考異，尚書稗疏〔四〕，詩稗疏〔五〕、考異，春秋稗疏。存目者，曰尚書引義、春秋家説。夫之論學，以漢儒爲門户，以宋五子爲堂奥。其所作大學衍、中庸衍，皆力闢致良知之説，以羽翼朱子。於張子正蒙一書，尤有神契，謂：「張子之學，上承孔、孟，而以布衣貞隱，無鉅公資其羽翼。其道之行，曾不逮邵康節，是以不百年而異説興。」夫之乃究觀天人之故，推本陰陽法象之原，就正蒙精繹而暢衍之。與自著思問録二篇，皆本隱之顯，原始要終，炳然如揭日月。至其扶樹道教，辨上蔡、象山、姚江之誤，或疑其言稍過，然議論精嚴，粹然皆軌於正也。康熙十八年〔六〕，吴三桂僭號於衡州，有以勸進表相屬者。夫之曰：「亡國遺臣，所欠一死耳，今安用此不祥之人哉！」遂逃入深山，作祓禊賦以示意。三桂平，大吏聞而嘉之，囑郡守餽粟帛請見，夫之以疾辭。未幾〔七〕卒，葬大樂山〔八〕之高節里，自題墓碣曰「明遺臣王某之墓」。

當是時，海内碩儒，推容城、盩厔、餘姚、崑山。夫之刻苦似二曲，貞晦過夏峰，多聞博學，志節皎然，不愧黄、顧兩君子。然諸人肥遯自甘，聲望益炳，雖薦辟皆以死拒，而公卿交口，天子動容，其著述易行於世。惟夫之竄身瑶峝，聲影不出林莽，遂得完髮以歿。身後四十年〔九〕，其子敔抱遺書上之督學宜興潘宗洛，因緣得入四庫，上史館，立傳儒林，而其書仍不傳。同治二年，曾國荃刻於江南，海内學者始得見其全書焉。

兄介之，字石子，國變隱不出，先夫之卒。

【校記】

〔一〕「明王」所指失記。明亡，南方諸臣相繼擁立福、魯、唐、桂四王，史稱「南明」。述史貴在準確，此處當指桂王。

〔二〕「明亡」二字，不確。崇禎十七年，李自成破北京，思宗自縊，則明朝已亡。此處當指南明亡。

〔三〕「所著書三百二十卷」，不確。據一九九六年二月本船山全書卷首序例記，自道光訖民國初，歷次彙刊之船山遺書，分别爲一百五十卷、二百八十八卷、二百九十八卷、三百五十八卷。惟同治四年曾國藩之船山遺書序，稱「凡三百二十二卷」。

〔四〕據四庫全書總目當作「書經稗疏」。

〔五〕據四庫全書總目當作「詩經稗疏」。

〔六〕「康熙十八年」，誤。據王敔大行府君行述，吴三桂稱帝衡州，事在「戊午春盡」，即康熙十七年三月。又據清聖祖實録，康熙十七年八月十七日，吴三桂在衡州死。

〔七〕夫之卒年失記。據劉毓崧王船山先生年譜，當爲康熙三十一年正月初二。

〔八〕「大樂山」，「樂」字誤。據行述，當作「大羅山」。

〔九〕「身後四十年」，「四十」誤。據行述及潘宗洛船山先生傳，當作「十四」。

王夫之

清史列傳　卷六十六　儒林傳上一

王夫之，字而農，湖南衡陽人。兄介之，邃於經學，明亡，匿不復出，著有周易本義質四卷，詩經遵序十卷，春秋四傳質十二卷。夫之少負儁才，讀書十行俱下，與兄介之同舉崇禎十五年鄉試。流賊張獻忠陷衡州，設僞官招夫之，夫之走匿。賊執其父爲質，夫之引刀自刺肢體，舁往易父。賊見其創也免之，父子俱得脱歸。既而何騰蛟屯湖南，堵胤錫屯湖北，不相能，夫之上書章曠，請調和兩軍，曠不能用。順治四年，大兵下湖南，夫之入桂林，依大學士瞿式耜。嘗三上疏劾王化澄，化澄欲殺之，會有救者得不死。聞母病，乃間道歸，築土室石船山，名曰觀生居，杜門著述。

其學深博無涯涘，以漢儒爲門户，以宋五子爲堂奥。所作大學衍、中庸衍，皆力闢致良知之説，以羽翼朱子。而於正蒙一書，尤有神契，精繹而暢衍之，爲正蒙注九卷，思問録内外篇各一卷。以爲張子之學，上承孔、孟之志，下救來兹之失，如皎日麗天，無幽不燭，聖人復起，未之能易。惟其門人未有殆庶〔一〕，世之信從者寡，道之誠然者不著，是以不百年而異説興，又不二百年而邪説熾。因推本陰陽法象之狀，往來原反之故，反覆辨論，所以歸咎上蔡、象山、姚江者甚峻。所著諸經有易、書、詩、春秋稗疏，共十四卷。其説易，不信陳摶之學，亦不信京房之術，於先天諸圖及緯書雜説，排之甚力，而亦不空談玄妙，附合老、莊之旨。其説尚書，詮釋經文，多出新意，駁蘇軾傳及蔡傳之失，大都辭有根據，不同遊談。其説詩，辨正名物訓詁，以補傳、箋諸説之遺，不爲臆斷。辨叶韻一篇，持論明通，足解諸家之轇轕。其説春秋，考證地理，多可以糾杜注之失。國朝經學，繼起者無慮百十家，然諸家所著，有輒爲夫之所已言者。如子糾爲齊襄公子之説，梁錫璵據爲新義；翬不書族，定姒非謚之説，葉酉亦據爲新義；皆未見其書也。他著有周易内外傳、大象解，尚書引義，詩廣傳，禮記章句，春秋家説、世論，續左氏傳博議，四書稗疏、訓義、詳解〔二〕，讀四書大全説，諸經考異，説文廣義，讀通鑑論，宋論，永曆實録及注釋老、莊、吕覽、淮南、楚辭，薑齋詩文集等，書凡三百餘卷。後人彙刊之爲船山遺書。

康熙間，吴逆在衡湘，夫之又逃入深山。吴逆平，巡撫鄭端嘉之，餽粟帛請見。夫之以病辭，受粟反帛。三十一年卒，年七十四。時海内儒碩，推餘姚黄宗羲、崑山顧炎武。夫之多聞博學，志節皎然，世謂相亞云。夫之同時，又有郴州喻國人，辰溪米元倜，衡山譚瓊英、劉宗源，皆以明亡，不仕，講學衡湘間，著書授徒，成就甚衆。

【校記】

〔一〕「殆庶」二字，中華書局點校本原屬下讀，偶誤，故改。

〔二〕「詳解」即傳世之四書箋解，中華本誤據耆獻類徵改作「俟解」，與夫之所著别書相混，故改回。

李顒 李因篤　李柏　王心敬

清史稿　卷四百八十　儒林一

李顒，字中孚，盩厔人。又字二曲，二曲者，水曲曰盩，山曲曰厔也。布衣安貧，以理學倡導關中，關中士子多宗之。父可從，爲明材官。崇禎十五年，張獻忠寇鄖西，巡撫汪喬年總督軍務，可從隨征討賊〔一〕。臨行，抉一齒與顒母曰：「如不捷，吾當委骨沙場，子善教吾兒矣。」遂行〔二〕。兵敗死之，顒母葬其齒曰「齒塚」。時顒年十六，母彭氏日言忠孝節義以督之，顒亦事母孝。飢寒清苦，無所憑藉，而自拔流俗，以昌明關學爲己任。有餽遺者，雖十反不受。或曰：「交道接禮，孟子不卻。」顒曰：「我輩百不能學孟子，即此一事不守孟子家法，正自無害。」先是顒聞父喪，欲之襄城求遺骸，以母老不可一日離乃止。既丁母憂，廬墓三年，乃徒步之襄城，覓遺骸不得，服斬衰晝夜哭。知縣張允中爲其父立祠，且造塚於戰場，名之曰「義林」。常州知府駱鍾麟嘗師事顒，謂：「祠未能旦夕竣，請南下謁道南書院，且講學以慰學者之望。」顒赴之，凡講於無錫，於江陰，於靖江、宜興，所至學者雲集。既而幡悔曰：「不孝汝此行何事，而喋喋於此？」即戒行赴襄城。常州人士思慕之，爲肖像於延陵書院。顒既至襄城，適祠成，乃哭祭招魂，取塚土西歸附諸墓，持服如初喪。

康熙十八年〔三〕，薦舉博學鴻儒，稱疾篤，舁牀至省，水漿不入口，乃得予假。自是閉關，晏息土室，惟崑山顧炎武至則款之〔四〕。四十二年，聖祖西巡，召顒見。時顒已衰老，遣子慎言詣行在陳情，以所著四書反身録、二曲集奏進。上特賜御書「操志高潔」以獎之。顒謂:「孔、曾、思、孟，立言垂訓，以成四書，蓋欲學者體諸身、見諸行，充之爲天德，達之爲王道，有體有用，有補於世。否則假途干進，於世無補，夫豈聖賢立言之初心，國家期望之本意耶?」居恒教人，一以反身實踐爲事，門人録之爲七卷。是時，容城孫奇逢之學盛於北，餘姚黄宗羲之學盛於南，與顒鼎足稱三大儒。晚年寓富平〔五〕，關中儒者咸稱「三李」。三李者，顒及富平李因篤、鄠李柏也。

李因篤，字天生，富平人。明庠生。博學詳記，貫串注疏。舉博學鴻儒，試授檢討。未逾月，以母老乞養，詔許之。母歿，仍不出。因篤深於經學，著詩説，顧炎武稱之曰:「毛、鄭有嗣音矣。」又著春秋説，汪琬亦折服焉。

李柏，字雪木，鄠縣人。九歲失怙，事母至孝。稍長，讀小學，曰:「道在是矣。」遂盡焚帖括，而日誦古書。避荒居洋縣〔六〕，入山屏迹讀書者數十年。嘗一日兩粥，或半月食無鹽，時時忍飢默坐，間臨水把釣，夷然不屑也。昕夕謳吟，拾山中樹葉書之。門人都其集曰槲葉集。年六十六卒〔七〕。

王心敬，字爾緝，鄠縣人。乾隆元年，舉孝廉方正。心敬論學，以明、新、止至善爲歸，謹嚴不逮其師〔八〕。注經好爲異論，而易説爲篤實。其言曰:「學易可以無大過矣，是孔子論易，切於人身，即可知四聖之本旨。」著有豐川集、關學編、豐川易説。

【校記】

〔一〕顒父從軍，史稿記爲崇禎十五年，不確。據李顒二曲集卷十九跋父手澤記:「吾父崇禎十四年臘月二十四日離家，隨邑侯孫公征賊河南。」

〔二〕顒父「抉齒離家」説，渲染失實，不可信。正如吴懷清先生輯二曲先生年譜，於崇禎十五年條所議，二曲集跋父手澤「不及先生父離家抉齒事，蓋因有葬落齒事，文人遂附會爲臨行抉之者，兹亦不闌入譜中。」

〔三〕「康熙十八年」，誤。清廷詔舉博學鴻儒，事當康熙十七年，清國史之李顒傳，即作「康熙十七年」。

〔四〕康熙十八年以後，「惟崑山顧炎武至則款之」云云，所記失實。據李顒門人惠龗嗣輯歷年紀略及前引吴氏年譜記，顧炎武訪李顒凡兩次，一爲康熙二年，二爲康熙十六年，且第二次係晤於富平。爾後，迄於康熙二十一年顧炎武病逝，僅有書札往還而已。

〔五〕據前引紀略、年譜，李顒之寓居富平，乃爲避三藩兵亂，自康熙十四年秋往，迄十八年秋還。是時不過五十上下，顒得年七十有九，五十前後不當稱爲「晚年」。

〔六〕據吴懷清輯李雪木先生年譜，譜主避荒居洋縣，事在康熙三十一年，時年六十有三，距病逝不過八年。故傳文下接「入山屏迹讀書者數十年」，不確。

〔七〕「年六十六卒」，時當何年？失記。據上引年譜，李柏卒於康熙三十九年，終年七十有一。

〔八〕「不逮其師」，師指何人？不明。史稿之李顒傳，源出清國史顒本傳，傳末有如下文字：「門人王心敬傳其學，其四書反身録七卷、二曲集二十二卷，亦心敬所摭次。」史稿不存此段文字，以致師承不明。

李顒〔一〕

清史列傳　卷六十六　儒林傳上一

李顒，字中孚，陝西盩厔人。父可從，爲明材官。崇禎十五年，張獻忠寇鄖西，巡撫汪喬年總督三邊軍務，可從隨征討賊。臨行，抉一齒與顒母彭曰：「如不捷，吾當委骨，子善教兒矣。」兵敗死之，顒母葬其齒〔二〕。時顒年十六，母日言忠孝節義以督之。顒事母孝，飢寒清苦，無所憑藉，而自拔流俗，以昌明關學爲己任。自經史子集以至二氏書，無不博觀，而不滯於訓詁文義，曠然見其會通。其學以尊德性爲本體，以道問學爲工夫，以悔過自新爲始基，以静坐觀心爲入手。關學自馮從吾後漸替，顒日與其徒講論不輟。當事慕其名，踵門求見，力辭不得則一見之，不報謁。曰：「庶人不可入公府也。」有餽遺者，雖十反不受。或曰：「交道接禮，孟子不卻。」顒曰：「我輩百不能學孟子，即此一事不守孟子家法，正自無害。」陝撫欲薦之，哀籲得免，然關中利害在民者，亦未嘗不爲當事者言之也。

先是，顒欲求父遺骸，以母老而止。既而母歿，廬墓三年，乃徒步之襄城。遍覓不得，服斬衰晝夜哭。知縣張允中感其孝，爲其父立祠，且造塚戰場，名之曰「義林」。常州府知府駱鍾麟官陝時，嘗師事顒，謂：「祠未能旦夕竣，請南下詣道南書院，發顧、高遺書，且講學以慰東林學者之望。」顒赴之，凡講於無錫，於江陰，於靖江、宜興，所至學者雲集。既而幡然悔曰：「不孝此行何事，而喋喋於此？」即戒行赴襄城。常州人士思慕之，爲建延陵書院，肖像其中。顒既至襄城，適祠成，乃哭祭招魂，取塚土西歸附諸墓，持服如初喪。康熙十二年，陝督鄂善以隱逸薦，有詔起之，固辭以疾。十八年〔三〕，詔舉博學鴻儒，禮部以海内真儒薦，大吏親至其家促之起，舁牀至省。顒絶粒六日，至拔刀自刺，大吏駭去，乃得予假治病。顒戒其子曰：「我日抱病〔四〕痛，自期永棲堊室，平生心迹，頗在堊室録感一書。萬一見逼而死，斂以粗衣白棺，勿受弔也。」自是閉關不與人接，惟崑山顧炎武及同邑惠思誠至，則款之。思誠，顒四十年所心交也。四十二年，聖祖西巡，召顒見。時顒已衰老，遣子慎言詣行在陳情，以所著四書反身録、二曲集奏進。上謂慎言曰：「爾父讀書守志，可謂完節。」特賜御書「志操高潔〔五〕」及詩幅以獎之。

顒學亦出姚江，謂：「學者當先觀陸九淵、楊簡、王守仁、陳獻章之書，闡明心性。然後取二程、朱子以及吴與弼、薛瑄、吕枏、羅欽順之書，以盡踐履之功。」初有志濟世，著帝學宏綱、經筵僭擬、經世蠡測、時務急策等書，既而盡焚其稿。又著十三經注疏糾繆、二十一史糾繆、易説、象數蠡測，亦謂無當身心不以示人。居恒教人一以反身實踐爲事，謂：「孔、曾、思、孟立言垂訓，蓋欲學者體諸身、見諸行，充之爲天德，達之爲王道，有體有用，有補於世。否則假途干進，豈聖賢立言之初心，國家期望之本意耶？」時容城孫奇逢之學盛於北，餘姚黄宗羲之學盛於南，與顒鼎足，世稱三大儒。惟顒起自孤根，上接關學之傳，尤爲難及云。晚年寓富平，有富平答問。四十四年卒，年七十六〔六〕。門人王心敬傳其學，其四書反身録七卷、二曲集二十二卷，亦心敬所摭次。

【校記】

〔一〕「顒」字，篇題及傳文原皆作「容」，係避清仁宗名諱改，故逕以改回。

〔二〕顒母葬夫齒，源出全祖望二曲先生窆石文，不確。據傳主門人惠龗嗣輯歷年紀略，康熙四年，顒母病歿，五年舉葬，顒始奉父遺齒合葬，名曰「齒塚」。

〔三〕清國史本作十七年，不誤。點校本誤據耆獻類徵改，失當。

〔四〕點校本原脱「病」字，此據清國史增。

〔五〕清聖祖手書「志操高潔」，清國史同。清聖祖實録卷二一四康熙四十二年十一月辛酉條所記，則爲「操志清潔」。據云:「命諭德查昇傳諭巡撫鄂海，曰:『盩厔縣處士李顒，人好讀書，明理學，屢徵不出。朕甚嘉之，特手書操志清潔匾額賜之。』」而李顒門人惠龗嗣撰潛確録，則據陝西巡撫差官護送匾文，作「操志高潔」。民國初，清史館開，即據潛確録所記，入清史稿之李顒傳。

〔六〕李顒「卒年七十六」，清國史同，皆誤。據吴懷清二曲先生年譜，李顒生於明天啓七年，卒於清康熙四十四年，終年七十有九。

沈國模 史孝咸 韓孔當 邵曾可 邵廷采 王朝式

清史稿 卷四百八十 儒林一

沈國模，字求如〔一〕，餘姚人。明諸生。餘姚自王守仁講致良知之學，弟子遍天下。同邑傳其學者，推徐愛、錢德洪、胡瀚、聞人詮，再傳而得國模。少以明道爲己任，嘗預劉宗周證人講會，歸而闢姚江書院，與同里管宗聖、史孝咸輩，講明良知之説。其所學或以爲近禪，而言行敦潔，較〔二〕然不欺其志，故推純儒。山陰祁彪佳以御史按江東〔三〕，一日，杖殺大憝數人，適國模至，欣然述之。國模瞠目字祁曰：「世培，爾亦曾聞曾子曰，『如得其情，則哀矜而勿喜』乎？」後彪佳嘗語人曰：「吾每慮囚，必念求如言，恐倉卒喜怒過差，負此良友也。」明亡，聞宗周死節，爲位哭之痛，已而講學益勤。順治十三年卒，年八十有二。

孝咸，字子虛。繼國模主姚江書院，嘗曰：「良知非致不真。」又曰：「空談易，對境難。於『居處恭，執事敬，與人忠』三語，精察而力行之，其庶幾乎？」家貧，日食一粥，泊如也。順治十六年卒，年七十有八〔四〕。

韓當〔五〕，字仁父。國模弟子。自沈、史歿後，書院輟講垂十年，而當繼之。其學兼綜諸儒，以名教經世，嚴於儒、佛之辨。家貧，未嘗向人稱貸，每言立身須自節用始。人有過，於講學時以危言動之，而不明言其過。聞者内愧沾汗，退而相語曰：「比從韓先生來，不覺自失。」疾亟，謂弟子曰：「吾於文成宗旨，覺有新得，然檢點於心，終無受用。小子識之。」味其言，則知其學守仁之外，亦近朱子矣〔六〕。

邵曾可，字子唯。與韓當〔七〕同時，性孝友愷悌。少愛書畫，一日，讀孟子「伯夷聖之清者也」句，忽有悟，悉棄去，壹志於學。姚江書院初立，時人頗迂笑之，曾可厲色曰：「不如是，便虚度此生。」遂往學。其初以主敬爲宗，自師孝咸之後，專守良知。嘗曰：「於今乃知知之不可以已，日月有明〔八〕，容光必照。不爾，日用跬步，鮮不貿貿者矣。」孝咸病，晨走十餘里，叩牀下問疾，不食而返。如是月餘，亦病，同儕共推爲篤行之士焉。卒〔九〕，年五十一。曾可子貞顯，貞顯子廷采，世其學。

廷采，字允斯，又字念魯。諸生。從韓當〔十〕受業，又問學於黄宗羲。初讀傳習録無所得，既讀劉宗周人譜，曰：「吾知王氏學所始事矣。」蠡縣李塨貽廷采書，論明儒異同，兼問所學。廷采曰：「致良知者主誠意，陽明而後，願學蕺山。」又私念師友淵源，思託著述以自見。以爲陽明扶世翼教，作王子傳；蕺山功主慎獨，作劉子傳；王學盛行，務使合乎準則，作王門弟子傳；金鉉、祁彪佳等，能守師説，作劉門弟子傳。康熙五十年卒，年六十四〔十一〕。

王朝式〔十二〕，字金如，山陰人。亦國模弟子。嘗入證人社，宗周主誠意，朝式守致知，曰：「學不從良知入，必有誠非所誠之蔽。」亦篤論也。順治初卒〔十三〕，年三十有八。

【校記】

〔一〕清史稿沈國模傳，源自清國史，原傳稱：「沈國模，字叔則。」述之有本。據董瑒姚江書院志略卷下沈聘君傳：「沈聘君名國模，字叔則，别號求如。」邵廷采思復堂文集卷一姚江書院傳亦作：「沈求如先生諱國模，字叔則。」史稿不依國史，改傳主號爲字，不確。

〔二〕「較然」，清國史作「皎然」，二語雖通，但「皎然」更妥。

〔三〕據前引沈聘君傳，祁彪佳巡按三吴，時當明崇禎六年。

〔四〕史孝咸卒年，諸家所記同。惟趙經達歸玄恭先生年譜有異，記爲順治十五年六月。

〔五〕清國史作「韓孔當」，不誤。清史稿擅删「孔」字，改傳主名爲「韓當」，大誤。據董瑒姚江書院志略卷下韓布衣傳：「韓布衣名孔當，字仁甫，餘姚人，學者稱遺韓先生。」

〔六〕韓孔當卒年，史稿及清國史皆失記。據前引邵廷采姚江書院傳，爲康熙十年，享年七十有三。

〔七〕「韓當」誤，當爲「韓孔當」，或「孔當」。

〔八〕「明」字，前引邵廷采姚江書院傳作「期」。

〔九〕邵曾可卒於何年，史稿失記。據姚江書院傳，爲順治十六年。

〔十〕「韓當」誤，當爲「孔當」，或「韓孔當」。

〔十一〕邵廷采係康熙間著名史家，所著思復堂文集、東南紀事、西南紀事，皆傳世之作。史稿失載，不妥。

〔十二〕王朝式年輩與韓孔當相當，清國史將其傳記置於史孝咸、韓孔當之間，編次有法，並無不妥。清史稿不顧長幼，移朝式於孔當弟子邵曾可及其孫廷采之後，如此編次，令人訝然。

〔十三〕王朝式卒年，史稿記作「順治初」。據前引姚江書院傳，當爲明崇禎十三年。

沈國模 史孝咸　王朝式　韓孔當　邵曾可　邵廷采

清史列傳　卷六十六　儒林傳上一

沈國模，字叔則，浙江餘姚人。明諸生。餘姚自王守仁講學，得山陰王畿、泰州王艮，遂風行天下。艮傳吉安顏鈞，鈞傳南城羅汝芳，汝芳傳嵊縣周汝登。國模少見傳習録，心好之，問於汝登。汝登契之曰：「吾老矣，越城陶奭齡、劉宗周，今之學者也。子其相與發明之，何患吾道不興乎？」國模至越，遂請奭齡、宗周主教事，爲會於古小學，證人社所由起也。既歸，以明道爲己任，創姚江書院，與同里管宗聖、史孝咸輩，講明良知之説。其所學或以爲近禪，而言行敦潔，皎然不欺其志，故推醇儒。與山陰祁彪佳友，彪佳以御史按江東，一日，杖大憝數人，適國模至，欣然述之。國模瞠目字祁曰：「世培，亦聞曾子言『哀矜勿喜』乎？」後彪佳嘗語人曰：「吾每慮囚，必念國模言，恐倉卒喜怒過當也。」明亡，聞宗周死節，爲位哭之慟，而講學益勤。性平易近人，雖村叟頑童，能得其意，皆曰：「近從沈先生學，不敢爲惡。」時學其學者不絶也。順治十三年卒，年八十有二。

史孝咸，字子虛，亦餘姚人。明諸生。少思以文章名世，而於良知之旨，尤爲篤好。宗周家居時，孝咸往謁，恨相見晚。宗周創證人社，復以書招孝咸，與奭齡同主講。居恒與弟孝復互相取益，有簞瓢不改之致。家貧，日食一粥，泊如也。後繼國模主姚江書院，嘗曰：「良知非致不真。」又曰：「空談易，對境難。於『居處恭，執事敬，與人忠』三語，精察而力行之，其庶幾乎！」同時純潔之士多歸之。順治十六年卒，將卒，召及門曰：「吾七十八年浮生，於兹盡矣。所恃窮理盡性，以無負聖賢之訓，於心稍慊耳。然心如程、朱之銖黍弗渝，斯爲無弊。汝等識之。」

王朝式，字金如，浙江山陰人。國模弟子。嘗入證人社，宗周主誠意，朝式守致知，曰：「學不從良知入，必有誠非所誠之弊。」〔一〕嵊縣饑，朝式往賑，全活四萬餘〔二〕。又與蘇元璞、鄭錫元營立姚江書院。順治初卒〔三〕，年三十八。

韓當〔四〕，字仁父，餘姚人。亦國模弟子。自沈、史歿，書院輟講垂十年。康熙九年〔五〕，當〔六〕復主院事，以倡明理學自任，弟子七十餘人。其學兼綜諸儒，以致知爲宗，求友改過爲輔，尤嚴於儒、佛之辨。家貧甚，破衣盂粥，終身晏如，未嘗向人稱貸。痛近世吉凶不遵古禮，風俗敝而物力殫，曰：「志聖人之學，當自立身處家始。」出陸梭〔七〕山居家四則示學者，曰：「能仿此，亦自足用也。」人有過，於講學時以危言動之，而不明言其過。聞者內愧沾汗，退而相語曰：「比從韓先生來，不覺自失。」卒年七十三〔八〕。疾亟，謂弟子曰：「吾於陽明宗旨，覺有心〔九〕得，然檢點於心，終無受用。小子識之。」味其言，則知其學不尊守仁，而尊朱子矣〔十〕。

邵曾可，字子唯，亦餘姚人。孝咸弟子也。性孝友愷悌，少好書畫。一日，讀孟子，至「伯夷聖之清者也」，忽有悟，悉棄去，壹志於學。初立姚江書院，人頗迂笑之，曾可厲色曰：「不如是，便虛度此生。」遂往學。其初以主敬爲宗，自師孝咸後，專守良知。嘗曰：「於今乃知知之不可以已。日月有明，容光必照。不爾，日用跬步，鮮不貿貿者矣。」孝咸病，走十餘里叩牀下問疾，不食而反。如是月餘亦病，同儕推爲篤行。年五十一卒〔十一〕。

邵廷采〔十二〕，字念魯，浙江餘姚人。諸生。曾可孫。幼時，曾可偶舉宋儒語教之，輿曰：「其人安往耶？願師事之。」曾可以爲有志，即送之姚江書院。時沈國模年八十，爲諸生設講，廷采立聽久之，執卷詣曰：「孩提不學不慮，堯、舜不思不勉，同乎？」國模歎曰：「孺子知良知矣！能敬以恕，吾何加焉？」自是從韓當〔十三〕受業，又問學於黃宗羲。初讀傳習録，無所得。既讀劉宗周人譜，曰：「吾知王氏學所始事矣。」蠡縣李塨貽書，問明儒異同，廷采答曰：「致良知者主誠意，陽明而後，願學蕺山。」又嘗與人論學，廷采曰：「天泉四言，陽明原本無極之説，儒也。龍溪浸淫無生之旨，釋也。」孝感熊賜履以闢王學爲己任，廷采曰：「是不足辨，顧在力行耳。」

廷采雖講學，好求經世大略。論改學校曰：「重經術，廢時文，如試頌説可也。用徵辟，嚴保舉，罰其不稱可也。立明師，養歲貢，如經義、治事分課可也。行科目，復對策，如賢良方正三試可也。」又曰：「學校兼騎射，然後用之，可以當大事。今西北之人不知耕，東南之人不知戰，皆危事也。」生平於曆算、占候、陣圖、擊刺無不學，嘗與將軍施琅縱談沿海要害，琅奇之。既遊西北，走潼關，講學於黃岡之姚江書院。復入京師，商邱宋犖、鄞萬經欲招入一統志館，以老辭。晚歲，思託著述以自見。以爲陽明扶世翼教，作王子傳；蕺山功主慎獨，忠清節義，作劉子傳；王學盛行，而艮、畿踳雜，羅、楊詭亂，務使合乎規矩，作王門弟子傳；金鉉、祁彪佳、張兆鼇、黃宗羲等，確守師説，作劉門弟子傳。嘗從宗羲問逸事，於明末諸臣尤能該其本末，所作宋遺民所知傳，倪文正、施忠愍諸傳，凡數十篇，欲勒成一書，未竟。有東南紀事十二卷，西南紀事十二卷。康熙五十年卒，年六十四。弟子刻其文爲思復堂文集二十卷〔十四〕，又姚江書院志略四卷。

【校記】

〔一〕王朝式傳如此行文，似乎朝式之學，與劉宗周相左。其實不然。據董瑒王徵士傳，明天啓二年，朝式即「及劉子之門。」崇禎十三年，朝式卒，劉宗周有祭文云：「始金如甫弱冠而及吾門，負志不凡。比聞已得所師承，予姑逡巡謝之，而處以朋友之間。自此往還無間，每相見，必以學問爲相切劘，絶不及流俗。……而託爲同志者幾二十年。」劉文且曰：「予猶記同社之席，金如偶舉立誠之説及省察克治之説，予心喜而目之曰，金如自此進矣。竟以同人意見相左，不竟其説，遂成空谷。嗚呼，予負金如矣！」惟其如此，董瑒喟歎：「讀劉子祭徵士文，徵士真不負劉子十九年之訓者哉！」

〔二〕據上引董瑒王徵士傳，嵊縣救災，係明崇禎十年事。王朝式等遵劉宗周命，携所募錢糧前往，「以佐縣令所不逮」，凡三募三往，「賑饑民四萬二千餘口」。故「往賑」當作「往助賑」。「全活」二字亦過甚其詞，當依邵廷采姚江書院傳，作「全濟」。清國史影印本，即作「全濟」。

〔三〕據上引董、邵二文，王朝式卒於明崇禎十三年，而非如此傳之「順治初」。

〔四〕「韓當」，清國史本作「韓孔當」，不誤。點校本誤據耆獻類徵删「孔」字，則誤。

〔五〕「康熙九年」，誤。據邵廷采姚江書院傳，當作「康熙八年」，孔當所撰姚江書院紀事一文，亦自署「己酉」，即康熙八年。

〔六〕「當」字不全，應作「孔當」。

〔七〕「梭」字原作「棱」，誤，據清國史逕改。

〔八〕韓孔當卒於何年，清國史失記。據邵廷采姚江書院傳，爲康熙十年。

〔九〕「心」字，據邵廷采姚江書院傳，當作「新」。清國史即作「新」。

〔十〕僅據不具首尾之一語，即斷言韓孔當之學「不尊守仁而尊朱子」，顯然先入爲主，失之武斷。

〔十一〕邵曾可卒於順治十六年，不當失記。

〔十二〕邵廷采傳本在清史列傳卷六十七，儒林傳上二。

〔十三〕「韓當」誤，當依清國史作「韓孔當」。

〔十四〕思復堂文集有二十卷之説，然訖今未見傳本。故當依清國史作「十卷」，不必改作「二十卷」。

謝文洊 甘京　黄熙　曾曰都　危龍光　湯其仁　宋之盛　鄧元昌

清史稿　卷四百八十　儒林一

謝文洊〔一〕，字秋水，南豐人。明諸生。年二十餘〔二〕，入廣昌之香山，閲佛書學禪。既讀龍溪王氏書，遂與友講陽明之學。年四十，會講於新城之神童峰，有王聖瑞者，力攻陽明。文洊與争辯累日，爲所動，取羅欽順困知記讀之，始一意程、朱。闢程山學舍於城西，名其堂曰尊雒。著大學中庸切己録，發明張子主敬之旨。以爲爲學之本，「畏天命」一言盡之，學者當以此爲心法，注目傾耳，一念之私，醒悔刻責，無犯帝天之怒。其程山十則，亦以躬行實踐爲主。時寧都「易堂九子」，節行文章爲海内所重，「髻山七子」〔三〕，亦以節概名，而文洊獨反己闇修，務求自得。髻山宋之盛過訪，文洊遂邀易堂魏禧、彭任會程山，講學旬餘。於是皆推程山，謂其篤躬行，識道本。甘京與文洊爲友，後遂師之。康熙二十年〔四〕卒，年六十有七。

京，字健齋，南豐人。負氣慷慨，期有濟於世。慕陳同甫之爲人，講求有用之學。與同邑封濬、曾曰都、危龍光、湯其仁、黄熙師事文洊，粹然有儒者氣象，時號「程山六君子」。著軸園稿十卷。

熙〔五〕，字維緝。順治十五年進士。文洊長熙僅六歲，熙服弟子之事，常與及門之最幼者旅進退。朔望四拜，侍食起饋，唯諾步趨，進退維謹，不以爲勞。彭士望比之朱子之事延平。母喪未葬，鄰不戒於火，延燎將及。熙撫棺大慟，願以身同燼。俄而風返，人以爲純孝所感。

曰都，字姜公〔六〕。諸生。其學務實體諸己，因自號體齋。以學行爲鄉里所矜式。

龍光，字二爲。善事繼母，繼母遇之非理，委曲承順，久而愛之若親子焉。

其仁，字長人。著四書切問、省克堂集。

與文洊同時者，有宋之盛、鄧元昌。

之盛，字未有，星子人。明崇禎己卯舉人。結廬髻山，足不入城市〔七〕，以講學爲己任。其學以明道爲宗，識仁爲要，於二氏微言奧旨，皆能抉摘異同。與文洊交最篤。晚讀胡敬齋居易録〔八〕，持敬之功益密。與甘京論祭立尸喪復之禮不可廢，魏禧亟稱之。

元昌，字慕濂，贛縣人〔九〕。諸生。年十七，得宋五子書，遂棄舉子業，致力於學。雩都宋昌圖以通家子謁之，元昌喜之曰：「吾小友也！」館之於家，昕夕論學。爲日程，言動必記之，互相考覈。一日，昌圖讀朱子大學或問首章，元昌過窗外駐聽之，謂昌圖曰：「子勉之，毋蹈吾所悔，永爲朱子罪人，偷息天地也。」其互相切劘如此。

【校記】

〔一〕清史稿之謝文洊傳，源自清國史。現存清國史文洊傳凡兩稿，一見於儒林傳卷一，一見於儒林傳上卷五，前者不及三百字，後者則五百餘言。史稿所采即前稿，惟文字略有增删。

〔二〕據謝鳴謙程山謝明學先生年譜，文洊生於明萬曆四十四年（一六一六年），譜主「年二十餘」，正值明、清易代，天下大亂。史稿不言此一背景，則傳主入山學禪，緣由不明。

〔三〕「髻山七子」前，當依清國史，增「星子」二字。

〔四〕據前引程山謝明學先生年譜，文洊卒年，應爲康熙二十一年。

〔五〕黄熙傳前，當依清國史，補封濬傳。

〔六〕「姜公」誤，據徐世昌清儒學案卷十八程山學案，當作「美公」。

〔七〕清國史之宋之盛傳，於「結廬髻山，足不入城市」前，本有

「國變後」三字。史稿删此三字，意欲何爲？訾之爲敗筆，恐不過分。

〔八〕「胡敬齋居易録」，失誤有二。其一，史稿例不稱號，當依清國史，逕作「胡居仁」。其二，「居易録」之「易」字誤，當作「居業録」。

〔九〕鄧元昌傳，清國史附見於儒林傳上卷二三黄永年傳後。傳末明言，元昌「乾隆三十年卒，年六十餘」，顯然與謝文洊、宋之盛生不同時。史稿竟以「與文洊同時」爲由，將元昌傳提前，不知史例何在！

謝文洊 甘京 封濬 黄熙 宋之盛 鄧元昌[一]

清史列傳　卷六十六　儒林傳上一

謝文洊，字秋水，江西南豐人。明諸生。年二十餘，入廣昌之香山，閱佛書，好之。後讀王畿及王守仁書，大悔，遂與友講陽明之學，會於新城之神童峰。有王聖瑞者，力攻陽明，文洊與争辨累日，爲所動。取羅欽順困知記讀之，始一意程、朱。邑城西有程山，在獨孤及彈琴馬退石之左，文洊闢學舍其間，名其堂曰尊雒。與其徒敦實行，修古禮，晝之所爲，宵必書之，考業記過，朔望相質訂。出入循循，里中人不問而知爲程山弟子也。時寧都「易堂九子」，節行文章爲海内所重，星子「髻山七子」，亦以節概名。文洊獨反己闇修，務求自得。髻山宋之盛過訪文洊，文洊遂邀易堂魏禧、彭任會程山。講學旬餘，皆推文洊，謂其篤躬行，識道本。

所著有大學中庸切己録二卷，首以君子有三畏講義一篇，發明張子主敬之旨。以爲爲學之要，「畏天命」一言盡之矣。聖人一生，戰兢惕厲，無非「畏天命」之心法。學者常當提持此語，注目而視唯此[二]，傾耳而聽唯此，稍有一念之私，急須當下提醒，痛責，速自洗滌，以無犯帝天之怒。工夫既久，樂天境地可得而臻也。次爲程山十則，亦以躬行實踐爲主。末附西銘解一篇，謂此爲學者究竟指歸，因尊之曰「事天謨」。自言八九易稿乃定，竊欲折衷先儒，啓發來學云。他著又有易學緒言二卷，風雅倫音二卷，左傳濟變録二卷，大臣法則八卷，程門主敬録一卷，初學先言二卷，義正編一卷，兵法類案十二卷，程山集十八卷。康熙二十年卒[三]，年六十七。同邑甘京，與文洊友，少文洊七歲，已而服其誠也，遂師之。

甘京，字健齋，南豐人。諸生。好學，能詩文，負氣慷慨，慕陳同甫之爲人，講求有用之學。嘗區畫田賦上下，上有司行之。值邑荒亂，京請免荒税，均賦役，賑饑平寇。又潛身走山砦下，知賊中險易，陳策請剿。人稱其經濟。閩中令聞其名，欲以重金聘入幕中，弗應。及師文洊，立身砥行，温潤栗理，魏禧兄事之。其論學謂：「朱、陸歸宿不異，所趨之塗異。塗異自有失，護其失而争之，則害矣。」著有通鑑類事鈔一百二十卷，軸園稿十卷，不焚草二卷，無名高士傳一卷。京與同邑封濬、黄熙、曾曰都、危龍光、湯其仁同師文洊，時號「程山六君子」。

封濬，字禹成。順治間貢生。性孝友，父病，祈天請代，兄不得於父，爲慰解而曲成之。年二十四，教授里中，生徒且百人。至四十，師文洊，少文洊五歲，執禮恂恂，如未成人。性耐勞勩，爲人排難解紛，秩秩有次序。值清丈邑田，濬與黄熙任其事，毋敢干以私。後彭士望以出位爲戒，因自號位齋。

黄熙，字維緝。順治十五年進士，官臨川教諭，以親老乞養歸。文洊長熙僅六歲，熙服弟子之事，常與及門之最幼者旅進退。朔望四拜，侍食起饋，唯諾步趨維謹。彭士望比之朱子之事延平。文洊於人少許可，獨引熙爲入室弟子。性至孝，父殁，蔬食三年。後奉母居山砦，母喪，山居延燎，熙撫棺大慟，願以身同燼。俄而風返火滅，人以爲孝感。卒年六十二，著有傚園遺稿。魏禧嘗曰：「程山之門，濬爲最長，其德宇尤大醇，篤行有道君子也。」又曰：「曰都毅而介，其仁和而有守，京與龍光坦中而好義，熙虚己而摯。此五君子者，性情行己不同，而孝友於家，廉於財〔四〕，不苟且於言行，學古賢者之學，而缺然以爲若將弗及，則無不同。」其推挹甚至云。

宋之盛，字未有，江西星子人。崇禎十二年舉人。少孤，事兩兄如父。國變後，足不入城市，結廬髻山，與同里查轍、吴一聖、余暐、查世球、夏偉及門人周祥發講學，時稱「髻山七隱」。其學以明道爲宗，識仁爲要，於二氏微言奥旨，皆能抉摘異同。與文洊交最篤。嘗與甘京論祭立尸喪復之禮不可廢，魏禧亟稱之。禧語京：「學道必工文章，使其言可法可傳。」之盛非之曰：「若是，則教儒者以作文矣。」晚讀胡居仁居業録，持敬之功益密。康熙七年卒。著有求仁編、丙午山間語録、程山問辨、髻山語録。孫士宗能傳其學。

鄧元昌〔五〕，字慕濂。諸生。年十七，得宋五子書，讀之涕泗被面下，曰：「嗟夫！吾乃今知爲人之道也。出入禽門，忍不自返，何哉？」遂棄舉子業，致力於學。宋昌圖以通家子往謁，元昌喜曰：「吾小友也。」館之於家，昕夕論學，爲日程，言動必記之，互相考覈。一日，昌圖讀朱子大學或問首章，元昌過窗聽之，感慟不能起。謂昌圖曰：「子勉之，毋蹈吾所悔，永爲朱子罪人，偷息天地也。」元昌有長兄，瞽而頑，大小事必稟而後行。後母性瑣刻，每怒，必長跪請罪，得解乃起。後母弟亡，弟婦有子，請於元昌曰：「感兄公之德，願苦守撫孤兒。」元昌泣拜之，自是不入處室，挾子與弟子處於堂，督課之。有田在城南，秋熟視穫，見貧子拾秉穗者，招之曰：「來！汝無然。吾自與汝穀，教汝讀書。」群兒争趨之。始教以識字，既使諷章句，以俚語曉譬之，群兒踴躍受教。既卒穫，群兒嗥曰：「先生且歸，奈何？」有泣者。後每秋穫，群兒來學以爲常。城南人無少長，皆稱鄧先生，見元昌來，必起立。有衣冠問元昌者，則曰我鄧先生客也，不敢慢。其感人如此。著有慕濂遺集。乾隆三十年卒，年六十餘。

【校記】

〔一〕鄧元昌傳，原編次於清史列傳卷六十七，儒林傳上二，附見於黄永年傳。

〔二〕兩句之「唯此」，點校本皆屬下句，誤，故改。

〔三〕據之前史稿校記所引傳主年譜，文洊卒年當爲康熙二十一年。

〔四〕「廉於財」句，點校本將「不苟」二字屬上讀，誤，故改。

〔五〕鄧元昌傳末記籍貫，不誤。因之前陳道傳末，已明言元昌爲贛縣人。

高愈 顧培　彭定求　彭紹升

清史稿　卷四百八十　儒林一

高愈[一]，字紫超，無錫人。明高攀龍之兄孫也。十歲，讀攀龍遺書，即有向學之志。既壯，補諸生，日誦遺經及先儒語録，謹言行，嚴取舍之辨，不尚議論。嘗曰：「士求自立，須自不忘溝壑始。」事親孝，居喪不飲酒食肉，不内寢。晚年窮困，餟粥七日矣，方挈其子登城眺望，充然樂也。儀封張伯行巡撫江蘇，延愈主東林書院講會，愈以疾辭。平居體安氣和，有忿争者，至愈前輒愧悔。鄉人素好以道學相詆譭，獨於愈僉曰君子也。顧棟高嘗從愈遊，説經娓娓忘倦。年七十八卒[二]。嘗撰朱子小學注，又所[三]著有讀易偶存、春秋經傳日鈔、春秋類、春秋疑義、周禮疏義、儀禮喪服或問。東林顧、高子弟顧樞、高世泰等，鼎革後尚傳其學[四]。

初[五]，世泰爲攀龍從子，少侍講席。晚年，以東林先緒爲己任，葺道南祠、麗澤堂於梁谿，一時同志恪遵遺規。祁州刁包等相與論學，學者有「南梁北祁」之稱。大學士熊賜履講學出世泰門下，儀封張伯行、平湖陸隴其亦嘗至東林講學。賜履、隴其自有傳。

顧培[六]，字畇滋，無錫人。少從宜興湯之錡學，幡然悔曰：「道在人倫庶物而已[七]。」之錡歿，有弟子金敞，培築共學山居以延敞。晨夕講會，遵攀龍静坐法，以整齊嚴肅爲入德之方。默識未發之中，篤守性善之旨。晚歲，四方來學日衆。張伯行頗疑静坐之説，培往復千言，暢高氏之旨。

彭定求[八]，字勤止，又字南畇，長洲人。父瓏授以梁谿高氏之學，又嘗師事湯斌。康熙二十五年，一甲一名進士，授翰林院修撰，歷官國子監司業、翰林院侍講，充日講起居注官。前後在翰林才四年，即歸里不復出。作高望吟七章，以慕七賢。七賢者，白沙、陽明、東廓、念菴、梁谿、念臺、漳浦也。又著陽明釋毀録、儒門法語、南畇文集。嘗與門人林雲翥書云：「有願進於足下者有〔九〕二，一曰無遽求高遠而略庸近。子臣弟友，君子之道，至聖以有餘不足爲斤斤，孟子以堯、舜之道，孝弟而已。然則舍倫常日用，事親從兄之事不爲，而鉤深索隱，以爲聖人之道，有出於人心同然之外者，必且流於異端堅僻之行矣。一曰無妄生門户異同之見，騰口説而遺踐履〔十〕。朱子之會於鵝湖也，傾倒於陸子義利之説。此陽明『拔本塞源』之論，『致良知』之旨，一脈相承。其因時救弊，乃不得已之苦衷，非角人我之見。僕詠遺經，蕩滌瑕滓，因有儒門法語。足下有志聖賢，當以念臺劉子人譜、證人會二書入門，且無嘵嘵於紫陽、姚江之辨也。」定求卒年七十有八〔十一〕。其孫啓豐，官兵部尚書，自有傳。

啓豐子紹升，頗傳家學，述儒行，有二林居集。然彭氏學兼朱、陸，識兼頓漸，啓豐、紹升頗入於禪，休寧戴震移書紹升辨之。紹升又與吴縣汪縉共講儒學，縉著三録、二録，尊孔子而游乎二氏。此後江南理學微矣。

【校記】

〔一〕清國史之高愈傳凡二稿，一見於儒林傳卷一，一見於儒林傳上卷卷一〇。前稿三百餘言，後稿稍長，約五百餘言。清史稿係沿用前稿，文字略有增删調整。

〔二〕江慶柏先生著清代人物生卒年表，以江蘇藝文志爲據，記高愈卒於康熙五十六年，享年七十有八。

〔三〕「所」字係史稿所加，可省。

〔四〕「東林顧、高子弟」句，前述高愈傳後稿，置於傳首，緊接

「攀龍從孫」後。

〔五〕「初」字爲史稿所加，可省。

〔六〕依史稿文例，高愈傳末既有「東林顧、高子弟顧樞、高世泰等，鼎革後尚傳其學」語，之後又接以高世泰傳，則理當再接顧樞傳。然史稿自亂文例，卻不載顧樞，而以清國史附見於湯之錡傳之顧培取代。張冠李戴，學脈紊亂，殊不可取。

〔七〕史稿之顧培傳，源自彭紹升二林居集之顧先生培傳。傳文云：「顧畇滋名培，江南無錫人。少善病，母憂其不壽，命棄舉子業，習長生家言，事導引，頗得其術。年二十五，從宜興湯之錡問學，幡然悔曰：『道在人倫庶物而已，乃吾向者之自私也甚哉！』」史稿祇記「幡然悔」語之上半句，卻不載傳主早年習長生家言之經歷，以致所指不明。

〔八〕彭定求傳，清國史載在儒林傳上卷卷一二。清史稿多有删削，取以附見高愈傳。

〔九〕一句之中，首尾連見二「有」字，當屬語病。清國史原作「有願進於足下者二」，則與定求之與林雲翥書，大體一致。原書作「然願進於足下者，其説有二」。

〔十〕「一曰無妄生門户異同之見」以下文字，既非清國史引文，更非傳主原書。擅改前賢遺文，如此修史，何以取信後世！

〔十一〕定求卒年誤。清國史之定求傳，本作「（康熙）五十八年卒，年七十五」，甚確。史稿誤改，不知何據。

高愈 顧培〔一〕 彭定求〔二〕

清史列傳　卷六十六　儒林傳上一

高愈，字紫超，江南無錫人。諸生。明左都御史攀龍從孫。東林高、顧子弟，入國朝後，頗傳其學。攀龍從子世泰，字彙旃，少侍講席，學甚該究。嘗著五朝三楚文獻録，學者重之。攀龍殁後，與嘉善陳龍正訂正遺書。崇禎十年，成進士，授禮部主事，歷官湖北提學僉事。明亡，不仕。晚年以東林先緒爲己任，葺道南祠、麗澤堂於梁谿，一時同志恪遵遺規。祁州刁包聞聲謁之，相與論學，時稱「南梁北祁」。盩厔李顒〔三〕至常州，與會講於東林書院，歡若平生。

同時顧樞，字庸庵，憲成長孫。天啓元年舉人。嘗從攀龍講性命之學。明亡，閉户讀書，足不入城市，與世泰俱以理學名。著有西疇日鈔二卷，世泰有高子節要十四卷，紫陽通志録四卷。

愈十歲讀攀龍遺書，即知嚮學。及壯，日誦遺經及先儒語録，孝友肫懇，言動不苟。攀龍嘗作静坐説示學者，愈私淑前徽，平居體安氣和，雖子弟未嘗譙訶。終日凝坐不欠伸，當盛暑不裸跣。其忿争者至愈前，輒愧悔。縣中人好以道學相詆諆，獨稱愈曰君子。尤嚴取舍之辨，嘗曰：「士求自立，須自不忘溝壑始。」巡撫張伯行延主東林講席，辭以疾。有司饋之人蔆，不受。年七十，門弟子以新冠爲壽，亦卻之。既而大困，餟粥七日矣，挈其子登城上眺望，充然樂也。治經精密，尤長於禮。保德姜橚佐督學高裔校閲，賞其文，語人曰：「江南宿學之士，愈及桐城方苞而已。」同縣顧棟高嘗從愈遊，説經娓娓不倦，棟高歎曰：「便便之腹，真五經笥，但不爲假卧耳。」卒年七十八。著有高注周禮二十二卷，又小學纂注六卷。乾隆中，督學尹會一以小學取士，頒行其書。

顧培，字畇滋。與族弟鏊同從之錡〔四〕問學，之錡歿，築共學山居，以延敞〔五〕朝夕講貫。守高攀龍静坐説，默識未發之中，久之遂篤信性善之旨。張伯行撫吴，詣東林講學，頗以静坐爲疑。培往復千言，暢高氏之旨，伯行無以難之。

定求，字勤止。年二十餘，瓏〔六〕被誣落職，定求除夕冒雪往。溯灘涉嶺，崎嶇四千餘里，不四旬至粤，見瓏抱哭，士民皆感動。康熙二十五年，一甲一名進士。初置第三，聖祖以策末有「勸勉朕躬」語，擢第一，授修撰。尋請歸省。居二年，瓏促之入京，充纂修兩朝聖訓官、日講起居注官。遷國子監司業，編孝經旁訓，翻譯國書，頒示八旗官學生。立月課條約，禁吏胥括索，考到出咨，不受一錢。晉侍講，復乞假歸。未至瓏卒，抵家撫棺慟絶。自是忌日前半月齋居，哀慕如喪時，終其身。聖祖南巡，命中使賜御書，傳旨云：「汝學問好，品行好，家世好，不管閒事。」並問病痊否。已命就揚州書局與校全唐詩，許銷假照現任官陞轉。定求在局二載，竣事即還，亦未嘗銷假也。

初，瓏授定求以梁谿高氏之學，定求又師事湯斌。後讀傳習録，於陽明良知之説憬然深省，自是以陸、王爲宗。嘗作高望吟七章，以慕七賢。七賢者，陳獻章、王守仁、鄒守益、羅洪先、顧憲成、劉宗周、黄道周也。其與門人林雲翥書曰：「有願進於足下者二，一曰無遽求高遠而略庸近。吾夫子以庸德庸言自勉勉人，孟子曰堯、舜之道，孝弟而已矣。然則舍現前實地而鈎深索隱，以爲聖人之道有出於人心同然之外者，必反流入異端堅僻之行矣。一曰無徇聲聞而遺踐履。陸子鵝湖之會，講義利章，聞者流涕。陽明『拔本塞源〔七〕』論，直接孟子『正人心』之義，深切著明。白沙曰『名節者道之藩籬』，固未有理學而不名節者也。若徒紛論異同，自附壇坫，迹其趨向，正在鄉愿之窠窟，而自絶於狂狷之羽翼中行。縱使著書等身，正蹈程子玩物喪志之戒，可墮其術中乎？」又曰：「鞭辟近裏工夫，舍『致良知』三字蔑由。伐毛洗髓，邇來真儒得力於此者，惟夏峰、二曲深信不疑。大約聖學必動靜合一，而下學之始，須由靜坐〔八〕。延平未發以前氣象，的是師傳心法也。」時陸隴其書出，附和之者多以排擊陽明爲功，故定求云然。定求沉潛篤志，初乞假歸省，跪請曰：「兒願得閉門讀書，如童子入塾時，庶少補前過乎？」及家居，禁絶鼓吹，時舉「豆腐會」，招老友談道竟日。著有學易纂録、儒門法語、密證録、姚江釋毀録、周忠介遺事及南畇文集十二卷。五十八年卒，年七十五。

定求孫啓豐，啓豐子紹升，頗傳家學。然彭氏學參朱、陸，識兼頓漸，啓豐、紹升遂流入於禪。休寧戴震，嘗移書紹升辨之。啓豐，雍正五年，一甲一名進士，官至兵部尚書，自有傳。

【校記】

〔一〕清史列傳之顧培傳，原附見於湯之錡傳。

〔二〕清史例傳之彭定求傳，原附見於彭瓏傳。

〔三〕「顒」字原作「容」，係清人避諱改字。

〔四〕「之錡」謂「湯之錡」。

〔五〕「敞」謂「金敞」。

〔六〕「瓏」謂「彭瓏」。

〔七〕點校本「拔本塞源論」，「論」字屬下句，誤。「拔本塞源」一説，見王陽明傳習録卷中之答顧東橋書。

〔八〕點校本「須由靜坐延平未發以前氣象」連讀，誤。當作「須由靜坐。延平未發以前氣象」。

湯之錡　施璜　張夏　吴曰慎

清史稿　卷四百八十　儒林一

湯之錡〔一〕，字世調，宜興人。安貧力學，於書無所不讀，尤篤信周子主静之説。或議其近於禪，之錡曰：「程子見學者静坐，即歎其善學。易言齋戒以神明其德，静坐即古人之齋戒，非禪也。」居親喪，一循古禮，就地寢苫。事諸父如父，昆弟無間言。既而得高攀龍復七規，喟然曰：「此其入學之門乎！」仿其説爲春秋兩會，聞風者不憚數千里來就學焉。明亡，之錡年二十四，即棄舉子業。嘗論出處之道曰：「潛龍勿用，潛要確，若不確，則遁世不見知而悔矣。古來多少高明，只爲此一悔所誤。」常州知府駱鍾麟，請關西李顒講學毘陵，特遣使聘之，之錡堅辭不赴。後延主東林、延陵諸講席，又不就。之錡爲學，專務切近，絶無緣飾。或詢陽明致良知之説及朱、陸異同者，之錡曰：「顧吾力行何如耳，多辨論何益！」一日，抱微疾，整襟危坐而逝，年六十二。及門金敞、顧培輩，建書院於惠山之麓，奉其主祀之。著偶然云集。

施璜〔二〕，字虹玉，休寧人。少應試，見鄉先生講學紫陽〔三〕，瞿然曰：「學者當如是矣。」遂棄舉業，發憤躬行，日以存何念、接何人、行何事、讀何書、吐何語五者自勘。教學者九容以養其外，九思以養其内，九德以要其成，學者稱誠齋先生。已而遊梁谿，事高世泰。將歸，與世泰期某年月日當赴講。及期，世泰設榻以待。或曰：「千里之期，能必信乎？」世泰曰：「施生篤行君子也，如不信，吾不復交天下士矣。」言未既，璜果挈弟子至。著有思誠録、小學〔四〕、近思録發明。

張夏〔五〕，字秋韶，亦〔六〕無錫人。隱居菰川之上，孝友力學。初從馬世奇受經，後入東林書院，從高世泰學。積十餘年，遂入世泰之室。世泰卒，其子弟相與立夏爲師，事之如世泰。湯斌撫江蘇，至東林，與夏講學，韙其言，延至蘇州學宫，爲諸生講孝經、小學。退而注〔七〕孝經解義、小學瀹注〔八〕。

吴曰慎〔九〕，字徽仲，歙縣人。諸生。盡心於宋五子書，論學主乎敬，故自號曰静菴〔十〕。初遊梁谿，講學東林書院。已而歸歙，會講紫陽、還古兩書院，興起者衆。

【校記】

〔一〕湯之錡傳，清國史原編次於儒林傳上卷卷一〇。清史稿取以入傳，文字略有增删。

〔二〕施璜傳，清國史原編次於儒林傳上卷卷一〇，附見於汪佑傳。清史稿取以附見湯之錡傳，文字删削甚多。

〔三〕「紫陽」之後，脱「書院」二字，當依清國史，作「紫陽書院」。

〔四〕「小學」之後，脱「發明」二字，當依清國史，作「小學發明」。

〔五〕張夏傳，清國史原編次於儒林傳上卷卷一〇，附見於高愈傳。傳主字之「秋韶」，依清國史當作「秋紹」。

〔六〕高愈係江蘇無錫人，故清國史以張夏附愈，則記夏「亦無錫人」。清史稿改張夏附湯之錡，之錡係江蘇宜興人，而稱夏籍貫之「亦無錫人」，亦字前無所承，顯然多餘。

〔七〕「注」字誤，依清國史當作「著」。

〔八〕張夏著雒閩源流録，影響甚大，清國史已記入傳文。清史稿削而不記，當屬疏漏。「孝經解義」當作「孝經衍義」。

〔九〕吴曰慎傳，清國史原編次於儒林傳上卷卷一〇，附見於汪佑傳。清史稿改附湯之錡傳，文字頗多删節。

〔十〕「静菴」之「静」字誤，當依清國史作「敬庵」。

湯之錡　施璜〔一〕　張夏〔二〕　吴曰慎〔三〕

清史列傳　卷六十六　儒林傳上一

湯之錡，字世調，江蘇宜興人。年二十四，遭國變，屏居田野。至性純篤，居親喪，一循古禮，事諸父如父。於儒先書無所不讀，而以周子主静之説爲宗。嘗寓居無錫，四方來學者衆，之錡仿高攀龍復七規，春秋兩會，教以默識大原，實體倫物。常州知府駱鍾麟，請盩厔李顒〔四〕講學東林，遣使聘之，不赴。後又延主東林、延陵諸講席，亦不就。嘗論出處之道曰：「潛龍勿用，潛要確，不確，則遯世〔五〕不見知而悔矣。」爲學專務切近，無緣飾。或問朱、陸異同，之錡曰：「顧力行何如耳，多辨論何益？」年六十二卒。及門武進金敞、無錫顧培，建書院惠山之麓，奉主祀之。著有偶然云集十卷。

施璜，字虹玉，安徽休寧人。少應郡試，入紫陽書院聽講，瞿然曰：「學者當如是矣。」遂棄舉業，發憤躬行。已而會講推璜，璜先一日齋宿，務設誠以感人。教學者九容養外，九思養内，以造於誠。先後主講垂四十餘年。康熙三十二年，聖祖賜「學達性天」額於紫陽書院，璜因輯書院志十卷。初璜好學，不敢自是，聞四方名賢，徒步千里。嘗過梁谿訪高世泰，將歸，與世泰約，期某年日當赴講。及期，世泰設榻以待。或曰：「千里之期，能必信乎？」世泰曰：「施生篤行君子也。」言未終，璜果至。又嘗應聘金陵，與孝感熊賜履論學，尤相契，賜履稱其易説、西銘問答、太極圖注翼有功經傳。及賜履再用，璜遺之書曰：「國家歲漕東南粟輸京師，累費巨萬。如使畿甸及齊、晉之地，相水利以興稻田，則數百萬之粟，可取之如反掌也。」賜履善其言。其學以復性爲宗旨，主敬爲工夫。自爲日記，立存心、行事、讀書、接人、吐論五目，注其旁曰：「無録怠也，録善掩不善欺也。怠則恥，欺則甚恥。」每日從朝至暮，以所行所得注於下，題曰思誠録。如是者亦四十餘年。又以文成之道不熄，朱子之道不著，講論之餘，悉力排擊。論者謂其崇尚正學，與汪佑同功。他著有誠齋問答、性理發明、易書詩四書釋注、五經臆説訂、學庸或問、辨學彙言、四禮要規、新安塾講録、紫陽通志續録。其五子近思録發明、小學發明二書，尤爲海内傳誦。

張夏，字秋紹，亦無錫人。明諸生。隱居菰川，孝友力學。初受業於馬世奇，博通經史。後從高世泰學，歸本自治，積十餘年，遂入世泰之室。世泰歿，其子弟相與立夏爲師，事之如世泰。湯斌撫吴，至東林與夏講學，韙其言，聘講孝經、小學於學宫。退而著孝經衍義、小學瀹注。其論學謂：「東林顧、高兩先生，一提性善以破無善，一提格物以救空知，辨析絲毫，俾夜復旦。」著雒閩源流録十九卷，取有明一代講學之儒，分别其門户。大旨闡洛、閩之緒，而力闢新會、姚江之説，然於陸氏之派，亦節取所長。又以東林之學，始宋楊時，因重輯楊文靖年譜二卷。又著錫山宦賢考略三卷。

吴曰慎，字徽仲，安徽歙縣人。諸生。篤行好學，尤致力宋五子書。其學以敬爲主，故號曰敬庵。嘗作性情説，謂：「孟子道性善，當時有異論，蓋未嘗爲氣質之説以通之。然推孟子口之於味之類，而曰性也。」又曰：「動心忍性，則亦就形氣嗜欲而言。又犬之性不若牛之性，牛之性不若人之性，亦謂氣稟之殊。是孟子雖未言氣質，而其意已躍如言外也。性囿於氣質，發而爲情，不能盡善。欲理性情，非治心不可；欲治心，非敬義不可。蓋中和者性情之德，敬者所以中，義者所以和。中庸之戒懼，敬也；慎獨，義也。敬義者所以變化氣質，克己復禮之道也。」又以金谿之徒援儒入釋，非痛切明辨無以盡絶根株，悉袪障蔽，因著就正録、敬庵存稿諸編。嘗遊梁谿，從高世泰遊。後還歙，會講紫陽，興起甚衆。著書三十餘種，易學尤深，有周易本義翼、周易集粹、爻徵數十卷。爻徵取史以證象，尤曉然於貞勝之旨。御纂周易折中，曾取其書數十則。

【校記】

〔一〕清史列傳之施璜傳，原附見於汪佑傳。

〔二〕清史列傳之張夏傳，原附見於高愈傳。

〔三〕清史列傳之吴曰慎傳，原附見於汪佑傳。

〔四〕「顒」字原作「容」，係清人避諱改字，故逕以改回。

〔五〕「遯世不見知」，語出中庸，當連讀。點校本誤將「遯世」讀斷，故逕改。

陸世儀 陳瑚　盛敬　江士韶

清史稿　卷四百八十　儒林一

陸世儀，字道威，太倉州人。少從劉宗周講學〔一〕，歸而鑿池十畝〔二〕，築亭其中，不通賓客，自號桴亭。與同里陳瑚、盛敬、江士韶相約，爲遷善改過之學〔三〕。或橫經論難，或即事窮理，反覆以求一是。甚有商榷未定，徹夜忘寢，質明而後斷，或未斷而復辨者。著思辨録，分小學、大學、立志、居敬、格致、誠正、修齊、治平、天道、人道、諸儒、異學、經子、史籍十四門。世儀之學，主於敦守禮法，不虛談誠敬之旨，施行實政，不空爲心性之功。於近代講學諸家，最爲篤實。其言曰：「天下無講學之人，此世道之衰；天下皆講學之人，亦世道之衰。嘉、隆之間，書院遍天下，呼朋引類，動輒千人。附影逐聲，廢時失事，甚有借以行其私者。此所謂處士橫議也。」又曰：「今所當學者不止六藝，如天文、地理、河渠、兵法之類，皆切於世用，不可不講。」所言深切著明，足砭虛憍之弊。其於明儒薛、胡、陳、王，皆平心論之。又嘗謂學者曰：「世有大儒，決不別立宗旨。」故全祖望謂，國初儒者，孫奇逢、黃宗羲、李顒最有名，而世儀少知者。同治十一年，從祀文廟〔四〕。

瑚字言夏，號確菴〔五〕。明崇禎十六年〔六〕舉人。世儀格致篇首提「敬天」二字，瑚由此用力，頗得要領。因定爲日紀考德法，而揭敬勝、怠勝於每日之首，格致、誠正、修齊、治平於每月之終，益信「人皆可以爲堯、舜」非虛語也。復取小學分爲六：曰入孝，曰出悌，曰謹行，曰信言，曰親愛，曰學文；大學分爲六：曰格致，曰誠意，曰正心，曰修身，曰齊家，曰治平。謂：「小學先行後知，大學先知後行，小學之終，即大學之始。」瑚之爲學，博大精深，以經世自任。值婁江湮塞，江南大饑，瑚上當事救荒書，皆精切可施行，而時不能用。明亡，絕意仕進，避地崑山之蔚村。田沮洳，瑚導鄉人築岸禦水，用兵家束伍法，不日而成。父病，刺血籲天，願以身代。父卒，遺産悉讓之弟。康熙十四年卒，年六十有二〔七〕。門人稱曰安道先生。巡撫湯斌即其故居爲之立安道書院。

敬，字宗傳〔八〕，號寒溪。諸生。長世儀一歲，矢志存誠主敬之學。篤於孝友，居喪三年，不飲酒食肉，有弟遇之無禮，敬終始怡怡。

士韶，字虞九，號藥園。諸生。其學以世儀爲歸。同時理學諸儒多著述，士韶以爲，聖賢之旨，盡於昔儒之論説，惟在躬行而已。晚年取所作焚之，故不傳於後云。

【校記】

〔一〕「少從劉宗周講學」，無據失實。清史稿之陸世儀傳，源自清國史世儀本傳。國史原作：「嘗欲從劉宗周問學，不果。」言之有本。據傳主論學酬答與張受先論學書及思辨録後集卷九諸儒，世儀雖尊劉宗周爲「今海内吾仰以爲宗師者」，且於明崇禎十五年冬，與同邑張采相約，前往紹興請益，因故未能成行。迄於三年之後，宗周故世，更無任何世儀追隨問學的記載。因此，雍乾間史家全祖望撰陸桴亭先生傳如實記云：「張受先謂之曰『講學諸公寥寥矣，蕺山其今日之碩果乎？曷與我往叩之。』先生擔簦從之，受先不果而止，終身以爲恨。」

〔二〕「歸而鑿池十畝」云云，語出清國史及全氏撰傳，而史稿有意隱去鑿池不出緣由及時間，紊亂史實，殊不可取。據陸桴亭先生傳記：「國亡，嘗上書南都不用，又嘗參人軍。事既解，鑿池寬可十畝，築亭其中，不通賓客。桴亭之名以此。」清國史之世儀本傳亦云：「明亡，不復出。鑿池十畝，築亭其中，不通賓客，自號桴亭。」

〔三〕史稿於此處所記，時序顛倒，並非實録。據陳瑚撰陸桴亭先生行狀，傳主之與陳、盛、江諸友相約爲體用之學，乃明崇禎九年事，而鑿池不出，則已入清。

〔四〕據凌錫祺尊道先生年譜，始議譜主從祀文廟，事當同治十三年四月，江蘇巡撫張樹聲疏請。五月十六日，飭下禮部議覆。光緒元年二月十五日，獲准。又據清會典事例卷四三六禮部一四七中祀：「光緒元年奏准，先儒陸世儀從祀聖廟，位列西廡明儒黄道周之次。」

〔五〕清史稿例不書號，自成一體，無可厚非。然此篇入正傳之陸世儀及附傳三家，字號皆書，章法自亂，百密一疏。

〔六〕「明崇禎十六年舉人」，誤。據王鎏撰陳先生瑚傳，傳主舉鄉薦，爲崇禎壬午，即十五年。

〔七〕「年六十有二」，不確。據上引陳瑚傳，傳主生於明萬曆四十一年，卒於清康熙十四年，得年六十有三。

〔八〕據江慶柏先生清代人物生卒年表及楊廷福、楊同甫二位先生編清人室名别稱字號索引，傳主當字「聖傳」。

陸世儀 陳瑚　盛敬　江士韶

清史列傳　卷六十六　儒林傳上一

陸世儀，字道威，江南太倉州人。年十六，父勗之曰：「一飲一食，常維經義，可以收放心。或坐或卧，如對聖賢，可以卻邪念。」世儀揭之座隅。年二十七，爲主敬之學，慮敬之或至散漫，時奉一天以臨之，功乃大進。嘗欲從劉宗周問學，不果。後與同里陳瑚、盛敬、江士韶諸人倡明正學。慮驚世駭俗，深自韜祕。或橫經論難，或即事窮理，反覆以求一是。甚有商榷〔一〕未定，徹夜忘寢，質明而後斷，或未斷而復辨者。

世儀之學，篤守程、朱。自言初有得於「心爲嚴師，隨事精察」八字，謂：「心爲嚴師即居敬，隨事精察即窮理。」既有得於「理一分殊」四字，謂：「聖賢工夫，隨事精察是起手，一以貫之是究竟，而此四字，自精察而造一貫之階梯也。」既而曠觀天地古今，無有不貫，謂：「邵子遇物皆成四片，此祇是於陰陽老少處看得熟，然終落氣數。若見得理一分殊親切，則遇物一片亦可，千萬片亦可。」其論太極圖說謂：「主敬二字是立人極之本，中正仁義又是主静之實落處。周子自注云：『無欲故静。』〔二〕無欲則純乎理，是以天理爲静，人欲爲動。乃知仁義中正之外，别無主静也。」其論性謂：「孟子祇就四端發現處言，不必説到渾然至善。」又謂：「論性離不得氣質，一離氣質便要離天地。蓋天地亦氣質也，離天地則於陰陽外别尋太極，太極不落空虚即同於一物。」世儀不喜陳、王之學，然能平心以論之。其論白沙曰：「世多以白沙爲禪宗，非也。白沙，曾點之流，其意一主於灑脱曠閒以爲受用，故與禪思相近。其『静中養出端倪』之説，中庸有之，然不言戒懼慎獨，與惟詠歌舞蹈以養之，則近於手持足行，無非道妙之意矣。不言睹聞見顯，而惟端倪之是求，則近於莫度金鍼之意矣。白沙本與敬齋俱學於吴氏，皆以居敬爲主，後來自成一家，始以自然爲宗。而敬齋則終身無所轉移，此狂狷之分。其實白沙所謂自然者，誠也，稍有一毫之不誠，則粉飾造作，便非自然。或者以率略放誕爲自然，非也。」其論陽明曰：「陽明之學，原自窮理讀書中來，不然龍場一悟，安得六經皆湊泊？但其謂庭前格竹七日而病，是則禪家參竹篦之法，原非朱子格物之説，陽明自誤會耳。蓋陽明少時，嘗從事禪宗，而正學工夫尚寡。初官京師，雖與甘泉講道，非有深造。居南中三載，始覺有得，而才氣過高，遽爲致良知之説，自樹一幟。是後畢生鞅掌軍旅之中，雖到處講學，然終屬聰明用事，而少時之熟處難忘，不免逗漏出來。要之，致良知固可入聖，然切勿打破敬字，乃是壞良知也。其致之亦豈能廢窮理讀書？然陽明之意，主於簡易直捷，以救支離之失。故聰明者厭窮理讀書之繁，動云一切放下，直下承當。心麤膽大，祇爲斷送一敬字。不知即此簡易直捷之一念，便已放鬆腳根也。」論者謂其洞見得失，足廢諸家紛争之説。

生平於象緯、律曆及禮樂、政事異同，無所不究。所著思辨録，疏證剖析，蓋數百萬言，分小學、大學、立志、居敬、格致、誠正、修齊、治平、天道、人道、諸儒、異學、經史〔三〕、子籍十四門，凡三十五卷。大旨主於敦守禮法，不虛談誠敬之旨，施行實政，不空爲心性之功。於近代講學諸家，最爲篤實。故其言曰：「天下無講學之人，此世道之衰，天下皆講學之人，亦世道之衰。嘉、隆之間，書院遍天下，呼朋引類，動輒千人，甚有借以行其私者。此所謂處士横議也。」又曰：「今所當學者止六藝〔四〕，如天文、地理、河渠、兵法之類，皆切於世用〔五〕，不可不講。」其言足砭虛憍之弊。後儀封張伯行序其書，謂：「世稱世儀爲朱子後一人，余不敢知。然其於内聖外王之道，思辨有素，不可謂非正學干城云。」明季流寇事亟，世儀謂：「平賊在良將，尤在良有司。宜大破成格，凡進士、貢、監諸生不拘資地，但有文武幹略者，輒與便宜，委以治兵。積粟守城之事有功，即以爲其地之牧令。如此則將兵者所致有呼應。今拘以吏部之法，重以賄賂，隨人充數，是賣封疆也。」時不能用。

明亡，不復出。鑿池〔六〕十畝，築亭其中，不通賓客，自號桴亭。順治十五年，始應學政張能鱗聘，爲輯儒宗理要。十七年，應諸生之請，講學東林。康熙五年，復講學毘陵。已復歸講里中，當事屢欲薦之，力辭。十一年卒，年六十二。他著有論學酬答、宗禮典禮折衷、禮衡、易窺、詩鑑、書鑑、春秋考論等四十餘種。國朝諸儒恪守程、朱家法者，世推「二陸」，謂世儀及隴其也。光緒元年，禮部議覆江蘇巡撫張樹聲疏奏，奉旨從祀文廟。

陳瑚，字言夏，亦太倉州人。明崇禎十六年〔七〕舉人。世儀作格致篇，首提「敬天」二字，瑚由此用力，遂得要領。每日課程，以敬怠善過自考。嘗與世人論致中和工夫，瑚答之曰：「工夫全在存養省察。玩注中約之、精之二語，約之有漸，漸收斂入内意；精之有漸，漸擴充向外意。即如戒慎、恐懼，何得偏擇所謂不睹、不聞者？而用功祗是持敬於己，不問其睹聞與否。步步存天理於胸中，然後漸漸收斂，直至夢寐所不及簡，精神所不及持，純是一團天理。此之謂約之，此之謂致中。慎獨則先從己所獨知之地用力，然後推向外去，自一事一物以至萬事萬物，無不各當，絶無一毫人欲。此之謂精之，此之謂致和。」世儀諸人皆然其言。著聖學入門書，分小學爲六：入孝、出悌、謹行、信言、親愛、學文；大學爲六：格致、誠意、正心、修身、齊家、治平〔八〕。謂：「小學先行後知，大學先知後行，小學之終，即大學之始。」

瑚之學博大精深，尤講求經濟大略。暇則橫槊舞劍，彎弓注矢，其擊刺妙天下。值婁江堙塞，江南大饑，瑚上當事救荒書。其預備之政四，曰：築圍岸，開港浦，廣樹藝，預積儲。防挽之政四，曰：慎災眚，早奏報，懲游惰，勸節省。補苴之政四，曰：通商，勸分，興役，弭亂。軫恤之政四，曰：招流亡，緩徵索，審刑獄，恤病囚。又陳支吾三議，其議食四條，曰：勸義助，勸轉輸，招商米，優米肆。議兵八條，曰：嚴保甲，練鄉民，設偵探，勸習射，練夫役，練牙兵，備城守之人，備城守之器。議信六條，曰：勵士節，和大户，巡郊野，安典肆，清獄囚，嚴督察。又籌江南二策，曰：「定常賦以絶蠹漁，此治標之法；興水利以闢田疇，此治本之法。」皆精切可施行，時不能用。其論理財謂：「管子富國之法，大約籠山澤之利，操輕重之權，可施之一國，不可施之天下。苟利吾國，鄰國雖害不恤也。此有餘，彼不足，不足者亦王土也。此享其利，彼受其弊，弊者亦王民也。故桑、孔用之漢而耗，王、呂用之宋而亡。」時稱爲篤論。瑚嘗自言，其學如醫之治病，求之於古猶方藥也，求之於今猶切脈也。按脈求病，按病定方，按方用藥，故百發不爽。然主人諱疾，則良醫亦束手矣。

明亡，絶意仕進，奉父寓崑山之蔚村。田沮洳，瑚導鄉人築岸禦水，用兵家束伍法，不日而成，歲獲豐稔。又立孝弟、力田、爲善三約，衆皆悦從。父病，刺血籲天，願以身代。父卒，遺産悉讓之弟。康熙八年，詔舉隱逸，知州白登明將以其名上，瑚力辭乃已。遊其門者，多俊偉英略之士。十四年卒，年六十三。卒後，村人立祠祀之。巡撫湯斌即其居爲安道書院。他著有求道録、淮雲問答、築圍説、治病説、救荒定議等書。其孫搜輯彙編，爲五十八卷。

盛敬，字聖傳，亦太倉州人。諸生。長世儀一歲〔九〕，矢志存誠主敬之學。篤於孝友，居喪三年，不飲酒食肉。有弟遇之無禮，敬始終怡怡。家貧，虀鹽不給，讀書窮晝夜。瑚嘗稱其深思静氣，學力日進，雖論事或有未當，而嚴儒釋之分、敬怠之辨，至爲精密。

江士韶，字虞九，亦太倉州人。諸生。其學以世儀爲歸，盛敬嘗以世儀開闢、士韶懇到稱之。同時諸人多務著述，士韶以爲，三代聖賢之旨，盡於昔儒論説，惟在躬行而已。晚年取所作焚之，故不傳於後。惟世儀所著思辨録，未有倫次，士韶纂輯精要，類分而書之，遂行於世。

【校記】

〔一〕「榷」字，原誤作「椎」，依清國史改。

〔二〕「無欲故静」四字，係太極圖説自注語，以下則皆世儀言。原點校未審，故逕改。

〔三〕據思辨録輯要「經史、子籍」不確，當作「經子、史籍」。

〔四〕「止六藝」三字，誤據别書改。據原書及清國史影印本，皆當作「不止於六藝」。

〔五〕「世用」二字，原書及清國史影印本均作「用世」，可不改。

〔六〕「鑿池」「池」字，原誤作「地」，依清國史改。

〔七〕當爲「崇禎十五年」，詳見清史稿陳瑚傳前注。

〔八〕「治平」二字，點校本誤據别書改作「治國」，故逕以改回。

〔九〕「歲」字，原誤作「處」，逕改。

張履祥 錢寅　何汝霖　淩克貞　屠安世　鄭宏　祝洤

清史稿　卷四百八十　儒林一

張履祥，字考夫，桐鄉人。明諸生。世居楊園村，學者稱爲楊園先生。七歲喪父〔一〕，家貧，母沈教之曰：「孔、孟亦兩家無父兒也，只因有志，便做到聖賢。」長，受業山陰劉宗周之門〔二〕。時東南文社各立門户，履祥退然如不勝，惟與同里顏統、錢寅，海鹽吳蕃昌輩，以文行相砥刻。統、寅、蕃昌相繼歿，爲之經紀其家。自是與海鹽何汝霖、烏程淩克貞、歸安沈磊切劘講習，益務躬行。嘗以爲聖人之於天道，「庸德之行，庸言之謹」，盡之矣。來學之士，一以友道處之。謂門人當務經濟之學，著補農書。歲耕田十餘畝，草履箬笠，提筐佐饁。嘗曰：「人須有恒業。無恒業之人，始於喪其本心，終於喪其身。許魯齋有言，學者以治生爲急，愚謂治生以稼穡爲先。能稼穡則可以無求於人，無求於人則能立廉恥。知稼穡之艱難，則不妄求於人，不妄求於人，則能興禮讓。廉恥立，禮讓興，而人心可正，世道可隆矣。」初講宗周慎獨之學，晚乃專意程、朱，踐履篤實，學術純正。大要以爲仁爲本，以修己爲務，而以中庸爲歸。康熙十三年卒，年六十四。著有願學記、讀易筆記、讀史偶記、言行見聞録、經正録、初學備忘、近古録、訓子語、補農書、喪葬雜録、訓門人語及文集四十五卷〔三〕。同治十年，從祀文廟。

履祥初兄事顏統。周鍾之寓桐鄉也，至其門者踵接，統曰：「鍾爲人浮僞，不宜爲所惑。」履祥嘗曰：「自得士鳳，而始聞過。余不失足於周鍾、張溥之門者，皆其力也。」

寅，字子虎，與履祥爲硯席交。崇禎癸未冬，海寧祝淵以抗疏論救劉宗周被逮，履祥與寅送之吴門。次年，遂偕詣宗周門受業焉。自是寅造履益謹，寇盜充斥不廢學。卒年三十四〔四〕。

汝霖，字商隱，海鹽人。嘗與友人曰：「周、程、張、朱一脈，吾輩不可令斷絶。」居喪三年，未嘗飲酒食肉。隱居澉浦紫雲村，學者稱紫雲先生。履祥子維恭，嘗受業於汝霖、克貞之門。又有吴璜、安道、邱雲〔五〕，皆履祥友，並命維恭師事焉，曰：「數人皆深造自得，君子人也。」

璜，秀水人。剛直好義，勢利不動心。安道，嘉興人。雲，桐鄉人。安道嘗言：「君子之異於小人，中國之異於夷狄，人類之異於禽獸，有禮無禮而已。士何可不學禮！」又曰：「東林諸公，大抵是重名節，然止數君子，餘皆有名而無節也。」

克貞，字渝安，烏程人。履祥交最篤。嘗謂：「父子兄弟安得人人大中、明道、伊川，夫婦安得人人伯鸞、德曜，在處之得其道耳。」與履祥遊蕺山之門者，有屠安世、鄭宏〔六〕。

安世，秀水人。聞宗周講學，喜曰：「苟不聞道，虚生何爲！」遂執贄納拜焉。宗周既殁，從父兄偕隱於海鹽之鄉。病作不粒食者十有七年。得宗周書，力疾鈔録，反躬責己，無時或怠。嘗曰：「朝聞夕死，何敢不勉。」卒年四十六。

宏，海鹽人。與弟景元俱從劉宗周受業，篤於友愛。景元短世。乙酉後，絶意進取，躬灌園蔬養母，屢空晏如也。敝衣草履，不以屑意。嘗徒跣行雨中，人不能識也。卒年五十六。

洤，字人齋，海寧人。乾隆丙辰舉人。私淑履祥，爲梓其遺書。所著有淑艾録。吴蕃昌、沈磊在孝友傳。

【校記】

〔一〕史稿之履祥傳，源自清國史，於傳主喪父之年，記爲九歲，史稿則改作七歲，不知根據何在。據考，傳主楊園先生全集卷廿一先世遺事有云:「履祥遭家不造，有生八年，先子棄世。」又云:「萬曆己未，水溢，先君子已没矣。」己未爲萬曆四十七年，傳主時年九歲。道光間，蘇惇元重訂張楊園先生年譜，於萬曆四十七年九歲條，即據以記作:「春正月，丁父憂。」國史之所記，當自此出。史稿擅改，不可取。

〔二〕張履祥如山陰受業劉宗周之門，時當崇禎十七年，年三十四，清國史及前引年譜叙次甚確。史稿不依信史，擅將此事提前，大誤。

〔三〕「四十五卷」，誤。據同治本楊園先生全集，當作「五十四卷」。

〔四〕據楊園先生全集卷二十二祭錢字虎文，錢寅卒於順治四年。

〔五〕「吴璜」之「吴」字誤，當作「吕」。吕璜，字康侯，浙江秀水人。「安道」二字前，漏一「屠」字。屠安道，字子高，浙江嘉興人。詳見張楊園先生年譜順治十七年、康熙三年二條。

〔六〕「宏」字，據楊園先生全集卷廿一同學紀略，當作「弘」。史稿避清高宗名諱改。

張履祥　凌克貞　何汝霖　張嘉玲　祝洤　陳梓

清史列傳　卷六十六　儒林傳上一

張履祥，字考夫，浙江桐鄉人。九歲喪父，哀毁如成人。家貧，母沈教之曰：「孔、孟亦兩家無父兒也，祇因有志，便做到聖賢。」及長，與同里顔統、錢寅，海鹽吴蕃昌輩，以文行相砥。時東南社事方興，各立門户，統與履祥戒勿往。年三十二，見漳浦黄道周於杭州，道州以近名爲戒，履祥謹誌之。年三十四，如山陰受業劉宗周之門，歸而自謂有得。年三十九，友人規之曰：「欲誠其意，先致其知。」因覺人譜獨體猶染陽明，遂一意程、朱之學。與烏程凌克貞、海鹽何汝霖、歸安沈磊切劘講習，專務躬行。

其學大要以仁爲本，以修己爲務，而以中庸爲歸。窮理居敬，宗法考亭，知行並進，内外夾持，無一念非學問，無一事非學問。與汝霖書曰：「承喻頭腦之説。按論語一書，謹言慎行爲多，不亟亟於頭腦也。顔子述善誘之功，則曰『博文約禮』而已，請爲仁之目，則曰『非禮勿視聽言動』而已。此即所謂『約禮』之實也。曾子『一貫』之旨，則曰『忠恕』而已。子思受曾子之學者也，中庸所述，與論語曾子之言，如合符節，故曰『忠恕違道不遠』。孟子傳子思之學者也，其言曰『居仁由義』，曰『求放心』，其曰『求〔一〕其志，無暴其氣』，即『求放心』之謂也。『求放心』，則中庸『戒慎恐懼』之謂，而論語『日省其身』、『臨淵履冰』之旨也。仁義二字，論語未嘗並舉。易傳則曰『立人之道曰仁與義』，中庸則曰『仁者人也，義者宜也』，則亦夫子之言也。至云『反身而誠，樂莫大焉，强恕而行，求仁莫近焉』，則與曾子、子思先後一轍矣。三代而下，濂溪則曰『主静立人極』，關中則曰『知禮成性』，程門則曰『敬義夾持』，曰『存心致知』，曰『理一分殊』，朱子則曰『居敬窮理』。要而論之，豈有異旨哉！居敬所以存心也，窮理所以致知也。惟居敬故能直其内，惟窮理故能方其外，惟内之直故能立天下之大本，惟外之方故能行天下之達道。然居敬窮理，又非截然有兩種工夫也。博學、審問、慎思、明辨，是爲窮理。其不敢苟且從事、勤始怠終及參以二三，即爲居敬。故又曰：『學者用功，當在分殊上。』其曰『知禮成性』，即『約禮』之謂。親親之殺，尊賢之等，皆天理也，故曰『禮所生也』，三百三千所從出也〔二〕，所謂分殊〔三〕。其曰『主静立極』者，定之以中正仁義而已也。仁義不軌於中正，則仁或流於兼愛，義或流於爲我，而人極不立矣。禮以敬爲本，敬則自無非僻之干，人欲退而天理還矣。欲退理還，則終日言言所當言，終日行行所無事而静矣，故又曰『無欲故静』。然則濂溪、横渠雖不言主敬，而敬在其中矣。由是而上質之鄒、魯，豈不同條而共貫哉！吾人學問，舍居仁由義，更無所謂學問。吾人工夫，舍居敬窮理，更無所謂工夫。凡先儒之言，若『志伊尹之所志，學顔子之所學』；若『爲天地立心，爲生民立命』；若『以興起斯文爲己任』；種種道術，舉不外是，更何有於頭腦之求？古人騎驢覓驢之喻，是之謂矣。特患居敬之不熟，而有或得或失之憂，窮理之未精，而有或然或不然之慮。要亦無他道也，有不熟則勉進於熟而已，有未精則勉求其精而已。平日工夫，惟在涵養其本原，以爲制事酬物之主爾矣。朋友講習，養也；獨居思索，亦養也。讀書考究，養也；飲食動作，亦養也。念兹在兹，釋兹在兹，如伏雌之抱卵。其退不舍，其進不鋭，如日月之貞恒。修其疆畔，時其耔耘，如農夫之力穡。而後可致其精也，而後可幾於熟也。必若先儒云『滿腔子皆惻隱之心，盎然若太和元氣之流行於天地之間』；必若先儒云『在我之權度精切不差，截然如萬物之各正性命』；子思所云『擇善固執』；孟子所云『深造自得』；其或以此也歟！夫學問者，將以盡性命之理也。苟不本於天之所賦，物之所受，非學問之正也，安可使之有兩截乎？事物者，身心之準則也。苟事至物來，而處之不當其分，正身心之病也，安可視爲兩途乎？事物之不能不日至者，勢也。迎之非也，拒之亦非也，以其皆不免於自私而用智也，非順應之道也。無事則讀書，讀書者，所以維持此心，而不使其或怠也，非以務博也。默坐則思索，思索者，所以檢點其身，而不使其有闕也，非以躭寂也。事至則泛應，泛應者，所以推行天理於事事物物，而不使其有過不及也，非以外馳也。無衆寡，無小大，無敢慢則一矣。無有事無事，無有人無人，無敢慢則一矣。一則窮通一矣，壽夭亦一矣，死生亦一矣。」

晚爲汝霖評王氏傳習録，以爲讀其書，使長傲文過，輕自大而無得。又曰：「一部傳習録，驕吝二字足以蔽之。」所自著備忘録，篤實正大，足救俗學之弊，論者比之河津讀書績録。他著有願學記、讀易筆記、讀史偶記、言行見聞録、經正録、初學備忘、近鑑、近古録、訓子語、補農書、喪葬雜説〔四〕、訓門人語及詩文集，凡五十四卷〔五〕。

履祥少有大志，明亡乃避世，畏聲利若浼。以訓蒙自給，交友盡規，而不喜講學，來學之士，一以友道處之。黄宗羲方以紹述宗周鼓動天下，履祥曰：「此名士，非儒者也。」歲耕田數十畝，草履箬笠，提筐佐饁。嘗曰：「許魯齋言學者以治生爲急，愚謂治生當以稼穡爲先。能稼穡則無求於人而廉恥立，知稼穡艱難則不妄取於人而禮讓興。廉恥立，禮讓興，世道可復古矣。」又嘗言：「嘉郡水利不講，時被旱潦，其要在濬吴淞江。」其後嘉善柯聳建議濬之，本履祥説也。康熙十三年卒，年六十四。同治十年，禮部奏請從祀文廟，在東廡先儒孫奇逢之次，奉旨依議。

初履祥弱冠時，兄事統。周鍾之寓桐鄉也，至其門者踵接，統曰：「鍾爲人浮僞，不宜爲所惑。」履祥嘗曰：「自得統而始聞過，余不失足於周鍾、張溥之門者，皆其力也。」及從宗周遊，與寅偕。宗周曰：「二子有親乎？」對曰：「俱幼喪父。」宗周色動，徐曰：「修身所以事親也。」海寧祝淵抗疏論宗周被逮，履祥與寅送之吴門。寅造履端謹，寇盜充斥不廢學，與統俱早卒。

凌克貞，字渝安，浙江烏程人。交履祥三十年，誼最篤。履祥嘗曰：「錢寅既殁，復得克貞，不幸中之幸也。」克貞爲學，篤守程、朱，嘗與履祥書謂：「學者入手，當思有著力處，便求超脱不得。」又言：「古今人物，史册外何限？修身力行，當懷遯世不見知之心；讀書論世，應具不受前人欺之見。」又言：「今日人士，不患不聰明，患不篤實。士不篤實，聰明愈多，適以濟其僞。」見貧士不事課授，即不樂。或勸其治生，答曰：「授徒即吾之治生也。」履祥卒，克貞序其遺書以行。

何汝霖，字商隱，浙江海鹽人。隱居澉浦紫雲村，與履祥志同道合，相交十七年。嘗語友人曰：「周、程、張、朱一脈，吾輩不可令斷絶。」居喪三年，自卧疾外，未嘗飲酒食肉。嗣弟殁，家破，遺孤無託，汝霖衣食教誨，爲安定其室家。履祥嘗命子維恭，受業於克貞、汝霖及秀水吕璜、嘉興屠安世〔六〕、同邑邱雲，曰：「數人皆深造自得君子人也，吾切磋受益爲多。」其見重如此。履祥病革，以全稿託汝霖。及卒，汝霖經紀其喪，率友朋弟子數十人，爲會葬焉。

張嘉玲，字佩葱，江南吴江人。居父喪，三日不食，小祥内蔬食水飲，三年中衰麻不去身，未嘗沐浴入内室。履祥聞而敬之。嘉玲介克貞執贄往見，固求納拜，不許。逾五年，致書汝霖，乞正師弟之稱，仍不許。履祥嘗曰：「佩葱質敏而志剛，行修而氣下，肫肫有德君子人也。」又與友人書曰：「近得畏友佩葱，庶慰日暮之懷，以其能策頹惰耳。吾人德業不及後生，大爲可恥。」嘉玲從履祥久，所詣獨粹，世比之黄勉齋。其講學排陸、王而宗程、朱，嘗曰：「陸、王學術之可憂，本爲賢智之過，今之言陸、王者，皆出於愚不肖之不及，所以爲患愈深。」方欲有所論著，病作遂卒，年僅三十四。惟與履祥答問一卷，刻楊園全書中。其後私淑履祥者，有海寧祝洤、餘姚陳梓。

祝洤，字貽孫，乾隆元年舉人。四歲喪父，母日取數字教之，每課必首人字，曰：「人須是頂天立地。」浍感動，遂自號人齋。及長，嗜理學書，讀履祥集，謂其昌言貞教，與朱子一揆。因取備忘録增删之，爲淑艾録十四卷。又由履祥而上溯朱子，掇取文集、語類，分十四門，編次爲下學編十四卷。又嘗爲友人删節禮記注疏，兼博考諸家，擇其長説，爲書七十卷，未及訂正。二十四年卒，年五十八。

陳梓，字俯恭。少讀書有大志，書體古别，與李鍇齊名，時稱「南陳北李」。吴江姚瑚曾及履祥之門，梓弱冠從瑚遊，與祝浍交最契。私淑履祥，撰四書質疑以教學者，隱居事親，不求聞達。雍正二年，舉孝廉方正，辭不就。晚居臨山，聚徒講學。海昌范鯤表彰履祥遺書，梓復爲訂定年譜。他著有删後文集。乾隆二十四年卒，年七十七。

【校記】

〔一〕「求」字誤。據傳主楊園先生全集卷五與何商隱一所引孟子公孫丑語，當爲「持」。

〔二〕據上引與何商隱一，「所」字前，脱一「皆」字。

〔三〕據與何商隱一，「殊」字後脱一「也」字。點校本於「分殊」下作逗號，即緣脱字之誤。

〔四〕據楊園先生全集，「説」字誤，當爲「録」。

〔五〕清國史原作「四十五卷」，誤。點校本改作「五十四卷」，確然可據。

〔六〕屠安世另有其人，此處所言當指屠安道。據蘇惇元輯張楊園先生年譜順治十七年、五十歲條記，是年，譜主「交吕康侯、屠子高。康侯名璜，秀水人。子高名安道，嘉興人」。

沈昀 姚宏任　葉敦艮　劉汋

清史稿　卷四百八十　儒林一

沈昀，字朗思，本名蘭先，字甸華，仁和人。劉宗周講學蕺山，昀渡江往聽。與應撝謙友。其學以誠敬爲宗，以適用爲主，而力排二氏。家貧絶炊，掘階前馬蘭草食之。鄰有遺之米者，昀宛轉推辭，忽仆於地，其人驚駭潛去。良久方甦，因笑曰：「其意可感，然適以困我。」撝謙歎曰：「我於交接之際，自謂不苟，以視沈先生，猶覺愧之。」宗周身後，傳其學者頗滋諍訟，昀曰：「尼父言『躬行君子』，若騰其口説以求勝，非所望於吾也。」以喪禮久廢，緝士喪禮説，以授同郡陸寅。疾革，門人問曰：「夫子今日何如？」曰：「心中無一物，惟誠敬而已。」卒年六十三〔一〕。窮無以爲殮，撝謙涕泣不知所出，曰：「我不敢輕授賻襚，以汙先生。」其門人姚宏任趨進曰：「如宏任者，可以殮先生乎？」撝謙曰：「子篤行，殆可也。」姚遂殮之，葬於湖上。

宏任，字敬恒，錢塘人。少孤，母賢婦也。宏任隱市廛，其母偶見貿絲銀色下劣，慍甚，曰：「汝亦爲此乎！」宏任長跪謝，願得改行，乃受業於撝謙。日誦大學一過，一言一行，服膺師説，遇事必歸於忠厚。撝謙不輕受人物，惟宏任之餽不辭，曰：「吾知其非不義也。」宏任每時其乏而致之，終身不倦。撝謙卒，執喪如古師弟子之禮，姚江黄宗炎許之曰：「是篤行傳中人也〔二〕。」晚年，以非罪陷縲絏。憲使閱囚入獄，宏任方朗誦大學，憲使異之，入其室皆程、朱書，與之語大驚，即日釋之。然宏任卒以貧死。

葉敦艮，字静遠，西安人〔三〕。劉宗周弟子。嘗貽書陸世儀討論學術，世儀喜曰：「證人尚有緒言，吾得慰未見之憾矣〔四〕。」

劉汋，字伯繩，宗周子。宗周家居講學，諸弟子聞教未達，輒私於汋，汋應機開譬，具有條理。宗周殉國難，明唐、魯二王皆遣使祭，廕汋官，汋辭。既葬，居蕺山一小樓二十年，杜門絶人事，考訂遺經，以竟父業。有司或請見，雖通家故舊，亦峻拒之。所與接者，惟史孝感〔五〕、惲日初數人。或勸之舉講會，不應。臨卒，戒其子曰：「若等安貧讀書，守人譜以終身，足矣。」人譜，宗周所著書。所卧之榻，假之祁氏，疾亟，强起易之，曰：「吾豈可終於祁氏之榻！」

【校記】

〔一〕史稿之沈昀傳，源自清國史。「年六十三」後，原傳尚有「時康熙十九年也」七字。史稿删此七字，以致傳主卒年不明，顯然失誤。

〔二〕「篤行傳」之「篤」字誤，當爲「獨」。中國古代史籍，並無篤行傳之目，有之乃係後漢書獨行列傳。史稿之姚宏任傳，源自全祖望姚敬恒先生事略，全先生文即作「獨」。

〔三〕西安乃浙江衢縣，即今衢州市，而非同名之他省城邑。史稿於傳主籍貫，不存行省所在，並非良法。

〔四〕史稿葉敦艮傳引述陸世儀此語，足見迄於劉宗周故世，陸先生始終未得拜謁。而先前之陸世儀傳，又稱傳主「少從劉宗周講學」，豈不自相矛盾！倘若史稿當年精心校勘，自然就可避免此類失誤。

〔五〕「史孝感」，「感」字誤，當爲「咸」。史稿之劉汋傳，係取清國史舊文，參酌邵廷采貞孝先生傳而成。關於劉汋與史孝咸諸友往來事，清國史不記，而貞孝先生傳則記之甚明。謂汋「坐卧蕺山一小樓，竟二十年，故人自史子虚、張奠夫、惲仲升數輩也，希復接面。」子虚乃史孝咸之字，史稿之史孝咸傳即稱：「孝咸，字子虚。」

沈昀 劉汋

清史列傳　卷六十六　儒林傳上一

沈昀，字朗思，原名蘭先，字甸華，浙江仁和人。明諸生。父之龍，以學行著聞。昀讀書好古，聞劉宗周講學蕺山，渡江往聽，遂爲正學。室無容榻，桁無懸衣，披帙覽書，凝坐終日。以貧故，與父皆教授於外。及侍親庭，動循法度，不苟言笑。其學以誠敬爲宗，以適用爲主，專宗考亭，不雜金谿、姚江之緒，於二氏則辭而闢之。晚節見習之者多，亦不與較辨也。平居日有課，月有程，每月則綜其所得，與同人相質難。聞四方有賢士，即書其姓氏置夾袋中，冀一見之。然不肯妄交，於取與尤介。連日絶炊，掘階前馬蘭草食之。鄰有餽之米者，昀宛轉謝辭，憊而仆，其人駭走。良久始蘇，因笑曰：「其意可感，然適以困我耳。」同邑應撝謙與昀友善，嘗歎曰：「辭受一節，生平自謂不苟，然以視沈先生，猶覺愧之。」宗周卒後，傳其學者頗滋争訟，昀曰：「尼父言『躬行君子』，若騰其口説以求勝，非所望於吾輩也。」遭明亡，棄舉業，誨二子止令下學，弗令干禄，雖極困躓不變。疾革，門人問曰：「此時先生誠敬之功，當無稍間？」昀曰：「唯唯。」至夜半遂卒，年六十三，時康熙十九年也。卒後貧無以殮，撝謙至涕泣不知所出，曰：「我不敢輕受賻襚，以汙先生。」其門人姚宏任趨進曰：「若宏任者，可以殮先生乎？」撝謙曰：「子篤行，殆可也。」乃殮而葬焉。

昀著有宋五子要言、四先生輯略、四書宗法、七經評論、名臣言行録、居求編等書，以貧累無副本。撝謙所見不過數卷，後全祖望求其遺書竟不可得。昀居父喪時，訂士喪禮，薈萃先儒之言，定其可行者，以授門人錢塘陸寅。

劉汋，字伯繩，浙江山陰人。宗周子。宗周講學，諸弟子聞教未達，輒私於汋。汋應機開譬，具有條理。嘗語葉敦艮曰：「學問之要，只是於倫常日用間，事事不輕放過，自然造到廣大高明田地。」宗周殉國難，明唐、魯二王皆遣使祭，廕汋官，汋辭。治喪畢，隱剡溪之秀峰。手輯宗周文集、語録，撰年譜二卷，數易稿，皆精楷，目爲損明。順治九年，張履祥至山陰，見汋蔬布如居喪時，勸之曰：「禮，有疾，飲酒食肉，三年内猶得行之。」汋曰：「不敢。吾大痛於心，不忍食也。」凡杜門絶人事者二十年，康熙三年卒，年五十二。臨卒，戒其子曰：「若等安貧讀書，守人譜終身，足矣。」人譜者，宗周所著書也。所臥榻假之祁氏，彊起易之，曰：「吾豈可終於祁氏之榻！」

初，宗周欲著禮經考次一書，屬汋撰成。汋日夕編纂，以夏小正爲首編〔一〕，而附月令，帝王所以治曆明時也。次丹書，而附王制，正己以正朝廷百官萬民也。於是原禮之所由起而次禮運焉，推禮之行於事而次禮器焉，驗樂之所以成，而次樂記焉。然後述孔子之言，次哀公問，次燕居、閒居、坊記、表記，設爲禮典。次以祭法、祭義、祭統、大傳，施於喪葬；次以喪大記、喪服小記、雜記，申以曾子問、檀弓、奔喪、問喪，終之以間傳、三年問、喪服四制〔二〕，而喪禮無遺矣。君子常服深衣、雅歌投壺，不可不講也，則次以深衣、投壺；男女冠笄婚姻所有事，則次以冠義、昏義，而〔三〕鄉飲酒義、射義、燕義、聘義，合三十篇，謂之禮經〔四〕。别分曲禮、少儀、内則、玉藻、文王世子〔五〕、學記七篇，謂之曲禮。垂老未卒業，其子茂林始克成之，凡正集十四卷，分集四卷。

茂林，字子本。幼侍宗周，聞慎獨之旨。既長，移居證人書院，静驗獨體，闡用〔六〕絶學。與外父黄宗羲復興證人社，講學不輟。晚歲詣益純，著吾屯子微言内外六十四篇〔七〕，分上下十二卷。内篇以闡天人性命、陰陽理氣、修己立誠之道，外篇以道綱常倫紀、禮樂刑政、致君澤民之務。又著九經翼原一書。茂林孝友性成，兢兢自守，惟期克揚先業云。

【校記】

〔一〕「編」字誤，當依影印本清國史作「篇」。

〔二〕喪服四制點校本作二篇，即以「喪服」爲一篇，「四制」爲一篇，誤。依禮記逕改。

〔三〕「而」字之下，點校本增「終之以」三字，依清國史影印本刪。

〔四〕「禮經」二字，清國史同，疑誤。禮記之禮器篇有云：「故經禮三百，曲禮三千，其致一也。」經言其大，曲謂其小，故此處之「禮經」二字，與其後之「曲禮」對稱，似當作「經禮」而非專指儀禮之禮經。

〔五〕文王世子爲禮記中之一篇，點校本爲求合七篇之數，分作「文王」與「世子」兩篇，誤，依禮記逕改。

〔六〕「用」字誤，依清國史影印本，當作「明」。

〔七〕吾屯子微言一書，清國史影印本作「四十四篇」。

應撝謙

清史稿　卷四百八十　儒林一

應撝謙，字潛齋，錢塘〔一〕人。明諸生。性至孝，殫心理學，以躬行實踐爲主，不喜陸、王家言。足跡不出百里，隘屋短垣，貧甚，恬如也。杭州知府嵇宗孟數式廬，欲有所贈，囁嚅未出。及讀撝謙所作無悶先生傳，乃不敢言。康熙十七年，詔徵博學鴻儒，大臣項景襄、張〔二〕天馥交章薦之。撝謙輿牀以告有司曰：「撝謙非敢卻薦，實病不能行耳。」客有勸者曰：「昔太山孫明復嘗因石介等請，以成丞相之賢，何果於卻薦哉？」撝謙曰：「我不能以我之不可，學明復之可。」乃免徵。二十二年〔三〕卒，年六十九。

撝謙於易、書、詩、禮、樂、春秋、孝經、四書，各有著説。又撰教養全書四十一卷，分選舉、學校、治官、田賦、水利、國計、漕運、治河、師役、鹽法十考，略仿文獻通考，而於明代事實尤詳。其不載律算者，以徐光啓已有成書；不載輿地者，以顧炎武、顧祖禹方事纂輯也。又有性理大中二十八卷。門人錢塘凌嘉邵〔四〕、沈士則傳其學。

【校記】

〔一〕傳主籍貫，清國史記爲「浙江仁和人」，持之有故。雍乾間史家全祖望撰應潛齋先生神道碑，即作「杭之仁和縣人也」。仁和、錢塘二縣，雖於民國初合爲一縣，然訖於清亡，皆分縣而治，同屬杭州府。史稿改「仁和」爲「錢塘」，當屬失誤。

〔二〕「張」字，誤。據清國史，當作「李」。

〔三〕應撝謙傳，清國史存有二稿，於傳主卒年，皆記作：「康熙二十二年卒，年六十九。」當有所本。前引全祖望撰神道碑，則記爲：「康熙二十六年病革，尚手輯周忠毅公傳，未竟而卒，春秋六十有九。」可備一說。

〔四〕「邵」字，誤。據全祖望文及清國史，當作「印」。

應撝謙

清史列傳　卷六十六　儒林傳上一

應撝謙，字嗣寅，浙江仁和人。明諸生。生而有文在手，曰「八卦」，左耳重輪，右目重瞳，少即以斯道爲己任。年二十三，作君子自勉論，殫心理學，以躬行實踐爲主。與錢塘虞鈖、蔣志春等爲獧社，取有所不爲也。性至孝，授徒養母，三旬未娶。人問之，曰：「娶則無以養母，鰥居可俟也。」歸安沈士毅慕其義，妻以兄女，資使奉養。撝謙終不肯入私室。母歿，除喪始成禮。家居足不出百里，隘屋短垣，貧甚，淡如也。杭州府知府嵇宗孟數式廬，欲有所贈，囁嚅未出。及讀撝謙所作無悶先生傳，乃不敢言。海寧知縣許酉山請主書院，造廬者再，撝謙辭曰：「使君學道，但從事於愛人以德足矣。」康熙十八〔一〕年，詔徵博學鴻儒，内閣學士項景襄、李天馥交章薦，撝謙輿牀以告。客有勸者曰：「昔太山孫明復嘗因石介等請，以成丞相之賢，何果於卻薦哉？」撝謙正色曰：「我不能以我之不可，學明復之可。」巡撫爲言，實老病不能行，乃免徵。

撝謙爲學，不喜陸、王家言，嘗謂：「陽明之功，譎而不正。」又謂：「陽明自少，獨學無師，堅於自用。」其論性，論太極，亦頗與程、朱不同。然其教人用功，必以窮理格物爲本，謹守朱子家法，讀書務窮底蘊。所著述二十八種，於經有周易集解、詩傳翼、書傳拾遺、春秋傳考、禮學彙編、論孟拾遺、學庸本義、孝經辨定。而古樂書二卷，議論醇正，考訂簡覈，深得要領。自序曰：「夫樂何爲而作也？民受天地之生，稟陰陽之氣，有清濁之聲，而性情形焉。聲之變有萬，而不離於五，喉音宫，齒音商，牙音角，舌音徵，唇音羽。五者備矣，無中聲則不發。中氣實矣，無五者則不聲。此民之具於天者也。然此五者，惟中土之人得其中。九州之外，偏氣所極，皆得其一方之音而不能變。至於禽蟲，則唯具一聲。聖人懼人之習於偏音而失其中性，乃取十二月之中氣，命神瞽考中聲而量之以制，此十二律所由起也。其聲之下而濁者，至黄鐘而極，高而清者，至應鐘而極。彼此旋宫，因時發斂，大聲不至震越，小聲不至哀細。使天下之人皆以爲節，聽而發之，以和其聲，以平其心。然後耳目聰明，血氣流行，風俗變化，師訟不興，職是故也。今宗伯不考聲，學宫不正律，使俗樂恣行於天地之間，以敗亂人心而蠱惑風俗。嗚呼，豈不痛哉！」又著性理大中二十八卷，因性理大全增損之，而退太極圖説於末卷。其論陽明一卷，陸隴其嘗特表之，曰王學考。又教養全書四十一卷，分選舉、學校、治官、田賦、水利、國計、漕運、治河、師役、鹽法十考，略仿文獻通考，而於明代事實尤詳。其不載律算者，以徐光啓已有成書；不載輿地者，以顧炎武、顧祖禹方事纂輯也。又潛齋文集十卷。康熙二十六〔二〕年卒，年六十九。門人錢塘淩嘉印、沈士則能傳其學，而姚宏任尤以篤行稱。

【校記】

〔一〕「康熙十八年」，誤，當作「康熙十七年」。據清聖祖實録卷七十一，康熙十七年一月辛未條記，聖祖頒諭吏部：「自古一代之興，必有博學鴻儒振起文運，闡發經史，潤色詞章，以備顧問著作之選。」且命：「凡有學行兼優，文詞卓越之人，不論已仕未仕，令在京三品以上及科道官員，在外督撫布按，各舉所知，朕將親試録用。」是爲「詔徵博學鴻儒」。現存清國史應撝謙傳之兩稿，亦皆作「康熙十七年」。

〔二〕原作「康熙二十二年」，點校本據碑傳綜表改，可備一説。

朱鶴齡 陳啓源

清史稿　卷四百八十　儒林一

朱鶴齡〔一〕，字長孺，吴江人。明諸生。穎敏嗜學，嘗箋注杜甫、李商隱詩，盛行於世。鼎革後，屏居著述，晨夕一編，行不識途路，坐不知寒暑。人或謂之愚，遂自號愚菴。嘗自謂「疾惡如仇，嗜古若渴，不妄受人一錢，不虚誑人一語」云。著愚庵詩文集。初爲文章之學，及與顧炎武友，炎武以本原相勗，乃湛思覃力於經〔二〕注疏及儒先理學。以易理至宋儒已明，然左傳、國語所載占法，皆言象也，本義精矣，而多未備，撰易廣義略四卷。以蔡氏釋書未精，斟酌於漢學、宋學之間，撰尚書埤傳十七卷。以朱子掊擊詩小序太過，與同縣陳啓源參考諸家説，兼用啓源説〔三〕，疏通序義，撰詩經通義二十卷。以胡氏傳春秋多偏見鑿説，乃合唐、宋以來諸儒之解，撰春秋集説二十二卷。又以杜氏注左傳未盡合，俗儒又〔四〕以林氏注紊之，詳證參考，撰讀左日鈔十四卷。又有禹貢長箋十二卷，作於胡渭禹貢錐指之前，雖不及渭書，而備論古今利害，旁引曲證，亦多創獲。年七十餘卒〔五〕。

啓源，字長發〔六〕。著有毛詩稽古編。其詮釋經旨，一準毛傳，而鄭箋佐之。訓詁聲音，以爾雅爲主，草木蟲魚，以陸疏爲則，於漢學可謂專門。又有尚書辨略二卷，讀書偶筆二卷，存耕堂稿四卷。

【校記】

〔一〕清史稿之朱鶴齡傳，源自清國史。據清國史影印本，所存朱鶴齡傳凡二稿，一見儒林傳卷一，一見儒林傳下卷卷一。就傳文内容及修辭可見，前者爲初稿，後者乃定稿。史稿所用係初稿，而非定稿，自然難免疏失。朱鶴齡本以經學著稱，並非理學中人，故清國史定稿，置於儒林傳下卷，與清初諸經學大儒同編。史稿儒林一，冠以一代理學諸儒，乃體例使然，而獨置朱鶴齡於其間，顯然自亂體例，編次失當。

〔二〕據清國史朱鶴齡傳定稿，「經」字之前，脱一「諸」字。

〔三〕詩經通義既係與陳啓源合著，則「兼用啓源説」五字，自屬多餘。前述定稿，即删此五字。

〔四〕一句之中，「又」字連用，有損修辭。據前述定稿，第二一「又」字，已改作「復」。

〔五〕朱鶴齡卒年，清國史定稿記之甚確，作「康熙二十二年卒，年七十八」。

〔六〕傳主名字之後，依史稿體例，當記籍貫，不可省。

朱鶴齡 陳啓源

清史列傳　卷六十八　儒林傳下一

朱鶴齡〔一〕，字長孺，江蘇吴江人。明諸生。穎敏嗜學，嘗箋注杜甫、李商隱詩，盛行於世，故所作韻語，頗出入二家。入國朝，屏居著述，晨夕一編，行不識途路，坐不知寒暑。人或謂之愚，遂自號愚庵。嘗自謂「疾惡如仇，嗜古若渴，不妄受人一錢，不虚詠人一語」云。著愚庵詩文集，其書元好問集後云：「好問於元，既足踐其土，口茹其毛，即無反詈之理。乃今之訕詆不少避者，若欲掩其失身之事，以誑國人。非徒悖也，其愚亦甚。」其言蓋指國初居心反覆之輩，可謂知大義矣。初爲文章之學，及與顧炎武友，炎武以本原相勖，乃湛思覃力於諸經注疏及儒先理學。以易理至宋儒已明，然左傳、國語所載占法，皆言象也，本義〔二〕精矣，而多未備，撰易廣義略四卷。以蔡氏釋書未精，斟酌於漢學、宋學之間，撰尚書埤傳十七卷。以朱子掊擊詩小序太過，與同縣陳啓源參考諸家説，疏通序義，撰詩經通義二十卷。又以杜氏注左傳未盡合，俗儒復以林氏注紊之，因詳證參考，撰讀左日鈔十四卷。又有禹貢長箋十二卷，作於胡渭禹貢錐指之前，雖不及渭書，而備論古今利害，旁引曲證，亦多創獲。康熙二十二年卒，年七十八。

陳啓源，字長發，江南吴江人。諸生。性嚴峻，不樂與外人接，惟嗜讀書。晚歲研精經學，尤深於詩。朱鶴齡著詩經通義，於國朝獨採啓源之説。所著毛詩稽古編三十卷，其詮釋經旨，一準毛傳，而鄭箋佐之，訓詁聲音，以爾雅爲主，草木蟲魚，以陸疏爲則，於漢學可謂專門。又著有尚書辨略二卷，讀書偶筆二卷，存耕堂稿四卷。

【校記】

〔一〕清史列傳之朱鶴齡傳，爲清國史之改定稿，見儒林傳下卷卷一。

〔二〕「本義」指朱熹周易本義，故當加書名號。

范鄗鼎 党成　李生光

清史稿　卷四百八十　儒林一

范鄗鼎〔一〕，字彪西，洪洞人。性孝友，闡明絳州辛全之學。康熙六年進士，以母老不仕，河、汾間人士多從之受經。十八年，以博學鴻儒薦，未起。立希賢書院，置田贍學者。輯理學備考三十〔二〕卷，廣理學備考〔三〕四十八卷，國朝理學備考二十六卷。采辛全、孫奇逢、熊賜履、張夏、黃宗羲諸家緒論，附以己説，議論醇正。又著五經堂文集五卷，語録一卷。又以其父芸茂有垂棘編，作續垂棘編十九卷，三晉詩選四十卷。

同時爲辛全之學者，有絳州党成、李生光。

成，字憲公。其學以明理去私爲本。生平不求人知，鄗鼎曾揚之於人，意甚不懌，時目爲捐者。其辨朱、陸異同〔四〕:「論者多以陸爲尊德性，朱爲道問學。此言殊未然。蓋朱子之道問學，實以尊德性也，陸氏則自錮其德性矣，何尊之可云？陸子嘗曰:『不求本根，馳心外物，理豈在於外物乎？此告子義外之學也。』朱子曰:『本心物理，原無内外，以外物爲外者，是告子義外之學也。』即此數語，可以見二家之異同矣。若粗論其同，二家皆欲扶世教，崇天理，去私欲，其秉心似無大異者。而實究其學，則博文約禮者，孔、顔之家法，屢見於論語，朱子得其正矣。陸氏乃言『六經皆我注腳』，又言『不識一字，管取堂堂作大丈夫』，豈不偏哉？」其辨論如此。

生光〔五〕，字闇章。未冠爲諸生。辛全倡學河、汾，遂往受業。篤於内行，事親至孝，全深重之。明亡，絶意仕進，自號汾曲逸民。構一草堂，日夕讀書其中，以二南大義，程、朱微言，訓門弟子。著有儒教辨正、崇正黜邪彙編，凡萬餘言。

【校記】

〔一〕清史稿之范鄗鼎傳，源自清國史。國史范傳凡二稿，一見於儒林傳卷二，一見於儒林傳上卷卷七。前者文簡，可稱簡稿。後者文繁，當稱繁稿。清史稿所用乃簡稿，清史列傳則存繁稿。傳主名，簡稿作「鎬鼎」，繁稿作「鄗鼎」，依傳主五經堂文集，統一作「鄗鼎」。

〔二〕理學備考全稱明儒理學備考，定本凡三十四卷。

〔三〕當稱廣明儒理學備考。

〔四〕党成傳出清國史，「異同」二字後，脱一「謂」字。

〔五〕李生光傳亦出清國史。生光年輩長於成，故國史編次在前。史稿長幼倒置，不知所本何在。

范鄗鼎 李生光　党成

清史列傳　卷六十六　儒林傳上一

范鄗鼎，字彪西，山西洪洞人。康熙六年進士。祖弘嗣，父芸茂，俱及絳州辛全之門。芸茂天性孝友，力行全所講執敬之學。崇禎末，負母避寇，又隻身代父入見僞官，俱得免。明亡，杜門不出，卒於家。鄗鼎少時，父授以全所著養心録，曰：「此辛先生第一書也。」初以五經應試，嗜左、國、秦、漢之文，務爲奇奥。既而曰：「人不爲理學，將爲何如人？文不爲理學，將爲何如文？」自是益究心濂、洛、關、閩諸書，闡明辛全之學。性至孝，父往見僞官時，牽衣仆地，竟夜乃蘇。及通籍，養母不仕，閉户讀書。立希賢書院，置學田，贍學者，河、汾人士多從受經。與錢塘〔一〕應撝謙、盩厔李顒〔二〕以理學著於南北。十八年，太常寺卿朱裴薦舉博學鴻儒，以母老辭。四十二年，聖祖西巡，鄗鼎迎駕，進所輯理學書，御書「山林雲鶴」四字賜之。後卒於家〔三〕。

鄗鼎爲學，不開講堂，不事著作，不主一家言，惟彙輯古今嘉言懿行以教學者。初輯理學備考，剟取辛全、孫奇逢書十卷，續補己説六卷，後復剟取熊賜履、張夏、黄宗羲書，合三十四卷。嘗以寄平湖陸隴其及李顒。隴其謂：「薛、胡、王、陳，不當并列。」顒則謂：「姚江一變至道。孫鍾元明目張膽，主張姚江，可謂卓見。」然鄗鼎復新城王士禛〔四〕書云：「馮恭定有言，除卻氣節、事功、文章，將於何處見道學？近人指文成爲異端，狎侮前哲，訕謗學官。先生謂其無羞惡之心，僕更謂其失爲下不倍之道也。至於黄梨洲學案，屬意專在文成，亦屬偏見。僕取其收羅宏富，自叙處不諱淺深，各得醇疵互見之意耳。」蕭山毛奇齡序其書，謂鄗鼎無偏陂之見存於中云。他著有五經堂文集五卷，語録一卷，三晉詩選一卷。又以祖弘嗣有晉垂棘編，作續編十九卷。鄗鼎初得世祖所頒勸善要言、牛戒彙鈔，刊布鄉里，故垂棘續編兼言感應之説。然網羅放失，山右文獻賴之。

李生光，字闇章，山西絳州人。幼端方，不與群兒伍。未冠爲諸生，聞辛全倡學河間，遂往受業。篤於内行，事親至孝，全深重之。明亡，絶意仕進，自號汾曲逸民。構一草堂，日夕讀書其中，以二南大義，程、朱微言，訓門弟子。著有儒林辨正、崇正闢邪彙編，凡萬餘言。衛道之力甚勇，學者多傳誦之。

党成，字憲公，亦絳州人。幼爲學有志聖賢，村居鍵户，日誦濂、洛、關、閩書，以身體之。其學以明理去私爲本，生平不求人知，鄗鼎曾揚之於人，意甚不懌，時目爲狷者。家貧，取與不苟，與人語，悉本諸經。嘗爲友人作一齋解云：「朱子曰，一者誠而已矣。周子曰，聖可學乎？曰可。有要乎？曰一爲要。一者無欲也。經傳所載，若一德，若一貫，誠之説也，所謂聖也。若惟一，若克一，無欲之説也，所謂學聖者也。致力於無欲，則聖可學矣。」鄗鼎嘗稱其言。其辨朱、陸異同謂：「論者多以陸爲尊德性，朱爲道問學。此言殊未然。蓋朱子之道問學，實以尊德性也，陸氏則自錮其德性矣，何尊之可云？陸子嘗曰：『不求根本〔五〕，馳心外物，理豈在於外物乎？此告子義外之學也。』朱子曰：『本心物理，原無内外，以外物爲外者，是告子義外之學也。』即此數語，可以見二家之異同矣。」其辨析精當，類如此。蔚州魏象樞聞其名，敦請講學，三返卒不答，象樞益高之。著有學庸澹言、日知録等書。弟子同里李毓秀傳其學。

【校記】

〔一〕「錢塘」，誤。當依清國史所記，作「仁和」。

〔二〕「顒」字原作「容」，係清人避諱改字，故逕以改回。下同，恕不出校。

〔三〕據五經堂文集，范鄗鼎生於明天啓六年，卒於清康熙四十四年，享年八十。

〔四〕「禛」字原作「禎」，清國史作「正」，皆係清人避諱改字，故逕以改回。

〔五〕「根本」二字顛倒，當依清國史作「本根」。

白奐彩 党湛 王化泰 孫景烈

清史稿 卷四百八十 儒林一

白奐彩〔一〕，字含貞〔二〕，華州〔三〕人。私淑於長安馮從吾，玩易洗心，詩、禮、春秋，多所自得。蓄書之富，陝以西罕儷。校讐精詳，淹貫靡遺，而冲遜自將，若一無所知。與同州党湛、蒲城王化泰諸人相切礪。率同志結社〔四〕，不入城市，不謁官府，終日晏坐一室，手不釋卷。同知郝斌式廬，聆奐彩論議，退而歎曰：「關中文獻也。」

湛〔五〕，字子澄。嘗言：「人生須作天地間第一等事，爲天地間第一等人。」故自號兩一。究宋、明以來諸儒論學語，揭其會心者於壁，默坐土室，澄心反觀。久之，怳然有契，自是動静云爲，卓有柄持。聞李顒倡道盩厔，冒雪履冰，不憚數百里訪質所學。相與盤桓數日，每至夜半，未嘗見惰容。其志篤養邃如此。

化泰〔六〕，字省庵。性方嚴峭直，面斥人過，辭色不少貸。人有一長，即欣然推遜，自以爲不及。關學初以馬嗣煜嗣馮從吾，而奐彩、湛、化泰皆有名於時。武功馮雲程、康賜吕、張承烈，同州李士濱〔七〕、張珥，朝邑王建常、關獨可，咸寧羅魁，韓城程良受，蒲城甯維垣，邠州王吉相，淳化宋振麟，皆篤志勵學，得知行合一之旨。至乾隆間，武功孫景烈亦能接關中學者之傳。

景烈〔八〕，字酉峰。乾隆三〔九〕年進士，授檢討，以言事放歸。教生徒以克己復禮，居平雖盛暑必肅衣冠。韓城王杰爲入室弟子，嘗語人曰：「先生冬不爐，夏不扇，如邵康節，學行如薛文清。」又曰：「先生歸籍三十年，雖不廢講學，獨絶聲氣之交。」〔十〕爲關中學者宗，有自來矣。

【校記】

〔一〕清史稿白奐彩傳，源自清國史儒林傳上卷卷四之白氏傳，兼採李顒宿儒泊如白君暨元配王孺人合葬墓誌銘而成。惟刪削不當，校讎未審，以致釀成疏失。

〔二〕「含貞」之「貞」字誤，當作「章」。

〔三〕記白奐彩籍貫作「華州」，不確。清國史亦然。據上引李顒所撰墓誌銘，白氏之先雖華州人，然奐彩遠祖君禮，自元季即徙居同州，故當作同州人。奐彩序李顒學髓，亦自署「同州白煥彩識」。又奐彩所生活之時代，同州、華州同屬陝西西安府，分縣而治，不可混淆。

〔四〕「率同志結社」云云，時間不明，係刪削舊文不當所致。依清國史及顒文，當在康熙七年，李顒講學同州之後。

〔五〕清史稿党湛傳，源自清國史，尤多採李顒党兩一翁行略。

〔六〕清史稿王化泰傳，源自李顒題王省庵墓碣。

〔七〕「濱」字誤，依清國史儒林傳，當作「璸」。

〔八〕清史稿孫景烈傳，源自清國史，見儒林傳上卷卷二三。

〔九〕「乾隆三年」誤，據清國史，當作「乾隆四年」。

〔十〕史稿此處，句讀有誤。據清國史引述王杰語，當止於「獨絶聲氣之交」，「爲關中學者宗」云云，乃史稿景烈傳執筆者語。

白奐彩 党湛〔一〕 孫景烈〔二〕

清史列傳　卷六十六　儒林傳上一

白奐彩，字含章，陝西華州〔三〕人。明諸生。其伯兄嘗及馮從吾之門，奐彩聞其緒論，私竊嚮往，遂棄帖括，息進取，一反之於經，玩易洗心，詩、禮、春秋，多所自得。明末，與馬嗣煜論學寄園，律身愈嚴。康熙七年，聞李顒倡道盩厔，奐彩與同州党湛、李士璸、王四服、馬棫、張珥及蒲城王化泰，迎顒於家。諸人皆年長於顒，折節北面，請教惟謹。奐彩於進修之要，靡不究極，最後以向上一機請。顒欣然告以安身立命之旨，脱去支離，直探原本。奐彩録之，以告同學，題曰學髓，後編入二曲集中。顒既西去，奐彩率同志結社切劘，恪守師説，不入城市，不謁官府，終日晏坐一室，手不釋卷。同知郝斌式廬，聆其論議，歎曰：「關中宿儒也。」二十三年卒，年七十八。奐彩與化泰、四服及湛，皆先顒歿。顒嘗致書守令，表三人墓曰「高士」，表湛墓曰「理學孝子」。

党湛，字子澄，陝西同州人。嘗言：「人生須作天地間第一等事，爲天地間第一等人。」故自號兩一。性至孝，父病癲，家人莫敢進，湛侍養不離側。及歿，廬墓三年。根究理道，玩諸儒論學語，揭其會心者於壁。居恒默坐土室，澄心反觀，久之，恍然有契。自是動静云爲，卓有把持。及從顒學，盤桓日夜，未嘗有惰容。卒年八十四。

孫景烈，字孟陽，陝西武功人。乾隆四年進士，改翰林院庶吉士，散館，受〔四〕檢討，以言事放歸。少家貧力學，讀小學、近思録諸書，確然有守。爲諸生時，入院試，有公役無禮於一生，不可堪，景烈怒，援以見督學。督學察其意氣非常，爲之責役。嘗官商州學正，革陋規，倡社學，爲諸生闡發經義，究義利之辨，當道爲舉孝廉方正。及放歸，陳宏謀、尹繼善先後延主關中、蘭山書院，後復主鄠縣明道書院。日與生徒講性命之學，雖盛暑必肅衣冠。學使者慕其名，夏日見之，不敢摇扇。其爲學恪守朱子，而以四書集注爲主。諸經子史，悉薈萃印證。以此講學，亦體之以持身涉世。其講大學「格致」，謂陸、王之説，混窮理於去私；講中庸「天命之謂性」，謂天命善，不命惡；講「四勿」章「復禮」，謂禮即「爲國以禮」之禮。嘗舉真西山語曰：「古之學者爲己。爲青紫而明經，爲科舉而業文，去聖人之旨遠矣。」十五年，宏謀以經明行修薦，景烈固辭。韓城王杰、臨潼王巡泰，皆其入室弟子。杰嘗語人曰：「先生冬不鑪，夏不扇，如邵康節；學行如薛文清。」又曰：「先生歸籍三十年，雖不廢講學，而獨絶聲氣之交。」四十七年卒，年七十七。著有關中、蘭山、明道書院講義、易經管窺、詩經講義、性理講義、康海武功志注、漦[五]封聞見録、菜根園慎言録。古文似廬陵，有逸氣，有西麓山房存稿、可園集。

【校記】

〔一〕清史列傳白奂彩傳，附見三家傳，党湛之後，爲李士璸、馬棫土（點校本誤作「士」，清國史不誤。）清史稿不取李、馬二家，代之以王化泰、孫景烈。

〔二〕孫景烈傳，原編次於卷六十七儒林傳上二。

〔三〕「華州」誤，當作「同州」。詳見清史稿白奂彩傳注〔三〕。

〔四〕「受」字誤，依清國史，當作「授」。

〔五〕「漦」字，清國史同。張驥關學宗傳王美鳳整理關學文庫本，作「部」。

胡承諾

清史稿　卷四百八十　儒林一

胡承諾〔一〕，字君信，天門人。明崇禎舉人〔二〕。國變後，隱居不仕，卧天門巾、柘間。順治十二年，部銓縣職。康熙五年，檄徵入都。六年，至京師，以詩呈侍郎嚴正矩云：「垂老只思還舊業，暮年所急匪輕肥。」既而告歸，得請。構石莊於西村，自號石莊老人。窮年誦讀，於書無所不窺，而深自韜晦。晚著繹志。繹志者，繹己所志也。凡聖賢、帝王、名臣、賢士，與凡民之志業，莫不兼綜條貫。原本道德，切近人情，酌古而宜今，爲有體有用之學。凡二十餘萬言，皆根柢於諸經，博稽於諸史，旁羅百家，而折衷於周、程、張、朱之説。承諾自擬其書於徐幹中論、顏之推家訓，然其精粹奥衍，非二書所及也。二十六年〔三〕六月卒，年七十五。所著有讀書説六卷，文體類淮南、抱朴，麟〔四〕雜細碎，隨事觀理而體察之。殆繹志取材之餘，與是書相表裏〔五〕。

【校記】

〔一〕清史稿胡承諾傳，源自清國史，見儒林傳上卷卷八。

〔二〕據胡玉章胡東柯先生年譜，承諾係崇禎九年舉人。

〔三〕「二十六年」誤，當爲康熙「二十年」。據上引年譜，承諾生於明萬曆三十五年，卒於清康熙二十年，年七十有五。

〔四〕「麟」字誤，依清國史，當作「鱗」。

〔五〕胡承諾既入清史稿儒林傳，又見同書卷四百八十四之文苑傳一。雖文字略有異同，然一人兩傳，足見史館當年修史之粗疏。

胡承諾

清史列傳　卷六十六　儒林傳上一

胡承諾，字君信，湖北天門人。明崇禎舉人。入國朝，隱居不仕，卧天門巾、柘間。順治十二年，部銓縣職。康熙五年，檄徵入都。六年，至京師，以老匄歸。構石莊於西村，自號石莊老人。窮年誦讀，於書無所不窺，而深自韜晦。晚著繹志。繹志者，繹己所志也。由聖賢修身立命，以及帝王之任官行政、制事治人，名臣賢士之所以持躬成業，凡民之所以居室盡倫，莫不兼綜條貫。原本道德，切近人情，考據古今，推準時會，爲有體有用之學。自志學至自叙，凡六十一篇，二十餘萬言。

其言有曰：「性原於天，其體常明，非物欲所能蔽。其或蔽之，則以學埽除之。命通於性，其理常定，非吉凶所能侵。其或侵之，則以學持守之。故學者，性所由盡，命所由正也。人有蔽塞，求通則通矣，以其知學也。物無求通之志，故蔽塞自如，以其不知學也。然則爲學之功，非直通塞之關，又人物之别也。」又曰：「性授於情，而後有益於天下。情依於性，而後無害於天下。」又曰：「醉飽傷生，多於飢渴。文字伐性，甚於顓蒙。法令誨奸，捷於教導。」又曰：「根本未固，不必豐其枝葉。親戚多怨，不必問其交遊。言行多疾，不必觀其事業。不見敬於州里，不必論其立於朝廷，臨於民庶也。」又曰：「物必有措置之所，措諸其所，聖人不能易也。義者事之所也，事有常有變，而義以爲中常之所宜。聖人用其中，非用其常也，故處常足以應變。變之所宜，聖人從其中，不從其變也，故應變所以守常。」又曰：「六經者，復性之書也。

其議道也，以聖人爲則。其制法也，以衆人爲心。於聖人見道之極，於衆人見道之同。衆人之所同，即天心也，治法盡是矣。舍此求治，必秦、漢以下任勢之爲，不久而遂敝，似治而實亂。」又曰：「欲立法度，先正人心。欲明號令，先慎起居。欲用刑辟，先崇教化。欲撥亂興治，先使一綱舉而萬目張。」又曰：「聖王之有用舍，所以變化人才，不但澄清流品。意在澄清，則綜覈之念多於愛養，官常雖勵，僥倖者亦叨竊其間。意在愛養者，長育之指既切，名實之辨自著，賢者無不遂其志，不肖者有改悔之益。」又曰：「法之將壞，紕繆居多。如繩之將絶，不能縛物也。有司更加以苟且，是引將絶之繩，縛難繫之物。健者放逸莫追，所繫縛者跛躄而已。」又曰：「古之人不敢輕言變法，必有明哲之德，於精粗之理無所不昭。不獨精者爲之地，即粗者亦爲之地。有和悦之氣，於異同之見無所不容，不獨同者樂其然，即異者亦樂其然。然後可奪其久安之法，授以更新之制，而不驚顧、不讙譁也。」又曰：「能聚斂者未必能富國也，能富國者未必能安天下也。富在筐篋府庫，則上溢而下漏。富在大夫之家，則本顛而末蹶。富在市廛，則金生而粟死。必也富在四野，然後貨財流，天下安矣。」又曰：「欲富國者，當使君民之力皆常有餘。民之餘力，生於君之約取。君之餘力，生於民之各足。」皆根柢經史，旁羅百姓〔一〕，而折衷於周、程、張、朱之説。

承諾自擬其書於徐幹中論、顏之推家訓，然其精粹奥衍，非二書所及也。二十年〔二〕卒，年七十五。别有讀書説六卷，文體類淮南、抱朴，鱗雜細碎，隨事觀理而體察之。殆繹志取材之餘，與是書相表裏。又有菊佳軒詩，今不傳〔三〕。

【校記】

〔一〕「姓」字誤，據清國史之胡承諾傳，當作「家」。

〔二〕清國史記承諾卒年，作康熙「二十六年」，誤。點校本據耆獻類徵改作「二十年」，甚確。

〔三〕菊佳軒詩，清國史執筆者未得一見。後復出於世，徐世昌主編晚晴簃詩匯，嘗取以入録。又據柯愈春清人詩文集總目記，國家圖書館藏有民國初重刻石莊詩二十七卷，計檄遊草一卷，青玉軒詩七卷，菊佳軒詩十一卷，頤志堂詩八卷。

曹本榮 張貞生

清史稿　卷四百八十　儒林一

曹本榮[一]，字欣木[二]，黄岡人。順治六年進士，改翰林院庶吉士，布袍蔬食，以清節自勵。八年，授秘書院編修，應詔上聖學疏千言，其略云:「皇上得二帝三王之統，則當以二帝三王之學爲學。誠宜開張聖聽，修德勤學，舉四書、五經及通鑑中有裨身心要務、治平大道者，内則深宫燕閒，朝夕討論，外則經筵進講，敷對周詳。君德既修，祈天永命，必基於此。」有詔嘉納。十年，擢右春坊右贊善，兼國子監司業，刊白鹿洞學規以教士。十一年，轉中允。十二年，世祖甄拔詞臣品端學裕者，充日講官，本榮與焉。十三年，升秘書院侍講、左春坊左庶子，兼侍讀。日侍講幄，辨論經義。敕本榮同傅以漸撰易經通注九卷，鎔鑄衆説，詞理簡明，爲説經之圭臬。本榮又著五大儒語[三]、周張精義、王羅擇編諸書。十四年八月，充順天鄉試正考官。九月，充經筵講官。十一月，以失察同考官作弊，部議革職，上以其侍從講幄日久，宥之。十八年，遷翰林院侍讀學士，改國史院侍讀學士。康熙四年[四]，以病請回籍，卒於揚州[五]。

本榮之學，從陽明致知之説[六]。故論次五大儒，以程、朱、薛與陸、王並行。既告歸，宦橐蕭然，晏如也。疾革，門生計東在側，猶教以窮理盡性之學。卒之日，容城孫奇逢痛惜之[七]。子宜溥，由廕生薦舉博學鴻儒，試授檢討。

張貞生[八]，字簣山[九]，廬陵人。順治十五年進士，官翰林院侍講學士。時議遣大臣巡察，貞生上疏諫，召對，所言又過戇。下考功議，革職爲民，蒙恩鐫二級去官。初闡陽明良知之説，其後乃一宗考亭。居京師，寓吉安館中，蓬蒿滿徑，突無炊煙。瀕行不能具裝，故人餽贐，一無所受，其狷介如此。尋奉特旨〔十〕，起補原官，至京卒〔十一〕。著庸書二十卷，玉山遺響集〔十二〕。

【校記】

〔一〕清史稿之曹本榮傳，源出清國史，載儒林傳上卷卷八。

〔二〕「欣木」誤。據清國史之曹本榮傳，其字當作「木欣」。

〔三〕據清國史，「語」字之後，尚脱一「要」字。本榮所著，當名五大儒語要。

〔四〕「康熙四年」，不確。據本榮弟子計東撰中憲大夫内國史院侍讀學士曹公本榮行狀，本榮於康熙「三年，請假回籍遷葬」。

〔五〕據上引行狀，曹本榮生於明天啓元年八月，康熙三年十一月二十三日，卒於揚州，年四十有四。

〔六〕依清國史，「致知」二字間，脱一「良」字，「説」字之後，脱一「入」字，當爲「本榮之學，從陽明致良知之説入」。

〔七〕史稿如此行文，似本榮病卒揚州，孫奇逢亦在當日得知。其實不然。是時，奇逢南徙河南輝縣已十餘年，隱居不出，迄於逝世，從未到過揚州。至於本榮去世噩耗，斷不可得悉於「卒之日」，當係其後，南中友人所告。因之，此處行文，當依清國史，作「其卒也，容城孫奇逢哭之，比之元許衡」。

〔八〕清史稿張貞生傳，源出清國史，見儒林傳上卷卷九。本獨自爲傳。史稿取付曹本榮傳，二家籍不同省，學非同宗，不知根據何在。

〔九〕據錢儀吉碑傳集之侍講學士張公貞生行略，貞生「字幹臣，別字簣山」。清國史亦記「字幹臣」。史稿不取傳主正字，獨用別字，蓄意立異，意欲何爲？

〔十〕「尋奉特旨，起補原官」，尋謂何時？不明。據上引行略，當爲康熙十三年。

〔十一〕據清國史，張貞生卒於康熙十四年。

〔十二〕當依清國史，作「玉山遺響六卷」。

曹本榮 張貞生[一]

清史列傳　卷六十六　儒林傳上一

曹本榮，字欣木[二]，湖北黄岡人。順治六年進士，改翰林院庶吉士，布袍蔬食，以清節自勵。八年，授祕書院編修。九年，應詔上聖學疏千言，其略云：「皇上得二帝三王之統，則當以二帝三王之學爲學。誠宜開張聖德[三]，修德勤學，舉四書、五經及通鑑中有裨身心要務、治平大道者，内則深宫燕閒，朝夕討論，外則經筵進講，敷對周詳。君德既修，祈天永命，必基於此。」有詔嘉納。十年，擢右春坊右贊善。尋陞國子監司業，以正學爲六館倡，刊白鹿洞規以教士。十一年，轉中允。十二年，世祖章皇帝甄拔詞臣品端學裕者，充日講官，本榮與焉。十三年，陞祕書院侍講、左春坊左庶子，兼侍讀。日侍講幄，辨論經義。世祖章皇帝諭曰：「易自魏王弼、唐孔穎達有注與正義，宋程頤有傳。朱熹本義出，學者宗之。明永樂間，命儒臣合元以前諸儒之説，彙爲大全，皆於易理多所發明。但其中同異互存，不無繁而可删，華而寡要。且迄今幾三百年，儒生學士發揮經義者，亦不乏人。當加採擇，折衷諸論，簡切洞達，輯成一編，昭示來兹。」乃敕本榮與傅以漸撰易經通注九卷。鎔鑄衆説，詞簡理明，爲説經之圭臬。本榮素善病，上遣醫診視，御筆仿巨然畫賜之。上一日讀孟子「人知之亦囂囂」，顧本榮曰：「自得無欲，汝足當之。」十四年，充順天鄉試正考官。九月，充經筵講官。十一月，以失察同考官作弊，吏部議革職，上以其侍從講幄日久，宥之。十八年，遷翰林院侍講學士，轉侍讀學士，改國史院侍讀學士。康熙四年[四]，以病乞歸，卒於揚州[五]，年四十四。

本榮之學，從陽明「致良知」入，而加以踐履篤實之功。嘗謂：「明德與仁，皆心之妙用。性原不睹不聞，見此之謂見道，聞此之謂聞道。」又謂：「顔子不改其樂，從戒慎恐懼中來。」初著居學録，自序謂：「孩稺知能，而同然之仁義已達；墟墓哀敬，而百千之禮制以生。仁體事而皆存，心隨處而各具。」〔六〕又著五大儒語要，以程、朱、薛與陸、王並叙。又著王羅擇編，二溪之後，附以白沙。他著有周張精義、格物致知説，及書紳録十卷，奏議稽詢四十四卷。病亟時，行李蕭然，門生計東在側，猶教以窮理盡性之學。其卒也，容城孫奇逢哭之，比之元許衡。

子宜溥，由廕生薦舉博學鴻儒，試授檢討。

張貞生，字幹臣，江西廬陵人。少入塾〔七〕受經，即有志聖賢之學。順治十五年進士，改翰林院庶吉士，散館授編修。居京邸，以苦節稱。嘗上諫止游畋一疏，論者以比陸宣公。擢國子監司業，課諸生嚴正。尋遷侍讀。康熙十年，充日講起居注官。在經筵講書，陳説無餘，上命之賦詩，貞生辭以小道不足爲。洊陞侍講學士。時議遣大臣巡方，貞生言徒擾百姓，無益察吏安民，當責成督撫。以出位言事，降二級。然卒罷巡方之差。

貞生初闡陽明良知之説，後讀羅欽順困知記，乃專宗考亭。以慎獨、主敬爲歸，粹然一出於正，與孝感熊賜履並以理學名。嘗與賜履書曰：「若提明善二字，謂可包知行，姚江復起，將有詞於我矣。」蔚州魏象樞問：「孔、顔樂處，從何處尋？」貞生曰：「下學上達，克己復禮。」因舉山居聯語曰：「孔子何以樂，發憤忘食；顔子何以樂，既竭吾才。」嘗謂：「學問有漸進工夫，别無頓悟法門。」又謂：「諸家言自然，言頓悟，不問元氣虚實，專用表散之劑，不害人不止矣。」所居蓬蒿滿徑，突無炊煙，大書座右曰：「最危是人禽之界，喫緊在義利一關。」歸時不能具裝，故人餽贐，一無所受。家居構我師祠，祠薛、胡、羅、高四先生。又捐宅爲誠意書院，自於玉山下葺頹垣居之。十四年〔八〕，奉旨召用，至京卒，年五十三。病篤，友人候之，猶惓惓言學不已。著有唾居隨録四卷，庸書二十卷，玉山遺響六卷。後平湖陸隴其見其書，深爲嘉與，稱:「貞生氣能抗萬乘之威，力足卻紛華之習，乃區區整庵一書，遂退然自下，盡改其故學。非天下大勇，其孰能之?」因鈔其粹語入集中。

【校記】

〔一〕張貞生原獨領一傳，並附張烈、張能麟二家。爲便與史稿合校，改從其例，附見於曹本榮傳後。

〔二〕清國史原作「木欣」，甚確。點校本所改失誤。

〔三〕「德」字誤，依清國史當作「聽」。

〔四〕「康熙四年」誤，依計東中憲大夫内國史院侍讀學士曹公本榮行狀，當作「康熙三年」。

〔五〕據上引行狀，曹本榮康熙三年十一月二十三日，在揚州病逝。

〔六〕點校本於自序引文，斷句有誤，故改。

〔七〕「塾」字，原作「墊」，形近而誤，故改。

〔八〕「康熙十四年」誤，據侍講學士張公貞生行略，當作「康熙十三年」。

劉原淥 姜國霖 劉以貴 韓夢周 梁鴻翥 法坤宏 閻循觀 任瑗

清史稿 卷四百八十 儒林一

劉原淥〔一〕，字崑石，安丘人。明末，盜賊蠭起，原淥與仲兄某〔二〕率鄉人壘土爲堡以禦賊。賊至，守堡者多死，仲兄出鬬，身中九矢，力戰。原淥從之，發數十矢，矢盡，仲兄麾之去。原淥大呼曰：「離兄一步非死所！」乃斬二渠帥，獲馬六匹，賊遁去。亂定，以力耕致富。既而推膏腴與兄，以其餘爲長兄立後，兼贍亡姊家。謝人事，求長生之術。得咯血疾，遂棄去。後讀宋儒書，乃篤信朱子之學，集朱子書作續近思録。嘗曰：「學者居敬、窮理，二者皆法先王〔三〕而已。『小心翼翼，昭事上帝』，居敬之功也。『不識不知，順帝之則』，窮理之功也。」每五更起，謁祠後，與弟子講論，常至夜分。仲兄疾，籲天祈以身代。兄死，三日内水漿不入口。又爲鄉人置義倉，儉歲煮粥以食饑人。嘗曰：「人與我一天而已，何畛域之有焉？」卒〔四〕，年八十二。著讀書日記、四書近思續録〔五〕四卷。

後數十年，昌樂有閻循觀、周士宏，濰縣有姜國霖、劉以貴、韓夢周，德州有孫于簠、梁鴻翥，膠州有法坤宏，同縣有張貞，猶能守原淥之學〔六〕。

國霖〔七〕，字雲一，濰縣人。父客燕中感病，國霖往省，跣走千里。至則父已歿，無錢市棺，以衣裹尸負之行。乞食歸里，泣告族黨曰：「父死不能斂，又不能葬，欲以身殉。又有老母在，長者何以教我？」人憐其孝，爲捐金以葬。母易怒，一日怒甚，國霖作小兒嬉戲狀，長跪膝前，執母手摑其面。母大笑，怒遂已。時年五十矣。師事昌樂周士宏，嘗與國霖至莒，樂其山川，死即葬於莒。國霖築室墓側，安貧守素，不求於人。值歉歲，莒人恐其餓死，聞於官而賙之粟，亦弗卻也。昌樂閻循觀問國霖喜讀何書，曰：「論語，終身味之不盡。」

以貴〔八〕，字滄嵐。康熙二十七年進士。任蒼梧令，地瑶、僮雜處，營茶山書院，以詩、書爲教。歸里後，杜門著書，有藜乘集。

夢周〔九〕，字公復。乾隆二十二年進士。其學以存養、省察、致知三者爲入德之資，每跬步必以禮，以恥求聞達爲尚。後爲來安知縣，有政聲。長洲彭紹升稱其治來如元魯山。有理堂文集，表方名，獎忠節，皆有關於世道。

鴻翥〔十〕，字志南，德州人。每治一經，案上不列他書，有疑義，思之累日夜，必得而後已。益都李文藻一見奇之，爲之延譽，遂知名於世。以優行貢成均。卒年五十九。有周易觀運等書。

坤宏〔十一〕，字鏡野，膠州人。得傳習録大喜，以爲如己意所出。其學以陽明爲宗，以不自欺爲本。乾隆六年舉人，官大理評事。卒年八十有奇〔十二〕。

循觀〔十三〕，字懷庭，昌樂人。專志洛、閩之學，省身克己，刻苦自立。治經不立一家言，而要歸于自得。乾隆三十四年〔十四〕進士，吏部考功司主事。著困勉齋私記、西澗文集及尚書、春秋説〔十五〕。

任瑗〔十六〕，字恕菴，淮安山陽人〔十七〕。年十八，棄舉子業。講學靜坐三年，歎曰：「聖人之道，歸於中庸，極於〔十八〕『精義入神以致用也，利用安身以崇德也』，豈是之謂哉？」乾隆元年，大吏舉瑗應博學鴻詞，廷試罷歸。韓夢周語人曰：「任君體用具備，有明以來無此鉅儒。」及韓將北歸，瑗語之曰：「山左人多質直，尹當接引後進，以績正學。」因作反經説以示之。年八十二卒〔十九〕。著有纂注朱子文類一百卷，論語困知録二卷，反經説一卷，陽明傳習録辨二卷，知言劄記二卷，朱子年譜一卷。

【校記】

〔一〕劉原淥傳源自清國史，見儒林傳上卷卷一四。

〔二〕仲兄既不具名，則「某」字已多餘，清國史即無「某」字。

〔三〕「先王」之「先」字誤，當依清國史，作「文」。因爲文中所引兩詩，皆出大雅，一出大明，一出皇奕，皆係贊美文王之德。

〔四〕依清國史，傳主卒於康熙三十九年，史稿失記。

〔五〕依清國史，近思續録前「四書」二字，屬衍文。

〔六〕史稿原淥傳後，以「猶能守原淥之學」爲由，附見姜國霖、劉以貴、韓夢周等七人，諸家所跨已越康、雍、乾三朝，與劉原淥亦無學術師承。其中之法坤宏，史稿明言「其學以陽明爲宗」，而原淥「乃篤信朱子之學」，兩家同編，豈非自相矛盾！

〔七〕姜國霖傳源出清國史，儒林傳上卷卷二五，附見於閻循觀傳。

〔八〕劉以貴傳源出清國史，見儒林傳上卷卷一四。

〔九〕韓夢周傳源出清國史，儒林傳上卷卷二五，附見於閻循觀傳。

〔十〕梁鴻翥傳源出清國史，儒林傳上卷卷二五，附見於法坤宏傳。

〔十一〕法坤宏傳源出清國史，見儒林傳上卷卷二五。

〔十二〕依清國史，明載坤宏卒於乾隆五十年，年八十七。史稿蓄意不取，改作「卒年八十有奇」，不知根據何在。

〔十三〕閻循觀傳源出清國史，見儒林傳上卷卷二五。

〔十四〕「乾隆三十四年」誤，依清國史，當作「乾隆三十一年」。

〔十五〕據清國史，閻循觀治尚書、春秋，所著並非尚書説、春秋説，當爲尚書讀記、春秋一得。

〔十六〕任瑗傳源出清國史，儒林傳上卷卷二一，附見於朱澤澐傳。

〔十七〕史稿列傳，傳主籍貫例不記行省，逕記縣邑。任瑗傳獨異，記及淮安府名。自亂章法，殊不可取。

〔十八〕「極於」二字後，當有脱字，否則如此行文，語意不清。據清國史，所脱二字爲「盡性」。

〔十九〕「年八十二卒」，具體時間不明。據清國史，任瑗乾隆三十九年卒，年八十二。

劉源淥 劉以貴

清史列傳　卷六十六　儒林傳上一

劉源淥〔一〕，字崑石，山東安丘人。生五歲，問身所從來，父奇之。十四歲而孤，事母至孝。遇難，負母逃，卒免於禍。年二十餘，值明季盜賊蠭起，與仲兄率鄉人列堡而守。賊至，守者多死，仲兄身中九矢，戰益力。源淥從之，發數十矢，矢盡，仲兄麾之去。源淥大呼曰：「離兄一步非死所！」乃斬二渠帥，獲馬六匹，賊遁去。亂定，以力耕致富。既而推膏腴與仲兄，以其餘爲長兄立後，兼贍亡姊家。仲兄疾，籲天請代。及卒，水漿不入口三日。源淥入國朝後，伏處海濱，購經史及宋儒書，日夜讀之。尤篤好朱子書，反覆推究四十餘年。葺朱子祠於東郭，祭必致其誠。與弟子講論，每至夜分，有所得輒劄記，積數萬言，而大要歸於主敬、集義。其論主敬，以戒懼慎獨爲始，而歸之於參前倚衡。論集義，以致知格物爲先，而極之於不獲其身，不見其人。嘗曰：「學者居敬、窮理，二者皆法文王而已。『小心翼翼，昭事上帝』，居敬之功也。『不識不知，順帝之則』，窮理之功也。」又曰：「二程恐懼憂勤，故周子令尋孔、顏樂處。今人宜先收定此心不放〔二〕，周子令二程尋樂，吾今欲世人尋苦。」又曰：「學者推測道理，似能覺悟，及發言處世，便多窒礙。故朱子臨終，諄諄教門弟子云：『惟事上審求其是，決去其非，積習久之，心與理一，自然所發皆無私曲〔三〕。』學者離物與形而求道，終無得也。」生平所服膺者，在明惟薛瑄，在國朝惟陸隴其。自叙其學謂：「始去外物而見身，繼去身而見心，又去心而見理〔四〕。」蓋自道其實云。以喪祭禮廢，俗日偷，斟酌古今，定爲品式，邑人化之。又爲鄉人置義倉，儉歲煮粥以待餓者，曰：「人與我一天也，何畛域之有？」康熙三十九年卒，年八十二。著有近思續録四卷，讀書日記四卷，冷語三卷。冷語詆劉安世爲姦邪，謂其害甚章惇、邢恕。則以其與程頤不協，而未見盡言集也。

劉以貴，字滄嵐，山東濰縣人。康熙二十七年進士，官廣西蒼梧縣知縣。縣瑶、僮雜處，號難治，以貴革除陋習，營茶山書院，以詩、書爲教。年四十告歸，杜門著述。常謂：「鄭康成之罷從祀，成於張璁，而實始於程敏政。敏政博利之徒，著道一編，舉朱、陸緒論，顛倒年月，謂其早異晚同。姚江因之，成朱子晚年定論之説。蓋始以私智議先儒，後遂以學術教人心，其流弊不可勝言。」又謂：「世譏康成信緯，不知康成所據之緯，書之醇者也。且如『三綱』、『五常』之説，尚書緯之文也，朱子以之注論語；『周子〔五〕三百六十五度四分度之一』，易緯之文也，蔡氏以之注尚書。後人不議論朱、蔡，獨毁康成，何耶？」其論與朱彝尊康成不當罷從祀議，皆爲卓識。至雍正二年，遂復奉旨從祀。著有古本周易十六卷，析疑二十卷，於注疏外，旁搜一百四十餘家，而考其異同，辨其得失。又有藜乘集三卷，初學正鵠、正命録、萊州名賢志等書。卒，年六十五。

【校記】

〔一〕史乘「原渌」、「源渌」混用。官修清國史作「源渌」，清史稿則作「原渌」。私家所記亦然，彭紹升劉先生原渌傳作「原渌」，孫自務劉直齋先生傳則作「源渌」。

〔二〕點校本「此心」與「不放」讀斷，誤，故改。

〔三〕點校本讀朱子臨終語，斷在「决去其非」，誤。據束景南朱熹年譜長編引李方子紫陽年譜，當斷於「皆無私曲」。又清國史及清史列傳記朱子語，文字皆有誤。依紫陽年譜，「事上」當作「事事」，「積習」當作「積集」。

〔四〕自「始去外物」至「去心而見理」，係引述傳主語，當加引號。

〔五〕「周子」「子」字誤，據尚書注疏堯典當作「周天」。

任瑗

清史列傳　卷六十七　儒林傳上二

任瑗〔一〕，字恕庵，江蘇山陽人。年十八，棄舉子業，講學静坐三年。既而嘆曰：「聖人之道，歸於中庸，極於盡性。『精義入神以致用也，利用安身以崇德也』，豈是之謂哉？」於是取先儒書，潛玩力索，尊程、朱遺規，以上求孔、孟，謂：「不得聖賢心精，不足以盡道之極致。近世所謂心學者，以爲探本握要，不知道精微而難窮，心易蔽而多私。心其所心，非聖人之心也。」著反經説一卷，陽明傳習録辨二卷，小泉筆記一卷。大旨與平湖陸隴其同，皆以遵朱子闢陸、王爲急。瑗篤實闇修，不炫於時，爲高安朱軾所引重。濰縣韓夢周游淮安，與之交，嘗與人曰：「任君體用具備，有明以來，無此大儒。」乾隆元年，兩江總督趙宏恩舉博學鴻詞，廷試罷歸。三十九年卒，年八十二。瑗講經世之務，嘗隨父官延平，佐平順昌寇，興舉淮安水利，俱有成效。他著有纂注朱子文類一百卷，論語困知録二卷，中庸困知録四卷，易學象數傳心録一卷，太極圖説析疑一卷，通書測一卷，讀經管見一卷，讀史衡説二卷，困學恐聞二卷，知言劄記二卷，朱子年譜一卷，文集十餘卷。

【校記】

〔一〕任瑗傳原編次附見於朱澤澐傳。

閻循觀 韓夢周　姜國霖

清史列傳　卷六十七　儒林傳上二

閻循觀，字懷庭，山東昌樂人。乾隆三十一年進士，授吏部考功司主事。當官議事，務持大體，事或齟齬不畫押，同列强之，答曰：「吾學何事，豈至是變耶？」吏舞文，不遽責，取陳宏謀所刻在官法戒録爲講説，俾知悔改。一同年友爲外官，遺之金不受，曰：「忝居此職不敢受，且不可以貧累君也。」居二年，引疾歸。歸一年而卒〔一〕，年四十五。

循觀性穎敏，初好佛氏説，既讀宋儒書，乃一奉程、朱爲宗。其學以忠恕爲根本，以倫常爲實際，主敬克己，時時提醒此心，刻苦自立，而諄諄致戒於近名，於河津之派爲近。嘗作去惰堂記，謂：「年二十後，有意於克己之學。久之知心實多欲，於是强制吾欲，然時復横决。復自念曰，欲之所起，由於爲善不誠，因從事於謹微而求誠。自是私僞之萌頗少，萌亦易除，然終不能禁也。年來德不加進，學不加修，每一念及，嗟咨流涕。忽若有誘於中者，乃知吾之惡曰惰，要在去惰而已矣。惰於實踐，故終不能釋然於異説；惰於矯其所便安，故力不能繼；惰於去僞，故恒心不堅。」因臚爲三目以自詔，曰：「存省勿忘，躬行勿怠，常業勿廢。」又嘗讀書程符山中，杪秋木落，讀屈賈傳，累欷無窮。忽自省曰：「此非情之正，君子憂德不戚年，修身不垢俗。」更取儀禮讀之，已天晶月明，澹然見古人素位之意。時濰縣韓夢周亦居山中，相友善，好學者多從之遊。兩人論學，皆斥陽明，而循觀謂：「王氏發明知行合一之旨，最爲有味。然由其説，終任心而廢講習，言雖高非貞則。」其論爲持平。

説經明白簡易，先儒有誤，依文釋之，不改字。著有尚書讀記一卷，大旨不信古文。解金縢「弗辟」爲弗辟攝政之嫌，康誥首四十八字非錯簡，費誓伯禽征徐戎爲周公在時事，皆根據史記爲説。又春秋一得一卷，於筆削大義，多所發明。如曰：「武子來求賻，罪魯也」；曰：「州吁不稱公子，絶之於衛也」；曰：「諸侯不得專殺大夫，故凡大夫之殺，春秋皆稱國舉官，不論有罪無罪及殺當其罪否也」；曰：「梁山崩，穀梁氏曰：『君親縞素，帥群臣而哭之，既而祠焉，斯崩山之壅河流者矣。』此術者之言也；左氏曰：『君爲不舉，降服乘縵，徹樂出次，祝幣史辭以禮焉。』此有司之存也；胡氏曰：『古之遭變異而外爲此文者，必有恐懼修省之心生於内。徒舉其文，而無實以先之。何以弭災變乎？』此儒者之道也。」其持論正大多類此。他著有毛詩讀記、困勉齋私記、西澗草堂集、名人小傳、見聞隨筆。性至孝，少孤未諳葬事，地卑水齧冢。既長，以爲大戚，陰雨輒號泣不食，繞墓走達夜。後墓雖遷，終以此致羸疾，浸淫而終。

韓夢周，字公復，山東濰縣人。少孤力學，揭「毋不敬」、「思無邪」二語於座右，跬步必以禮。乾隆二十二年，成進士，授安徽來安知縣。始至，斥蠹役，勸農功，訓民節儉，逐黠商之以窳物罔民者。來安北繞群山，南多圩田，民凋瘵甚。夢周令依山種桑，募兖、沂人習蠶者教之蠶。嘗欲開浦口黑水河，使縣南之水不由瓜埠口可直達江，則圩田不受災，而民利數倍。因著圩田圖三記，具詳其地里、丈尺工程，上之總督高晉，晉許爲奏請。會以捕蝗不力，罷歸。去之日，士民炷香携酒，相屬於道。歸後，講學程符山二十七年，嘉慶三年卒，年七十。

夢周爲學，以存養爲根本，省察爲修治，窮理爲門户，篤守程、朱，檢身若不及。嘗曰：「震驚百里，不喪匕鬯，誠敬之效也。能誠敬，則心之理得矣。」其辨陸、王謂：「宋南渡後，杲堂出於佛徒，最爲黠桀。語張子韶曰：『侍郎把柄在手，便須改頭換面，以誘來學。』子韶欣然從之，於是儒佛之界始大亂。然子韶之徒，智不足自全，每供敗闕。象山、陽明，則陰證釋氏之諦，而巧爲改換之術。」又謂：「陽明即心即理，與釋氏即心即佛，詞異而實同。」又謂：「陽明功業軒爍，不必盡由講學。蓋人本豪傑，夙究於經世之務，又能内定其心，足以乘機制變，故成功如此。至於聖賢體用之全，爲學之功，則不可一毫借也。」又謂：「爲陽明之學者有二，其一學問空疏，不耐勞苦，樂其簡易而從之；其一博覽典籍，勤而無得，見其專主向裏，遂悔而從之。前者多高明之人，後者亦沉潛之士，皆有造道之資，乃蹈於一偏，不復見古人之大全，可惜也。」交遊中與山陽任瑗最契，於彭紹升、汪縉、羅有高，皆謂其學陸、王而卒歸於佛。又不喜戴震孟子字義疏證，謂：「程、朱以理爲我所本有，學以復之。戴氏以理爲我所本無，但資之於學。即此觀之，孰爲得失，不待繁證深辨也。」著有理堂文集、日記、陰符經注等書。

夢周少與閻循觀師昌樂滕綗。綗字建三，歲貢生。隱居窮經，不稱人過失，一錢之餽，不苟受。母疾，嘗一日夜行五百里，求藥療母。良已。嘉慶三年卒，年七十。

姜國霖，字雲一，亦濰縣人。父客京師病，國霖往省。至則已歿，無錢市棺，以衣裹尸，負之乞食而歸。里中憐其孝，醵金以葬。母善怒，一日怒甚，國霖作小兒嬉戲狀，長跪膝前，持母手披其面。母大笑，自是不復怒，是年五十矣。師事昌樂周士宏，士宏有高致，與國霖至莒，樂其山水家焉，死即葬於莒。國霖築室墓側，安貧守素，不求於人。年七十，躬親耕耘。乾隆十三四年，濰大饑，劚菜根爲食，貌轉腴。閻循觀問國霖喜讀何書，曰：「論語，終身味之不盡也」。其自述生平學力，年四十始能不以貧富攖其心，五十始能不以死生動其心。及卒，循觀爲作言行記。

【校記】

〔一〕清國史原作「歸一月而卒」，清史列傳校點本據耆獻類徵，改「月」爲「年」，尚可斟酌。傳主友人韓夢周撰循觀墓誌銘，明言循觀乾隆三十一年「成進士，補吏部考功司主事。踰歲書至，言部務殷繁，至不暇寢食，且曰將告歸」。具體歸期，則未述及。隨後便是三十三年九月,「君之訃至」。因此清國史所言，並非無據。

法坤宏 梁鴻翥

清史列傳　卷六十七　儒林傳上二

法坤宏，字鏡野，山東膠州人。乾隆六年舉人，以年老，授大理寺評事。曾祖若真，字漢儒，順治三年進士，官至河南布政使。康熙十八年，舉博學鴻儒。古文學樊宗師，詩學李賀，有黃山詩留十六卷。卒年八十四。坤宏少爲學，不肯事章句，性澹泊，不諧俗，與人言陳義至高，人以爲迂，因自號迂齋。初讀宋儒書，未厭也。既得傳習録，大喜，以爲如己意所出。其學以陽明爲宗，以不自欺爲本。同時閻循觀、韓夢周皆譏切之，坤宏曰:「此無事口談也。君子之學，譬之飲食，得其甘者果其腹，飫其精者澤其體。徒諜諜然爲他人辨是非，所謂舍爾靈龜，觀我朵頤也。」

坤宏博通諸經，尤邃於春秋，著春秋取義測十二卷，凡九易稿而後成。自序曰:「取義測，測孔子竊取魯春秋之義也。史家記事之法，自有大例，君舉必書，諸侯之會，其德刑禮義無國不記。魯之春秋，雖能有懲惡勸善之義，而其事其文，無關教義，拘於史例者，固已多矣。孔子於是筆而削之，筆其事文之足爲法戒者，削其事文之無足爲法戒者。故曰『其義則某竊取之矣』。其義，魯春秋之義，孔子以筆削取之，故曰『取義』。蓋春秋之教，主於徵信達道，據事直書，而其義自見。而説經者紛紛謂，孔子作春秋，假魯史以譏貶當世。隱、閔之薨，舊史實書『弑』，孔子諱其事，改曰『公薨』；温之會，舊史實書『召王』，孔子嫌其文，改曰『天王狩於河陽』。又謂例當書爵，或黜而稱人；例當書名，或進而書字。是孔子以己意變更舊章，創作一部春秋，取義之旨隱矣。或曰:『若然，孔子直鈔魯史耳，何以云作春秋？』曰：魯史以勸懲舉王法，春秋以筆削章聖教。取義之旨寓於筆削，故曰『作』。魯史舉法而是，春秋特筆之以彰其是。如趙盾與州吁、宋督之弑同書，許止與商臣、蔡般之弑同書，孔子並取之。此義明，而亂臣賊子之黨，無所逃其誅矣。魯史舉法而非，春秋特削之以章其非。如魯群公之錫命則書，王使召伯廖賜齊侯，命王子虎策命晉侯爲侯伯則不書，蓋孔子削之。此義明，而假仁襲義之奸，無敢僭其賞矣。然誅賞者法也，是非者教也。法非天子不敢明，教雖庶人亦可明。春秋，天子之事也；筆削之春秋，庶人明天子之事也。故孔子嘗曰：『知我者其惟春秋乎？罪我者其惟春秋乎？』記曰：『屬辭比事，春秋教也。』韓子曰：『春秋書王法，不誅其人身。』此知孔子者也。若紛紛之論，皆罪孔子者也。」又以綱目提要後人傳述，或失其初，非朱子手訂。因略加删訂，於其中事關勸懲，與春秋義法相應者，揭録之爲綱目要略。古文嚴於義法，史記、八家外，好歸有光、方苞，然善下不自足，喜人譏彈，每一字屢更不厭。循觀、夢周皆甚稱其文。著有學古編。五十年卒，年八十七。

梁鴻翥，字志南，山東德州人。優貢生。窮老篤學，月必誦九經一過。每治一經，案上不列他書，有疑義，思之累日夜，必得而後已。鄉里目爲癡人。益都李文藻一見奇之，爲之延譽，遂知名於世。卒年五十九。著周易觀運、尚書義、書經績解、春秋辨義、春秋義類、儀禮綱目等書。

顔元 王源　程廷祚　惲鶴生

清史稿　卷四百八十　儒林一

顔元〔一〕，字易直，博野人。明末，父戍遼東〔二〕，殁於關外。元貧無立錐，百計覓骨歸葬，世稱孝子。居喪，守朱氏家禮〔三〕惟謹。古禮：「初喪朝一溢米，夕一溢米，食之無算。」家禮删去「無算」句，元遵之，過朝夕不敢食，當朝夕遇哀至又不能食，病幾殆。又喪服傳：「既練，舍外寢，始食菜果。飯素食，哭無時。」家禮改爲「練後止朝夕哭，惟朔望未除者會哭，凡哀至皆制不哭」。元亦遵之。既覺其過抑情，校以古喪禮非是。因歎先王制禮，盡人之性，後儒無德無位，不可作也。於是著存學、存性、存治、存人四編以立教〔四〕，名其居曰習齋。肥鄉漳南書院，邑人郝文燦請元往教〔五〕。有文事、武備、經史、藝能等科，從遊者數十人。會天大雨，漳水溢，牆垣堂舍悉没，人跡殆絶。元歎曰：「天不欲行吾道也！」乃辭歸。後八年而卒〔六〕，年七十。門人李塨、王源編元年譜二卷，鍾錂輯言行録二卷，闢異録二卷。

王源〔七〕，字崑繩，大興人。兄潔，少從梁以樟游，以樟談宋儒學，源方髫齔，聞之不首肯，唯喜習知前代典要及關塞險隘攻守方略。年四十〔八〕，游京師，或病其不爲時文，源笑曰：「是尚需學而能乎？」因就試，中康熙三十二年舉人。或勸更應禮部試，謝曰：「吾寄焉爲謀生計，使無詬厲已耳。」崑山徐乾學開書局於洞庭山，招致天下名士，源與焉〔九〕。於儕輩中獨與劉獻廷善，日討論天地陰陽之變，伯王大略，兵法、文章、典制，古今興亡之故，方域要害，近代人才邪正，其意見皆相同。獻廷殁，言之輒流涕。未幾，遇李塨，大悦之，曰：「自獻廷歿，豈意復見君乎？」塨微言聖學，源聞之沛然，因持大學辨業去，是之。塨乃爲極言顏元明親之道，源曰：「吾知所歸矣。」遂介塨往博野，執贄元門，時年五十有六矣。後客死淮上〔十〕。所著平書十卷，文集二十卷。

程廷祚〔十一〕，字啓生，上元人。初識武進惲鶴生，始聞顏、李之學。康熙庚子歲〔十二〕，塨南遊金陵，廷祚屢過問學。讀顏氏存學編，題其後云：「古之害道，出於儒之外；今之害道，出於儒之中。顏氏起於燕、趙，當四海倡和，翕然同氣〔十三〕之日，乃能折衷至當，而有以斥其非。蓋五百年間一人而已。」故嘗謂：「爲顏氏，其勢難於孟子，其功倍於孟子。」於是力屏異説，以顏氏爲主，而參以顧炎武、黄宗羲。故其讀書極博，而皆歸於實用。乾隆元年，舉博學鴻詞。至京師，有要人慕其名，囑密友達其意曰：「主我，翰林可得也。」廷祚拒之，卒報罷。十六年〔十四〕，上特詔舉經明行修之士，廷祚又以江蘇巡撫薦，復罷歸。卒〔十五〕年七十有七。著易通六卷，大易擇言三十卷，尚書通議三十卷，青溪詩説三十卷〔十六〕，春秋識小録三卷，禮説二卷，魯説〔十七〕二卷。

惲鶴生〔十八〕，字皋聞，武進人。因交李塨得睹顏氏遺書，自稱私淑弟子。於經長毛詩，著詩説，以毛、鄭爲宗〔十九〕。

【校記】

〔一〕清史稿之顏元傳，源自清國史，載儒林傳上卷卷一五。

〔二〕「父戍遼東」，「戍」字嚴重失實，源出清國史曲筆，殊不可取。據李塨顏習齋先生年譜記，明崇禎十一年冬，清兵襲擾畿輔，顏元父昶被擄掠而去，並非戍守邊關。

〔三〕「朱氏家禮」，清國史原作「朱子家禮」，甚確。史稿改「子」爲「氏」，不惟多此一舉，而且節外生枝，易與顏氏父子出嗣之朱氏相混。傳文中之「居喪」，乃元朱姓祖母之喪。

〔四〕顏元所倡「習行經濟」之學，其形成歷時數十年，乃一極爲復雜的歷史過程。史稿以「居喪」個案而論全體，與歷史實際相去太遠。

〔五〕顏元掌教肥鄉漳南書院，時在康熙三十五年，年六十有二。史稿不記具體年代，失誤顯然。

〔六〕顏元卒年，清國史記之甚明，爲「康熙四十三年」。史稿不取定説，改作「後八年而卒」，含混不清，殊失史法。

〔七〕清史稿之王源傳，源自清國史，載儒林傳上卷卷一五。

〔八〕據李塨撰王子源傳，王源侍父北遊天津，已然四十有五，翌年始中順天舉人。故清國史於王源遊京師，記作「年四十餘」。史稿擅删「餘」字，失實。

〔九〕據王昶撰王原傳，康熙間，入徐乾學洞庭山書局，預修一統志者，乃康熙二十七年進士青浦王原，而非大興王源。史稿襲清國史之誤，張冠李戴，以致謬種流傳。

〔十〕王源卒年，清國史記之甚明，爲康熙四十九年，年六十二。清史稿删而不記，不知意欲何爲。

〔十一〕清史稿程廷祚傳，源自清國史，載儒林傳上卷卷一五，附見於李塨傳。

〔十二〕李塨南遊金陵，清國史記爲「康熙五十九年」，明確無誤。史稿竟棄而不用，改作干支紀年。自亂體例，無異蛇足。

〔十三〕「翕然同氣」之「氣」字，清國史本作「風」，戴望撰徵君程先生廷祚傳亦作「風」，史稿改「風」爲「氣」，徒增紛擾。

〔十四〕據清高宗實録記，高宗頒詔，令内外大臣薦舉「潛心經學者」，事在乾隆十四年十一月四日，並非史稿所記「十六年」。又據袁枚撰徵士程綿莊先生墓誌銘，江蘇巡撫以程廷祚應薦，爲乾隆十五年。

〔十五〕廷祚卒於乾隆三十二年，清國史及諸家碑傳記之甚確。史稿蓄意不用，不知道理何在。

〔十六〕依清國史，青溪詩説當作二十卷。

〔十七〕「魯説」二字間脱一「論」字，當作「魯論説」。

〔十八〕清史稿之惲鶴生傳，源自清國史，載儒林傳上卷卷一五，附見於李塨傳。鶴生年長於廷祚，故清國史以年齒爲序，先鶴生而後廷祚。史稿顛倒次序，實屬無理。

〔十九〕關於史稿王源傳的諸多失誤，請詳拙著清代學術源流中之王源學行述略。

顏元 王源

清史列傳　卷六十六　儒林傳上一

顏元，字易直，直隸博野人。明末，父戍[一]遼東，殁於關外。元年五十，貧無立錐，百計負骨歸葬，世稱孝子。居喪，守朱子家禮惟謹。古禮:「初喪朝一溢米，夕一溢米，食之無算。」家禮删去「無算」句，元遵之，過朝夕不敢食，當朝夕遇哀至又不能食，病幾殆。又喪服傳:「既練，舍外寢，始食菜果。飯素食，哭無時。」家禮改爲「練後止朝夕哭，惟朔望未除服者會哭，凡哀至皆制不哭」。元亦遵之。既覺其過抑情，校以古喪禮非是。因歎先王制禮，盡人之性，後儒無德無位，不可作也。其爲學以堯、舜之道在六府三事，周公教士以三物，孔子以四教，非主静專誦讀，流爲禪宗俗學者所可託。乃易静坐以習恭，内而敬直，外而九容交攝，讀書擇經史有用者，餘不盡究。嚴課孝弟謹信，稽禮樂兵農之允宜今古者，爲倡六藝以教來學。又置日記自省，時下一圈，心慊則書白，否則黑。與蠡縣劉崇文、王養粹、李塨等，以聖賢相勉，每會各出日記相質，勸善規過，或諍譏，致愧赧無以自容。元嘗欲置妾，爲媒所欺，塨責之，亦即屈服也。

同時容城孫奇逢講學百泉山中，元嘗上書辨論[二]，謂:「不宜徒爲和通朱、陸之説。」又與祁州刁包、上蔡張沐辨學，謂:「世儒躐講性天，非孔子不可得聞之教法。且聖門經世之撰皆廢失，何以學成致用？」因著存性篇[三]二卷，大旨謂:「孟子言性善，孔子言性相近，習相遠，語異而意同。宋儒誤解相近之意，以善爲天命之性，相近爲氣質之性，遂使爲惡者諉之氣質。不知理即氣之理，氣即理之氣，清濁厚薄，純駁偏全，萬有不齊，總歸一善，其惡者引蔽習染耳。譬之於目，光明能視，則目之性，其視之也，則情之善，視之詳略遠近，則才之强弱，皆不可謂之惡。惟有邪色引動，然後有淫視，是所謂非才之罪，是即所謂習。」又謂：「性之相近如真金，輕重多寡雖不同，其謂金俱相若也。惟其有差等，故不曰同。惟其同一善，故曰近。舉天下不一之姿，以性相近一言包之，是即性善，是即人皆可以爲堯、舜。舉世人引蔽習染無窮之罪惡，以習相遠一言包之，是即非才之罪，是即非天之降材爾殊。」其説雖稍異先儒，而於孔、孟之旨，會通一理。同時陸世儀、李光地頗見及之，而牽於程、張不能決。乾隆中，休寧戴震作孟子字義疏證，始本此説而暢其旨。又存學編四卷，大旨謂：「聖賢立教，所以别於異端者，以異端之學空談心性，而聖賢之學則事事徵諸實用。自儒者失其本原，以心性爲宗，一切視爲末務，其學遂與異端近。如無極太極、河洛先後天之説，皆出自道家，而以之當聖人言性與天道，至謂與伏羲畫卦同功，宜其參雜二氏而不自知也。」又存治編一卷，大旨欲全復井田、封建、學校、徵辟、肉刑，及寓兵於農之法。又存人編四卷，大旨戒愚民奉佛，及儒者談禪。肥鄉有漳南書院，邑人郝文燦請元往教。元爲立規制，有文事、武備、經史、藝文〔四〕等科，從遊者數十人。會天大雨，漳水溢，堂舍悉没。元歎曰：「天不欲行吾道也！」乃辭歸。康熙四十三年卒，年七十。

李塨弱冠與元交，年三十一乃投門人刺，與元門人王源同編元年譜二卷。鍾錂又輯言行録二卷，闢異録二卷。元之學大抵亦出姚江，而加以刻苦，介然自成一家。以明季諸儒崇尚心學，無補於時，馴至大亂，士腐而靡，兵專而弱。故其學主於勵實行，濟實用。常謂：「後人動詆宰我、樊遲、季路、冉求、子貢、子張、游、夏諸子，而欲陞周、程與顔、曾接席。然聖門弟子以兢業爲本，惟在實學、實行、實用之天下。後儒薄事功，故其視諸賢甚卑也。」又常語友人曰：「如天不廢予，將以七字富天下：墾荒，均田，興水利。以六字强天下：人皆兵，官皆將。以九字安天下：舉人材，正大經，興禮樂。」其自負如此。然矯枉過正，攻駁先儒，未免已甚。其欲復三代之制，亦近於泥古云。

王源，字崑繩，順天大興人。兄潔，少從梁以樟遊。以樟談宋儒學，源方髫齡，聞之不首肯，唯喜習知前代典要，及關塞險隘攻守方略。常從寧都魏禧學古文，自謂必傳於世。年四十餘，遊京師，公卿皆降爵齒與之交。與鄞萬斯同訂明史稿，兵志源所作也。或病其不爲時文，源笑曰：「是尚須學而能乎？」因就有司求試，中康熙三十二年舉人。或勸更應禮部試，謝曰：「吾寄焉爲謀生計，使無詬厲已耳。」崑山徐乾學開書院〔五〕於洞庭山，招致天下名士，源與焉〔六〕。於儕輩獨與劉獻庭〔七〕善，日討論天地陰陽之變，伯王大略，兵法、文章、典制，古今興亡之故，近代人才邪正，其意見皆相同。獻廷歿，言之輒流涕。未幾，遇李塨，大悦之，曰：「自獻廷歿，豈意復見君乎！」塨微言聖學，源聞之沛然，固持塨所著大學辨業去，是之。塨乃爲極言顏元明親之道，源曰：「吾知所歸矣。」遂介塨往博野，執贄元門，時年五十六矣。效元爲日記，立省身録以糾身心得失。習禮，終日正衣冠，對僕隸必肅然。然自負經世之略益堅，每曰：「吾所學乃今始可見之行事，非虛言也。」康熙四十九年，客死山陽，年六十三。著有易傳十卷，平書十卷，兵論二卷，文集二十卷，或庵評春秋三傳三卷。後元門人築道傳祠祀元，源配焉。

【校記】

〔一〕「父戍遼東」，「戍」字乃曲筆致誤。詳見史稿顏元傳校注二。

〔二〕「辨論」二字不確。孫奇逢乃清初河北大儒，望重四方。奇逢學説，實係顏元學説之重要來源。康熙九年，元三十六歲，上書奇逢，乃虔誠請益，而非辨論。原書存元著存學編卷一，題爲上徵君孫鍾元先生書。

〔三〕「篇」字誤，當作「編」。

〔四〕「文」字誤，當依清國史作「能」。

〔五〕「院」字誤，當依清國史作「局」。

〔六〕王源與徐乾學洞庭山書局毫不相干。此處所述，與同時青浦王原事相混，大誤。

〔七〕「庭」字誤，當作「廷」。

李塨

清史稿　卷四百八十　儒林一

李塨〔一〕，字剛主，蠡縣人。弱冠與王源同師顏元〔二〕。躬耕善稼穡，雖儉歲必有收，而食必粢糲，妻妾子婦執苦身之役。舉康熙二十九年舉人。晚歲授通州學正，浹月以母老告歸〔三〕。塨博學工文辭，與慈溪姜宸英齊名〔四〕。又嘗爲其友治劇邑，逾年政教大行，用此名動公卿間。明珠、索額圖當國，皆嘗延教其子，不就。安溪李光地撫直隸，薦其學行於朝，固辭而不謝。諸王交聘，輒避而之他。既而從毛奇齡學〔五〕。著周易傳注七卷，筮考一卷，郊社考辨一卷，論語傳注二卷，大學傳注一卷，中庸傳注一卷，傳注問一卷，李氏學樂録二卷，大學辨業四卷，聖經學規纂〔六〕二卷，論學二卷，小學稽業五卷，恕谷後集十三卷。

塨學務以實用爲主，解釋經義，多與宋儒不合。又其自命太高，於程、朱之講學，陸、王之證悟，皆謂之空談。蓋明季心學盛行，儒禪淆雜，其曲謹者又闊於事情，沿及順、康朝，猶存餘説。蓋〔七〕顏元及塨力以務實相争，存其説可補諸儒枵腹之弊。然不可獨以立訓，盡廢諸家。其論易以觀象爲主，兼用互體，謂：「聖教罕言性天，乾、坤四德，必歸人事，屯、蒙以下，亦皆以人事立言。陳摶龍圖、劉牧鉤隱，以及探無極、推先天，皆使易道入於無用。」排擊未免過激。然明人以心學竄入易學，率持禪偈以詁經，言數者反置象占於不問，誣飾聖訓，弊不可窮。塨引而歸之人事，深得垂教之旨〔八〕。又以大學「格物」爲周禮「三物」，謂：「孔子時，古大學教法，所謂六德、六行、六藝者，規矩尚存。故格物之學，人人所習，不必再言。惟以明德、親民標其目，以誠意指其入手而已。格物一傳，可不必補。」其説本之顔元。毛奇齡惡其異己，作逸講箋以攻之，而當時學者多韙塨説焉〔九〕。

【校記】

〔一〕李塨傳源自清國史，載儒林傳上卷卷一五。然史稿作者隨意刪削，失誤甚多。修史者當引以爲誡。

〔二〕「弱冠與王源同師顔元」，混數十年史事於一語，輕率落筆，嚴重失實。據李塨輯顔習齋先生年譜，塨追隨顔元問學，自康熙十八年始，時年二十有一。史稿記爲「弱冠」，不誤。而王源師從顔元，則已是康熙四十二年，源時年五十有六，稱爲「弱冠」，顯然與歷史實際相去太遠。

〔三〕塨「授通州學正，浹月以母老告歸」，説出方苞李剛主墓誌銘，不確。據馮辰等輯李恕谷先生年譜，塨中舉之後，屢上春官不第，年六十，援例謁選，初得知縣，以母老改授通州學正，未及三月，即以病告歸。

〔四〕「塨博學工文辭，與慈溪姜宸英齊名」，此説既不載清國史，亦不見方苞撰墓誌銘。據清國史姜宸英傳，宸英乃康熙初葉文苑大家，不惟年輩遠高於李塨，朝野聲名亦更非塨所可相比。康熙三十八年，宸英以七十二歲卒，李塨年方四十有一，始從浙東問樂學於毛奇齡歸來。因此，「與姜宸英齊名」云云，言過其實，並非信史。

〔五〕自「又嘗爲其友治劇邑」，至「既而從毛奇齡學」，史稿變亂清國史舊文，顛倒原傳敘事次序，致使傳主學行失實。據馮辰等輯李恕谷先生年譜，譜主先是有康熙三十四年至三十八年間的幕遊浙江，從蕭山毛奇齡問學，北歸之後，始有四十年之講學京城，公卿交口，及其後之助友人治富平等經歷。

〔六〕「聖經學規」之後，原脱一「纂」字，據清國史補。

〔七〕前後二句，句首皆用一「蓋」字，不妥。依清國史，第二個「蓋」字誤，當爲「故」。

〔八〕先前既有「排擊未免過激」的訾議，隨之又稱「深得垂教之旨」，豈非自相牴牾！

〔九〕清國史於李塨卒年，記之甚明，爲「雍正十一年卒，年七十五」。史稿竟删而不記，失當。

李塨 惲鶴生 程廷祚

清史列傳 卷六十六 儒林傳上一

李塨，字剛主，直隸蠡縣人。康熙二十九年舉人。年六十，選通州學正，居官八十餘日，以病告歸。父明性，明諸生，入國朝不與試，以孝行旌。與博野顏元善，元見其所輯性理諸書，深歎服焉。卒年六十九。

塨弱冠學禮於元，又學琴於張而素，學射於趙思光，學數於劉見田，學書於彭通，學兵法於王餘祐，於田賦、褅祫、郊社、宗廟諸大典，靡不研究。捃摭史志所載經史〔一〕大略，爲瘳忘編〔二〕以備用。既而深服元六藝之教，遂執贄稱弟子。友人郭金湯知桐鄉縣，邀塨往議政。遂之蕭山，學樂於毛奇齡，盡得其舊所傳五聲二變、四清七始、九歌十二律諸遺法，並受其經學。時與往復論易，辨太極圖、河、洛之僞，論尚書，辨攻古文爲僞之誤，論詩，言小序不可廢。奇齡常稱爲蓋世一人。尋遊京都，交鄞萬斯同，斯同見所著大學辨業，爲之序。時四方名士競聚都門，斯同夙有講會，每講皆顯宦主供張，翰林、部郎、處士，數十人環聽。一日塨往，斯同揖衆言曰：「此李先生也，負聖學正傳，請先講以爲求道者路。」塨遜謝去。已而諸人復固請講，塨乃暢發以周官大司徒「三物」，解大學「格物」之旨，曰：「人受天地之中以生，則有仁義禮智之性。性先見於行，則爲子臣弟友，行實以事，則爲祖業兵農。周公以三物教天下，三物之六德，有聖忠和，猶是四德而分其名也。六行有睦婣任卹，五倫所推及也。六藝有射御書數，兵農禮樂之分判也。非六德無以善六行，非六行無以成六德，而非六藝，則無以盡六德、六行之實事。三者乃本末兼賅之道，外此則異端曲學，烏可訓哉！」衆皆曰然。友人楊勤知富平縣，復邀塨往。既至，陳光陛、黎宋淳、魯登闕、蔡麟、張中等，皆從之遊。時會諸名士於寓，相與論學，塨喜曰：「光陛學易，宋淳學禮，登闕學樂，麟學兵，中學平書，吾道其遂興乎？」平書者，大興王源所著，塨訂之爲分民、分土、建官、取士、制田、武備六政者也。安溪李光地聞塨學行，使徐用錫招之，不往。已而諸王交聘，皆避去。晚交桐城方苞，苞與塨所學不同，而志相得，其遊如家人。時有謗塨者，苞釋之，爲作釋言。苞嘗以程、朱之學規塨，塨雖引以自責，然不能革也。

塨性至孝，父在時，與嫡母鄉居，留塨及生母居城，率四弟課讀。每朔望前一日薄暮，步二十五里，至鄉省安，夙興拜父母各四，乃返城拜生母。父殁，擗踊痛絶，三日不食，歛葬虞祭皆如禮。雍正十一年卒，年七十五。著有周易傳注七卷，筮考一卷，郊社考辨一卷，論語傳注二卷，大學傳注一卷，中庸傳注一卷，傳注問一卷，李氏學樂録二卷，大學辨業四卷，聖經學規纂二卷，論學〔三〕二卷，小學稽業五卷，擬太平策〔四〕七卷，閲史郄視〔五〕五卷，恕谷後集十三卷。塨之學出於元，時稱「顔李」。然塨廣交遊，有名於時。其學務以實用爲主，惟自命太高，於程、朱講習，陸、王證悟，皆謂之空談。蓋自明季心學盛行，儒禪淆雜，其曲謹者反闊於事情，沿及國初，猶存餘説。故元及塨獨力以務實相爭，存其説，可補諸儒枵腹高談之弊。其解釋經義，多與宋儒相反。然其論易，以觀象爲主，兼用互體。謂：「聖教罕言性天，乾、坤四德，必歸人事，屯、蒙以下，亦皆以人事立言。陳摶龍圖，劉牧鉤隱，以及探無極、推先天者，皆使易道入於無用。」其説頗醇實，不涉支離恍惚之談。其於大學，所争在以「格物」爲周禮「三物」。謂：「孔子時，三物教法尚存，人人所習，不必再言。惟以明德、親民標其目，以誠意指其入手而已。格物一傳，可不必補。」奇齡獨惡其説異己，作逸講箋以攻之，然當時多韙塨説焉。塨弟子甚衆，清苑馮辰、威縣劉調贊皆能傳其學。辰爲撰年譜四卷，調贊又續一卷。

惲鶴生，字皋聞，江蘇武進人。康熙四十七年舉人，官金壇教諭。少師常熟錢陸燦爲詩文，初喜禪學，既讀宋儒書，服膺主静之旨。又疑儒者之盛莫如宋，而勢之孱亦莫如宋，以朱子過稱張浚大非之。後遊蠡交李塨，見顔元及塨所著書，大折服。以爲宋世之不振，皆學術無用之故，遂爲顔、李之學。嘗與塨會京師，出日記相質，塨稱其乾乾惕厲，謂可與共明斯道也。生平研究經術，著有讀易譜三卷，禹貢解一卷，思誠堂説詩十二卷，春秋解屬辭比事説六卷，大學正業一卷，先民易用二卷，文集五卷。其詩説初尊毛駁鄭，塨貽書諍之，乃改從其説，並以毛、鄭爲宗。卒年七十九。

程廷祚，初名默，字啓生，江蘇上元人。諸生。初識惲鶴生，聞顔、李之學。康熙五十九年，塨南遊金陵，廷祚屢過問學。讀顔元存學編，題其後曰:「古之害道，出於儒之外，今之害道，出於儒之中。顔氏起於燕、趙，當四海倡和，翕然同風之日，乃能折衷至當，而有以斥其非，蓋五百年一人而已。」故嘗謂:「爲顔氏者，其勢難於孟子，其功倍於孟子。」於是力屏異説，以顔元爲主，而參以顧炎武、黄宗羲，讀書極博，而皆歸實用。乾隆元年，召試博學鴻詞，有要人慕其名曰:「主我，翰林可得也。」廷祚拒之，卒報罷。十六年，江蘇巡撫雅爾哈善復以經學薦，亦罷歸。三十二年卒，年七十七。

廷祚深於經學，能確然言其所言，無所依附。嘗曰:「墨守宋學已非，墨守漢學尤非。」其論易，力排象數，惟以義理爲宗，於漢人爻變互體、飛伏納甲諸法，宋人河洛、先天諸圖，及乘承比應諸例，悉埽而空之。著大易擇言三十六卷，易通十四卷，易説辨正四卷。他著又有尚書通議三十卷，青溪詩説二十卷，禮説二卷，春秋識小録九卷，魯論説四卷。於書攻毛奇齡古文冤詞之説，於春秋考官名、地名、人名，頗爲精核。惟學宗顔、李，好非議程、朱，後桐城姚鼐見所著書，稱廷祚好學深思，博聞强識，而持論稍偏，與休寧戴震頗相似云。

【校記】

〔一〕「史」字失當，宜依清國史作「世」。

〔二〕「忘」字原作「志」，清國史同，皆誤。當作「瘳忘編」，故據傳主年譜改。

〔三〕「學」字原作「語」，誤。據清國史李塨傳改。

〔四〕「策」字原作「第」，誤。據清國史李塨傳改。

〔五〕「郄」字原作「郗」，清國史李塨傳同，皆誤。當作「閱史郄視」，故據李恕谷先生年譜改。

刁包 王餘佑

清史稿　卷四百八十　儒林一

刁包〔一〕，字蒙吉，晚號用六居士〔二〕，祁州人。明天啓舉人，再上春官不第，遂棄舉子業。有志聖賢之學，初聞孫奇逢講良知，心嚮之。既讀高攀龍書，大喜曰：「不讀此書，幾虛過一生。」爲主奉之，或有過差，即跪主前自訟。流賊犯祁州，包毁家倡衆誓固守，城得不破。時有二璫主兵事，探卒報賊勢張甚，二璫怒其惑衆，將斬之。包厲聲曰：「必殺彼，請先殺包。」乃止。二璫相謂曰：「使若居官者，其不爲楊、左乎？」賊既去，流民載道，設屋聚養之，病者給醫藥，全活尤多。有山左難婦七十餘人，擇老成家人護以歸。臨行，八拜以重託，家人皆感泣，竭力衛送，歷六府盡歸其家。甲申國變，設莊烈愍皇帝主於所居之順積樓，服斬衰，朝夕哭臨如禮。僞命敦趣，包以死拒，幾及於難，遂隱居不出。於城隅闢地爲齋，曰潛室，亭曰肥遯，日閉户讀書其中，無間寒暑，學者宗焉，執經之履滿户外。居父喪哀毁，鬚髮盡白，三年不飲酒食肉，不内寢。及母卒，號慟嘔血，病數月卒〔三〕。所著有易酌、四書翊注、潛室劄記、用六集，皆本義理，明白正大。又選斯文正統九十六卷〔四〕，專以品行爲主，若言是人非，雖絶技無取。包初與新城王餘佑爲石交。

餘佑，字介祺。父延善，邑諸生，尚氣誼。當明末，散萬金産結客。有子三，長餘恪，季餘嚴，餘佑其仲也。明亡，延善率三子與雄縣馬魯建義旗，傳檄討賊。時容城孫奇逢亦起兵，共恢復雄、新、容三縣，斬其僞官。順治初，延善爲仇家所陷，執赴京。餘恪揮兩弟出，爲復仇計，獨身赴難，父子死燕市。餘嚴夜率壯士入仇家，殲其老弱三十口。名捕甚急，上官有知其枉者，力解乃免。餘佑隱易州之五公山，自號五公山人。嘗受業於孫奇逢，學兵法。後更從奇逢講性命之學，隱居教授，不求聞達，教人以忠孝。卒年七十〔五〕。

【校記】

〔一〕清史稿之刁包傳，源自清國史，載儒林傳上卷卷一，兼採彭紹升撰刁先生包傳而成。刁包爲清初河北理學名儒，年輩高於顔元、李塨，顔元始終事以父執之禮。清國史置刁包傳於首卷，緊接孫奇逢之後，甚是。史稿罔顧清國史編次，移刁包傳於顔、李師徒傳後，顛倒長幼，殊不可取。

〔二〕清史稿援清國史舊規，例不稱傳主號，間有例外，亦不見傳首，乃隨文記於傳中。包傳破例記傳主號於卷首，自亂章法。

〔三〕關於刁包卒年，清國史記之甚明，爲「卒年六十六，時康熙六年也」。史稿不用，改作「病數月卒」，甚爲無理。即使有康熙七年之異説，亦當並存以俟考。

〔四〕斯文正統，清國史記爲十二卷，而非九十六卷。四庫全書總目所記直隸巡撫採進本，亦作十二卷。

〔五〕王餘佑，清國史未入傳，史稿係採王源撰傳及顔習齋先生年譜而成。餘佑卒於康熙二十三年二月，年六十有九。

刁包

清史列傳　卷六十六　儒林傳上一

刁包，字蒙吉，直隸祁州人。明天啓七年舉人。李自成躪畿西，包散家財，糾衆禦之，祁得不破。賊退，流民載路，包設屋養之，疾傷者予之藥，或護而歸諸其家。自成建僞號，以官授包，包以死拒之，賊敗乃免。入國朝，遂不仕，爲齋曰潛室，亭曰肥遯，著書養母，凡二十餘年。

包少有志聖賢之學，聞容城孫奇逢講良知，心向之。奇逢南遊過祁，館之二年〔一〕，與相質正。又與張羅喆、王餘祐諸人講學，爲上谷會語。既讀高攀龍書，大喜曰：「不讀此書，幾虛過一生矣。」爲主奉之，有過即跪主前自訟。其學由高、顧、羅、薛上溯程、朱，而以謹言行爲要。嘗曰：「君子之道三；言語不苟，取與不苟，出處不苟。」又曰：「吾日三省吾身，心無乃有妄念，言無乃有妄發，事無乃有妄爲乎？」其勇於自克如此。初居父喪，哀毁，鬚髮盡白，三年不飲酒，不食肉，不入内。及母卒，號慟嘔血，曰：「待罪餘生，恃老母在耳，母逝矣，惟齊衰報本從母而已。」尋卒，年六十六，時康熙六年也。

生平著書，一以明道爲主。嘗讀易傳有得，曰：「天地間有一部易經，合當有一部程傳。」著易酌十四卷，推闡易理，明白正大，足以羽翼程、朱。又有四書翼注十六卷，辨道録八卷，用六集十二卷，斯文正統十二卷。其潛室劄記二卷，多躬行心得之言，世謂醇正勝奇逢書云。

【校記】

〔一〕孫奇逢南遊過祁州，刁包「館之二年」，不確。「年」字當作「月」。據奇逢自記日譜及湯斌輯夏峰先生年譜，奇逢順治六年十一月十一日離鄉，十四日抵祁州，刁包掃室迎客，七年二月二十七日，賓主道別，奇逢旋即南去，留祁州前後不過兩月餘。

李來章 冉覲祖　竇克勤

清史稿　卷四百八十　儒林一

李來章〔一〕，字禮山，襄城人。生有神識，嘗觀石工集庭中斷石，輾轉弗合，語之曰：「去宿土，當自合。是即吾學人心、道心之謂。」聞者異之。工詩古文辭。康熙十四年舉人。嘗學於魏象樞，魏戒之曰：「欲除妄念，莫如立志。」來章因作書紳語略。其持論以不背先儒，有益世用爲主。再學於孫奇逢、李顒〔二〕。時奇逢講學百泉，來章與冉覲祖諸人講學嵩陽，兩河相望，一時稱極盛焉。再主南陽書院，作南陽學規、達天録以教學者，士習日上。尋以母老謝歸。重葺紫雲書院，讀書其中，學者多自遠而至。母病目，來章每夙興舐之，目復明。

謁選廣東連山縣〔三〕。連山民僅七村，丁只二千，外瑶户大排居五，小排一十有七，數且盈萬人。重山複嶺，瘦石巉削，四居十分之一。瑶或負險跳梁，來章慨然曰：「瑶異類，亦有人性，當推誠以待之。」乃仿明王守仁遺意，日延耆老問民疾苦，招流亡，勸之開墾，薄其賦。復深入瑶穴，爲之置約延師，以至誠相感。創連山書院，著學規，日進縣人申教之。而瑶民之秀者，亦知嚮學，誦讀聲徹巖谷。學使者交奬曰：「忠信篤敬，蠻貊信可行矣。」行取〔四〕，授兵部主事，監北新倉，革運官餽遺。旋引疾歸。大學士田從典〔五〕、侍郎李先復交章以實學可大用薦，得旨徵召，不出。年六十八卒〔六〕。所著有禮山園文集、洛學編、連陽八排瑶風土記、衾影録。

冉覲祖〔七〕，字永光，先賢鄆國公裔，元末有爲中牟丞者，因家焉。康熙二年，鄉試第一。杜門潛居，爰取四書集注，研精覃思二十年，章求其旨，句求其解，字求其訓，身體心驗，訂正群言，歸於一是，名曰玩注詳説。遍及群經，各有專書，兼采漢儒、宋儒之説。十八年開博學鴻儒科，巡撫將薦之，欲一見覲祖。覲祖曰:「往見，是求薦也。」堅不往。少詹事耿介延主嵩陽書院，與諸生講孟子一章，剖析天人，分别理欲，衆皆悚聽。三十年，成進士，選庶吉士。三十三年，授檢討。是歲，聖祖徧試翰林，御西暖閣，詢家世籍貫獨詳，有「氣度老成」之褒。越日，賜宴瀛臺，上獨識之，曰:「爾是河南解元耶？」蓋以示優異也。尋告歸，卒年八十有二〔八〕。

竇克勤〔九〕，字敏修，柘城人。聞耿介傳百泉之學，從遊嵩陽六年〔十〕。鄉舉至京師，謁睢州湯斌。一〔十一〕夕請業，斌謂師道不立，由教官之失職，勸克勤就教職。選泌陽教諭〔十二〕。泌陽地小而僻，人鮮知學，克勤立五社學〔十三〕，月朔稽善過而勸懲之。暇則齋居讀書，雖饘粥不繼，晏如也。康熙十七年進士〔十四〕，選庶吉士。丁母憂歸，服除，授檢討。一日，聖祖命諸翰林作楷書。克勤書「學宗孔、孟，法在堯、舜，而其要慎獨」十四字〔十五〕以進。聖祖覽而器之。尋以父老乞歸。嘗於柘城東郊立朱陽學院〔十六〕，倡導正學。中州白夏峰、嵩陽外，朱陽學者稱盛。卒年六十四〔十七〕。著有孝經闡義。

【校記】

〔一〕清史稿李來章傳，源自清國史，載儒林傳上卷卷一三。惟删削不當，多見疏失。

〔二〕關於李來章問學經歷，據清國史所記，當爲先就學孫奇逢，再是李顒，後方遊魏象樞門。

〔三〕來章何時謁選連山知縣，史稿失記。依清國史，爲康熙四十二年。

〔四〕來章行取時間，清國史記之甚明，作康熙四十八年。史稿删而不記，失當。

〔五〕田從典官職，史稿記爲「大學士」，不妥。當依清國史，作「侍郎」。據考，李來章卒於康熙六十年，而田從典擢官大學士，已是雍正二年。舉薦來章復出，時從典所任，乃兵部侍郎。

〔六〕李來章卒於康熙六十年，清國史本傳記之甚確。史稿删而不記，失當。

〔七〕清史稿冉覲祖傳，源出清國史，載儒林傳上卷卷一三。覲祖年輩高於李來章，本獨自爲傳，且置於來章傳前。史稿改附來章，不知根據何在。

〔八〕冉覲祖卒於康熙五十七年，清國史本傳記之甚確。史稿删而不記，失當。

〔九〕清史稿竇克勤傳，源自清國史，載儒林傳上卷卷一三。克勤年長於李來章，本獨自爲傳，且編次於來章傳前。史稿改附李來章，失之輕率。

〔十〕「從遊嵩陽六年」句，史稿點校本原作「從遊嵩陽。六年」，誤。若依史稿句讀，則傳主乃係康熙六年舉鄉試，旋至京師，謁湯斌問學。其實不然。一則依清制，康熙六年，非鄉試之年。再則據湯右曾撰徵仕郎翰林院檢討静庵竇公墓誌銘，克勤鄉舉乃在康熙十一年。故「從遊嵩陽六年」一句，不可斷開。史稿點校本的此處致誤，若究其根源，則在於最初史稿撰稿者之擅改國史舊文。據清國史竇克勤傳，此處行文原作「聞登封耿介講學嵩陽，從遊者六年」。史稿擅删「者」字，點校者不慎，以致誤讀。

〔十一〕「一」字，清國史作「日」。似以國史爲長。

〔十二〕克勤選授泌陽教諭，清史稿未記何年，清國史亦失記。依上引湯右曾撰文，時在康熙二十五年。

〔十三〕「學」字誤，當依清國史作「長」。

〔十四〕「康熙十七年進士」，誤。當依清國史，作「康熙二十七年」。據江慶柏清朝進士題名録，竇克勤爲是年三甲第六名進士。

〔十五〕克勤所上楷書語，據清國史及湯右曾文，内容大同小異，然字數多寡不一。史稿别出心裁，竟將兩家之「數語以進」坐實爲「十四字」，可謂杜撰故事，畫蛇添足。

〔十六〕「朱陽學院」，「學」字誤，當依清國史，作「朱陽書院」。

〔十七〕「卒年六十四」，誤。依清國史，當作康熙四十七年卒，年五十六。

竇克勤

清史列傳　卷六十六　儒林傳上一

竇克勤，字敏修，河南柘城人。父大任，諸生，爲學以不欺爲本，喜成就後學。克勤少讀大學章句序，躍然曰：「道在是矣。」自是益研究先儒書，作槃水歌以自警。聞登封耿介講學嵩陽，從遊者六年。鄉舉後至京師，謁睢州湯斌，日夕講業。斌言師道不正，由校官不職，勸克勤就教職。選泌陽教授。泌陽地小而荒，人鮮知學，克勤立五社長，月朔稽善過而勸懲之。每月三日，集童子習禮儀，稍長，教之性理，人皆力學興行。公餘讀書，饘粥不繼晏如也。康熙二十七年，成進士，改翰林院庶吉士。丁母憂歸，服闋，散館授檢討。會順天學政李光地遭母喪，有請假九月之疏，克勤忿，陳書給事中彭鵬劾之。及鵬謫河工，勒限出京，克勤賦「海外孤鴻來」一章，祖於道。三十九年，充會試同考官，有貴顯干以私，克勤力拒之。聖祖命翰林作楷書，克勤書「治法堯、舜，是爲至治；學宗孔、孟，是爲正學。有天德便可語王道，其要祇在慎獨」數語以進。再試皇太后萬壽無疆賦稱旨，賜御書，加俸金。所居狹隘，僮僕皆辭去，使諸子應門。暇則繞坐授經。蠡縣李塨曰：「克勤位望俱重，而最謹飭，可法也。」尋以父老乞歸。

先是，克勤於柘城東郊立朱陽書院，倡導正學。及歸，遠近來學，講舍不能容。中州自夏峰、嵩陽外，朱陽學者稱盛矣。大吏重其行，克勤爲陳鄉邦疾苦，多賴以更除。四十七年卒，年五十六。士友悲慟，門弟子心喪三年，邑之餓夫頑人，亦匍匐赴哭而去。其感人如此。克勤學術，淵源考亭，於金谿、姚江，辨析必求至當，不爲附和之詞。著理學宗傳十五卷，始宋周子，終明薛瑄，凡十五人。自序云：「尚有邵康節、蔡元定書，俟學者既通六經而後可及。」又著有孝經闡義、四書闡義、泌陽學條規、事親庸言、尋樂堂家規、文集等。子容邃，能承其家學。

冉覲祖

冉覲祖，字永光，河南中牟人。先賢伯牛之裔，生而静重寡言。明季，父於兵燹中授章句，沉潛服習。年十一，父卒，號慟，依柩旁昏夜獨居，無懼色。少而多藝，汶上袁生精等韻之學，五日盡得其傳。中歲屏除殆盡，究心濂、洛、關、閩之書。康熙二年，舉於鄉。十八年，詔舉博學鴻儒，巡撫將薦之，欲一見。覲祖曰：「是求薦也。」堅不往。登封耿介延主嵩陽書院，生徒雲集，講孟子一章，剖天人理欲之界，衆皆悚然。三十年，成進士，改翰林院庶吉士，散館授檢討。是歲，聖祖遍試翰林，御西煖閣，詢覲祖家世學業甚詳，有「氣度老成」之褒。越旬日，賜宴瀛臺，上獨識之，曰：「爾是河南解元耶？」三十六年，充會試同考官。尋乞假歸。儀封張伯行創請見書院，延主講席。覲祖以太極、西銘指示聖學脈絡，嚮道者益衆。假滿補原官，越二年，告歸。

覲祖之學，壹尊程、朱，於陸、王不少假借。著天理主敬圖一卷，上標天理，明性道之重；中列存養、省察、講學、力行四項，爲體道之功；下書一敬字，示心法之要。蓋爲姚江言超悟者而發。其訓釋宋儒書，有性理纂要八卷，正蒙補訓四卷。主嵩陽時，著爲學大指十八則以示學者，又著一本論三篇，以闢異教死生之説。大旨謂：「乾父坤母，陰陽之氣合而生萬物。父乾道，母坤道，陰陽之氣合而生子。謂父母之氣不通於天地之氣，非也。譬之掘地爲井，井之水猶然地中之水，而此井與彼井，甘苦不同味，盈涸不同時。天地者本之大公，父母者本之至真者也，至真無二，故曰一也。」於四書集注覃研二十年，章求其旨，字求其解，句求其訓，訂正群言，歸於一是，著四書玩注詳説。又著易、書、詩、禮記、春秋詳説，兼采漢、宋諸儒，亦時出以己意。時方纂修五經，安溪李光地以聞，上命取其書以供採擇。他著有孝經詳説、陽明疑案、孔子生卒考及詩文雜著。

覲祖性淡退，惟以讀書爲事。絶慾三十餘年，晨夕起居，伴以兩僮。晚歲作四時讀書樂詩，遇風日晴和，偕門弟子過魯廟諸邨，徜徉唱和，及暮而歸，行道者以爲神仙中人。五十七年卒，年八十二。伯行與覲祖最契，其卒也，兩爲文祭之，稱生平義利之辨，邪正之分，屢遭困阨而信愈堅，皆覲祖教誨之力云。

李來章

李來章，本名灼然，以字行，河南襄城人。康熙十四年舉人。明謚恭靖敏之後。敏嘗於縣西南紫雲山創立書院，講學其中。至曾孫繼業，復興之，立爲學程規，一遵敏教，世推理學。來章，繼業曾孫，生有神識。嘗觀石工集庭中斷石，輾轉弗合，語之曰：「去宿土，當自合。是即吾學人心、道心之謂。」聞者異之。及長，以光復先緒爲己任。就學孫奇逢，會李顒〔一〕來襄招魂葬父，來章與襄其事，復就顒學。後遊魏象樞門，聞象樞言欲除妄念，莫如立志，作書紳語略。時奇逢講學百泉，來章與耿介、冉覲祖講學嵩陽，兩河相望，一時稱盛。已主南陽書院，作南陽學規以教學者。尋以母老謝歸，重葺紫雲書院，讀書其中，學者多自遠至。母病目，來章夙興舐之，目復明。四十二年，選廣東連山縣知縣。連山民僅七村，丁二千，餘皆瑶户，大排五，小排十七，數盈萬。又重岡複嶺，田裁十之一。時甫經瑶亂，猶弗靖，來章慨然曰：「瑶雖異類，亦有人性，當推誠待之。」乃仿明王守仁遺意，日延耆老問疾苦，招流亡，勸之開墾，薄其賦。復深入瑶穴，親與設誓，焚妖書，平物價，禁搶掠，解仇忿，殷勤誥戒。復爲之設約，延師訓其弟子。又創連山書院，進瑶民之秀者親教之。行之三年，誦讀聲徹巖谷，督撫交獎之曰：「忠信篤敬，蠻貊信可行矣。」四十八年，行取授兵部主事，監北新倉，革運官饋遺。尋引疾歸。侍郎田從典、李先復交章以實學可大用薦，得旨徵召，辭不出。六十年卒，年六十八。

來章幼讀二程遺書，沉潛反覆，積三十餘年。嘗作嵩陽書院記曰：「道者非他，即易之所謂太極，書之所謂中，大學之所謂至善，其實皆一天也。故董子言，道之大原出於天。然自有生以後，去天漸遠。其能全而無失者，必出於聰明睿智之聖。而大賢以下，率必由學問思辨以致其精，篤行固執以致其一，戒慎恐懼以貫其終始，則踐履既久，性命流行，行止動静無非天理。斯所謂下學而上達也。」故其爲學，以合天爲歸，克己爲要，慎獨爲先。嘗以質之耿介，介然之。因著衾影録、達天録。其教人以小學、近思録，曰：「天地間一大缺陷事，無如廢卻小學，使一團天真，盡爲功利誇詐之俗所奪。後雖欲收其放心，亦扞格而不入。」又曰：「近思録一書，爲周、孔真命脈，學者不從此入手，皆斷港絶潢，欲求至道難矣。」及官連山，讀白沙全集，謂其直捷痛快，然下學之功，略焉不講。時縣人衛立組著白沙要語補，來章序之，以爲當再取陽明傳習録，采其要語，爲之補正。晚歲尤篤實，答李顒書云：「學求自信，若有一毫求人説好之念，便如優伶登場，塗飾粉黛，徒求觀者喝采，心術豈復可問？此實人鬼關頭，學者須先辨取，不然雖讀破萬卷，於爲學無涉也。」他著有洛學編，紫雲、連山兩書院志，連陽八排風土記，嶺海拾遺，京華見聞録，隨筆等書。古文摹仿歐、曾，不失典型，有禮山園集八卷。

【校記】

〔一〕「顒」字原作「容」，係清人避仁宗名諱改。故逕以改回。下同。

李光坡 從子鍾倫

清史稿　卷四百八十　儒林一

李光坡[一]，字耜卿，安谿人，大學士光地之弟也。生五歲，與伯叔兄弟俱陷賊壘。既脱難後，受學家庭，宗尚宋儒及鄉先正蒙引、存疑[二]諸書，次第講治十三經，濂、洛、關、閩書，旁及子、史。質不甚敏，以勤苦致熟。論學主程、朱，論易主邵子，兼取揚雄太玄，發明性理，以闡大義。壯歲專意三禮，以三禮之學至宋而微，至明幾絶，儀禮尤世所罕習，積四十年，成三禮述注六十九卷。以鄭康成爲主，疏解簡明，不蹈支離，亦不侈奥博，自成一家言。其兄光地嘗著周官筆記一篇，光地子鍾倫亦著周禮訓纂二十一卷，皆標舉要旨，弗以考證辨論爲長，與光坡相近，其家學如是也。

光坡家居不仕[三]，康熙四十五年入都，與其兄光地講貫，著性論三篇，辨論理氣先後動静，以訂近儒之差。及歸，光地貽以詩曰：「後生茂起須家法，我老棲遲望子傳。」其惓惓於光坡如此。光地嘗論，東吴顧炎武與光坡，皆數十年用心經學，精勤不輟，卓然可以傳於後云。光坡天性至孝，父病篤，炷香焚掌，叩天以祈延壽，病果愈[四]。及舉孝廉方正[五]，有司將以光坡應選，而光坡寢疾矣。卒年七十有三[六]。又有皋軒文編。

鍾倫，字世得，康熙三十二年舉人。初受三禮於光坡，又與宣城梅文鼎、長洲何焯、宿遷徐用錫、河間王之鋭、同縣陳萬策等，互相討論，其學具有本原。未仕而卒[七]。

【校記】

〔一〕清史稿之李光坡傳，源自清國史，載儒林傳卷三。

〔二〕蒙引、存疑乃二書，清史稿點校本讀作一書，誤。據李光地榕村續語録卷一大學，即記「蒙引謂」、「存疑又謂」。同書卷十六學亦記:「蒙、存二書，近來節改者多。」

〔三〕「家居不仕」，清史稿原作「家居不仁」，誤。據清國史改。

〔四〕光坡父病，坡焚香叩天，祈延父壽，病果愈之説，源出清國史。清史列傳所記與之有異，作「父病篤，焚香禱天，燃及於掌，不知也」。當以列傳所記可信。將清史列傳與清國史相比照，國史儒林傳亦本有李光坡傳之繁簡二稿。簡稿入儒林傳卷三，爲清史稿所用。繁稿當置於儒林傳上卷卷一八陳遷鶴、方邁二傳間，不知何故，竟然漏編。所幸清史列傳在，李光坡一傳，或即當初漏編之繁稿。

〔五〕「舉孝廉方正」，清史稿失記時間，不妥。據清史列傳，爲雍正元年。

〔六〕李光坡卒於何年，清史稿失記。當依清史列傳，作雍正元年。

〔七〕李鍾倫卒年，清史稿失記。當依清史列傳，作康熙四十五年卒，年四十四。

李光坡 從子鍾倫

清史列傳　卷六十七　儒林傳上二

李光坡，字耜卿，福建安溪人。父兆慶，明諸生，究心程、朱之學。兄光地，官至大學士，自有傳。光坡生五歲，與伯叔兄弟俱陷賊壘，會仲父日爆糾衆與戰，乃得拔歸。少受學家庭，宗尚宋儒及鄉先正蒙引、存疑諸書。弱冠爲諸生，次第講治十三經，濂、洛、關、閩書，旁及子、史。質不甚敏，以勤苦致熟。其論學主程、朱，論易主邵子，兼取揚雄太玄。以爲雄僭經雖有罪，而存易則有功。壯歲專意三禮，以三禮之學，至宋而微，至明幾絶，儀禮尤世所罕習，積四十年，成周禮述注二十四卷，儀禮述注十七卷，禮記述注二十八卷。其書以鄭注爲主，疏解簡明，不蹈支離，亦不侈奥博，自成一家言。其禮記述注自序云：「始讀陳氏集説，疑其未盡，及讀注疏，又疑其未誠。如禮器篇，斥後代封禪爲鄭祖緯啓之，秦皇、漢武前鄭數百年，亦鄭注啓之乎？又譏漢、唐儒者説理如夢，此程、朱進人以知本，吾儕非其分也。今於禮運則輕其出於老氏，樂記則少其言理而不及數，其他多指爲漢儒之附會。而訓禮運之『本仁以聚』，亦曰『萬殊一本，一本萬殊』。仲尼燕居之『仁鬼神』、『仁昭穆』，亦曰『克去己私，以全心德』。欲以方軼前人，恐未能使退舍也。」其論實能持是非之公心，埽門户之私見。康熙四十五年，入都，與兄光地講貫，著性論三篇，辯論理氣先後動静，以訂近儒之差。及歸，光地貽以詩曰：「後生茂起須家法，我老栖遲望子傳。」其惓惓光坡如此。

光地嘗論，崑山顧炎武與光坡，皆數十年用心經學，精勤不輟，卓然可傳云。臺灣既平，詔督撫大臣籌度機宜，光坡謂：「防海之道，有慎設其守者，有探止泊而遏之者，有度要需而絶之者。」因爲策上之。性至孝，父病篤，焚香禱天，燃及於掌，不知也。母老多病，日夕侍寢。居喪十旬内，祗飲勺水，哀慕終身。雍正元年，舉孝廉方正，有司以光坡應，已寢疾矣。是年卒，年七十三。又著有皋軒文編一卷〔一〕。

李鍾倫，字世德〔二〕，光地長子。康熙三十二年舉人。幼穎敏，甫十歲，即知孝敬。侍大父母、父母疾，夜闌僕憊，猶親視藥物。篤志經學，以身體之，書禮記九容於壁間以自警。嘗云：「人於苦處不能尋樂，如何於樂處有得？」初受三禮於叔父光坡，又與宣城梅文鼎、長洲何焯、宿遷徐用錫、河間王之鋭、同縣陳萬策等，互相討論。其學窮極幽渺，具有本原，文鼎所謂無膏肓之疾者也。著有周禮訓纂二十一卷，於五官詮釋大義，惟考工記不釋，以所補非古經也。其父光地嘗著周官筆記，叔光坡亦著周禮述注，皆標舉要旨，弗以考證辨難爲長，與鍾倫書相近，蓋其家學如是。然如辨禘祫、社稷、學校諸篇，及論司馬法車乘士卒之數，亦皆考證精覈。鍾倫通算律，甲數乙數本以赤道求黄道，嘗準其法以黄求赤，作爲圖論，又製器以象之。其訓大司徒土圭之法，謂百六十餘里景已差一寸，亦得諸實測，非講學家之空言。他著有尚書典謨説、四書節記、菜園遺書。四十五年卒，年四十四。子清馥。

【校記】

〔一〕光坡傳後，原附有從弟光墺、光型二傳，從略。

〔二〕「德」字誤，據李光地冢男鍾倫墓誌銘，當爲「得」。

莊亨陽 官獻瑶

清史稿　卷四百八十　儒林一

莊亨陽[一]，字復齋，靖南[二]人。康熙五十七年進士，知山東濰縣。母就養卒於途，歸而廬墓三年，自是未嘗一日離其父。乾隆初元，禮部尚書楊名時薦士七人，亨陽與焉，授國子監助教。當是時，上方嚮用儒術，尚書楊名時、孫家淦，大學士趙國麟，咸以耆壽名德領太學事，相與倡明正學。六堂之長，則亨陽與安溪官獻瑶、無錫蔡德晉等，皆一時之儁。每朔望謁夫子，釋菜禮畢，六堂師登講座，率國子生以次執經質疑。旬日則六堂師分占一經，各於其書齋會講。南北學[三]絃誦之聲，夜分不絶，都下號爲「四賢」、「五君子」。

遷吏部主事，外補德安府同知，擢徐州府。徐仍歲水災，亨陽相川澤，諮耆民，具方略，請廣開上游水道，以洩異漲，且告石林可危。未及施工而石林决。沛縣城將潰，民竄逃，亨陽駕輕舠行告父老曰：「太守來，爾民何往？」親率衆堵築，七日夜城完。在徐三年，兩遇大荒，勤賑事，幾不暇眠食。九年，遷按察司副使，分巡淮徐海道。亨陽通算術，及董河防，推究高深測量之宜，上書當路。大略謂：「淮、徐水患，在壅毛城鋪而徐州壞，壅天然减水壩而鳳、潁、泗壞，壅車邏、昭關等壩而淮、揚之上下河皆壞。宜開毛城鋪以注洪澤湖，則徐州之患息；開天然[四]壩以注高、寶諸湖，則上江之患息；開三壩以注興、鹽之澤，則高、寶之患息；開范公隄以注之海，則興、鹽、泰諸州縣之患息。」當路者頗韙其言，而未能用。

京察，大臣當自陳，高宗命自陳者各舉一人自代。内閣學士李清植舉亨陽，時論以爲允。勘淮海災過勞，以羸疾卒。卒之日，淮海諸氓罷市奔走，樹幟哭而投賻。訥親巡江南〔五〕，監司皆韡袴跪迎，亨陽獨長揖。訥責問，曰：「非敢惜此膝於公，其如會典所無何？」訥默然。亨陽出巡，屬吏循故事餽餟，然〔六〕一切勿拒，曰：「物以〔七〕烹飪，卻之是暴天物而違人情也。」所從僕皆自飲其馬，或犒之，跽而辭曰：「公視奴輩爲兒子，不告而受，於心不安，告公公必命辭，是仍虛君惠也。」强之，皆伏地，誓指其心。其感人如此。

官獻瑤〔八〕，字瑜卿，安溪人。執業於漳浦蔡世遠、桐城方苞，稱高足弟子。亦以楊名時薦，補助教。甫入學，上事宜六條於其長。乾隆四年進士，選庶吉士，充三禮館纂修，授編修。九年，典試浙江〔九〕。尋提督廣西、陝甘學政，遷洗馬。在關中，求得宋張載二十餘代孫，囑其邑學官教之。識韓城王杰於諸生，以爲大器，果如其言。獻瑤少孤，事母孝。自陝甘任滿歸，乞侍養，奉母二十餘載，母年九十乃終。撫愛諸子弟，修大小宗祠，增祭器，考禮經，遵時制以定儀式，立鄉規以教宗人，置義租以恤親族之貧者。卒年八十〔十〕。著讀易偶記三卷，尚書偶記三卷〔十一〕，尚書講稿思問録一卷，讀詩偶記二卷，周官偶記二卷〔十二〕，儀禮讀三卷，喪服私鈔並雜記一卷，春秋傳習録五卷，孝經刊誤一卷，文集〔十三〕十六卷，詩集二卷。

【校記】

〔一〕清史稿之莊亨陽傳，源出清國史。亨陽早年雖問業李光地，然一生不以爲學名，而以循良廉能稱，故清國史入亨陽於循吏傳卷四，而不入儒林傳。類傳性質不同，傳主生平各異，傳文布局、内容取捨，自然不可同類。史稿無視諸多差異，既不改寫舊文，惟隨意删削，難免失之輕率。

〔二〕「靖南」誤。據清國史，當作「南靖」。清史稿地理志亦作「南靖」，屬福建省漳州府。

〔三〕「南北學」三字，史稿點校本屬上句，讀作「各於其書齋會講南北學」，誤。若依其句讀，則「南北學」當爲學術流派，或如經學史中，南北朝時期之「南學」、「北學」，或如理學史上，清朝初葉之「南學」、「北學」。其實不然。清史稿職官志於國子監職官記之甚明，雍正九年，建南學。原注云：「在學肄業者爲南學，在外肄業考試者爲北學。」

〔四〕「天然」二字，史稿點校本未加專名號，意爲自然天成之水壩。其實不然。「天然」乃專用名，史稿河渠志一有云：「添建滾水石壩二於天然南北二壩處。」「天然」二字即有地名專號。

〔五〕據清國史莊亨陽傳，亨陽卒後，該傳以「亨陽少時執業於李光地」爲轉折，記述傳主生前軼事，文凡三百餘言。史稿爲減省篇幅，删去此段文字之前半段，逕接以「訥親巡江南，監司皆韡袴跪迎，亨陽獨長揖」。據考，亨陽卒於乾隆十一年，而訥親巡江南則乾隆九年事，史稿如此行文，實是文理不通，令人訝然。

〔六〕據清國史亨陽傳，「然」字誤，當作「烝」，且應與「殺」字連讀，即「屬吏循故事餽殺烝」。

〔七〕據清國史，「以」字誤，當作「已」。史稿擅改舊文，乖違原意，殊不可取。

〔八〕清史稿官獻瑶傳，源出清國史，載儒林傳上卷卷二四。惟删削過多，精華盡去，令人惋惜。

〔九〕「典試浙江」，「典試」二字不確。當依清國史，明記爲「充浙江鄉試副考官」。

〔十〕官獻瑶卒於何年，史稿失記，清國史同。今人柯愈春清人詩文集總目提要稱，「獻瑶生於康熙二十五年，卒於乾隆十一年」。柯先生所記，未知根據何在。若據清國史及清史稿所記，獻瑶去世，當在陝甘學政任滿，且奉母歸養二十餘年之後。據考，官氏陝甘任滿，已是乾隆十五年八月，辭世自然當在乾隆三十五年以後。因此，柯氏書之所記，顯然不可信。又據柯先生書卷二十八鑾山遺集條記，迄於乾隆三十九年，獻瑶依然在世，且爲王有嘉遺著撰序一篇。

〔十一〕據清國史，尚書偶記非三卷，當爲一卷。

〔十二〕據清國史，周官偶記非二卷，當爲六卷。

〔十三〕據清國史，「文集」前脱「石溪」二字，當作「石溪文集」。

莊亨陽

清史列傳　卷七十五　循吏傳二

莊亨陽，福建南靖人。康熙五十七年進士，知山東濰縣。母就養卒於塗，歸而廬墓三年，自是未嘗一日離其父。父既歿，講學漳江。乾隆初元，禮部尚書楊名時薦士七人，亨陽與焉，授國子監助教。當是時，上方嚮用儒術，尚書楊名時、孫家淦，大學士趙國麟，咸以耆壽名德，領太學事，相與倡明正學，陶植邦彥。六堂之長，則亨陽與安溪官獻瑶、無錫蔡德晉等，皆一時之儁。每朔望謁夫子，釋菜禮畢，登講座，六堂中國子生，以次執經質疑。旬日則六堂師分占一經，各於其齋會講。南北學絃誦之聲，夜分不絶。都下號爲「四賢」、「五君子」。

遷吏部主事，外補德安府同知，擢知徐州府。徐仍歲水災，亨陽相川澤，諮耆民，具方略，請廣開上游水道以洩盛漲，且告石林可危。未及施工而石林决，沛縣城將潰，民竄逃。亨陽駕輕舠行告父老曰：「太守來，爾民何往？」親率衆堵築，七日夜城完。在徐三年，兩遇大荒，勤賑事，至廢眠食。九年，遷按察司副使，分巡淮徐海道。亨陽通算，及董河防，推究高深測量之宜，上書當路。大略謂：「淮、徐水患，在壅毛城鋪而徐州壞，壅天然減水壩而鳳、潁、泗壞，壅車邏、昭關等壩而淮、揚之上下河皆壞。宜開毛城鋪以注洪澤湖，則徐州之患息；開天然壩以注高、寶諸湖，則上江之患息；開三壩以注興、鹽之澤，則高、寶之患息；開范公隄以注之海，則興、鹽、泰諸州之患息。」當路者未能用，頗韙其言。故事，京察大臣當自陳，高宗命自陳者各舉一人自代。内閣學士李清植舉亨陽，時論以爲允。勘淮海災過勞，以羸疾卒。

卒之日，淮海諸氓罷市奔走，樹素幟哭而投賻。

亨陽少時，執業於李光地，光地甚重之。鄂爾泰、陳元龍嘗問士於方苞，苞首言亨陽。鄂爾泰使亨陽同官達意，欲令其來見，至再三。亨陽曰：「吾往見，是慕勢也。相國何用見此等人？」將命者以告，鄂爾泰瞿然曰：「吾非敢安坐而相招也。顧吾非公事，未嘗一出內城，恐時人以爲疑。吾平生惡勢交，若以老諸生視我，則不妨顧我矣。」亨陽始入見，志相得，後終不再至。訥親巡江南，監司皆韡袴跪迎，亨陽獨長揖。訥責問，曰：「非敢惜此膝於公，其如會典所無何？」訥默然。亨陽出巡，屬吏餽殽烝，弗拒，曰：「物已烹飪，卻之是暴天物而違人情也。」所從僕皆自飲其馬，或犒之，跽而辭曰：「公視奴輩如兒子，不告而受於心不安，告之必命辭，是仍虛君惠也。」强之，皆伏地誓指其心。其感人如此。

官獻瑶

清史列傳　卷六十七　儒林傳上二

官獻瑶，字瑜卿，福建安溪人。以拔貢生授國子監學正，篤好經學。少嗜同里李光地書，後受業於漳浦蔡世遠、桐城方苞。大學士朱軾重之，曰：「吾老矣，斯道之託，將在吾子。」乾隆元年，滇督楊名時還朝，疏薦七士，獻瑶與焉。是歲，舉順天鄉試，晉助教。甫入學，上事宜六條於其長。名時暨孫嘉淦、趙國麟先後攝國學事，獻瑶與南靖莊亨陽、無錫蔡德晉等爲六堂之長，志合道孚。每朔望釋菜畢，登講座，六堂師分占一經，各就其齋會講。南北學絃誦之聲，夜分不絶，都下有「四賢」、「五君子」之號。四年，成進士，改翰林院庶吉士，充三禮館纂修官。七年，散館，授編修。九年，充浙江鄉試副考官，尋提督廣西學政。十二年，復提督陝甘學政。遷司經局洗馬。居官廉慎，導士以誠。在關中，求得宋張載二十餘代孫，囑學官教之。識韓城王杰於諸生時，以爲大器。

少孤，事母孝。自秦還，遽乞終養歸。事奉二十餘年，母年九十乃終。家居修宗祠，增祭田，立鄉規，教宗人，置義租，恤親族。然其家故寒素也。獻瑶治經，以治身教人，欲於經求道。其説經斟酌衆家而擇其粹，尤邃於禮。在史館時，進周官講義，論遂人治溝洫，稻人稼下地，因推明水田旱田之法，以爲溝洫修而水旱有備，西北地利未嘗不勝東南。又舉太宰九職，以明生財之道，曰：「王者以天下之利養天下之民，莫詳於太宰九職。蓋農、工、商賈之生財人知之，至推而及於嬪婦，又及於臣妾、閒民，則非周公盡人物之性不能也。九職中，生財最多莫如農，而經曰『三農』，則博民於生穀者無不盡也。曰『九穀』，則所以順性辨土宜無不盡也。乃其爲天下萬世籌贍足之計，而終不虞於人滿者，良由園圃、虞衡、藪牧之政，兼收而備舉焉。蓋以天下地勢論之，不過五土。就五土之中可耕者，不過墳衍、原隰止耳。若山林、丘陵、川澤間，或擇其可耕者，以授山農、澤農，其不可耕者，彌望皆是也。是生於山林、丘陵、川澤之民，且有時而窮。故因地之利，而任圃以樹事，任牧以畜事，任衡以山事，任虞以澤事，而民遂得享其利，不至於窮。且非惟三者之民不窮也，貿遷有無，互相灌輸，而商賈所阜通之貨財，從此出矣。又嬪婦化治之絲枲，即園圃之所樹也，百工飭化之八材，臣妾聚斂之疏材，即山澤之所産也。至閒民之轉移，無非此數者，而天下之地利盡，即人力亦無不盡矣。今自大江以西，五嶺以南，山則皆童，林則如赭，而長、淮以南，大河以北，大藪、大澤，第爲積水之區。又燕、冀、齊、魯，地宜種植，然所謂千樹棗、千樹栗者，不數見也。如是而物安得不匱？民安得不困？夫小民趨利如鶩，豈甘爲惰窳不圖？所以相視不前者，甲業之而乙戕之，理之於官，而莫之省爾。若爲之明立禁條，焚山林、竭川澤、漉陂池者有罰，盗取横侵者有罰，有犯禁者官爲申理，得實嚴懲。或於所治内著有成效者，優予上考，不稱者罰。數年之間，吏習民安，生之有道，取之有時，用之有節。孟子所云不可勝食勝用者，豈虚語哉？」上嘉納其言，特命閣臣改撰諭旨，頒天下。

獻瑶於儀禮，主鄭康成、敖繼公，善説禮服，得經意。其略曰：「喪服首陳父，上殺、下殺、旁殺，凡以恩制者，皆由父推也。次陳君，爲君父母、小君長子，凡以義制者，皆由君推也。次陳傳重者與受重者，爲宗子、宗子母妻、大夫宗子，凡以尊服者，皆由此推也。次陳妻爲夫、妾爲君，妻爲夫黨，妾爲君黨、女君黨，凡以親服者，皆由此推也。服莫重於斬，而斬衰之升數有二，齊衰、功升數各有三。衰莫重於降，而正次之，義亦次之。齊衰升數多於繐衰，而繐之縷細，大小功升數多於緦麻，而緦之縷細，歸於稱情而後已。父卒然後爲祖後者斬，承高曾重者亦然。内宗外宗爲君服斬，與諸侯爲兄弟者亦然。如不二斬，通例也。爲君斬，仍爲父斬，尊君也。爲人後者降本宗，通例也。世叔父降則有大功，義也。故不盡乎禮之變者，未足與言禮。父在爲妻不杖，辟尊者也。爲母杖而堂上不杖，辟尊者之處也。故知父在爲母期，所以達父之情，而便其事也。父必三年後娶，所以達子之志也。妻亡無子，將不三年歟？夫婦人倫之首，一與之齊，終身不改。故夫死不嫁，知婦之隆於夫，則知夫不可殺於婦矣。服以首貌，貌以首心，人情有不能已者，聖人弗禁，於是乎有心喪之禮。爲人後者爲其父母期，而哀之發於容貌與發於聲音者，未嘗不可以三年也。抑發於飲食與發於居處者，未嘗不可以三年也。後世乃屑屑於稱謂之間，其下相與其名，而爲上者又未知果能稱其實也，其亦不達於斯義也」。又曰：「傳曰：『適子不得後大宗』。漢儒謂，假令小宗僅有適子，而大宗無後，亦當絶小宗以後之。可謂達禮之權矣。沈存中謂，由祖而上皆曾祖，雖百世而有相逮者，皆爲之服三月。乃今思之，猶信小宗爲大宗，親盡猶服，爲始祖也。聖人所以憂之深而慮之切也」。

所著有讀易偶記三卷，尚書偶記一卷，尚書講稿思問録一卷，讀詩偶記二卷，周官偶記六卷，儀禮讀三卷，喪服私鈔並雜記一卷，春秋傳習録五卷，孝經刊誤一卷，石溪文集十六卷，詩集二卷。卒年八十。

王懋竑 朱澤澐 喬漌〔一〕

清史稿 卷四百八十 儒林一

王懋竑〔二〕，字子〔三〕中，寶應人。少從叔父式丹學，刻勵篤志，精研朱子之學，身體力行。康熙五十七年，成進士，年已五十一。乞就教職，補安慶府學教授。雍正元年，以薦被召引見，授翰林院編修，在上書房行走。二年，以母憂去官，特賜内府白金爲喪葬費。懋竑素善病，居喪毁瘠。服闋就職〔四〕，旋以老病乞歸。越十六年卒〔五〕。

懋竑性恬淡，少嘗謂友人曰：「老屋三間，破書萬卷，平生志願足矣。」歸里後，杜門著書，校定朱子年譜，大旨在辨爲學次序，以攻姚江之説。又所著白田雜著八卷，於朱子文集、語類，考訂尤詳。謂：「易本義前九圖、筮儀，皆後人依託，非朱子所作。」其略云：「朱子於易，有本義，有啓蒙，與門人講論甚詳，而此九圖曾無一語及之。九圖之不合本義、啓蒙者多矣，門人何以絶不致疑也？本義之叙畫卦云：『自下而上，再倍而三，以成八卦。八卦之上，各加八卦，以成六十四卦。』初不參邵子説。至啓蒙，則一本邵子。而邵子所傳，止有先天方圓圖，其伏羲八卦圖、文王八卦圖，則以經世演易圖推而得之。同州王氏、漢上朱氏易，皆有此二圖，啓蒙因之。至朱子所自作横圖六，則注大傳及邵子語於下，而不敢題曰伏羲六十四卦圖，其慎如此。今直云伏羲八卦次序圖、伏羲八卦方位圖、伏羲六十四卦次序圖、伏羲六十四卦方位圖，是孰受而孰傳之耶？乃云：『伏羲四圖，其説皆出邵氏。』邵氏止有先天一圖，其八卦圖後來所推，六横圖朱子所作，以爲皆出邵氏，是誣邵氏也。又云：『邵氏得之李之才，李之才得之穆修，穆修得之希夷先生。』〔六〕此明道叙康節學問源流如此。漢上朱氏以先天圖屬之，已無所據。乃今〔七〕移之四圖，若希夷已有此四圖也〔八〕，是並誣希夷也。文王八卦，説卦明言之，本義以爲未詳。啓蒙别爲之説，而不以入於本義。至於『乾，天也，故稱乎父』一節，本義以爲揲蓍以求爻，啓蒙以爲『乾求於坤，坤求於乾』，與『乾爲首』兩節，皆文王觀於已成之卦，而推其未明之象，與本義不同。今乃以爲文王八卦次序圖，又孰受而孰傳之耶？卦變圖，啓蒙詳之，蓋一卦可變爲六十四卦，彖傳卦變，偶舉十九卦以説爾。今圖卦〔九〕皆不合，其非朱子之書明矣。」其説爲宋、元儒者所未發。

又考證諸史，謂：「孟子七篇，所言齊王皆湣王，非宣王。孟子去齊，當在湣王十三四年，下距湣王之歿更二十五六年，孟子必不及見。公孫丑兩篇，稱王不稱謚，乃其元本，而梁惠王兩篇稱宣王，爲後人所增。通鑑上增威王十年，下減湣王十年，蓋遷就伐燕之歲也。」可謂實事求是矣〔十〕。同邑與懋竑學朱子學者，有朱澤澐、喬漼〔十一〕。

澤澐〔十二〕，字湘陶。少勤學，得程氏讀書分年日程，尋序誦習。更學天文於泰州陳厚耀，能得其意。久之，有志於聖人之道。念朱子之學，實繼周、程，紹顔、孟，以上溯孔子。有謂朱子爲道問學，陸、王爲尊德性者，復取朱子文集、語類讀之，一字一句，無不精心研窮，反身體認。質之懋竑，懋竑屢答之。深信朱子居敬、窮理之學，爲孔子以來相傳的緒，窮即窮其所存之心，存即存其所窮之理，止是一事。喟然歎曰：「尊德性者莫如朱子，道問學者亦莫如朱子矣！」雍正六年，詔大臣各舉所知。直隸總督劉師恕欲薦於朝，使其弟造廬請，弗應。晚年，得髀疾，然猶五更起，盥沐觀書，至夜分不倦。誡其子光進曰：「聖賢工夫，正於困苦時驗之。」疾甚，謂門人喬漼曰：「死生平常事，時至則行，無所戀也。」吟邵雍詩，怡然而逝，年六十有七〔十三〕。所著止泉文集八卷，朱子聖學〔十四〕考略十卷。

漼〔十五〕，字星渚。少有氣節。水决子嬰隄，衆走避，漼倡議捍塞，十日隕成。從澤澐受學，恪遵朱子教人讀書次第。取朱子書切己體察，有疑輒質澤澐。時年五十矣，澤澐稱之曰：「從吾遊者衆矣，惟喬君剛甚。」因舉或問「過時後學」、語類訓石洪慶語告之，漌益奮。乾隆元年，舉孝廉方正，辭不就。與懋竑書，論學問之道凡再三。自謂向道晚，須用己百之功。聞弟卒江陵任，即日冒雪行數千里，扶櫬歸。有潘某貸金不能償，以券與之。疾革，曰：「吾自頂至踵，無一處不痛，惟此心凝然不亂耳。」命沐浴正衣冠而逝，年六十五。著日省録、訓子要言、困學堂遺稿。湯金釗序而行之，謂其學術剛健篤實，發爲輝光，粹然有德之言。

【校記】

〔一〕「喬漌」之「漌」字，原誤作「僅」，依清國史改。

〔二〕清史稿之王懋竑傳，源自清國史。現存影印本之清國史，王懋竑傳凡有二稿，一稿載儒林傳卷三，一稿載儒林傳上卷卷二一。前者文略簡，可稱簡稿。後者稍繁，即稱繁稿。清史稿所録爲簡稿，大體不異，略有增删。

〔三〕清國史王懋竑傳簡稿無傳主字，史稿增字「子中」，與繁本相比照，「子」字誤，當作「予」。

〔四〕「服闋就職」四字，懋竑傳繁簡二稿皆無，乃史稿所臆增，不確。據傳主子箴聽撰文林郎翰林院編修予中王公行狀，雍正二年秋，懋竑「歸里奔喪，蒙恩賞銀一百兩，奉旨治喪畢即來京，不必俟三年滿」。翌年秋八月，扶病返京，喪服未滿，斷不可稱作服闋。

〔五〕懋竑卒年，史稿失記。當依清國史本傳繁稿，作「乾隆六年卒，年七十四」。

〔六〕史稿所引述傳主文，自「朱子於易」，迄下頁「其非朱子之書明矣」，凡四百餘字，皆出懋竑撰易本義九圖論。點校者似未及檢覈傳主原著，故一是誤將引文分作二段，再是句讀亦有偶誤。

〔七〕「乃今」二字，依清國史及傳主原著，皆當作「今乃」。

〔八〕「也」字，依清國史及傳主原著，皆當作「者」。

〔九〕「今圖卦」三字後，依清國史及傳主原著，尚脱一「變」字。

〔十〕史稿及國史之述傳主考史所得，源自錢大昕潛研堂文集卷三十八，王先生懋竑傳。

〔十一〕「漟」字，原作「僅」，誤。依清國史改。下同，不再出校記。

〔十二〕清史稿之朱澤澐傳，源自清國史，載儒林傳上卷卷二一。

〔十三〕朱澤澐卒於何年，史稿失記。據王箴傳撰朱先生澤澐行狀，先生生於康熙五年三月十日，卒於雍正十年六月十九日，享年六十有七。

〔十四〕「學」字，原誤作「賢」，依清國史並上述行狀改。

〔十五〕喬漟傳源自清國史，附見於朱漢澐傳。

王懋竑 朱澤澐　喬漌

清史列傳　卷六十七　儒林傳上二

王懋竑，字予中，江蘇寶應人。少從叔父式丹學，刻厲篤志，恥爲標榜聲譽。精研朱子之學，身體力行。康熙五十七年，成進士，年五十一矣。在吏部乞就教職，授安慶府教授。雍正元年，與漳浦蔡世遠同被召引見，授翰林院編修，命在三阿哥書房行走。二年，以母憂去官，特賜内務府白金爲喪葬費，諭以治喪畢即來京，不必俟三年。素善病，居喪毁瘠。明年入都，謝恩畢，遂以老病辭歸。乾隆六年卒，年七十四。

懋竑性澹泊，少時嘗謂友人曰：「老屋三間，破書萬卷，平生志願足矣」。歸里後，杜門著書。以明李默所定朱子年譜多删改原編，與晚年定論、道一編暗合，因取文集、語類等書，條析而精研之，以正年月之後先，旨歸之同異，訂爲年譜四卷、考異四卷、附録二卷。未第時即編是書，至易簀前數日乃成，大旨在辨爲學次序，以攻姚江之説。同邑朱澤澐潛心朱學，據答南軒書云敬貫動静，而以静爲本，謂必從主敬以透主静消息。懋竑辨之曰：「人之有動静也，猶其有呼吸也。静則必動，動則必静，論其循環，則有互根之妙，論其時節，則有各致之功。朱子已發未發説，作於己丑，有以静爲本之説。甲午、乙未以後，不復主此説矣。主静之指，出於濂溪，而朱子丙申作濂溪書堂記，己亥作隆興祠記，癸卯作韶州祠記，癸丑作邵州祠記，俱不一言主静。蓋敬可以貫動静，而静不可以該動，專言静則偏矣。」

又著白田雜著八卷，於朱子書考訂尤詳，謂：「易本義前九圖、筮儀、皆後人依託，非朱子所作。」其略云：「朱子於易，有本義，有啓蒙，與門人講論甚詳，而此九圖，曾無一語及之。九圖之不合於本義、啓蒙者多矣，門人何以絶不致疑也？本義之叙畫卦云：『自上而下[一]，再倍而三，以成八卦。八卦之上，各加八卦，以成六十四卦。』初不敢參以邵子之説。至啓蒙，則一本邵子。而邵子所傳，止有先天方圓圖，其伏羲八卦圖、文王八卦圖，則以經世演易圖推而得之。同州王氏、漢上朱氏易，皆有此二圖，啓蒙因之。至朱子所自作横圖六，則注大傳及邵子語於下，而不敢題曰伏羲六十四卦圖，其慎重如此。今直云伏羲八卦次序圖、伏羲八卦方位圖、伏羲六十四卦次序圖、伏羲六十四卦方位圖，是孰受而孰傳之耶？乃云：『伏羲四圖，其[二]説皆出邵氏。』邵氏止有先天一圖，其八卦圖後來所推，六横圖朱子所作，以爲皆出邵氏，是誣邵氏也。又云：『邵氏得之李之才，之才得之穆修，修得之希夷。』此明道叙康節學問源流如此。漢上朱氏以先天圖屬之，已無所據。今乃移之四圖，若希夷已有此四圖者，是並誣希夷也。文王八卦，説卦明言之，本義以爲未詳，啓蒙别爲之説，而不以入於本義。至於『乾，天也，故稱父』一節，本義以爲揲蓍以求爻，啓蒙以爲『乾求於坤，坤求於乾』，與『乾爲首』兩節，皆文王觀於已成之卦，而推其未明之象，與本義不同。今乃以爲文王八卦次序圖，又孰受而孰傳之耶？卦變圖，啓蒙詳之，蓋一卦可變爲六十四卦，象傳卦變偶舉十九卦以爲説爾。今圖卦變，皆自十二辟卦而來，以本義考之，惟訟、晉二卦爲合，餘十七卦皆不合。其非朱子之書明矣。」其説爲宋、元儒者所未發。又謂：「家禮亦後人依託之書。」又爲朱子答江元適書薛士龍書考一篇，皆根柢全集、語録，鈎稽年月，辨别異同，幾微得失無不周知，其言尤允當。他著有朱子文集注、朱子語録注、讀經記疑、讀史記疑、白田草堂存稿。

朱澤澐[三]，字湘淘，江蘇寶應人。諸生。祖克簡，順治四年進士，官雲南道御史。出巡福建，值海寇周鶴芝圍省城，率兵赴援，與巡撫合力擒賊，請增兵仙霞嶺，築漳浦十餘城。又度民利病，上汰冗員、革帶辦、禁株連、蠲鹽課、恤驛困諸疏，均蒙允可。所治在延平、陵溪，與諸生講明朱子聖學。秩滿歸，郡人配享李延平祠。著有奏疏、政略、石厓集。

澤澐少勤學，得程氏讀書分年日程，即尋次序，刻苦誦習，數年略遍。更學天文於泰州陳厚耀，能得其意。久之，有志於聖人之道。念朱子之學，實繼周、程，紹顏、孟，以上溯孔子。有謂朱子爲道問學，陸、王爲尊德性者，以是蓄疑於中。復取朱子文集、語類觀之，按其收斂身心，體驗道理，先後淺深，曲折次第之故，選録成卷。一字一句，無不精心研窮，反身體認。初從中和舊説序、已發未發説、與湖南諸公、答張欽夫書，知其用功親切，惟在静中持守，動中省察。而又以静中之動，動中之静，終未融澈，不能無疑。與同邑王懋竑寓書質問，懋竑屢書答之。乃復玩答陳超宗、陳器之、林德九、林澤之書，玉山講義及太極圖説、西銘解注，恍然悟未發時四德渾具，自有條理，已發時四端各見，品節不差，而以語類中陳北溪所録「窮究根源來歷」一條，爲教人入門下手處。由是深信朱子居敬、窮理之學，爲孔子以來相傳的緒，不可移易，窮即窮其所存之心，存即存其所窮之理，止是一事。喟然歎曰：「尊德性者莫如朱子，道問學者亦莫如朱子矣。」著朱子未發涵養辨、格物説辨等篇，發明朱子之精藴。其辨析陸、王，皆粒破銖分，毫無含糊。

嘗講學錫山，一時學者多從之遊。雍正六年，詔舉賢良，直隸總督何世基、劉師恕交章薦之。師恕使其弟造廬請，皆弗應。澤澐讀書，未明起，肅容莊誦，事至斯應，應已復誦。日昃無事，閉關静坐，既暮，挑燈諷詠，率至夜分，未嘗一日間。晚得脾疾，猶然。一日，讀易至益卦，謂其子光進曰：「益象言遷善改過，此功夫無時可已，直到曾子易簀，猶是進益處。」又曰：「聖賢功夫，正於困苦時驗之。若稍縱弛，便至墮落。可不懼哉！」疾甚，吟邵雍詩，怡然而逝，年六十七。著有止泉集八卷，朱子聖學考略十卷，朱子誨人編、先儒闢佛考、王學辨、陽明晚年定論辨、吏治集覽、師表集覽。

光進子宗洛，能傳父學，居母喪，以毁卒。有過庭紀聞、梁谿紀聞、讀禮偶鈔、詩文集。

喬漼，字星渚，亦寶應人。少有氣節，水決子嬰隄，衆走避，漼倡捍塞，十日隄成。從澤澐受學，遵朱子教人讀書次第，取朱子書切己體察，有疑輒質澤澐，時年五十矣。澤澐稱之曰：「從吾遊者衆矣，惟喬君剛甚。」因舉或問「過時後學」語、語類訓石洪慶語告之，漼益奮。澤澐歿，復與光進相砥礪。乾隆元年，舉孝廉方正，辭不就。與王懋竑論學，書凡再三。自謂向道晚，須用己百之功。聞弟卒江陵，即日冒雪行數千里，扶櫬歸。疾革，曰：「吾自頂至踵，無一處不痛，惟此心凝然不亂耳。」沐浴正衣冠而逝，年六十五。著有省身録、訓子要言、困學堂遺稿。蕭山湯金釗謂其學術剛健篤實，發爲輝光，粹然有德之言。

【校記】

〔一〕「自上而下」，誤。據朱熹周易本義，當作「自下而上」。清國史王懋竑傳簡稿不誤，故清史稿王懋竑傳亦不誤。而繁稿誤，清史列傳乃繁稿，故亦誤。

〔二〕「其」字，點校本據耆獻類徵改作「之」誤。此據清國史及傳主原著逕改。

〔三〕朱澤澐本獨自立傳，喬漼傳附見。

李夢箕 子圖南　張鵬翼　童能靈

清史稿　卷四百八十　儒林一

李夢箕〔一〕，字季豹，連城人。年十五而孤，精進學業，崇向〔二〕朱子，以孝友著稱。其教人輒言爲善最樂，人易而忽之，夢箕曰：「爲之難，汝爲之否乎？」人問之曰：「其樂何如？」曰：「不愧不怍〔三〕。」「孰與孔、顏之樂？」曰：「熟之而已矣。」事兄如嚴父，撫猶子如子，每語諸子以氣質之偏，使知變化。疾亟，謂所親曰：「吾生平竭力檢身，將毋有不及省者。第言之，得聞過而終，亦云幸矣。」卒年八十一〔四〕。

子圖南，字開士。康熙六十一年舉人。能世其學〔五〕。初工詩古文，既而歎曰：「吾學自有身心性命所宜急者，可以虛名騖乎？」於是究心濂、洛、關、閩書，以反躬切己爲務。居連峰、點石諸山中者久之。嘗曰：「學者唯利名之念爲害最大，越此庶可與共學。」與蔡世遠講明修身窮理之要，世遠重之。雍正九年，吏部檄天下舉人需次縣令者，先赴京學習政事，圖南至，觀政户部。以母病亟歸，歸先母卒〔六〕，年五十七。雷鋐謂：「學聖人必自狷者始，圖南庶足當之。」時邑人張鵬翼、童能靈皆以學行稱。

鵬翼〔七〕，字蜚子。歲貢生。八歲嗜學，十餘歲通諸經〔八〕。塾師教以作文取科第，心疑之。熟讀四書大全，忽悟曰：「心當在身内，身當在心内。」遂不仕。連城處萬山中，無師。鵬翼年已四十，始見近思録及朱子全書。更十年，始見薛文清讀書録。嘗曰：「考亭易簀之時，乃我下帷之始。」蓋俛焉日有孳孳，不知其老且耄也。所居鄉曰新泉，男女往來二橋〔九〕，道不拾遺。市中交易，先讓外客，皆服鵬翼教也。

著有讀經説略、理學入門、孝子傳、歷代將相諫臣三譜、二十二史案、芝壇日讀小記〔十〕。

能靈〔十一〕，字龍儔。貢生。好學，守程、朱家法，不失尺寸。乾隆元年，舉博學鴻詞〔十二〕，累舉優行，皆以母老辭。年九十〔十三〕，兄弟白首同居。居喪以禮，化及鄉人。能靈嘗與雷鋐論易，主河圖以明象數之學。其樂律古義謂：「洛書爲五音之本，河圖爲洛書之源。河圖圓而爲氣，洛書方而爲體。五音者氣也，氣凝爲體，體以聚氣，然後聲音出焉。蔡氏律吕新書，沿淮南子、漢書之説，誤以亥爲黄鍾之實，惟所約寸分釐絲忽之法，其數合於史記律書。因取其説，爲之推究源委以成書。」他著中天河洛〔十四〕、五倫説、朱子爲學考、理學疑問。

連城理學，始自宋之邱起潛、明之童東皋，而能靈、鵬翼繼之，力敦倫紀，嚴辨朱、陸異同。張伯行撫閩時，建文溪書院，祀起潛、東皋。後增建五賢書院，中祀宋五子，而以能靈、鵬翼配焉〔十五〕。

【校記】

〔一〕清史稿之李夢箕傳，源出清國史，載儒林傳上卷卷一四，附見於張鵬翼傳。一並附見者，尚有林赤章、夢箕子圖南及童能靈諸人傳。張鵬翼及附傳諸家，上起明、清交替，下迄乾隆初葉，同屬福建汀州府連城縣人，皆以治理學而名著一方。若就年輩及學術地位言，理當首推張鵬翼，故清國史以鵬翼入正傳而領諸家，最稱允當。清史稿罔顧史實，退鵬翼而進夢箕，乖違史法，殊不足取。

〔二〕「崇向」之「向」字，不妥。依清國史及蔡世遠撰李夢箕傳，皆當作「尚」。

〔三〕「不愧不怍」下，清史稿點校本作逗號，誤，當作句號，故改。據清國史，隨後尚脱一「曰」字，行文句讀當作曰：「不愧不怍。」曰：「孰與孔、顔之樂？」

〔四〕李夢箕卒年，清國史記作八十二，蔡世遠撰夢箕傳則作八十一。

〔五〕清國史李夢箕傳原以如下數語結尾:「子圖南，能傳其學。」史稿於夢箕傳末删此數語，又於圖南傳增「能世其學」，首尾脱節，文理不通。

〔六〕李圖南卒於何年，史稿失記。依清國史，本明記爲雍正十年。

〔七〕清史稿張鵬翼傳，源出清國史，載儒林傳上卷卷一四。

〔八〕「十餘歲通諸經」，此説無據，誇大失實。據雷鋐撰張先生鵬翼傳，傳主十四歲所熟讀者，乃四書注，亦「參玩大全，年四十，始見近思録及朱子全集，年五十，始見薛文清讀書録。清國史據以入傳，方稱信史。

〔九〕據清國史,「二橋」前尚脱一「分」字，即「男女往來分二橋」。如此，方可稱道一方風氣。

〔十〕據清國史，張鵬翼傳末原有如下文字:「康熙五十四年卒，年八十三。漳浦蔡世遠嘗書『醇學』二字表其閭，寧化雷鋐亦言，閩汀學者，以鵬翼爲冠云。」清史稿將此段文字盡予删除，不知意欲何爲。

〔十一〕清史稿童能靈傳，源出清國史，載儒林傳上卷卷一四。

〔十二〕「舉博學鴻詞」下，史稿句讀原作句號，誤。能靈並未應舉，而是以母老辭，故改作逗號，以保持前後文意之聯屬。

〔十三〕「年九十」，大誤。若依史稿行文，則能靈九十高齡尚健在。其實不然。據雷鋐撰童先生能靈墓誌銘，能靈卒於乾隆十年八月二十五日，終年六十有三，而「年躋九旬」者，乃其老母。清國史據以入傳，記作:「母年九十，兄弟白首同居，居喪以禮，化及鄉人。年六十三卒。」言之有本，可信可據。故史稿此處之「年九十」前，尚脱一「母」字。

〔十四〕「中天河洛五倫説」，清史稿點校本讀作一書，誤。據清國史，當作中天河洛太極辨微與五倫説二書。

〔十五〕篇末總結連城理學文字，皆襲清國史。惟無端倒置張鵬翼、童能靈二家順序，甚是無理。然文中並無一字及李夢箕，亦足見立夢箕入正傳而領諸家之失當。

張鵬翼 林赤章　李夢箕　夢箕子圖南　童能靈

清史列傳　卷六十六　儒林傳上一

張鵬翼，字蜚子，福建連城人。歲貢生。幼嗜學，塾師教以作文取科第，心疑之。十四歲，熟讀四書大全，忽悟曰：「心當在身内，身當在心内。」值明亡，播遷饑饉而學不廢。閩疆既定，以親老復求進取。年四十，遭耿逆變，乃返初志。連城處萬山中，無師友，鵬翼鋭志問學。同邑林赤章授以近思録、朱子全集，幡然曰：「學者舍朱子而他求，即與下喬木入幽谷何異？」又十年，見薛瑄讀書録，學益進。嘗曰：「讀書當實踐，毋徒事文藝。」又曰：「考亭易簀之時，乃我下帷之始。」蓋俛焉日有孳孳，不知其老且耄也。平居自治嚴整，終日端坐，雖跬步不苟，盛暑不袒裼。事親養志無違，居喪蔬食三年，不内寢，不外遊。所居鄉曰新泉，男女往來分二橋，市中交易先讓客，其禮教行於鄉如此。

鵬翼爲學，宗主程、朱，不濡染明季學術。嘗自識心得爲讀經説略，又輯濂、洛、關、閩要旨爲理學入門，又采歷代名臣爲將相諫臣三譜，又考古今疆域、九邊阨塞、黄河原委爲中華世統圖説〔一〕，又取史籍舊事，仿讞獄之法，每一條爲一案，而以己意斷之，爲芝壇史案五卷。他著有孝子傳、芝壇雜説、芝壇日讀小記、聖道元亨頌，皆切於日用倫常之道，考其得力戴記爲多。又有芝壇集二卷，其詩文亦皆以講學爲宗。康熙五十四年卒，年八十三。漳浦蔡世遠嘗書「醇學」二字表其閭，寧化雷鋐亦言，閩汀學者，以鵬翼爲冠云。

林赤章，字霞起，亦連城人。歲貢生。隱居冠豸山中，山無水，禱而得泉。嘗與鵬翼論心性之學，謂鵬翼曰：「求道之要，盡在論語矣。」耿逆之亂，僞將劉應麟聞其善鼓琴，擄至郡。赤章白衣抱琴入，長揖不拜，曰：「此非鼓琴所。」拂袖竟去。著有易辨、書經約旨、讀禮私言、四書遵注、小訓私淑録、愛蓮堂集。

李夢箕，字季豹，亦連城人。歲貢生。年十五而孤，即知崇尚朱子之學，以孝友著稱。耿逆之亂，脅就僞職，脱儒冠遯山中。性介潔，不事干謁，自號穩卧先生。教人輒言爲善最樂，人易而忽之，夢箕曰：「爲之難，汝爲之否乎？繼善成性，善之原；仁義忠信，善之實。善不擇則不明，不固執則不能得而弗失。」人問曰：「其樂何如？」曰：「不愧不怍。」曰：「孰與孔、顔之樂？」曰：「熟之而已矣。」家苦儉，然好施與，或倡於人而力助之，曰：「苟利於物，惠無小也。能成其惠，不必出於己也。」每語諸子以氣質之偏，使知變化。易簀時謂所親曰：「吾生平竭力檢身，將毋有不及省者。第言之，得聞過而終，亦幸矣。」卒年八十二。著有四書訓蒙、穩卧軒集。子圖南，能傳其學。

圖南，字開士。康熙六十一年舉人。初工詩古文，既而歎曰：「吾學自有身心性命所急，可以虚名騖乎？」居連峰、點石諸山者久之，究心濂、洛、關、閩書，以反躬切己爲務。嘗曰：「學者惟利名之念爲害最大，越此庶可與共學。」雍正九年，吏部檄天下舉人需次縣令者，先赴京學習政事。圖南至，隸户部湖廣司，以母病亟歸。十年卒，年五十七。嘗與蔡世遠講明修身窮理之要，世遠甚重之。又與雷鋐論學，意相激切。鋐謂：「學聖人必自狷者始，圖南庶幾近之。」又謂：「余喜暢談，圖南贈余『静穆』二字，然氣質難變，以此甚愧云。」著有簡庵集。

童能靈，字龍濤[二]，亦連城人。貢生。乾隆元年，舉博學鴻詞，累舉優行，皆以母老辭。母年九十，兄弟白首同居。居喪以禮，化及鄉人。年六十三卒。能靈爲學，守程、朱家法，不失尺寸。自以僻處寡聞，嘗遊金陵，考先朝遺跡。訪武彝精舍，廣求朱子遺書。歸而築室冠豸山下，潛心探討十餘年，默契誠意致知之學。以朱子早晚異同之辨，大要數端，曰一貫忠恕，曰未發已發，曰太極動静，曰仁，曰心性，曰體用，曰理一分殊，曰空妙，曰實理，曰默識而存，曰循序而進。因考其爲學次第，分年記載，加以案語，爲朱子爲學考三卷。又於日用體驗間，劄記其言心、言性、言仁、言情者，爲理學疑問四卷。嘗與雷鋐論易，能靈主河圖，以明象數之學，著周易賸義二卷。其論樂律謂：「洛書爲五音之本，河圖爲洛書之源。河圖圓而爲氣，洛書方而爲體。五音者氣也，氣凝爲體，體以氣聚，然後聲音出焉。蔡氏律吕新書，沿淮南子、漢書之説，誤以亥爲黄鐘之實。惟所約寸分釐毫絲忽之法，其數合於史記律書。」因取其説，爲之推究原委，著樂律古義二卷。他著有洪範賸義、詩大小序辨、三禮分釋、中天河洛太極辨微、朱陸淵源考、五倫説、冠豸山堂文集。

連城理學，始自宋之邱鱗、明之童昱，而鵬翼、能靈繼之，力敦倫紀，嚴辨朱、陸異同。儀封張伯行撫閩時，建文溪書院，祀鱗、昱，後增建五賢書院，祀宋五子，而以鵬翼、能靈配焉。

【校記】

〔一〕「中華世統圖説」，原脱「圖」字，清國史同。據雷鋐撰張先生鵬翼傳補。

〔二〕「濤」字誤，清國史同。據雷鋐撰童先生能靈墓誌銘，當作「儔」。

胡方 馮成修　勞潼

清史稿　卷四百八十　儒林一

胡方〔一〕，字大靈，新會人。歲貢生。方敦崇實行，處道學風氣之末〔二〕，獨守堅確。總督吳興祚聞其名，使招之，方走匿不能得也。事父母色養靡不周，而心常如不及，遇有病憂形於色，藥必嘗而後進，夜必衣冠侍，未嘗就寢。及居喪，藉草宿柩旁，三年不入内。先人田廬悉以與弟，授徒自給。族媚不能自存者，竭力資之。有達官齎重金乞其文爲壽，不應。吏懾之，不應。家人告以絶糧，不應。鄉曲子弟偶蹈不韙，有願就鞭扑，不願聞其事於方者。里中語曰：「可被他人笞，勿使胡君知。他人笞猶可，胡君愧煞我。」其從學者，仕與未仕，白首猶懔懔奉其教。雖困甚，終不入公庭。聞聲向慕，以得見爲喜，曰：「教我矣。」有以廕得官，則大慙曰：「吾未能信，得無辱我夫子。」方告之曰：「爲官能不愛錢，致力於官守，有何不可？」其人卒不負其言。

四十後，杜門著述。所居曰鹽步。元和惠士奇督學粵東，聞方名，艤舟村外，遣吳生至其家求一見。急揮手曰：「學政未蕆事，不可見，不可見。」出吳而扃其門。士奇乃索所著書而去。試事畢，仍介吳生以請。則假一冠投刺，至，長揖曰：「今日齋沐謝知己，方年邁無受教地，不能執弟子禮。」數語遂起。惠握其手曰：「縱不欲多語，敢問先生，鄉人誰能爲文者？」答曰：「並世中無人，必求之，惟明季梁朝鐘耳。」士奇遂求梁文並各家文〔三〕刻之，名曰嶺南文選。既而疏薦於朝。士奇嘗語吳生曰：「胡君貌似顧炎武，豐厚端偉，必享大名。」蓋當時知方者，士奇一人而已。卒年七十四〔四〕。著有周易本義注六卷，四子書注十卷，莊子注四卷，鴻桷堂詩文集六卷。集中謁白沙祠諸作及白沙子論，具見淵源所自。粵中勵志篤行者，方後有馮成修、勞潼。

成修，字達夫，南海人。父遠出不歸，成修生有至性，語及其父，輒涕泗交頤。乾隆四年進士，選庶吉士，散館改吏部主事。晉禮部祠祭司郎中，典試福建、四川，督學貴州，揭條約十四則以訓士。成修初計偕，即遍訪其父踪跡。得官後，兩次乞假尋親，卒無所遇，不復出。授經里中，粹然師範。年八十，計其父已百有一齡，乃持服三年，終身衣布。乙卯〔五〕，重宴鹿鳴。逾年卒〔六〕，年九十有五。

潼，字潤芝〔七〕，亦南海人。乾隆二十年舉人。髫齡時，母常於榻上授毛詩，長遂習焉。盧文弨視學湖南，召之往，至冬乃歸，母思念殊切。抵家時漏三下，跪母榻前，母且泣且撫之曰：「其夢也耶！」潼悲不自勝，自是絶意進取，侍養十有六年而母卒。潼哀毁骨立，杖而後起。家人或失潼所在，即於殯所覓之，則已慟哭失聲矣。又痛早孤，故以莪野爲號。嘗言：「讀孔子書得一言，曰『務民之義』；讀孟子書得一言，曰『强爲善而已矣』；讀朱子書得一言，曰『切己體察』。」著有四書擇粹十二卷，孝經考異選注二卷，救荒備覽四卷，荷經堂古文詩稿四卷。

【校記】

〔一〕清史稿胡方傳，源自清國史，載儒林傳上卷卷一九，附見陳遇夫、馮成修、勞潼、馮經四家傳。除沿清國史以胡方入正傳外，附見者史稿删去陳遇夫、馮經二家。

〔二〕「處道學風氣之末」七字，清國史原無，作「敦崇實行，獨守堅確」。史稿所增，由李文藻胡金竹先生傳「講求義理之學」來，既源之有自，又能見一時學術消息。寄議論於叙事之中，深得史法。

〔三〕自「惠握其手」，至「疏薦於朝」，清國史亦無，史稿係據前述李氏文增。惟「各家文」三字，李文原作「其文」。玩上下文意，似以「其文」二字爲當。

〔四〕胡方卒於何年，清史稿、清國史皆失記。據江慶柏清代人物生卒年表，胡方生於順治十二年，卒於雍正六年，終年七十有四。

〔五〕「乙卯」二字，不妥。之前既有乾隆年號，此處不宜改作干支。當依清國史，作「乾隆六十年」。

〔六〕「逾年卒」，清國史同，不確。依上引年表，當作「嘉慶二年」。

〔七〕「芝」字誤，據清國史，當作「之」。

胡方 馮成修 勞潼

清史列傳 卷六十七 儒林傳上二

胡方，字大靈，廣東新會人。歲貢生。方敦崇實行，獨守堅確。年十二，應童子試，廣州司李涂某奇其文，延與語，謂當薦之學使，方端坐不答。總督吳興祚聞其名，使招之，走匿不能得也。事父母色養備至，而心如不及，侍疾憂形於色，藥嘗而後進。夜必衣冠侍，未嘗就寢。居喪，藉草宿柩旁，三年不入内。先人田廬悉與弟，授徒自給，得錢置硯側，族姻貧者，令取之盡乃止。有達官齎重金乞其文爲壽，不應。吏懾之，不應。家人告以絶糧，不應。子弟不韙，有願就鞭扑，不願聞於方者。里人語曰：「可被他人笞，勿使胡君知。他人笞猶可，胡君愧殺我。」從學者仕與未仕，白首猶懔其教，雖困甚，終不入公庭。或以廕得官，則大慙曰：「吾未能信，得毋辱我夫子。」

四十後，杜門著述。取朱子易本義而闡其旨，爲周易本義注六卷。又取四子書，句〔一〕梳字櫛，補先儒所未及，爲四子書注十卷。又著莊子注四卷，鴻桷堂詩文集六卷。新會爲明陳獻章講學之鄉，方集中謁白沙祠諸作及白沙子論，具見淵源。其梅花四體詩，亦寓言講學，如白沙之以詩教也。雍正四年，學政惠士奇疏薦，稱方：「品端學醇，一介不苟。所著書接理學之傳，而大要以力行爲主。其年衰老，宜有以寵異之。」先是方僑居鹽步，士奇艤舟村外，遣吳生求見。方急揮手曰：「學政未蕆事，不可見，不可見。」出吳而扃其門。士奇索所著書去。試畢，仍介吳生以請。則假一冠投刺，至，長揖曰：「今日齋沐謝知己。方年邁無受教地，不能執弟子禮。」數語遂起。士奇謂吳生曰：「方貌似顧炎武，必享大名。」當時知方者，士奇一人而已。年七十四卒。郡中勵學篤行者，有陳遇夫〔二〕、馮成修、勞潼。

馮成修，字遜求，廣東南海人。生有至性，七齡喪母，哀毀如成人。父遠遊不歸，每語及輒涕交頤。乾隆四年，成進士，改翰林院庶吉士，散館授吏部主事，遷員外郎。十五年，充福建鄉試副考官，尋遷郎中。十八年，充四川鄉試正考官。二十四年，督學貴州，揭條約十四則以訓士。成修初計偕，即遍訪其父蹤跡，得官後，再乞假尋親，卒無所遇。年六十一告歸，不復出，授經里中，粹然師範。至年八十，計其父已逾百齡，乃持服三年，終身衣布。六十年，重宴鹿鳴。逾年卒，年九十五。著有養正要規、學庸集要等書。

勞潼，字潤之，亦南海人。乾隆二十年舉人。髫齡時，母授毛詩，長遂習焉。應鄉試，詩經房溢額者再，或勸改經，潼曰：「吾不敢忘母教也。」既舉於鄉，以母老不肯再應禮部試。夙受知餘姚盧文弨，文弨視學湖南，强召之往，至冬歸。母思念殊切，抵家漏三下，跪母榻前，母且泣且撫之曰：「其夢也耶！」潼悲不自勝，自是不復出遊。侍養十有六年而母卒，哀毀骨立，家人或失潼所在，即趨殯所視之，已慟哭失聲矣。又痛早孤，故以莪野爲號。家居，以倡明正學、利濟鄉黨爲己任。嘗言：「讀孔子書得一言，曰『務民之義』；讀孟子書得一言，曰『强爲善而已矣』；讀朱子書得一言，曰『切己體察』。」立學約八，戒約七，曰：「苟犯此，勿入吾門。」粵連歲洊饑，力行捐振，存活無算。嘗言：「三代井田之法，不可復行，所恃以活民者，惟在積貯。」乃倡立義倉，不經官理，司事公舉輪值，侵漁者罰，粵人善之。著有四書擇粹十二卷，孝經考異選注二卷，救荒備覽四卷，荷經堂稿四卷。嘉慶六年卒〔三〕。

【校記】

〔一〕「句」字原屬上讀作「四子書句」，誤，故逕改。

〔二〕陳遇夫傳，史稿未録，故從略。

〔三〕篇末尚有馮經傳，史稿未録，故從略。

勞史 桑調元　汪鑒

清史稿　卷四百八十　儒林一

勞史〔一〕，字麟書，餘姚人。世爲農。少就傅讀書，長躬耕養父母，夜則披卷莊誦。讀朱子小學〔二〕、中庸序，慨然發憤，以道自任，舉動必依於禮。繼讀朱子近思録，立起設香案，北面稽首曰：「吾師在是矣。」常自刻責，謂：「天之命我者，若君之詔臣，父之詔子，一廢職即膺嚴譴，一墜家業即窮無所歸。可不慎哉！」其論學以爲，始於不妄語，不妄動，即極諸至誠無息〔三〕。接後學委曲進誡，雖傭工下隸，皆引之嚮道，曰：「盡爾職分，務實做去，終身不懈，即聖賢矣。勿過自薄也。」聞者莫不爽然。里中負販者近史居，不敢貨僞物。芻兒牧童，或折棄矰繳，毁機穽。有鬭争就史質，往往置酒求解。門人桑調元自錢塘來謁，論學數日，將别，送之曰：「吾壽不過三年，恐不復相見。行矣勉之！」後三年〔四〕九月，謂門人汪鑒曰：「不過今月，吾將去矣。」遂遍詣親友家，與老者言所以教，少者言所以學，令家人治木飭後事。晦前一夕，沐浴更衣，移榻正寢，炳燭晏坐如平時，旋就寢。明晨，撫之冰矣。調元爲刻其遺書十卷。其書謂：「易之爲道，細無不該，遠無不届」。故多本易理以推人物之性〔五〕。

調元〔六〕，字弢甫，錢塘人。爲孝子天顯之子。天顯親病革〔七〕，合羊脂和粥以進，親死，抱鐺而哭，人爲繪抱鐺圖。調元受業於史，得聞性理之學。雍正十一年，召試通知性理，欽賜進士，授工部主事。引疾歸。調元主九江濂溪書院，構須友堂，祠餘山先生，以著淵源有自。餘山，史自號也。調元東皋别業又闢餘山書屋，以友教四方之士。爲人清鯁絶俗，足跡遍五嶽。晚主灤源書院，益暢師説〔八〕。

鑒〔九〕，餘姚人。父死於雲南，鑒護喪歸，至漢川遇大風，舟且覆，抱棺大哭，誓以身殉。忽風回得泊沙渚，衆呼爲孝子。爲人尚氣節，史戒之曰：「英氣，客氣也，其以問學融化之。」史之歿也，鑒實左右焉。

【校記】

〔一〕清史稿之勞史傳，源出清國史，載儒林傳上卷卷一六。

〔二〕「小學」二字，依清國史當作「大學」。國史所據之桑調元撰餘山先生行狀及彭紹升撰勞先生史傳，皆作「大學」。史稿臆改顯誤。

〔三〕「即極諸至誠無息」七字，係史稿擅改。清國史及前述彭氏撰傳，皆作「極之至誠，無歇手處」。行狀略異，作「極之誠立，無歇手處」。

〔四〕「後三年」係何年？史稿失記。如此修史，殊不可取。據考，史稿述桑調元問學及傳主與門人汪鑒語，源自前述二文。而「後三年」之所指，行狀記之甚確，爲「癸巳新正」，即康熙五十二年正月。「正月」二字，彭傳誤作「九月」。史稿不考，亦沿襲其誤。

〔五〕據桑調元撰餘山先生行狀，勞史生於順治十二年九月，卒於康熙五十二年正月三十日，終年五十有九。清國史援以入勞史傳，記爲「無疾而逝，年五十九，時康熙五十二年也」。清史稿既本清國史立勞史傳，爲減省篇幅而删削舊文，無可厚非，然於傳主生卒，亦去而不存，顯屬失當。

〔六〕清史稿之桑調元傳，源出清國史，附見於勞史傳。

〔七〕「病革」之「革」字，係清史稿誤改。依清國史，當爲「膈」，謂調元祖病在臟腑，而非如史稿誤讀之病勢危急。

〔八〕依清國史，調元傳末，明記傳主「乾隆三十六年卒，年七十七」。清史稿删而不録，殊不可解。

〔九〕清史稿之汪鑒傳，源出清國史，附見於勞史傳。

勞史 汪鑒　桑調元

清史列傳　卷六十七　儒林傳上二

勞史，字麟書，浙江餘姚人。世爲農。史幼而端凝，不與群兒伍，未就塾，輒從旁舍耳誦十三經。及長，躬耕養父母，夜則披卷莊誦。年十七，反覆朱子大學、中庸序，遂慨然立志爲真儒，舉動必依於禮。繼讀朱子近思録，立起設香案，北面稽首曰：「吾師在是矣。」嘗館上虞顧氏，有藏書數萬卷，三年卒讀。自是研極性理，常自刻責，謂：「天之命我者，若君之詔臣，父之詔子，一廢職即膺嚴譴，一墜家業即窮無所歸。可不慎哉！」其論學以爲，下學之功，始於不妄語，不妄動，極之至誠，無歇手處。接〔一〕後學委曲盡誠，雖傭工下隸，皆引之嚮道，曰：「盡爾職分，務實做去，終身不懈，即聖賢矣。勿過自薄也。」聞者多化之。里中負販者近史居，不敢貨僞物。芻兒牧童，或折棄矰繳，毁機穽。有鬬争者就史質，往往置酒求解。晚年涵養益冲粹，預知死期，沐浴更衣，移卧正寢，無疾而逝，年五十九。時康熙五十二年也。史之學精於易，嘗謂：「易之爲道，細無不該，遠無不届。」故其所著述，多本易理以推人物之性。有餘山遺書十卷，門人桑調元、汪鑑編次付梓。

鑒，字津夫，亦餘姚人。父死於雲南，鑒護喪歸，至漢川遇大風，舟且覆，抱棺大哭，誓以身殉。忽風回，閣沙渚乃免，衆呼爲孝子。爲人尚氣節，史戒之曰：「英氣，客氣也，其學以鎔之。」自是研心朱子之學，粹然儒者矣。史之歿也，鑒實左右焉。

桑調元，字伊佐，浙江錢塘人。父天顯，性至孝，親病膈〔二〕，合羊脂和粥以進。親死，抱鐺而哭，人爲繪抱鐺圖。調元少有異才，下筆千言，屈其儕輩。年十五，受業於史，得聞性理之學。性耿介，不妄交人，尤嚴取與之辨。雍正四年，舉順天鄉試。十一年會試後，遴選舉人之明習性理者，得八人，調元與焉。特旨賜進士，授工部主事。丁父憂，廬墓三年。服闋補官，釐正規約，吏餽以羡金，卻不受。旋引疾歸。嘗主九江濂溪書院，構須友堂祠史，以著淵源有自。又闢餘山書屋於東皋別業，友教四方之士，一以程、朱爲法。晚主灤源書院，益暢師説。著有論語説二卷，所言皆闡集注未盡之義，頗爲細密。又躬行實踐録十五卷，言敬言仁，一宗程、朱，持論亦極醇正。其時文縱横排奡，自成一家，有弢甫集八十四卷。乾隆三十六年卒，年七十七。

【校記】

〔一〕「接」字之前，點校本據耆獻類徵增一「引」字。依清國史，亦無「引」字，故不從。

〔二〕「膈」字，點校本屬下讀，作「親病，膈合羊脂，和粥以進」，不詞故改。

顧棟高 陳祖范　吴鼎　梁錫璵

清史稿　卷四百八十　儒林一

顧棟高[一]，字震滄，無錫人。康熙六十年進士，授内閣中書。雍正間引見，以奏對越次罷職。乾隆十五年[二]，特詔内外大臣，薦舉經明行修之士。所舉四十餘人，惟大學士張廷玉、尚書王安國、侍郎歸宣光舉江南舉人陳祖范，尚書汪由敦舉江南舉人吴鼎，侍郎錢陳群舉山西舉人梁錫璵，大理寺卿鄒一桂舉棟高。此四人，論者謂名實允孚焉。尋皆授國子監司業。棟高以年老不任職，賜司業銜。皇太后萬壽，棟高入京祝嘏，召見，拜起令内侍扶掖。棟高奏對，首及吴[三]敝俗，請以節儉風示海内，上嘉之。陛辭，賜七言律詩二章。二十二年，南巡，召見行在，加祭酒銜，賜御書「傳經耆碩」四字。二十四年，卒於家，年八十一。

所學合宋、元、明諸儒門徑而一之，援新安以合金谿，爲調停之説，著大儒粹語二十八卷[四]。又著春秋大事表百三十一篇，條理詳明，議論精覈，多發前人所未發。毛詩類釋二十一卷，續編三卷，采録舊説，發明經義，頗爲謹嚴。其尚書質疑二卷，多據臆斷，不足以言心得。大抵棟高窮經之功，春秋爲最，而書則用力少也。

陳祖范[五]，字亦韓，常熟人。雍正元年舉人，其秋禮部中式，以病不與殿試。歸，僦廛華匯之濱，棲户讀書。居數年，詔天下設書院以教士，大吏争延爲師，訓課有法。或一二年輒辭去，曰：「士習難醇，師道難立，且此席似宋時祠禄，仕而不遂者處焉。吾不求仕而久與其列，爲汗顔耳。」薦舉經學，祖范褎然居首，以年老不任職，賜司業銜。

乾隆十八年，卒於家，年七十有九〔六〕。所撰述有經咫一卷，膺薦時録呈御覽。文集四卷，詩集四卷，掌録二卷。祖范於學，務求心得，論易不取先天之學，論書不取梅賾，論詩不廢小序，論春秋不取義例，論禮不以古制違人情，皆通達之論。同縣顧主事鎮傳其學。

吴鼎〔七〕，字尊彝，金匱人。乾隆九年舉人，授司業〔八〕，洊擢翰林院侍講學士，轉侍讀學士。大考降左春坊左贊善，遷翰林院侍講，旋休致。所撰有易例舉要二卷，十家易象集説九十卷。裒宋俞琰、元龍仁夫、明來知德等十家易説，以繼李鼎祚、董楷之後。其東莞學案，則專攻陳建學蔀通辨作也。兄鼐，亦通經，深於易、三禮。

梁錫璵〔九〕，字确軒，介休人。雍正二年舉人，亦授司業，與吴鼎同食俸辦事，不爲定員。乾隆十七年，命直上書房，累遷詹事府少詹事。大考降左庶子，擢祭酒，坐遺失書籍鐫級。膺薦時，以所撰易經揆一呈御覽。鼎、錫璵並蒙召對，面諭曰：「汝等以是大學士、九卿公保經學，朕所以用汝等去教人，是汝等積學所致，不是他途倖進〔十〕。」又曰：「窮經爲讀書根本，但窮經不徒在口耳，須要躬行實踐。汝等自己躬行實踐，方能教人躬行實踐。」鼎、錫璵頓首祇謝。又奉諭：「吴鼎、梁錫璵所著經學，著派翰林二十員、中書二十員、在武英殿各謄寫一部進呈。原書給還本人。所有紙札、飯食，皆給於官。著梁詩正、劉統勳董理其事。」

【校記】

〔一〕清史稿之顧棟高傳，源出清國史，一載儒林前傳卷八，一載儒林傳下卷卷七。所見二稿，文字大體相同，差異乃在前稿録有高宗賜詩全文，傳末述棟高所著書，前稿以大儒粹語爲先，後稿則以春秋大事表爲先。清史稿所用爲前稿，惟不録高宗詩原文。棟高及附見之陳祖范、吴鼎、梁錫璵，皆爲乾隆十四至十六年間，經學特科所拔擢，四人同以經學名，並非理學中人。故清國史儒林傳將四家編次於經學諸儒中，名從實出，恰如其分。清史稿不尊重歷史實際，僅據張冠李戴的一部大儒粹語而移花接木，竟强顧棟高並其他三家入理學之列，紊亂編次，不倫不類。

〔二〕定經學特科爲乾隆十五年，不確。據清高宗實録記，令内外大臣薦舉「潛心經學者」，乃乾隆十四年十一月四日事。後因所舉爲數過多，同年十二月十七日，高宗又頒諭，俟到齊之日，合内外所舉人員，「大學士、九卿再行公同核定，請旨調取來京引見，親加臨試」。十五年十二月二十日，清廷核定内外大臣「保舉經學人員共四十九員」，剔除名不副實者，保舉不實官員一並處罰。十六年閏五月十六日，重申「慎重考校，虚公覈實，如果衆所共信，即可不必考試」。閏五月二十七日，令將保舉經學之陳祖范、吴鼎、梁錫璵、顧棟高著述呈覽。迄於同年八月三日，遂先後授吴、梁二人司業，陳、顧則以年力老邁，給司業銜。

〔三〕據清國史，「吴」字前尚脱一「三」字，即當作「三吴」。

〔四〕大儒粹語二十八卷，非顧棟高所著。作者乃顧棟南，字季任，又字未餘，江蘇吴江人。乾隆間修四庫全書，存目於子部儒家類。館臣撰四庫全書總目，誤將作者名之「南」字寫作「高」，遂以訛傳訛，闌入國史。清史稿不察，沿訛襲誤，據總目語而論棟高爲學，差之毫厘，謬以千里。

〔五〕清史稿之陳祖范傳，源出清國史，附見於顧棟高傳，亦有二稿。史稿所録，乃儒林傳下卷卷七之後稿。

〔六〕記陳祖范卒於乾隆十八年，誤，當爲十九年。其根據有二。錢大昕撰陳先生祖范傳，述傳主晚年經歷有云：「乾隆十五年，天子崇尚經術，特詔内外大臣，薦舉經明行修之士。於是雅知先生者，交章列薦。明年，上命閣部大臣於所舉中核其名實允孚者，得四人，先生褎然居首。其三人，則無錫顧棟高、金匱吴鼎、介休梁錫璵也。得旨皆授國子監司業。先生與顧公以年老不任職，即家拜受新命，朝野咸以爲異數云。又三年，卒於家，年七十有九。」文中之「明年」，係指乾隆十六年，而「又三年」之所指，亦自然係十六年後之第三年，即乾隆十九年。此其一。其二，顧棟高萬卷樓文稿第四本經咫序，記陳祖范卒年甚明：「乾隆歲甲戌，海虞陳見復先生年七十九，以疾卒。」甲戌即乾隆十九年。清國史陳祖范傳，本自錢大昕文。前後兩稿，皆忽視文中「明年」二字而不録，故而前稿之「又三年」，既失去依托而致誤，後稿逕作「乾隆十八年」，則大誤。

〔七〕清史稿之吳鼎傳，源出清國史，附見於顧棟高傳，亦有二稿。史稿所録，乃儒林傳下卷卷七之後稿。

〔八〕依清國史，「授司業」前，尚有「以薦舉經學」五字。史稿删而不録，失當。梁錫璵傳校記〔十〕同，從略。

〔九〕清史稿之梁錫璵傳，源出清國史，附見於顧棟高傳。

〔十〕此處所引高宗語，清國史本作：「汝等以經學保舉，朕所以用汝等去教人。大學士、九卿公保汝等，是汝等積學所致，不是他途倖進。」史稿擅改，致使語意含糊，文理不通。

顧棟高 陳祖范　吴鼎　梁錫璵

清史列傳　卷六十八　儒林傳下一

顧棟高，字復初，江蘇無錫人。康熙六十年進士，授内閣中書。雍正時引見，以奏對越次罷職。乾隆十五年，特召内外大臣，薦舉經明行修之士。時所舉四十餘人，惟大學士張廷玉、尚書王安國、侍郎歸宣光舉江南舉人陳祖范，尚書汪由敦舉江南舉人吴鼎，侍郎錢陳群舉山西舉人梁錫璵，大理寺卿鄒一桂舉棟高。此四人，論者謂名實允孚焉。尋奉旨皆授國子監司業。棟高以年老不任職，賜司業銜。皇太后萬壽，棟高入京祝嘏，特旨召見，拜起令内侍扶掖。棟高奏對，首及三吴敝俗，請以節儉風示海内，上嘉之。陛辭，賜七言律詩二章，以寵其行。二十二年，南巡，召見行在，加祭酒銜，賜御書「傳經耆碩」四字。二十四年，卒於家，年八十一。

棟高少與同里蔡德晉、金匱吴鼎精心經術，尤嗜左氏傳，遇拂意，家人置左傳於几上，則怡然誦之，不問他事。著春秋大事表五十卷，輿圖一卷，附録一卷，以春秋列國諸事比而爲表，又爲辨論以訂舊説之譌，凡百三十一篇，條理詳明，議論精覈，多發前人所未發。又毛詩類釋二十一卷，續編三卷，采録舊説，發明經義，頗爲謹嚴。其尚書質疑二卷，多據臆斷，不足以言心得。大抵棟高窮經之功，春秋爲最，而書則用力少也。其論學則合宋、元、明諸儒門徑而一之，援新安以合金谿，爲調停之説，著有大儒粹語二十八卷〔一〕。

陳祖范，字亦韓，江蘇常熟人。雍正元年舉人，其秋禮部中式，以病不與殿試。歸，僦廛華匯之濱，楗户讀書。居數年，詔天下設書院以教士，大吏争延爲師。訓課有法，或一二年輒辭去，曰：「士習難醇，師道難立。且此席似宋時祠禄，仕而不遂者處焉，吾不求仕，而久與其列爲汗顔耳。」乾隆十五年，薦舉經學，祖范居首。以年老不任職，賜國子監司業銜。十八年〔二〕，卒於家，年七十有九。所撰述有經咫一卷，膺薦時録呈御覽。文集四卷，詩集四卷，掌録二卷。祖范於學，務求心得。論易不取先天之學，論書不取梅賾，論詩不廢小序，論春秋不取義例，論禮不以古制違人情，皆通達之論。同縣顧鎮傳其學。

吴鼎，字尊彝，江蘇金匱人。乾隆九年舉人，以薦舉經學，授國子監司業。洊擢翰林院侍講學士，轉侍讀學士。大考降左春坊左贊善，遷翰林院侍講，旋休致。所撰有易例舉要二卷，十家易象集説九十卷。裒宋俞琰、元龍仁夫、明來知德等十家易説，以繼李鼎祚、董楷之後。其東莞學案，則專攻陳建學蔀通辨作也。兄鼒，字大年。幼而嗜學，與蔡德晉、秦蕙田及鼎爲經會。尚書楊名時以經學薦，未授官。乾隆元年，成進士，改工部主事。聞父訃歸，尋卒。著三正考二卷，駁胡安國夏時冠周月之謬。又謂三正通於民俗，引陳廷敬、蔡德晉諸説，於三代諸書差互之處，一一剖其所以然，最足破疑似之見。又有易象約言。

梁錫璵，字確軒，山西介休人。雍正二年舉人。乾隆十五年，以薦舉經學，授國子監司業，與吴鼎同食俸辦事，不爲定員。十七年，命直上書房，累遷詹事府少詹事。大考降左庶子，擢祭酒，坐遺失書籍鐫級。膺薦時，以所撰易經揆一呈御覽。鼎、錫璵並蒙召對，面奉諭旨云：「汝等以經學保舉，朕所以用汝等去教人。大學士、九卿公保汝等，是汝等積學所致，不是他途倖進。」復奉聖訓云：「窮經爲讀書根本，但窮經不徒在口耳，須要躬行實踐。汝等自己躬行實踐，方能教人躬行實踐。」鼎、錫璵頓首祇謝。又奉諭：「吴鼎、梁錫璵所著經學，著派翰林二十員、中書二十員，在武英殿各謄寫一部進呈。原書給還本人。所有紙札、飯食，皆給於官。著梁詩正、劉統勳董理其事。」

【校記】

〔一〕大儒粹語二十八卷，非顧棟高所著。詳見史稿棟高傳之校記。

〔二〕陳祖范卒年，非乾隆十八年，當爲十九年。詳見史稿祖范傳之校記。

孟超然

清史稿　卷四百八十　儒林一

孟超然〔一〕，字朝舉，閩縣人。乾隆二十五年進士，選庶吉士，改〔二〕兵部主事，累遷吏部郎中〔三〕。三十年，典廣西試〔四〕。尋〔五〕督學四川，廉正不阿，遇士有禮。以蜀民父子兄弟異居者衆，作厚俗論以箴其失。旋以親老請急歸，年甫四十二，遂不出。性至孝，侍父疾躬執廁牏。戚族喪娶，雖空乏必應。嘗歎服徐陵「我輩猶有車可賣」之言。其學以懲忿窒欲、改過遷善爲主，嘗曰：「變化氣質當學吕成公，刻意自責當學吴聘君。」又曰：「談性命則先儒之書已詳，不如歸諸實踐。博見聞則將衰之年無及，不如反諸身心。」其讀商子〔六〕云：「論至德者不和於俗，成大功者不謀於衆。聖人苟可以强國，不法其故，苟可以利民，不循其禮。」以爲〔七〕：「此王介甫之先驅也。然鞅猶明於帝王霸之説，介甫乃以言利爲堯、舜、周公之道，又鞅之不如矣。」其論楊時云：「龜山得伊、洛之正傳，開道南之先聲。然爲人身後文，如温州陳君、李子約、許德占、張進、孫龍圖諸墓誌，往往述及釋氏之學，而贊之曰安、曰定、曰静，毋惑乎後之學者，援儒入墨，紛紛不已也。」

超然性静，家居杜門卻掃。久之，巡撫徐嗣曾請主鼇峰書院，倡明正學。閩之學者，以安溪李光地、寧化雷鋐爲最。超然輩行稍後，而讀書有識，不爲俗學所牽，則後先一揆也。居喪時，考士喪禮、荀子及宋司馬光、程子、朱子説，並采近代諸儒言論，以正閩俗喪葬之失，著喪禮輯略二卷。傷不葬其親者惑形家言以速禍，取孟子「掩之誠是」之語，作誠是録一卷。他著有焚香録、觀復録、晚聞録〔八〕。

【校記】

〔一〕清史稿之孟超然傳，源出清國史，載儒林傳上卷卷二四。惟史稿隨意删節，失誤甚多，治史者當引以爲戒。

〔二〕清制，庶吉士散館，始得授官。據清高宗實録卷六三六記，乾隆二十六年五月，庚辰科庶吉士散館，孟超然「著以部屬用」。又據清國史，超然始授官即兵部主事。因此，史稿將國史之「授」字更易爲「改」，不確。

〔三〕據清國史，吏部郎中乃超然請歸前之最後官職。史稿擅易於此，釀成超然仕宦經歷混亂。

〔四〕「典廣西試」，不確。據前引實録及國史，乾隆三十年五月，超然係以吏部主事充廣西鄉試副考官。修史當以準確爲第一要義，不可欲溢美而含糊其詞。

〔五〕據清國史，「尋」字之前，尚記有傳主「升員外郎，三十三年，充順天鄉試同考官」的經歷。史稿將此十六字删去，以「尋」字逕接「典廣西試」，不妥。

〔六〕據清國史，「讀商子」三字，本作「論王安石」，而「商子」二字，乃在引述傳主語中。史稿擅改，以致文意不通。

〔七〕「以爲」二字，清國史超然傳本無。史稿臆增，不倫不類。

〔八〕清國史孟超然傳末，於傳主卒年記之甚明，作:「嘉慶二年卒，年六十七」。史稿悉數删去，顯然大誤。

孟超然

清史列傳　卷六十七　儒林傳上二

孟超然，字朝舉，福建閩縣人。乾隆二十五年進士，改翰林院庶吉士，散館授兵部主事，調吏部。三十年，充廣西鄉試副考官，陞員外郎。三十三年，充順天鄉試同考官，尋奉命提督四川學政，遷郎中。使還，以親老請急歸。超然視學四川，廉正不苟，遇士有禮，表宋儒魏了翁以爲矜式。以蜀民父子兄弟異居者衆，作厚俗論以箴其失。蜀人爲立去思碑。性淡泊，既歸，杜門卻埽。久之，巡撫徐嗣曾延主鼇峰書院。鼇峰自漳浦蔡世遠主講，倡明正學，一時稱盛。其後超然繼之，人奮於學，恒舍不能容。性至孝，侍父疾躬執廁牏。遇戚屬喪娶，雖空乏必助。嘗歎服徐陵「我輩猶有車可賣」之言。其學以懲忿窒慾、遷善改過爲主，嘗曰：「變化氣質當學吕成公，刻意自責當學吴聘君。」又曰：「談性命則先儒之書已詳，不如歸諸實踐。博見聞則將衰之年無及，不如返諸身心。」其論王安石謂：「商子『論至德者不和於俗，成大功者不謀於衆。聖人苟可以强國，不法其故；苟可以和民，不循其禮』。此安石之先驅也。然鞅猶明於帝王霸之説，安石乃以言利爲堯、舜、周公之道，又鞅之不如矣。」其論楊時謂：「龜山得伊、洛之正傳，開道南之先聲。然爲人身後文，如温州陳君、李子約、許德占、張進、孫龍圖諸墓志，往往述及釋氏之學，而贊之曰安、曰定、曰静，毋惑乎後之學者，援儒入墨，紛紛不已也。」

閩之學者，以侯官〔一〕李光地、寧化雷鋐爲最。超然輩行稍後，而讀書有識，不爲俗學所牽，則先後〔二〕一揆云。居喪時，考士喪禮、荀子及宋司馬光、程子、朱子説，並采近代諸儒論説，以正閩俗喪葬之失，著喪禮輯略二卷。傷不葬其親者，惑形家言以速禍，取孟子「掩之誠是」語，作誠是録一卷。又記檢身實踐之要，爲焚香録一卷。取周易復卦之義，歸之損、益二象，輯先儒格言，比類爲求復録四〔三〕卷。輯朱子與友朋、弟子問答，以資規誨，爲晚聞録一卷。雜考經史，識遺佚，爲避暑録一卷。又有廣愛録一卷，家誡録二卷，文集六卷，詩集二十卷。嘉慶二年卒，年六十七。

【校記】

〔一〕「侯官」，誤，清國史同。當作「安溪」。

〔二〕「先後」，誤。當依清國史，作「後先」。

〔三〕「四」字，係點校本據耆獻類徵改，當改回「一」字。

汪紱 余元遴

清史稿 卷四百八十 儒林一

汪紱[一]，初名烜，字燦人，婺源人。諸生。少稟母教，八歲，四子書、五經悉成誦。家貧，父淹滯江寧，侍母疾累年，十日未嘗一飽。母歿，紱走詣父，勸之歸。父曰：「昔人言，家徒四壁。吾壁亦屬人，若持吾安歸？」叱之去。紱乃之江西景德鎮，畫椀傭其間。然稱母喪，不御酒肉。後飄泊至閩中，爲童子師。及授學浦城，從者日進。聞父歿，一慟幾殆，即日奔喪，迎櫬歸。紱自二十後，務博覽，著書十餘萬言，三十後盡燒之。自是凡有述作，凝神直書，自六經下逮樂律、天文、地輿、陣法、術數，無不究暢，而一以宋五子之學爲歸。著有易經詮義十五卷，尚書詮義十二卷，詩經詮義十五卷，四書詮義十五卷，詩韻析六卷[二]，春秋集傳十六卷，禮記章句十卷、或問四卷，參讀禮志疑二卷，樂經律吕通解五卷，樂經或問三卷，孝經章句一卷。其參讀禮志疑多得經意，可與陸隴其書並存。

紱之論學，謂：「學不可不知要，然所以得要，正須從學得多後，乃能揀擇出緊要處。」謂：「易理全在象數上乘載而來。」謂：「書曆象、禹貢、洪範，須著力去考，都是經濟。」謂：「詩只依字句吟詠，意味自出。」謂：「看周禮，須得周公之心，乃於宏大處見治體之大，於瑣屑處見法度之詳。」謂：「春秋非理明義精，殆未可學。」謂：「『格物』之格訓至，如書言『格于上下』、『格于皇天』，皆至到之義。上文『致知』字[三]，爲推致，則『格物』爲窮至物理甚明。」謂：「『性與天道不可得聞』，直是不可得聞。陸、王家因早聞性天，而未嘗了悟[四]，又果於自信，遺害後人也。」謂：「周子言『一』，言『無欲』，程子言『主一』，言『無適』，微有不同。周子所謂『一』者天也，所謂『欲』者人也。純乎天不參以人，一者即無欲也。程子所謂『一』者事也，所謂『適』者心也，一其心於所事，而不强事以成心，無適之謂一也。」當時大興朱筠讀其書，稱其「信乎以人〔五〕任己，而頡頏〔六〕古人」。其後善化唐鑑亦稱其「功夫體勘精密，由不欺以至誠明」。紱初聘於江，比歸娶，江年二十八矣。江嘗語諸弟子曰：「吾歸汝師三十年，未嘗見一怒言、一怒色也。」乾隆二十四年卒，年六十八。子思謙，增生，毁卒。同縣余元遴傳其學。

元遴〔七〕，字秀書。諸生。著有庸言、詩經蒙説、畫脂集。

【校記】

〔一〕清史稿之汪紱傳，源出清國史，載儒林傳上卷卷二二。

〔二〕詩韻析並非析詩經，乃傳主早年究心古音學之作。故清國史及紱本傳所脱胎之朱筠撰汪先生紱墓表，皆不數該書於傳主經學著述中，而置之於詩文雜著。史稿將其置群經詮義之列，似可酌。

〔三〕據劉師培撰汪紱傳，「字」之前，尚脱一「致」字即當作「『致知』致字」。

〔四〕據清國史，「未嘗了悟」下，尚有「以至害了終身」六字。史稿删此六字，致使語意斷裂。

〔五〕「人」字誤，當作「仁」。「信乎以仁任己」，語出朱筠汪先生紱墓表。

〔六〕「頡頏」之「頏」字，形近而誤。依上引墓表，當作「頏」。

〔七〕清史稿余元遴傳，源出清國史，附見於汪紱傳。惟史稿删削過甚，已難成立。尤以隱没元遴表彰師學之努力，實是失誤難彌，不可寬宥。

汪紱 余元遴

清史列傳　卷六十七　儒林傳上二

汪紱，初名烜，字燦人，安徽婺源〔一〕人。諸生。少稟母教，八歲，四子書、五經悉成誦。家貧，父淹滯江寧。紱侍母疾累年，十日未嘗一飽。母殁，紱走詣父，勸之歸。父曰：「昔人言，家徒四壁。吾壁亦屬人，若持吾安歸？」叱之去。紱乃之江西景德鎮，畫盌傭其間。然稱母喪，不御酒肉。後飄泊至閩中，爲童子師。及授學浦城，從者日進。聞父殁，一慟幾殆，即日奔喪，迎櫬歸。紱自二十後，務博覽，著書十餘萬言，三十後盡燒之。自是凡有述作，凝神直書，自六經下逮樂律、天文、地輿、陣法、術數，無不融暢，而一以宋五子之學爲歸。著有易經詮義十五卷，尚書詮義十二卷，詩經詮義十五卷，四書詮義十五卷，春秋集傳十六卷，禮記章句十卷，禮記或問四卷，參讀禮志疑二卷，樂經律吕通解五卷，樂經或問三卷，孝經章句一卷，讀陰符經一卷，讀參同契一卷，讀近思録一卷，讀讀書録一卷，讀困知記一卷，讀問學録一卷，先儒晤語一卷，理學逢源十二卷，山海經存九卷，物詮八卷，策略四卷，琴譜一卷，詩韻析六卷，大風集六卷，詩文集各六卷。

紱與江永生同鄉，未嘗晤面，嘗寓書論禮書、樂律，往復千百言。紱謂：「度生於律，非律生於度，然非度無以得律。此如天非有度，以日之行而起度，日非有分，以晝夜之長短而分分。然分分而日之長短有數可求，定度而周天之行有迹可紀，同一理也。度數者，理氣流行之節次，生氣之和，自然流出。故河圖之數，所以成變化而行鬼神，律管何獨不然？」永以爲真能言造化之妙，謹誌其言。其論學謂：「學不可不須知要，然所以得要，正須從學多後，乃能揀出要處。」謂：「易理全在象數上乘載出來。」謂：「書曆象、禹貢、洪範〔二〕，著力去考，都是經濟。」謂：「詩只依字句吟詠，意味自出。」謂：「看周禮，須得周公之心，乃於宏大處見治體之大，於瑣屑處見法度之詳。」謂：「春秋非理明義精，殆未可學。」又謂：「『格物』之格訓至，如書言『格于上下』，『格得〔三〕皇天』，皆至到之義。上文『致知』字〔四〕，爲推致，則『格物』爲窮至物理甚明。惟『性與天道不可得聞』，直是不可得聞。陸、王家因早聞性天，而未嘗了悟，以至害了終身。又果於自信，遺害後人也。」

生平著述，恥於自炫，多藏巾笥。尤注意理學逢源一書，書分内外篇，上篇明體，下篇達用，凡積二十餘年乃成。自序謂：「自天人性命之微，以及日用倫常之著，自方寸隱微之地，以達經綸斯世之猷，庶幾井井有條，通融貫徹。所以反求身心，以探乎天命之本源者，亦可不待外求而得，終身焉足矣。」性儉約，無故不御酒肉。歲荒，屑豆作糜，或數日無米，處之怡然。少聘於江，比歸娶，江年二十八矣。江嘗語諸弟子曰：「吾歸汝師三十年，未嘗見一怒言、一怒色也。」乾隆二十四年卒，年六十八。子思謙，增生，以毁卒。同邑余元遴傳其學。

余元遴，字秀書。諸生。家貧讀書，躬行樵汲。少有志爲己之學，究心經義及宋五子書。後師事紱，得聞爲學要領，著庸言四卷，皆克治身心，考驗自得之語。紱閱之，稱其踐履篤摯。平居坐不倚，立不跛，授徒所入，分恤親族。弟子貧者，卻其贄。已而空乏，泊如也。紱父子殁，經紀其喪，迎其妻江養於家。復力寫遺書，獻之督學朱筠，卒賴以傳。乾隆四十三年卒，年五十五。又著有詩經蒙説、畫脂集。

【校記】

〔一〕婺源今屬江西。

〔二〕「洪範」之後，據清國史，尚脱一「須」字，即「須著力去考」。

〔三〕「得」字誤，據清國史，當作「于」，即「格于皇天」。

〔四〕依清國史，「字」之前，尚脫一「致」字，當作「『致知』致字」。

姚學塽 潘諮

清史稿 卷四百八十 儒林一

姚學塽〔一〕，字晉堂，歸安人。性静介。孩稚時，見物不取。父兄坐庭上，久侍立，足不動。既長讀書，毅然以身學。父喪骨毁，感動鄉里。嘉慶元年進士，以中書用。時和珅爲大學士，中書於大學士例執弟子禮，學塽耻之，遂歸。後四年，和珅伏誅，始入都任職。十三年，主貴州鄉試歸，途聞母憂，痛父母不得躬侍禄養，遂終身不以妻子自隨。服闋至京，轉兵部主事，遷職方司郎中。妻張有婦德，畜一妾，請遣侍京寓，不許，乃歸妾父。妾方氏十七，曰：「婦人從一者也，吾事有主矣。」竟不嫁。

學塽居京師四十年，若旅人之阨者，僦僧寺中，霜華盈席，危坐不動。居喪時有氈帽一，布羔裘一，終身服之，藍縷不改，蓋所謂終身之喪者。初彭齡掌兵部，請學塽至堂上，躬起肅揖之，學塽亦不往謝。大學士百齡〔二〕兼管兵部，屢詢司員姚某何在，欲學塽詣其宅一見之，終不往也。學塽六十生辰，同里姚文田貽酒二罌爲壽，固辭。文田曰：「他日以此相報可乎？」乃受之。學塽之學，由狷入中行，以敬存誠，從嚴毅清苦中發爲光風霽月。闇然不求人知，未嘗向人講學。病篤，握其友潘諮手曰：「君勉矣！人生獨知之地，鮮無愧者。我生平竭蹶，竟如此止。君亦就衰，盡所得爲俟年而已。」遂逝，年六十有六〔三〕。

諮〔四〕，字少白，會稽人。少卓犖，好獨遊天下奇山水，足跡踰數萬里。與學塽友善，日求寡過，以無玷古人。與長民者言，言愛人；與里老言，言耕鑿樹畜；與士人言，言孝弟忠信。遇名下士，則告以實行爲首務，尤競競〔五〕於義利之辨。居惟一襆被，日兩蔬食，食有餘則以給人之困者。有數人賫金爲其母壽，不可返，乃各取少許。其母知之，怒曰：「汝見僧以如來像丐市者乎？吾其爲像也。」乃謝而盡散之。著有古文八卷〔六〕，詩五卷，常語二卷。

【校記】

〔一〕清史稿之姚學塽傳，源出清國史，載儒林傳上卷卷二六。

〔二〕「百齡」誤，清國史同，當爲「伯麟」。據清國史，百齡爲漢軍正黄旗人，以乾隆三十七年進士，累官至兩江總督，卒於道光二十一年十一月，從未以大學士兼管兵部。伯麟爲滿洲正黄旗人，道光元年，授體仁閣大學士，管理兵部，二年，即以原品休致。

〔三〕史稿記姚學塽卒年，作「六十有六」，誤。清國史記爲道光六年，六十一，不誤。據潘諮撰歸安姚先生傳及張履撰鏡塘姚先生行狀，學塽卒於道光六年十一月廿一日，終年六十一。

〔四〕清史稿之潘諮傳，源出清國史，附見於姚學塽傳。

〔五〕「競競」，形近而誤。依清國史，當作「兢兢」。

〔六〕「古文八卷」，清國史同。湯紀尚撰潘布衣傳，作「文六卷」。各有所本，可並存。據柯愈春著清人詩文集總目，潘少白集十三卷，今尚存世。

姚學塽 潘諮

清史列傳　卷六十七　儒林傳上二

姚學塽，字晉堂，浙江歸安人。性静介。童時，父兄坐庭上，久侍立，足不倚。既長讀書，毅然以身學。父喪哀毁，感動鄉里。父嗜蟹，終身不食，筵宴遇之涕泣，友朋相戒勿設也。嘉慶元年，成進士，官内閣中書。時和珅爲大學士，中書例執弟子禮，學塽恥之，遂歸。和珅伏誅，始入都任職。十三年，充貴州鄉試副考官歸，道聞母憂，痛不得躬養侍疾，終身不以妻子自隨。服闋至京，轉兵部主事，遷職方司郎中。居京師先後四十年，中外餽遺，一無所受。敝衣蔬食，若旅人之阨者。所僦僧寺，破屋風號，霜華盈席，危坐不動，晏如也。尚書初彭齡調兵部，請學塽至堂上，躬起肅揖之，學塽亦不往謝。大學士百齡〔一〕兼管兵部，欲學塽詣其宅一見，終不可得。同里姚文田貽酒二罌爲壽，固辭，文田曰：「他日以此相報可乎？」乃受之。仁和龔自珍於時少所許可，獨心折學塽，稱曰姚歸安。

學塽之學，由狷入中行，以敬存誠，從嚴毅清苦中發爲光霽。嘗曰：「人必内自定，然後可以應物。」又曰：「吾視萬物，莫不有真趣。」然闇然自修，未嘗向人講學。答友人書曰：「自宋以來，講學之書多矣。然大略有三，以致知啓其端，以力行踐其實，以慎獨握其要。三者之中，慎獨尤急。不慎獨，則所知皆虚，而所行亦僞。」又曰：「宋儒之書，非盡於宋儒之書也，本之於經以深其源，博之於史以廣其識，驗之倫常日用以踐其實，參之人情物理以窮其變。不必終日言心言性，而後謂之理學，亦不必終日言太極、陰陽、五行，而後謂之理學也。」道光六年，西陲用兵，職方司任重事繁，以積勞卒官，年六十一。病篤，握其友會稽潘諮手曰：「君勉矣！人生獨知之地，鮮無愧者。我生平竭蹶，竟如此止。君亦就衰，盡所得爲俟年而已。」著有竹素齋集。

潘諮，字少白，浙江會稽人。少卓犖，好獨遊奇山水，足迹踰萬里。後與學塽友善，日求寡過，以無玷古人。與長民者言，言愛人；與里老言，言耕鑿樹畜；與士人言，言孝弟忠信。遇名下士，則告以實行爲首，尤兢兢於義利之辨。居惟一襆被，日兩蔬食，食有餘則以給人之困者。有數人賫金爲其母壽，不可返，乃各取少許。其母怒曰：「汝見僧以如來像丐市者乎？吾其爲像也。」乃謝而盡散之。嘗云：「大學誠意獨爲一章，格致後，一段極結實細密工夫。人於此一關，最難自信。陽明謂格致外，非更有誠意之功。此其門人病所由種。格致是識得此理，堅志定力，正從此起。」其精到可入宋人語録。間爲詩古文，超曠絶俗。著有古文八卷，詩五卷，常語三卷。

【校記】

〔一〕「百齡」誤，當作「伯麟」。詳見前史稿校記。

唐鑑

清史稿　卷四百八十　儒林一

唐鑑〔一〕，字鏡海，善化人。父仲冕，陝西布政使，自有傳。鑑，嘉慶十四年進士，改庶吉士。十六年，授檢討。二十三年，授浙江道監察御史。坐論淮鹽引地一疏，吏議鐫級，以六部員外郎降補。會宣宗登極，詔中外大臣各舉所知，諸城劉鐶之薦鑑，出知廣西平樂府，擢安徽寧池太廣道，調江安糧道。擢山西按察使，遷貴州。擢浙江布政使，調江寧。内召爲太常寺卿。海疆事起，嚴劾琦善、耆英等，直聲震天下。

鑑潛研性道，宗尚洛、閩諸賢。著學案小識，推陸隴其爲傳道之首，以示宗旨。時蒙古倭仁，湘鄉曾國藩，六安吴廷棟，昆明竇垿〔二〕、何桂珍，皆從鑑考問學業，陋室危坐，精思力踐。年七十，斯須必敬。致仕南歸，主講金陵書院。文宗踐阼，有詔召鑑赴闕。入對十五次，中外利弊，無所不罄。上以其力陳衰老，不復强之服官，令還江南，矜式多士。咸豐二年〔三〕，還湘，卜居於寧鄉之善嶺山，深衣蔬食，泊然自怡。晚歲著讀易小識，編次朱子全集，别爲義例，以發紫陽之藴。十一年卒，年八十有四。曾國藩爲上遺疏，賜謚確慎。著有朱子年譜考異、省身日課、畿輔水利備覽、易反身録〔四〕、讀禮小事記等書。

【校記】

〔一〕清史稿之唐鑑傳，源出清國史，載儒林傳上卷卷二七。

〔二〕竇垿非雲南昆明人，當依清國史，作雲南羅平。

〔三〕「咸豐二年還湘」，不確。曾國藩撰唐確慎公墓誌銘，作「咸豐三年，乃自浙還湘」。傳主嗣子爾藻撰其父行述，記之甚詳。作三年正月，由蘇至浙，意欲回楚。因南昌道梗，僑居武林暫爲息足。四年正月，啓程。途中，應邀主講白鹿洞書院。冬間，始抵長沙。故唐鑑還湘，當作咸豐四年冬。

〔四〕「易」字之前，尚脱一「讀」字，當作讀易反身録。

唐鑑

清史列傳　卷六十七　儒林傳上二

唐鑑，字鏡海，湖南善化人。父仲冕〔一〕，乾隆五十八年進士，由知縣官至陝西布政使。學有本原，爲政務大體，不喜操切，而察吏懲奸，無稍姑息。母歿，葬肥城，嘗結廬墓側，教授岱下，撰岱覽三十二卷。又著陶山文録、詩録。年七十五卒。鑑，嘉慶十四年進士，改翰林院庶吉士，散館授檢討。二十三年，遷浙江道御史，疏劾湖南武陵知縣顧烺圻貪劣狀，一時稱快。坐論淮鹽引地，吏議鐫級，以員外郎降補。宣宗登極，詔中外大臣各舉所知。諸城劉鐶之薦鑑，出知廣西平樂府，擢安徽徽寧池太廣道，調江安糧道。擢山西按察使，貴州按察使。擢浙江布政使，調江寧布政使。所至革陋規，不以一錢自污。守平樂，屢磔劇盜，境内肅然。安撫熟瑶，立五原學舍，延師教讀，瑶大悦。在江寧，拯災修廢，百度畢張。總督陶澍寢疾，鑑代行使院事。言者劾其廢閣，上遣使按問，無左驗，内召爲太常寺卿。海疆事起，鑑劾琦善、耆英等，直聲震天下。

生平學宗朱子，篤信謹守，無稍依違。及再官京師，倡導正學，蒙古倭仁、湘鄉曾國藩、六安吴廷棟、旌德吕賢基、昆明何桂珍、羅平竇垿，皆從鑑問。鑑嘗語倭仁曰：「學以居敬窮理爲宗，此外皆邪徑也。」又曰：「人知天之與我者，至尊且貴，則我重物輕，便有不淫、不移、不屈氣象。」倭仁悚然。語國藩曰：「讀書有心得，不必輕言著述。」又曰：「經濟之學，即在義理内。」又曰：「檢攝於外，祇有『整齊嚴肅』四字。持守於内，祇有『主一無適』四字。」國藩謹誌其言。鑑以有明王學講良知，矜捷獲，足亂聖道藩籬，著國朝學案小識十五卷。以陸隴其、張履祥、陸世儀、張伯行四人爲傳道，餘爲翼道、守道，而以張沐等爲心宗，於孫奇逢亦致不滿。國藩、桂珍及㘽，皆爲後跋。後賢基復取其書，進呈御覽，皆推服甚至。已至仕歸，主講金陵書院。咸豐元年，詔召入京，進對十五次，中外利弊，無所不罄。進所著畿輔水利書，上嘉納焉。將起用，力辭以老，特旨褒美，賞加二品銜，令還江南，矜式多士。後居寧鄉善嶺山，深衣蔬食，泊然自怡。著朱子學案，以發紫陽之藴。十一年卒，年八十四。又著有易牖〔二〕、讀易識、讀易反身録、讀禮小事記、四經拾遺、四砭齋省身日課、平瑶紀略、朱子年譜考異及詩文集十卷。卒後，國藩爲上遺疏，賜謚確慎。倭仁、國藩官至大學士，廷棟、賢基官至侍郎，桂珍官至徽寧池太廣道，殉難死。皆自有傳。

【校記】

〔一〕「父仲冕」，原誤作「仲父冕」，逕改。

〔二〕易牖、讀易識原誤作一書，逕改。

吴嘉賓　劉傳瑩

清史稿　卷四百八十　儒林一

吴嘉賓〔一〕，字子序，南豐人。道光十八年進士，改庶吉士，授編修。既通籍，尤究心當世利弊，嘗條陳海疆事宜，上嘉納焉。二十七年，緣事謫戍軍臺，尋釋回。咸豐初，以督團兵援郡城功，賞内閣中書。同治三年，於本邑三都墟口擊賊遇害〔二〕。奉旨賜卹，並建專祠。

嘉賓學宗陽明，而治經字疏句釋，以求據依，非專言心學者。其要歸在潛心獨悟，力求自得。尤長於禮，成禮説二卷，自序云：「小戴記四十九篇，列於學宫，其高者蓋七十子之微言，下者乃諸博士所摭拾耳。宋以來，取大學、中庸，與論、孟列爲四書，世無異議。則多聞擇善，固有不必盡同者。余獨以禮運、内則、樂記、孔子閒居、表記諸篇，爲古之遺言，備録其文，以資講肄。其餘論説多者，亦全録之。否則著吾説所以與鄭君别者，以備異同焉。易曰『知崇禮卑』，又曰『謙以制禮』。夫禮者，自卑而尊人。古之制禮者上也，上之人能自卑，天下誰敢不爲禮者？先王之禮，行於父子、兄弟、夫婦養生送死之間，而謹於東西出入、升降辭讓、哭泣辟踊之節，使人明乎吾之喜怒哀樂，莫敢踰夫親疏、貴賤、長幼、男女之分。而其至約者，則在於安定其志氣而已。故曰『禮樂不可斯須去身』。『樂者動於内者也，禮者動於外者也』。夫禮樂不外乎吾身之自動，而奚以求諸千載而上，不可究詰之名物象數也乎？」其大旨蓋如此。他著有喪服會通説〔三〕四卷，周易説十四卷，書説四卷〔四〕，詩文集十二卷。與嘉賓同時而專力於學者，有劉傳瑩。

傳瑩〔五〕，字椒雲，漢陽人。道光十九年舉人，官國子監學正。始學考據，雜載於書册之眉，旁求秘本鈎校，朱墨並下，達旦不休。其治輿地，以尺紙圖一行省所隸之地，墨圍界畫，僅若牛毛。晨起指誦曰：「此某縣也，於漢爲某縣。此某府、某州也，於漢爲某郡國。」凡三四日而熟一紙，易他行省亦如之。久之疾作，不良食飲。自以所業者繁雜，無當於心，乃發憤歎曰：「凡吾之所爲學者，何爲也哉！舍孝弟取與之不講，而旁騖瑣瑣，不亦傎乎！」於是取濂、洛以下切己之説，以意時其離合而反復之。嘗語曾國藩曰：「君子之學，務本專〔六〕而已。吾與子敝精神於讐校，費日力於文辭，僥倖於身後不知誰何者之譽。自今以往，可一切罷棄，各敦内行，没齒無聞，誓不復悔。」卒年三十一〔七〕。病中爲日記一編，痛自繩檢，遺令處分無憾。國藩嘗稱其：「湛深而敦厚，非其視不視，非其聽不聽，内志外體，一準於法。而所以擴充官骸之用，又將推極知識，博綜百氏，以求竟乎其量。」世以爲知言。朱子所編孟子要略，自來志藝文者皆不著於録。傳瑩始於金仁山孟子集注考證内搜出之，復還其舊。

【校記】

〔一〕清史稿之吴嘉賓傳，源出清國史，載儒林傳上卷卷三一。

〔二〕據清國史，「遇害」之後，尚有「年六十二」四字。史稿删此四字，致使傳主生年不可知。

〔三〕據清國史，「説」字衍，書名當作喪服會通。

〔四〕據清國史，傳主著述漏詩説四卷。

〔五〕清史稿之劉傳瑩傳，源出清國史，載儒林傳上卷卷二七，附見於朱文烌傳。傳瑩與嘉賓非一輩人，出處進退不同，學術宗尚各異，故清國史分别入傳，甚合史法。清國史此一編次，爲清史稿擅改，不倫不類。

〔六〕「專」字誤，當作「焉」。傳主告曾國藩語，本自國藩撰劉君墓誌銘，原文爲「君子之學，務本焉而已」。清國史引作「君子之學，務本而已」，脱「焉」字不録。清史稿改「焉」作「專」，讀爲「君子之學務本，專而已」，文理不通。

〔七〕劉傳瑩卒於道光二十八年，年三十一，清國史記之甚確。史稿删「二十八年」數字不録，殊屬無理。

吴嘉賓

清史列傳　卷六十七　儒林傳上二

吴嘉賓，字子序，江西南豐人。道光十八年進士，改翰林院庶吉士，散館授編修。嘉賓究心當世利病，嘗條陳海疆事宜，諭旨以非言官而言事，與禮部主事湯鵬同見嘉納。二十七年，緣事謫戍軍臺，越四年釋回。粤匪蔓延江、楚，以防堵武陽，復新城、彭澤諸縣，及督團兵援郡城功，賞内閣中書，加侍讀銜。同治三年，賊犯南豐，率鄉兵戰三都墟口遇害，年六十二。奉旨賜卹，並建專祠。

嘉賓好學深思，學宗陽明，與蒙古倭仁、湘鄉曾國藩友善。嘗言：「性是人之命根，與天呼吸相關處。此處一斷絶，便自棄其天，無以爲人。」倭仁稱其言。又言：「聖人言保國、保天下，老氏言取國、取天下。吾道祗自守，老氏有殺機。」國藩亦稱其言。治經字疏句釋，以求據依，其要歸於潛心獨悟，力求自得。尤長於禮，著禮説二卷，自序曰：「宋以來、取大學、中庸，與論、孟列爲四書，世無異議。余獨以禮運、内則、樂記、孔子閒居、表記諸篇，爲古之遺言，備録其文，以資講肄。其餘論説多者，亦全録之。先王之禮，行於父子、兄弟、夫婦養生送死之間，而謹於東西出入、升降辭讓、哭泣辟踊之節，使人明乎吾之喜怒哀樂，莫敢踰夫親疏、貴賤、長幼、男女之分。而其至約者，則在於安定其志氣而已。故曰『禮樂不可斯須去身』。『樂者動於内者也，禮者動於外者也。』禮樂不外吾身之自動，而奚以求諸千載而上，不可究詰之名物象數也乎？」其大旨如此。又著喪服會通四卷，謂：「先王之制有時而易，人道則無易。喪服者人道也，苟觀其會通，則先王之道雖欲稍爲損益，其於吾心必有慭然不安者。」他著有周易說十四卷，書說四卷，詩說四卷，求自得之室文鈔十二卷，尚絅廬詩存二卷。

劉傳瑩

劉傳瑩〔一〕，字椒雲，湖北漢陽人。道光十九年舉人，官國子監學正。少讀顧炎武、江永書，慨然以通經史、立功業爲志。尤熟於胡渭、閻若璩方輿之學，凡字書、音韻、天文、推算、古文家之說，皆刺取大旨，日夜鈎稽不懈。久之疾作，自以所業繁雜，無當身心，欲追古爲己之學。乃反覆濂、洛以下書，綜覈於倫常日用之地，而尤以辭受取與爲初基。語其友湘鄉曾國藩曰：「君子之學，務本而已。吾與子敝精神於讐校，費日力於文詞，徼倖身後不知誰何之譽。自今以後，可一切罷棄，各敦内行，没齒無聞，誓不復悔。」遂移疾歸養，家居授徒。著明性、明教、明治三篇，以詔學者。首言人之所以異於禽獸，以其得性命之正而已。性命之實，著於五倫，愚不肖者日用而不知，賢知之過又好高而失實，此所以違禽獸不遠也。中言二帝三王之立教，皆以明倫，學校之勸懲，朝廷之舉措，悉不外是。是以其時風俗醇厚。三代而下，惟漢置孝弟力田科，舉孝廉方正猶存此意。故其風俗近古。自唐以後，專以詩賦帖經取士，不復知先王立學本意。士苟長於詞章記誦，則雖不孝不友，無禮無義，皆可以掇巍科，取高位。無怪乎風俗薄惡，而兇荒盗賊不絶於史策也。終謂帝王之治，通乎神明，光於四海，不過盡人倫之實，推之天下，使各盡其實而已。後世不乏有志治平之士，或徒以事功爲意，而忽於家室彝倫之近，亦見其推之無本，行則必躓而已矣。傳瑩繼娶鄧，其父媵以財數千金，不樂，盡反之。二十八年卒，年三十一。國藩稱其「湛深敦厚，内志外體，一準於法」。世以爲知言。朱子所編孟子要略，久佚不傳。傳瑩於金履祥孟子集注考證中輯出，復還其舊。國藩爲校刊之。桐城方宗誠復編其遺集爲四卷。

【校記】

〔一〕劉傳瑩傳，原附見於朱文烋傳。

劉熙載

清史稿　卷四百八十　儒林一

劉熙載〔一〕，字融齋，興化人。十歲喪父，哭踊如禮。道光二十四年進士，改庶吉士，授編修〔二〕。咸豐二年，命直上書房。與大學士倭仁以操尚相友重，論學則有異同。倭仁宗程、朱，熙載則兼取陸、王，以慎獨、主敬爲宗，而不喜學蔀通辨以下掊擊已甚之談。文宗嘗問所養，對以閉户讀書，御書「性静情逸」四大字賜之。以病乞假〔三〕。巡撫胡林翼特疏薦，同治三年，徵爲國子監司業，遷詹事府左春坊左中允。督學廣東，作懲忿、窒欲、遷善、改過四箴訓士，謂：「士學聖賢，當先從事於此。」所至蕭然如寒素，未滿任乞歸，襆被篋書而已。

熙載治經，無漢、宋門户之見。其論格物，兼取鄭義。論毛詩古韻，不廢吴棫叶音。讀爾雅釋詁，至「卬、吾、台、予」，以爲四字能攝一切之音，以推開、齊、合、撮，無不如矢貫的。又論六書中較難知者，莫如諧聲，疊韻、雙聲，皆諧聲也。許叔重時，雖未有疊韻、雙聲之名，然河、可疊韻也，江、工雙聲也。孫炎以下切音，下一字爲韻，取疊韻，上一字爲母，取雙聲，蓋開自許氏。又作天元正負歌，以明加減乘除相消開方諸法。生平於六經子史及仙釋家言，靡不通曉，而一以躬行爲重。嘗戒學者曰：「真博必約，真約必博。」又曰：「才出於學，器出於養。」又曰：「學必〔四〕盡人道而已。士人所處，無論窮達，當以正人心、維世道爲己任，不可自待菲薄。」平居嘗以「志士不忘在溝壑」、「遯世不見知而不悔」二語自勵，自少至老，未嘗作一妄語，表裏渾然，夷險一節。主講上海龍門書院十四年，以正學教弟子，有胡安定風。著持志塾言二卷，篤近切實，足爲學者法程。光緒七年卒，年六十九。又有藝概六卷，四音定切四卷，説文雙聲二卷，説文疊韻二卷，昨非集四卷。

【校記】

〔一〕清史稿之劉熙載傳，源出清國史，載儒林傳上卷卷三二。

〔二〕清制，庶吉士散館，方可授官。據清國史，「授編修」之前，尚有「散館」二字。史稿刪此二字，不妥。

〔三〕「乞假」二字，依清國史，當作「歸里」。

〔四〕依清國史，「必」字當作「以」。而傳主著持志塾言，則作「求」。

劉熙載

清史列傳　卷六十七　儒林傳上二

劉熙載，字融齋，江蘇興化人。十歲喪父，哭踊如禮。道光二十四年進士，改翰林院庶吉士，散館授編修。咸豐二年，入直上書房，與故大學士倭仁以操尚相友重，論學則有異同。倭仁宗程、朱，熙載兼取陸、王，以慎獨、主敬爲宗，而不喜學蔀通辨以下掊擊已甚之談。上嘗問所養，對以閉户讀書，御書「性静情逸」四大字賜之。以病歸里。巡撫胡林翼特疏薦熙載貞介絶俗，同治三年，徵爲國子監司業，遷左中允。督學廣東，作懲忿、窒慾、遷善、改過四箴訓士，謂：「士學聖賢，當先從事於此。」所至蕭然如寒素，未滿任乞歸，襆被簏書而已。

熙載治經，無漢、宋門户之見。其論格物，兼取鄭義。論毛詩古韻，不廢吴棫叶音。讀爾雅釋詁，至「卬、吾、台、予」，以爲四字能攝一切之音，以推開、齊、合、撮，無不如矢貫的。又論六書中較難知者，莫如諧聲，疊韻、雙聲，皆諧聲也。許叔重雖未有疊韻、雙聲之名，然河、可疊韻也，江、工雙聲也。孫炎以下切音，下一字爲韻，取疊韻，上一字爲母，取雙聲，蓋開自許氏。又作天元正負歌，以明加減乘除相消開方諸法。生平於六經子史及仙釋家言，靡不通曉，而一以躬行爲重。嘗戒學者曰：「真博必約，真約必博。」又曰：「才出於學，器出於養。」又曰：「學以盡人道而已。士人所處，無論窮達，當以正人心、維世道爲己任，不可自待菲薄。」平居嘗以「志士不忘在溝壑」、「遯世不見知而不悔」二語自勵，自少至老，未嘗作一妄語。主講上海龍門書院十四年，以正學教弟子，有胡安定風。著持志塾〔一〕言二卷，篤近切實，足爲學者法程。又有藝概六卷，四音定切四卷，説文雙聲二卷，説文疊韻二卷，昨非集四卷。光緒七年卒，年六十九。

【校記】

〔一〕「塾」字，原誤作「熟」，據清國史改。

朱次琦

清史稿　卷四百八十　儒林一

朱次琦[一]，字九江[二]，南海人。道光二十七年進士，分發山西。攝襄陵縣事[三]。引疾歸[四]。次琦生平論學，平實敦大，嘗論：「漢之學鄭康成集之，宋之學朱子集之，朱子又即漢學而精[五]之者也。宋末以來，殺身成仁之士，遠軼前古，皆朱子力也。然而攻之者互起。有明姚江之學，以致良知爲宗，則攻朱子以[六]格物。乾隆中葉至於今日，天下之學，以考據爲宗，則攻朱子以[七]空疏。一朱子也，攻之者又[八]矛盾。烏乎！古之言異學也[九]，畔之於道外，而孔子之道隱。今之言漢學、宋學者，咻之於道中，而孔子之道歧。果其修行讀書，蘄之[十]於古之實學，無漢學、無宋學也。」凡示生徒，修行之實四，曰敦行孝弟，曰崇尚氣節，曰變化氣質，曰檢攝威儀。讀書之實五，曰經學，曰史學，曰掌故之學，曰性理之學，曰詞章之學。一時咸推爲人倫師表云。

官襄陵時，縣有平水，與臨汾縣分溉田畝，居民争利，搆獄數年不決。次琦至，博詢訟端，則豪强壟斷居奇，有有水無地者，有有地無水者。有地無水者，向無買水券，予之地，弗予之水。有水無地者，向有買水券，雖無地得以市利。於是定以地隨糧，以水隨地之制。又會臨汾縣知縣，躬親履畝，兩邑田相若，税相值也。迺定平水爲四十分，縣各取其半。復於境内設四綱維持之，曰水則，曰用人，曰行水，曰陡門。實行[十一]水田三萬四百畝有奇，邑人立碑頌之。繫囚趙三不稜，劇盗也，越獄逃。次琦未抵任，先出重貲購知其所適，亟假郡捕，前半夕疾馳百二十里，至曲沃郭南以俟。盗衆方飲酒家，役前持之，忽樓上下百炬齊明，則赫然襄陵縣鐙也，乃伏地就縛。比縣人迎新尹，尹已尺組縶原賊入矣，遠近以爲神。每行縣，所至拊循姁姁，老稚迎笑。有遮訴者，索木椅在道與决，能引服則已，恒終日不笞一人。其他頒讀書日程，創保甲，追社倉二萬石，禁火葬，罪同姓婚，除狼患，卓卓多異政。在任百九十日，民俗大化。先是南方盗起，北至揚州。次琦猶在襄陵，謂宜綢繆全晉，聯絡關、隴，爲三難、五易、十可守、八可征之策，大吏不能用〔十二〕。

居家，時稱説浦江鄭氏、江州陳氏諸義門，及朝廷捐産準〔十三〕旌之例。由是宗人捐産贍族，合金數萬。次琦呈請立案，爲變通范氏義莊章程，設完課、祀先、養老、勸學、矜恤孤寡諸條，刊石世守之。同治元年，與同邑徐台英奉旨起用，次琦竟不出〔十四〕。光緒七年，賞五品卿銜。逾數月卒〔十五〕。著有國朝名臣言行録、五史實徵録、晉乘、國朝逸民傳、性學源流、蒙古聞見等書。疾革，盡焚之。僅存手輯朱氏傳芳集五卷，撰定南海九江朱氏家譜十二卷，大雅堂詩集一卷，燔餘集一卷，橐中集一卷。

【校記】

〔一〕清史稿之朱次琦傳，源出清國史，載循吏傳卷八。史稿調整布局，改而入儒林傳。循吏之與儒林，類傳各異，所記傳主生平及學行，自然不同。清國史重在記朱次琦之循良治績，故其傳文先述攝襄陵之諸多善政，繼以引疾告歸之緣由，隨後再記講學九江鄉之二十餘年學行。層次清晰，渾然一體。史稿既以述次琦學行爲重，理當全盤統籌，精心布局。然祇是簡單改換行文次第，匆匆成篇，甚至刊落舊傳述傳主晚年學行之重要文字，以致失去置朱次琦於儒林傳之依據。

〔二〕「字九江」，不確。據傳主門人簡朝亮撰朱九江先生傳及朱九江先生年譜，次琦字稚圭，一字子襄，咸豐三年春，在晉引疾辭官。五年夏，返鄉。七年以後，居南海九江鄉講學，不入城市。自此始稱九江先生。

〔三〕「攝襄陵縣事」，據上引年譜，始於咸豐二年七月二十日，三年二月八日離任，在任一百九十日。清國史據以入傳，甚是。史稿删「咸豐二年」四字，致使傳主攝襄陵縣事時間不明。

〔四〕「引疾歸」，究竟確實患病，還是借病辭官？區區三字，讀者無從知曉。據清國史所記，乃係借故引疾。史稿無視前因後果，將緣由後移，而獨留此三字，致使首尾失顧。又，「引疾去」後，清國史原有如下文字：「歸則講學九江鄉，生徒百數十人，晉省弟子亦有來學者。足不入城市，有『後朱子』之稱。」史稿次琦傳删此三十餘字，實爲一重大失誤。

〔五〕史稿引述傳主論學語，出自朱九江先生年譜咸豐八年、五十二歲條。「精」字不確，當作「稽」。

〔六〕「以」字係史稿擅改，當作「之」。

〔七〕「以」字亦係史稿所改，當作「爲」。

〔八〕「又」字不確，清國史作「乃」亦不確，當作「乃相」。

〔九〕「也」字不確，清國史同，當作「者」。

〔十〕「之」字誤，當作「至」。清國史不誤。

〔十一〕「行」字誤，依清國史，當作「得」。

〔十二〕自「先是南方盗起」，至「大吏不能用」，此四十餘字，係清國史所記傳主「引疾去」之緣由。史稿割裂因果，致使前後失據。

〔十三〕「準」字誤，當作「准」。

〔十四〕據清國史，「出」字之前，尚脱一「復」字。

〔十五〕據前引朱九江先生年譜，次琦卒於光緒七年十二月十九日，終年七十有五。

朱次琦

清史列傳　卷七十六　循吏傳三

朱次琦，廣東南海人。道光二十七年進士，分發山西。咸豐二年，攝襄陵縣事。縣有平水，與臨汾縣分溉田畝，居民争利，構獄數年不决。次琦至，博詢訟端，則强豪壟斷居奇，有有水無地者，有有地無水者。有地無水者，向無買水券，予之地，弗予之水。有水無地者，向有買水券，雖無地得以市利。於是定以地隨糧，以水隨地之制。又會臨汾縣知縣，躬親履畝，兩邑田相若，税相直也。迺定平水爲四十分，縣各取其半。復於境内設四綱維持之，曰水則，曰用人，曰行水，曰陡門。實得水田三〔一〕萬四百畝有奇，邑人立碑頌之。繫囚趙三不稜，劇盗也，越獄逃。次琦未抵任，先出重貲購知其所適，亟假郡捕，前半夕疾馳百二十里，至曲沃郭南以俟。盗衆方飲酒家，役前持之，忽樓上下百炬齊明，則赫然襄陵縣燈也，迺伏地就縛。比縣人迎新尹，尹已尺組繫原賊入矣，遠近以爲神。河東歲患狼，次琦募獵户捕之，無獲。乃檄禱西山神祠，天忽大霧旬日，人得跡獸所出没，攢火槍擊之，無脱者。半月，得狼百有奇，患遂絶。

每行縣，所至拊循㖿㖿，老稚迎笑。有遮訴者，索木倚在道與决，能引服則已，恒終日不笞一人。其他頒讀書日程，創保甲，追社倉二萬石，禁火葬，罪同姓爲婚，卓卓多異政。在任百九十日，民俗大化。其去也，攀留萬人，至門阺橋折，爲立主祀之鄧伯道祠，後别建朱使君祠，春秋報祀弗絶。先是南方盗起，北至揚州。次琦猶在襄陵，謂宜綢繆全晉，聯絡關、隴，爲三難、五易、十可守、八可征之策，大吏不能用，遂引疾去。

歸則講學九江鄉，生徒百數十人，晉省弟子亦有來學者，足不入城市，有「後朱子」之稱。時稱説浦江鄭氏、江州陳氏諸義門，及朝廷捐産准旌之例。由是宗人捐産贍族，合金數萬。次琦呈請立案，爲變通范氏義莊章程，設完課、祀先、養老、勸學、矜恤孤寡諸條，刊石世守之。同治元年，與同邑徐台英奉旨起用，次琦竟不復出。光緒七年，兩廣總督張樹聲、巡撫裕寬疏其學行，特賞五品卿銜。逾數月卒。

次琦生平論學，平實敦大，嘗論：「漢之學鄭康成集之，宋之學朱子集之，朱子又即漢學而精之者也。宋末以來，殺身成仁之士，遠軼前古，皆朱子力也。然而攻之者互起。有明姚江之學，以致良知爲宗，則攻朱子以格物。乾隆中葉至於今日，天下之學，以考據爲宗，則攻朱子以空疏。一朱子也，攻之者乃矛盾。嗚呼！古之言異學也，畔之於道外，而孔子之道隱。今之言漢學、宋學者，咻之於道中，而孔子之道歧。果其修行讀書，蘄至於古之實學，無漢學、無宋學也。」凡示生徒，修行之實四，曰敦行孝弟，曰崇尚氣節，曰變化氣質，曰檢攝威儀。讀書之實五，曰經學，曰史學，曰掌故之學，曰性理之學，曰詞章之學。一時咸推爲人倫師表云。著有國朝名臣言行録、五史實徵録、晉乘、國朝逸民傳、性學源流、蒙古聞見等書。疾革，盡焚之。僅存手輯朱氏傳芳集五卷，譔定南海九江朱氏家譜十二卷，大雅堂詩集一卷，燔餘集一卷，橐中集二卷。

【校記】

〔一〕「三」字原脱，據清國史朱次琦傳補。

成孺

清史稿　卷四百八十　儒林一

成孺〔一〕，原名蓉鏡，字芙卿，寶應人。附生。性至孝，父殁，三日哭，氣絶而復屬者再。授經養母，歲歉，麤糲或弗繼，母所御必精鑿。事母垂六十年〔二〕，起居飲食之節，有禮經所未嘗言，而以積誠通之者。早邃經學，旁及象緯、輿地、聲韻、字詁，靡不貫徹。於金石審訂尤精確。久之，寢饋儒先諸書，益有所得。取紫陽日用自警詩，以「味真腴」顔其居，自號曰心巢。

孺於漢、宋兩家，實事求是，不爲門户之見。嘗曰：「爲己，則治宋學真儒也，治漢學亦真儒。爲人，則治漢學僞儒也，治宋學亦僞儒。」又曰：「義理，論語所謂識大是也。考證，識小是也。莫不有聖人之道焉。事父事君，識大也。多識鳥獸草木之名，識小也。皆詩教所不廢，然不可無本末輕重之差。」湖南學政朱逌然延主校經堂〔三〕，孺立學程，設「博文」、「約禮」兩齋，湘中士大夫争自興於學。著有禹貢班義述三卷，據地志解禹貢，於今、古文之同異及鄭注與班偶殊者，一一辨證，即有不合，亦不曲護其非。尚書曆譜二卷，以殷曆校殷，周曆校周，從違以經爲斷。又考太初曆即三統，爲太初曆譜一卷，春秋日南至譜一卷。又有切韻表五卷，二百有六表，分二呼而經以四等，緯以三十六母，審辨音聲，不容出入。晚年著述，一以朱子爲宗。所編我師録、困勉記、必自録、庸德録、東山政教録〔四〕。又有國朝學案備忘録一卷，國朝師儒論略一卷，經義駢枝四卷，五經算術〔五〕二卷，步算釋例六卷，文録九卷〔六〕。

【校記】

〔一〕清史稿之成孺傳，源出清國史，載儒林傳上卷卷三二。

〔二〕成孺既以江、淮大儒而入儒林傳，然何以僅以縣學生而終老？清國史與清史稿於此，皆無隻字説明。據傳主弟子馮煦清故寶應縣學生成先生墓誌銘所述，成孺「三十後遂絶科舉，不忍一日去母也」。惜此語竟爲史館删而不録。

〔三〕成孺一傳，通篇無一語明記傳主生活之年代。如此修史，何以知人論世？而唯一可憑以考證年代的主講長沙校經堂，清史稿及清國史之所記，又失之不確。據馮煦所撰成先生墓誌銘及成先生行狀，其師主講長沙校經堂，爲長沙校經堂學程一卷，乃光緒六年事。而朱逌然任湖南學政，事在光緒二年至四年。其後之五、六兩年，皆係陶方琦督學湘中。

〔四〕「東山政教録」後，清國史尚有「體用兼備」四字，清史列傳則有「下學上達，體用兼備」八字。依上下行文，自以八字爲確。清史稿擅删此八字，致使語意斷裂。如此之失誤，斷非當年撰稿專家之史筆。

〔五〕「五經算術」，書名不全。據馮煦成先生行狀，當作「五經算術補注」。

〔六〕傳主生卒及享年，本有可依，而史稿棄而不記，不妥。據前引墓誌銘，成孺「生嘉慶二十一年九月十九日，卒光緒九年十二月初九日，年六十有八」。

成孺

清史列傳　卷六十七　儒林傳上二

成孺，原名蓉鏡，字芙卿，江蘇寶應人。諸生。性至孝，父歿，三日哭，氣絶而復屬者再。授經養母，歲歉，饘糲或弗繼，母所御必精鑿。又懼傷母心，輒戒家人戛槩盂於堂，若會食然。母苦嗽，寒夜尤劇。孺屏息牖户外，廉其衰數而調劑之，或至申旦。事母垂六十年，起居飲食之節，有禮經所未嘗言，而以積誠通之者。早邃經學，旁及象緯、輿地、聲韻、字詁，靡不貫徹。於金石審定尤精確，久之，寖饋儒先書，益有所得。取紫陽日用自警詩，以「味真腴」顏其居，自號曰心巢。

孺於漢、宋兩家，實事求是，不爲門户之見。嘗曰：「爲己，則治宋學真儒也，治漢學亦真儒。爲人，則治漢學僞儒也，治宋學亦僞儒。」又曰：「義理，論語所謂識大是也。考證，識小是也。莫不有聖人之道焉。事父事君，識大也。多識鳥獸草木之名，識小也。皆詩〔一〕教所不廢，然不可無本末輕重之差。」湖南學政朱逌然延主校經堂，孺立學程，設「博文」、「約禮」兩齋，湘中士人争自興學。著有禹貢班義述三卷，據地志解禹貢，於今、古文之同異，及鄭注與班偶殊者，一一辨證，即有不合，亦不曲護其非。尚書曆譜二卷，以殷曆校殷，周曆校周，從違以經爲斷。又考太初曆即三統，爲太初曆譜一卷，春秋日南至譜一卷。又有切韻表五卷，二百有六表，分二呼而經以四等，緯以三十六母，審辨音聲，不容出入。晚年著述，一以朱子爲宗，所編我師録、困勉記、必自録、庸德録、論語論仁釋、明明德解義、太極衍義、東山政教録，下學上達，體用兼備。又有國朝學案備忘録一卷，國朝師儒論略一卷，經義駢枝四卷，五經算術二卷，步算釋例六卷，文録九卷，詩録一卷，宋書州郡志校記一卷，唐詩可興集六卷，寶應儒林事略一卷，寶應文苑事略一卷，成氏先德傳一卷。

子肇麐，舉人，直隸靈壽知縣，庚子殉難，謚恭恪，列忠義傳。門弟子甚衆，同邑姚江，曲阜孔廣牧，金壇馮煦，皆有著述傳其學。

【校記】

〔一〕「詩」字，原誤作「師」，據清國史改。

邵懿辰　高均儒　伊樂堯

清史稿　卷四百八十　儒林一

邵懿辰〔一〕，字位西，仁和人。性峭直，能文章，以名節自厲。於近儒尤慕方苞、李光地之學〔二〕。道光十一年舉人，授内閣中書。久官京師，因究悉朝章國故，與曾國藩、梅曾亮、朱次琦〔三〕數輩遊處，文益茂美。折節造請高才秀士，有不可，面折之。不爲朋黨，志量恒在天下。洊升刑部員外郎，入直軍機處。大學士琦善以妄殺熟番下獄，發十九事難之。粵亂作，賽尚阿出視師，復上書次輔祁寯藻，力言不可者七端。時承平久，京朝官率雍容養望，懿辰獨無媕阿之習，一切持古義相繩責。由是諸貴人憚之，思屏於外。會粵賊陷江寧，京師震動，乃命視山東河工。未行，復命偕少詹事王履謙巡防河口。咸豐四年，坐無效鐫職。既罷歸，則大覃思經籍〔四〕，著尚書通義、禮經通論、孝經通論〔五〕，頗採漢學考據家言，而要以大義爲歸。

十年，賊陷杭州，以奉母先去獲免。母卒，既葬，返杭州。賊再至，則麾妻子出，獨留與巡撫王有齡登陴固守。十一年，城陷死之〔六〕。時國藩督師江南，聞而歎曰：「嗟乎！賢者之處患難，親在則出避，親歿則死之，義之至衷者也。」乃迎致其妻子安慶。先是懿辰以協防杭州復原官，死事聞，贈道銜，祀本省昭忠祠。其所著書遭亂亡佚，長孫章輯録之，爲半巖廬所著書，共三十餘卷。懿辰之友，同里伊樂堯、秀水高均儒，皆知名。

均儒〔七〕，字伯平。廩貢生。性狷介，嚴取與之節。治三禮主鄭氏，尤服膺宋儒，見文士蕩行檢者，則絶之如讐，人苦其難近。著績東軒集。

樂堯〔八〕，字遇羹。咸豐元年舉人。學術宗尚與懿辰同。值寇亂，猶商證經義危城中。城破，同殉節死〔九〕。

【校記】

〔一〕清史稿之邵懿辰傳，源出清國史，載儒林傳上卷卷二九，復取曾國藩邵位西墓誌銘而成。

〔二〕史稿述邵氏學術宗尚，先方苞而後李光地，不妥。清國史作「論學宗朱子，經學宗李光地，文宗方苞」。國藩墓誌則作「位西之學，初以安溪李文貞公、桐城方侍郎爲則」。

〔三〕「朱次琦」之「次」字，係史稿誤增，當作「朱琦」。琦爲廣西臨桂人，次琦則廣東南海人。與懿辰友者乃朱琦，次琦爲官山西，無從爲友。

〔四〕「大覃思經籍」，語出前述曾氏所撰墓誌。冠「大」字於「覃思經籍」前，頗生僻。故清國史據曾氏文立懿辰傳，棄「大」字不用，甚是。史稿盲目復曾文之舊，殊不可取。

〔五〕「孝經通論」，據曾氏墓誌，「論」字當作「義」，亡佚。

〔六〕據清國史，懿辰卒年明確記爲「五十二」。史稿刪而不録，失當。

〔七〕清史稿之高均儒傳，源自吴昆田撰高君伯平行狀。

〔八〕清史稿之伊樂堯傳，源出清國史，載儒林傳上卷卷二九，附見於方坰傳。

〔九〕「城破，同殉節死」，不確。依清國史，伊樂堯係以寒餓死於山中。國史憑以成文之方宗誠撰伊孝廉傳，於此記之最確：「十一年冬十一月，賊再陷杭州，數受賊刃不屈。奉繼母出，乞食山中，安貧守約，不改其素志。同治元年正月十九日，竟以寒餓致疾卒，年五十有三。」

邵懿辰 伊樂堯

清史列傳 卷六十七 儒林傳上二

邵懿辰，字位西，浙江仁和人。道光十一年舉人，考取内閣中書，洊陞刑部員外郎，入直軍機處。性戇直，大學士琦善以枉殺熟番案入獄，懿辰擬十九事將詰問，或忌之，撤懿辰名，使不得與爲問官。大學士賽尚阿視師廣西，懿辰復手書七不可，上執政諍之。由是齟焉，不得安其位。咸豐四年，坐濟寧防河無效，罷歸。歸後，家居養親，覃思經籍。論學宗朱子，經學宗李光地，文宗方苞，不喜漢學家言。與上元梅曾亮、臨桂朱琦遊處，尤與湘鄉曾國藩爲石交。十年，髮逆陷杭州，懿辰奉母先去，得無恙。母歿，既葬，賊再至，懿辰與巡撫王有齡固守城中，朝夕策戰備。暇則偕同里伊樂堯窮經不懈。十一年，城陷，罵賊死，年五十二。所著書多散佚，有禮經通論、位西遺稿一卷。其忱行録一卷，論家國天下之道，尤有概乎言之。

樂堯，字遇羹。咸豐元年舉人。按察使段光清入覲，文宗問杭通經學古之士，以樂堯對，上稱歎久之。十一年，髮匪陷杭州，奉繼母出，乞食山中。踰年，竟以寒餓死。

顧炎武

清史稿　卷四百八十一　儒林二

顧炎武〔一〕，字寧人，原名絳，崑山人。明諸生。生而雙瞳，中白邊黑，讀書目十行下。見明季多故，講求經世之學。明南都亡〔二〕，奉嗣母王氏避兵常熟。崑山令楊永言起義師，炎武及歸莊從之，魯王授爲兵部司務〔三〕，事不克，幸而得脱。母遂不食卒，誡炎武弗事二姓。唐王以兵部職方郎召，母喪未赴，遂去家不返〔四〕。炎武自負用世之略，不得一遂，所至輒小試之。墾田於山東長白山下，畜牧於山西雁門之北、五臺之東，累致千金〔五〕。遍歷關塞，四謁孝陵，六謁思陵，始卜居陝之華陰。謂:「秦人慕經學，重處士，持清議，實他邦所少。而華陰綰轂關、河之口，雖足不出户，亦能見天下之人，聞天下之事。一旦有警，入山守險，不過十里之遥。若有志四方，則一出關門，亦有建瓴之便。」〔六〕乃定居焉。

生平精力絶人，自少至老，無一刻離書。所至之地，以二贏二馬載書，過邊塞亭障，呼老兵卒詢曲折。有與平日所聞不合，即發書對勘。或平原大野，則於鞍上默誦諸經注疏。嘗與友人論學云:「百餘年來之爲學者，往往言心言性，而茫然不得其解也。命與仁，夫子所罕言；性與天道，子貢所未得聞。性命之理，著之易傳，未嘗數以語人。其答問士，則曰『行己有恥』；其爲學，則曰『好古敏求』；其告哀公明善之功，先之以『博學』。顔子幾於聖人，猶曰『博我以文』。自曾子而下，篤實無如子夏，言仁，則曰『博學而篤志，切問而近思』。今之君子則不然，聚賓客門人數十百人，與之言心言性，舍多學而識以求一貫之方，置四海之困窮不言而講危微精一。是必其道高於夫子，而其弟子之賢於子貢也[七]。孟子一書，言心言性亦諄諄矣，乃至萬章、公孫丑、陳代、陳臻、周霄、彭更之所問，與孟子之所答，常在乎出處、去就、辭受、取與之間。是故性也、命也、天也，夫子之所罕言，而今之君子之所恒言也。出處、去就、辭受、取與之辨，孔子、孟子之所恒言，而今之君子之所罕言也。愚所謂聖人之道者如之何？曰『博學於文』[八]，『行己有恥』。自一身以至於天下國家，皆學之事也。自子臣弟友，以至出入、往來、辭受、取與之間，皆有恥之事也。士而不先言恥，則爲無本之人；非好古多聞，則爲空虚之學。以無本之人而講空虚之學，吾見其日從事於聖人而去之彌遠也。」

炎武之學，大抵主於斂華就實。凡國家典制、郡邑掌故、天文儀象、河漕兵農之屬，莫不窮原究委，考正得失。撰天下郡國利病書百二十卷，别有肇域志一編，則考索之餘，合圖經而成者。精韻學，撰音論三卷。言古韻者，自明陳第[九]，雖創闢榛蕪，猶未邃密。炎武乃推尋經傳，探討本原。又詩本音十卷，其書主陳第詩無協韻之説，不與吴棫本音争，亦不用棫之例，但即本經之韻互考，且證以他書，明古音原作是讀，非由遷就，故曰本音。又易音三卷，即周易以求古音，考證精確。又唐韻正二十卷，古音表二卷，韻補正一卷，皆能追復三代以來之音，分部正帙而知其變。又撰金石文字記，求古録，與經史相證。而日知録三十卷[十]，尤爲精詣之書，蓋積三十餘年而後成。其論治綜覈名實，於禮教尤兢兢，謂風俗衰，廉恥之防潰，由無禮以權[十一]之，常欲以古制率天下。炎武又以杜預左傳集解時有闕失，作杜解補正三卷。其他著作有，二十一史年表、歷代帝王宅京記、營平二州地名記、昌平山水記、山東考古録、京東考古録、譎觚[十二]、菰中隨筆、亭林文集、詩集等書，並有補於學術世道。

清初，稱學有根柢者，以炎武爲最，學者稱爲亭林先生。又廣交賢豪長者，虚懷商榷，不自滿假。作廣師篇云：「學究天人，確乎不拔，吾不如王寅旭。讀書爲己，探賾洞微，吾不如楊雪臣。獨精三禮，卓然經師，吾不如張稷若。蕭然物外，自得天機，吾不如傅青主。堅苦力學，無師而成，吾不如李中孚。險阻備嘗，與時屈伸，吾不如路安卿。博聞强記，群書之府，吾不如吴志伊〔十三〕。文章爾雅，宅心和厚，吾不如朱錫鬯。好學不倦，篤於朋友，吾不如王山史。精心六書，信而好古，吾不如張力臣。至於達而在位，其可稱述者，亦多有之，然非布衣之所得議也。」

康熙十七年，詔舉博學鴻儒科，又修明史，大臣争薦之，以死自誓。二十一年卒，年七十。無子。吴江潘耒叙其遺書行世。宣統元年〔十四〕，從祀文廟。

【校記】

〔一〕清史稿之顧炎武傳，源出清國史，載儒林傳下卷卷一，復采全祖望亭林先生神道表而成。

〔二〕「明南都亡」，不確。據傳主常熟陳君墓誌銘：「崇禎十七年，余在吴門，聞京師之報，人心兇懼，余乃奉母避之常熟之語濂涇。」文中之崇禎十七年，即清順治元年。是年三月，明亡。五月，福王立南京，改明年爲弘光。翌年五月，弘光政權亡。故而此處之「南都」二字，當删，應作「明亡」。

〔三〕「魯王授爲兵部司務」，不確。據張穆顧亭林先生年譜崇禎十七年、三十二歲條：「崑山令楊君永言應南都詔，列薦先生名於行朝，詔用爲兵部司務。」故此處之「魯王」誤，當作「福王」。

〔四〕「遂去家不返」，何時去家？緣由何在？讀此傳茫然不知。據前引年譜，炎武母於順治二年絶食卒，而其去家北走，已是順治十四年。十二年間，家難打擊，通海舉報，豪紳迫害，凡此種種，竟無隻字述及，未免疏略太甚。尤爲不可解者，相關緣由，清國史炎武傳本已略有述及，言之有據，史稿卻棄而不録，以致釀成傳主生平之一大空白。

〔五〕「累致千金」，語出全祖望亭林先生神道表，惟所言無據，乃屬揣測，故清國史未予采録。清史稿獨信其所不當信，疑其所不當疑，實不可取。

〔六〕此段引文，出亭林文集卷四與三姪書。史稿未盡尊重古人，將文中之「實與他省不同」，擅改爲「實他邦所少」。

〔七〕此段引文，出亭林文集卷三與友人論學書。清國史與清史稿所引大體相同，惟史稿於「而其弟子之賢於子貢也」下，脱「我弗敢知也」五字，與傳主所論遂南轅北轍。

〔八〕「博學於文」下，尚脱一「曰」字。當作：「曰『博學於文』，曰『行己有恥』。」

〔九〕「自明陳第」，文意不全。據清國史，「自」之前，尚脱一「始」字。

〔十〕日知録三十卷，誤。當作三十二卷。

〔十一〕「權」字，係史稿改。依清國史，當作「維」。

〔十二〕「譎觚」，不確。當作「譎觚十事」。

〔十三〕廣師篇，出亭林文集卷六。「吴志伊」，當作「吴任臣」。

〔十四〕據清德宗實録卷五九六，顧炎武獲准從祀文廟，事在光緒三十四年九月二日。

顧炎武

清史列傳　卷六十八　儒林傳下一

顧炎武，初名絳，字寧人，江南崑山人。生而雙瞳子，中白邊黑，讀書一目十行。年十四，爲諸生。耿介絶俗，與同里歸莊善，時有「歸奇顧怪」之目。見明季多故，棄舉業，講求經世之學。炎武三世俱爲顯宦，母王氏守節，孝於姑，明亡，不食卒。叛僕陸恩見炎武家中落，欲告炎武通海。炎武沉之水，僕婿投里豪，復訟之，繫奴家危甚。會曲周路澤農救之，得免。遂去之山東，墾田長白山下。復北歷關塞，墾田於雁門之北、五臺之東。後客淮安，萊州黃氏有獄，詞連炎武，乃赴山東聽勘。富平李因篤營救之，獄始白。

生平精力絶人，自少至老，無一刻離書。所至之地，以二贏二馬載書，遇邊塞亭障，呼老兵卒詢曲折。有與平日所聞不合，即發書對勘。或平原大野，則於鞍上默誦諸經注疏。嘗謂：「經學即理學。自有舍經學以言理學者，而邪説以起。不知舍經學，則其所謂理學者，禪學也。」於同時諸人，雖以苦節推孫奇逢、李顒，以經世之學推黃宗羲，而論學則皆不合。其與友人論學云：「百餘年來之爲學者，往往言心言性，而茫然不得其解也。命與仁，夫子所罕言；性與天道，子貢所未得聞。性命之理，著之易傳，未嘗數以語人。其答問士，則曰『行己有恥』；其爲學，則曰『好古敏求』；其告哀公明善之功，先之以『博學』。顏子幾於聖人，猶曰『博我以文』。自曾子而下，篤實無如子夏，言仁，則曰『博學而篤志，切問而近思』。今之君子則不然，聚賓客門人數十百人，與之言心言性，舍多學而識以求一貫之方，置四海之困窮不言而講危微精一。是必其道高於夫子，而其弟子之賢於子貢也，我弗敢知也。孟子一書，言心言性亦諄諄矣，乃至萬章、公孫丑、陳代、陳臻、周霄、彭更之所問，與孟子之所答，常在乎出處、去就、辭受、取與之間。是故性也、命也、天也，夫子之所罕言，而今之君子之所恒言也。出處、去就、辭受、取與之辨，孔子、孟子之所恒言，而今之君子之所罕言也。愚所謂聖人之道者如之何？曰『博學於文』，曰『行己有恥』。自一身以至於天下國家，皆學之事也。自子臣弟友以至出入、往來、辭受、取與之間，皆有恥之事也。士而不先言恥，則爲無本之人；非好古多聞，則爲空虚之學。以無本之人而講空虚之學，吾見其日從事於聖人而去之彌遠也。」

炎武之學，大抵主於斂華就實。凡國家典制、郡邑掌故、天文儀象、河漕兵農之屬，莫不窮原究委，考正得失。撰天下郡國利病書百二十卷，遍覽諸史、圖經、文編、説部之類，取其關於民生利病者，且周流西北，歷二十年其書始成。别有肇域志一編，則考索之餘，合圖經而成者。尤精韻學，撰音論三卷。言古韻者，始自明陳第，然創闢榛蕪，猶未邃密。炎武乃推尋經傳，探討本原。又詩本音十卷，其書主陳第詩無協韻之説，不與吴棫本音争，亦不用棫之例，但即本經之韻互考，且證以他書，明古音原作是讀，非由遷就，故曰本音。又易音三卷，即周易以求古音，考證精確。又唐韻正二十卷，古音表二卷，韻補正一卷，皆能追復三代以來之音，分部正帙而知其變。又撰金石文字記、求古録，與經史相證。而日知録三十卷〔一〕，尤爲精詣之書，蓋積三十餘年而後成。其論治綜覈名實，於禮教尤兢兢，謂風俗衰，廉恥之防潰，由無禮以維之，常欲以古制率天下。炎武又以杜預左傳集解時有闕失，作杜解補正三卷。其他著作有，石經考、九經誤字、五經異同、二十一史年表、歷代帝王宅京記、營平二州地名記、昌平山水記、山東考古録、京東考古録、譎觚十事、菰中隨筆、救文格論、亭林文集、詩集，並有補於學術世道。

國朝稱學有根柢者，以炎武爲最。又廣交賢豪長者，虛懷商榷，不自滿假。作廣師篇云：「學究天人，確乎不拔，吾不如王錫闡。讀書爲己，探賾洞微，吾不如楊瑀。獨精三禮，卓然經師，吾不如張爾岐。蕭然物外，自得天機，吾不如傅山。堅苦力學，無師而成，吾不如李顒。險阻備嘗，與時屈伸，吾不如路澤農。博聞强記，群書之府，吾不如吴任臣。文章爾雅，宅心和厚，吾不如朱彝尊。好學不倦，篤於朋友，吾不如王弘撰。精心六書，信而好古，吾不如張弨。至於達而在位，其可稱述者，亦多有之，然非布衣之所得議也。」康熙十七年〔二〕，詔舉博學鴻儒科，次年，修明史，大臣争薦之，並力辭不赴。二十一年卒，年七十。

【校記】

〔一〕日知録三十卷，誤，當作三十二卷。

〔二〕康熙十七年，原誤據耆獻類徵改作十八年，逕以改回。

張爾岐 馬驌

清史稿　卷四百八十一　儒林二

張爾岐〔一〕，字稷若，濟陽人。明諸生。父行素，官石首縣丞〔二〕，罹兵難，爾岐欲身殉，以母老止。順治七年，貢成均，亦不出。遂志好學，篤守程、朱之説，著天道論、中庸論，爲時所稱。又著學辨五篇，曰辨志，曰辨術，曰辨業，曰辨成，曰辨徵。又著立命説辨，斥袁氏功過格立命説之非。年三十，覃思儀禮。以鄭康成注文古質，賈公彦釋義曼衍，學者不能尋其端緒。乃取經與注章分之，定其句讀。疏則〔三〕節録其要，取足〔四〕明注而止。有疑義則以意斷之，亦附於末。成儀禮鄭注句讀十七卷，附以監本正誤、石經正誤二卷。顧炎武遊山東，讀而善之，曰：「炎武年過五十，乃知『不學禮，無以立』。若儀禮鄭注句讀一書，根本先儒，立言簡當，以其人不求聞達，故無當世名。然書實可傳，使朱子見之，必不僅謝監嶽〔五〕之稱許矣。」爾岐又著周易説略八卷，詩説略五鄭，蒿菴集三卷，蒿菴閒話二卷。所居敗屋不修，藝蔬果養母，集其弟四人，講説三代古文於母前，愉愉如也。妻朱婉娩執婦道，勸爾岐勿出。取蓼莪詩意，題其室曰蒿庵，遂教授鄉里終其身。康熙十六年卒，年六十六。乾隆中，按察使吴江陸燿建蒿菴書院以祀之，而顔其堂曰辨志。山東善治經者，爾岐同時有馬驌。

驌〔六〕，字宛斯，鄒平人。順治十六年進士，除淮安府推官。尋推官議裁，補靈壁縣知縣，蠲荒除弊，流亡復業。康熙十二年，卒於官，年五十四。士民奉祀名宦祠。驌於左氏融會貫通，著左傳事緯十二卷，附録八卷，所論有條理，圖表亦考證精詳。驌又撰繹史一百六十卷，纂録開闢至秦末之事，博引古籍，疏通辨證，非路史、皇王大紀所可及也。時人稱爲馬三代。四十四年，聖祖命大學士張玉書物色驌所著書，令人至鄒平購板入内府。

【校記】

〔一〕清史稿之張爾岐傳，源出清國史，載儒林傳下卷卷二。

〔二〕「官石首縣丞」，不確。據錢載張處士爾岐墓表、李煥章張蒿菴處士傳及羅有高張爾岐傳，諸家所記傳主父行素明末職官，皆爲「石首驛丞」。驛丞之與縣丞，並非同官。依明、清官制，縣丞官階次於知縣，爲正八品，而驛丞乃不入流品之雜官，專掌一地郵傳迎送。故此處之「縣丞」，當作「驛丞」。

〔三〕自「以鄭康成注文古質」，迄「亦附於末」，係節録傳主儀禮鄭注句讀序改寫而成。惟清史稿及所據之清國史，未盡忠實原文，將「疏則節録其要」之「則」字，誤改爲「其」，「取足明注而止」之「足」字，亦誤改作「其」，以致文義紊亂，不成句讀。故據傳主著述，將「則」、「足」二字改回，另行句讀。

〔四〕「足」字原誤作「其」，依傳主文徑改。

〔五〕此處引文，語出顧炎武亭林文集卷三答汪苕文書。「嶽」字原誤作「獄」，依炎武文改。

〔六〕清史稿之馬驌傳，源出清國史，附見於張爾岐傳。

張爾岐 馬驌

清史列傳　卷六十八　儒林傳下一

張爾岐，字稷若，山東濟陽人。祖以上皆力農，父行素教以儒業，遂篤守程、朱之説。遜志好學，著天道論、中庸論、篤終論，爲時所稱。又著學辨五篇，曰辨志，曰辨術，曰辨業，曰辨成，曰辨徵。又著立命説辨，斥袁氏功過格立命説之非。明季，行素官石首縣丞〔一〕，罹兵難。爾岐欲身殉，以母老止。年三十，覃心儀禮。以鄭康成注文古質，賈公彦釋儀曼衍，學者不能尋其端緒。乃取經與注章分之，定其句讀。疏則〔二〕節録其要，取足〔三〕明注而止。有疑義則以義斷之，亦附於末。著儀禮鄭注句讀十七卷，附以監本正誤、石經正誤二卷。崑山顧炎武遊山東，交爾岐，讀而善之，曰：「炎武年過五十，乃知『不學禮，無以立』。濟陽張爾岐作儀禮鄭注句讀一書，根本先儒，立言簡當，以其人不求聞達，故無當世名。然書實可傳，使朱子見之，必不僅謝監嶽〔四〕之稱許矣。」爾岐又著周易説略八卷，詩説略五卷，夏小正傳注一卷，弟子職注一卷，老子説略一卷，蒿菴集三卷，蒿菴閒話二卷。所居敗屋不修，藝蔬果養母。集其弟四人，講説三代古文於母前，愉愉如也。妻朱婉娩執婦道，勸爾岐勿出，遂教授鄉里終其身。康熙十六年卒，年六十六。

弟爾崇，亦有名於世，著尚書通義五卷。山東善治經者，爾岐同時有馬驌。

馬驌，字宛斯，山東鄒平人。順治十六年進士，除淮安府推官。尋補靈壁縣知縣，蠲荒除弊，流亡復業。康熙十二年，卒於官，年五十四。士民奉祀名宦祠。驌於左氏融會貫通，著左傳事緯十二卷，附録八卷，所論具有條理，其圖表亦考證精詳，爲專門之學。又撰繹史一百六十卷，纂録開闢至秦末之事，博引古籍，疏通辯證，非羅泌路史、胡宏皇王大紀所可及。時人稱爲馬三代。四十四年，聖祖命大學士張玉書物色驌所著書。明年四月，令人齎白金二百兩至鄒平，購板入内府。時掖縣王爾膂，字襄哉，諸生，邃於經史。其治經以毛、鄭之詩，何氏之公羊，鄭氏之三禮爲主，著有泡齋集。

【校記】

〔一〕「縣丞」，誤。當作「驛丞」。

〔二〕「則」字，原誤作「其」，據傳主文改。詳見史稿前注。

〔三〕「足」字，原誤作「其」，據傳主文改。詳見史稿前注。

〔四〕「嶽」字，原誤作「獄」，據顧炎武原文改。詳見史稿前注。

萬斯大 兄斯選　子經　姪言

清史稿　卷四百八十一　儒林二

萬斯大〔一〕，字充宗，鄞縣人。父泰，明崇禎丙子〔二〕舉人，與陸符齊名。寧波文學風氣，泰實開之。以經史分授諸子〔三〕，使從黄宗羲遊，各名一家。斯大治經，以爲非通諸經，不能通一經；非悟傳注之失，則不能通經；非以經釋經，則亦無由悟傳注之失。其爲學尤精春秋、三禮。於春秋，則有專傳〔四〕、論世、屬辭比事、原情定罪諸義。於三禮，則有論社〔五〕、論禘、論祖宗、論明堂泰壇、論喪服諸義。其辨正商、周改月改時，周詩周正，及兄弟同昭穆，皆極確實。宗法十餘篇，亦頗見推衍。答應撝謙書，辨治朝無堂，尤爲精覈。根柢三禮以釋三傳，較宋、元以後空談書法者殊。然其説經以新見長，亦以鑿見短。置其非，存其是，未始非一家之學。

斯大性剛毅，慕義若渴。明臣張煌言死後，棄骨荒郊，斯大葬之南屏。父執陸符死，無後，斯大爲葬其兩世六棺。所著有學春秋隨筆十卷，學禮質疑二卷，儀禮商三卷，禮記偶箋三卷，周官辨非二卷。康熙二十二年卒，年六十〔六〕。

兄斯選，字公擇。學於黄宗羲，嘗謂：「學者須驗之躬行，方爲實學。」於是切實體認，知意爲心之存主，非心之所發，理即在氣中，非理先氣後。涵養純粹，年六十卒〔七〕。宗羲哭之慟，曰：「甬上從遊，能續蕺山之傳者，惟斯選一人，而今已矣〔八〕。」

斯大子經〔九〕，字授一。黄宗羲移證人書院於鄞，申明劉宗周之學，經侍席末，與聞其教。及長，傳父、叔及兄言之學，又學於應撝謙、閻若璩。康熙四十二年，成進士，選庶吉士，散館授編修。五十年，充山西鄉試副考官。五十三年，提督貴州學政。及還，以派修通州城工罄其家。素工分隸，經乃賣所作字，得錢給朝夕。晚增補斯大禮記集解數萬言，春秋定、哀二公未畢，又續纂數萬言。又重修斯同列代紀年，又續纂兄言尚書説、明史舉要，皆先代未成之書。乾隆初，舉博學鴻詞科，不就。年八十二，家遭大火，遺書悉焚。經終日涕洟，自以爲負罪先人。踰年卒〔十〕。著有分隸偶存二卷。

言，字貞一，斯選兄斯年子。副榜貢生〔十一〕。少隨諸父講社中，號精博，著有尚書説、明史舉要。嘗與修明史，獨成崇禎長編。故國輔相子弟，多以賄求減先人罪，言悉拒之。尤工古文，同縣李鄴嗣嘗曰：「事古而信，篤志不分，吾不如充宗。粹然有得，造次儒者，吾不如公擇。學古通今，無所不辨，吾不如季野。文章名世，居然大家，吾不如貞一。吾邑有萬氏，誠天下之望。」有管邨文集。晚出爲五河知縣〔十二〕，忤大吏論死〔十三〕。子承勳狂走數千里，哀金五千贖之歸，時稱孝子〔十四〕。

承勳，字開遠。諸生。以薦用爲磁州知州。工詩，有冰雪集。

【校記】

〔一〕清史稿之萬斯大傳及附見諸家傳，皆源出清國史，載儒林傳下卷卷五。

〔二〕清國史本記爲「崇禎九年」，史稿無端改作「崇禎丙子」，多此一舉。

〔三〕「以經史分授諸子」之前，清國史本有「入國朝」三字，甚是。史稿開館，已入民國，自然不可沿用。按理，若改作「入清」，則與史實相符。然史稿將三字删除，不再做任何處理，以致時代不清。

〔四〕「專傳、論世」，點校本誤讀爲一目，作「專傳論世」。此據鄭梁跛翁傳改。

〔五〕據清國史，「論社」之前，尚有「論郊」二字。

〔六〕清史稿記萬斯大「卒年六十」，誤。據萬經先考充宗府君行狀、黄宗羲萬充宗墓誌銘，斯大生於明崇禎六年（一六三三年），卒於清康熙二十二年（一六八三年），終年當爲五十有一。

〔七〕清史稿記萬斯選「年六十卒」，誤。據黄宗羲萬公擇墓誌銘，斯選生於明崇禎二年（一六二九年），卒於清康熙三十三年（一六九四年），終年當爲六十有六。

〔八〕依清國史，斯選傳後，乃接以其弟斯同傳，萬氏一門學脈，昭然史册。史稿擅將斯同傳移入文苑，雖改附傳而立正傳，似尊斯同之史學，實則固執「尊經抑史」偏見，殊不可取。

〔九〕依清國史，萬經傳本在其從兄萬言傳後，史稿擅改編次，無理。

〔十〕「踰年卒」，所指何年？不明。據全祖望提督貴州學政翰林院編修九沙萬公神道碑銘，萬經卒於乾隆六年正月二十四日，終年八十有三。

〔十一〕清史稿之萬言傳，通篇無一語明記傳主之生活年代，無疑是一失誤。據黄宗羲萬祖繩墓誌銘，言中副榜貢生，乃在康熙十四年。

〔十二〕據萬言子承勳所撰其父墓誌銘，傳主出任安徽五河知縣，時當康熙二十七年。史稿既不記時間，又將安徽行省名删除，實爲錯上加錯。

〔十三〕據上引墓誌，萬言忤大吏論死，事在康熙三十一年，掛名罪籍凡六百四十二日。横禍陡起，其父斯年憂憤而歿，年七十有七。時當康熙三十二年七月二十五日。

〔十四〕傳主禍解以後經歷，史稿隻字未及。合前引墓誌及黄宗羲萬貞一詩序、萬貞一和蘇詩題辭諸文可知，康熙三十三年冬杪，萬言父子南還，舟過餘姚黄竹浦，拜謁黄宗羲。宗羲悲喜交集，徐相謂曰：「知交零落，吾又老病不堪。今得汝父子歸來，相商未了之事，死不恨也。」言之晚年，鴻飛冥冥，詩文自娱。康熙四十四年卒，年六十有九。

萬斯大 兄斯選　弟斯同〔一〕　從子言　子經

清史列傳　卷六十八　儒林傳下一

萬斯大，字充宗，浙江鄞縣人。父泰，字履安，明崇禎九年舉人，與陸符齊名。善詩，兼熟史事，寧波文學風氣，泰實開之。入國朝，以經史分授諸子，使從黄宗羲遊，各名一家。卒年六十。斯大治經，以爲非通諸經，不能通一經；非悟傳注之失，則不能通經；非以經釋經，則亦無由悟傳注之失。其爲學尤精春秋、三禮。於春秋，則有專傳、論世、屬辭比事、原情定罪諸義。於三禮，則有論郊、論社、論禘、論祖宗、論明堂泰壇、論喪服諸義。其辨正商、周改月改時，周詩周正，及兄弟同昭穆，皆極確實。宗法十餘篇，亦頗見推衍。答應撝謙書，辨治朝無堂，尤爲精覈。根柢三禮以釋三傳，較宋、元以後空談書法者殊。然其説經以新見長，亦以鑿見短。置其非，存其是，未始非一家之學。性剛毅，慕義若渴。明臣張煌言死後，棄骨荒郊，斯大葬之南屏。父執陸符死，無後，斯大爲葬其兩世六棺。所著有學春秋隨筆十卷，學禮質疑二卷，儀禮商三卷，禮記偶箋三卷，周官辨非二卷。康熙二十二年卒，年五十一。兄斯選，弟斯同，從子言，子經。

斯選，字公擇。學於黄宗羲，嘗謂：「學者須驗之躬行，方爲實學。」於是切實體認，知意爲心之存主，非心之所發，理即在氣中，非理先氣後。涵養純粹，年六十卒〔二〕。宗羲哭之慟，曰：「甬上從遊，能續蕺山之傳者，惟斯選一人。」

言，字貞一，斯選兄斯年子。副貢生。少隨諸父講社中，號精博，著有尚書説、明史舉要。嘗與修明史，獨成崇禎長編。故國輔相子弟，多以賄求減先人罪，言悉拒之。尤工古文，同縣李鄴嗣嘗曰：「事古而信，篤志不分，吾不如斯大。粹然有得，造次儒者，吾不如斯選。學通古今，無所不辨，吾不如斯同。文章名世，居然大家，吾不如言。」有管村文集。晚出爲安徽五河知縣，忤大吏論死。子承勳狂走數千里，裒金五千贖之歸，時稱孝子。

承勳，字開遠。諸生。以薦用爲磁州牧。工詩，有冰雪集。

經，字授一。黃宗羲移證人書院於鄞，申明劉宗周之學，經侍席末，與聞其教。及長，傳父、叔及兄言之學，又學於應撝謙、閻若璩。康熙四十二年，成進士，改翰林院庶吉士，散館授編修。五十年，充山西鄉試副考官。五十三年，督學貴州。及還，以派修通州城工罄其家。素工分隸，經乃賣所作字，得錢給朝夕。晚增補斯大禮記集解數萬言，春秋定、哀二公未畢，又續纂數萬言。又重修斯同列代紀年，又續纂兄言尚書說、明史舉要，皆先代未成之書。乾隆初，舉博學鴻詞科，不就。年八十二，家遭大火，遺書悉焚。經終日涕洟，自以爲負罪先人。踰年卒。著有分隸偶存二卷。

【校記】

〔一〕萬斯同傳，因清史稿改置文苑，故從略。

〔二〕所記斯選卒年誤，當作六十有六。詳見前史稿校記。

胡渭 子〔一〕彦昇　葉佩蓀

清史稿　卷四百八十一　儒林二

胡渭〔二〕，初名渭生，字朏明，德清人。渭年十二而孤，母沈携之避亂山谷間。十五爲縣學生。入太學〔三〕，篤志經義，尤精輿地之學。嘗館大學士馮溥邸。尚書徐乾學奉詔修一統志，開局洞庭山，延常熟黄儀、顧祖禹，太原閻若璩及渭分纂。渭著禹貢錐指二十卷，圖四十七篇，謂：「漢、唐二孔氏，宋蔡氏，於地理多疏舛。如『三江』，當主鄭康成説；禹貢『達於河』，『河』當從説文作『菏』；『滎波既豬』，當從鄭康成作『播』〔四〕；梁州黑水與導川之黑水，不可溷爲一。」乃博稽載籍，考其同異而折衷之。山川形勢，郡國分合，道里遠近夷險，一一討論詳明。又漢、唐以來，河道遷徙，爲民生國計所繫，故於導河一章，備考决溢改流之跡。留心經濟，異於迂儒不通時務。間有千慮一失，則不屑闕疑之過。

又撰易圖明辨十卷，專爲辨定圖、書而作。初，陳摶推闡易理，衍爲諸圖。其圖本準易而生，故以卦爻反覆研求，無不符合。傳者務神其説，遂歸其圖於伏羲，謂易反由圖而作。又因繫辭「河圖」、「洛書」之文，取大衍算數，作五十五點之圖，以當河圖；取乾鑿度太乙行九宫法，造四十五點之圖，以當洛書。其陰陽奇偶，亦一一與易相應。傳者益神其説，又真以爲龍馬神龜之所負，謂伏羲由此而有先天之圖。實則唐以前書，絶無一字符驗，而突出於北宋之初。由邵子以及朱子，亦但取其數之巧合，而未暇究其太古以來從誰授受。故易學啓蒙、易本義前九圖，皆沿其説。同時袁樞、薛季宣，皆有異論。然宋史儒林傳：易學啓蒙朱子本囑蔡元定創稿，非朱子自撰。晦菴大全集載答劉君房書曰：「啓蒙本欲學者且就大傳所言卦畫蓍數推尋，不須過爲浮說。而自今觀之，如河圖、洛書，亦不免尚有賸語。」至於本義卷首九圖，爲門人所依附，朱子當日未嘗堅主其説。元陳應潤作爻變義蘊，始指諸圖爲道家假借。吴澄、歸有光諸人，亦相繼排擊。毛奇齡、黄宗羲，争之尤力。然皆各據所見，抵其罅隙，尚未能窮溯本末，一一抉所自來。渭則於河圖、洛書，五行、九宫，參同、先天、太極，龍圖、易數鉤隱圖，啓蒙圖書，先天、後天、卦變、象數流弊，皆引據舊文，互相參證，以箝依託之口。使學者知圖書之説，乃修鍊、術數二家旁分易學之支流，非作易之根柢。視禹貢錐指，尤爲有功經學。

又撰洪範正論五卷，謂：「漢人專取災祥，推衍五行，穿鑿附會，事同讖緯，亂彝倫攸叙之經。其害一。洛書本文具在洪範，非龜文，宋儒創爲黑白之點，方員之體，九十之位，變書爲圖，以至九數十數，劉牧、蔡季通紛紜更定。其害二。洪範元無錯簡，王柏、胡一中等，任意改竄。其害三。」渭又撰大學翼真七卷，大旨以朱子爲主，僅謂「格致」一章，不必補傳，力闢王學改本之誤。所見切實，視泛爲性命理氣之談者，勝之遠矣。

渭經術湛深，學有根柢，故所論一軌於正。漢儒附會之談，宋儒變亂之論，掃而除焉。康熙四十三年〔五〕，聖祖南巡，渭以禹貢錐指獻行在。聖祖嘉奬，御書「耆年篤學」四大字賜之，儒者咸以爲榮。五十三年卒，年八十有二。

渭子〔六〕彦昇，字國賢。雍正八年進士，授刑部主事，改山東定陶縣知縣。著春秋説、四書近是、叢書録要。又於樂律尤有心得，著樂律表微八卷。

渭同郡葉佩蓀，字丹穎，歸安人。亦治古易，不言圖、書，著易守四十卷。於易中三聖人所未言者，不加一字，故曰「守」。

【校記】

〔一〕「子」字誤，當作「孫」。

〔二〕清史稿之胡渭傳並二家附傳，皆源出清國史，載儒林傳下卷卷四。

〔三〕傳主何年「入太學」？史稿未記時間。若依傳文及句讀，則似在十五歲爲縣學生後不久。其實不然。據杭世駿胡先生渭墓誌銘：「年十五，遊於庠。試高等，爲增廣生。高文遠俗，連不得志於有司，乃入太學。」可見「爲縣學生」與「入太學」，遠非一時事。江藩著胡渭記，則言之更明：「屢赴行省試不售，乃入太學。」

〔四〕據清國史，「當從鄭康成」前，尚脱一「波」字。當作「『波』當從鄭康成作『播』」。

〔五〕據清聖祖實録康熙四十三年，並無聖祖南巡事。清史稿及清國史所記皆誤。上引江藩記作「康熙四十二年」，亦誤。合禹貢錐指及清聖祖實録所記南巡扈從大臣並觀，當作「康熙四十四年」。北京大學漆永祥教授著漢學師承記箋釋，於此考之最確，可信可據。

〔六〕胡彦昇係胡渭孫，而非子。據前引杭世駿胡先生渭墓誌銘，渭有四子，爲方騰、方質、方威、方詮。有孫十，彦昇乃第四孫。

胡渭 子〔一〕彦昇 葉佩蓀

清史列傳 卷六十八 儒林傳下一

胡渭，初名渭生，字朏明，浙江德清人。年十五，爲縣學生。入太學，篤志經義，精輿地之學。尚書徐乾學奉詔修一統志，開局洞庭山，延常熟黄儀、顧祖禹，太原閻若璩及渭分纂。渭著禹貢錐指二十卷，圖四十七篇，謂：「漢、唐二孔氏，宋蔡氏，於地理多疏舛。如『三江』，當主鄭康成説；禹貢『達於河』，『河』當從説文作『菏』；『滎波既豬』，『波』當從鄭康成作『播』；梁州黑水與導川之黑水，不可溷爲一。」及〔二〕博稽載籍，考其同異而折衷之。山川形勢，郡國分合同異，道里遠近平險，討論詳明。宋以來，傅寅、程大昌、毛晃而下，注禹貢者數十家，精覈典贍，此爲之冠。又撰易圖明辨十卷，專爲辨定圖、書而作。

初，陳摶推闡易理，衍爲諸圖。其圖準易而生，故以卦爻反覆研求，無不符合。傳者務神其説，遂歸其圖於伏羲，謂易反由圖而作。又因繫辭「河圖」、「洛書」之文，取大衍算數，作五十五點之圖，以當河圖；取乾鑿度太乙行九宫法，造四十五點之圖，以當洛書。陰陽奇偶，一一與易相應。傳者益神其説，真以爲龍馬神龜之所負，謂伏羲由此而有先天之圖。實則唐以前書，絶無一字符驗，而突出於北宋之初。由邵子以及朱子，但取其數之巧合，未暇究太古以來誰從授受。故易學啓蒙、易本義前九圖，皆沿其説。然考宋史儒林傳，啓蒙本屬蔡元定創稿，非朱子自撰。其答劉君房書曰：「啓蒙本欲學者且就大傳所言卦畫蓍數推尋，不須過爲浮説。而自今觀之，如河圖、洛書，亦不免尚有賸語。」至於本義卷首九圖，爲門人所依附，朱子當日未嘗堅主其説。

元陳應潤作爻變義藴，始指諸圖爲道家假借。吴澄、歸有光諸人，亦相繼排擊。國朝毛奇齡、黄宗羲，争之尤力。然皆未能窮溯本末，一一抉所自來。渭則於河圖、洛書、五行九宫、參同、先天太極、龍圖、易數鉤隱圖、啓蒙圖書、先天後天、卦變、象數流弊，引據舊文，互相參證，以箝依託之口。使學者知圖書之説，乃修鍊術數二家旁分易學之支流，非作易之根柢。視禹貢錐指尤爲有功經學。

又撰洪範正論五卷，謂：「漢人專取災祥，推衍五行，穿鑿附會，亂彝倫攸叙之經。」撰大學翼真七卷，大旨以朱子爲主，僅謂「格致」一章，不必補傳，力闢王學改本之誤。所論一軌於正，漢儒附會之談，宋儒變亂之論，埽而除焉。康熙四十三年〔二〕，聖祖仁皇帝南巡，渭以禹貢錐指獻行在。御覽嘉歎，宣至直廬賜饌，並御書詩扇及「耆年篤學」四字賜之。五十三年卒，年八十二。子〔三〕彦昇。

彦昇，字竹軒。雍正八年進士，授刑部主事，改山東定陶縣知縣。以開釋冤獄被劾，按察使黄叔琳勸使自檢舉，彦昇曰：「官不足惜，獄實冤，願終雪之。」叔琳密訪，果如彦昇言。彦昇曰：「獄已雪，又何求？」不俟開復而歸。杜門著書，於樂律尤有心得。謂：「琴律與笛律不殊，琴有緩急，不如笛便。馬融以京房所加孔爲商聲，荀勖以第一孔爲黄鐘宫，後出孔爲太蔟商。蓋自漢至晉，舊法如此。宋人以體中翕聲爲黄鐘，是以姑洗爲黄鐘也，以俗樂之合字屬黄鐘，是以下徵爲正宫也。」所著樂律表微八卷，凡度律二卷，審音二卷，製調二卷，考器二卷，多糾正古人之謬。又著春秋説、四書近是、叢書録要。

葉佩蓀，字丹穎，浙江歸安人。乾隆十九年進士，改兵部主事。二十九年，充順天鄉試同考官，洊陞郎中，授衛輝府知府，署開封，調南陽，擢河東道。所至以廉潔惠民爲治，去之日，士民走送者萬人。四十四年，授山東按察使。四十六年，授湖南布政使，尋罣吏議歸。佩蓀治易，盡取漢、唐、宋以來諸家傳注，及河、洛先天、月卦、卦氣、卦變、反對諸説，必索其所以然，然後舉而空之。曰：「三聖人所言者，不可增損一字。三聖人所未言者，吾不敢加一字。」著易守四十卷，又有傳經堂詩文集十二卷。四十九年卒，年五十四。

【校記】

〔一〕「子」字誤，當作「孫」。

〔二〕「康熙四十三年」誤，當作「康熙四十四年」。

〔三〕「子」字誤，當作「孫」。

毛奇齡 陸邦烈

清史稿　卷四百八十一　儒林二

毛奇齡[一]，字大可，又名甡，蕭山人。四歲[二]，母口授大學，即成誦。總角，陳子龍爲推官，奇愛之，遂補諸生[三]。明亡，哭於學宮三日。山賊起，竄身城南山，築土室讀書其中。順治三年[四]，明保定伯毛有倫以寧波兵至西陵，奇齡入其軍中。是時，馬士英、方國安與有倫犄角，奇齡曰：「方、馬國賊也，明公爲東南建義旗，何可與二賊共事？」國安聞之大恨，欲殺之，奇齡遂脱去。後怨家屢陷之，乃變姓名爲王士方，亡命浪遊。及事解，以原名入國學。康熙十八年，薦舉博學鴻儒科，試列二等，授翰林院檢討，充明史纂修官。二十四年，充會試同考官。尋假歸，得痺疾，遂不復出。

初，著毛詩續傳三十八卷，既以避讎流寓江、淮間，失其稿，乃就所記憶，著國風省篇、詩札、毛詩寫官記。復在江西參議道施閏章所，與湖廣楊洪才説詩，作白鷺洲主客説詩一卷。明嘉靖中，鄞人豐坊僞造子貢詩傳、申培詩説行世。奇齡作詩傳詩説駁議五卷，引證諸書，多所糾正。洎通籍，進所著古今通韻十二卷，聖祖善之，詔付史館。歸田後，僦居杭州，著仲氏易。一日著一卦，凡六十四日而書成，託於其兄錫齡之緒言，故曰「仲氏」。又著推易始末四卷，春秋占筮書三卷，易小帖五卷，易韻四卷，河圖洛書原舛編一卷，太極圖説遺議一卷。其言易，發明荀、虞、干、侯諸家，旁及卦變、卦綜之法。

奇齡分校會闈時，閲春秋房卷，心非胡傳之非，有意撰述。至是乃就經文起義，著春秋毛氏傳三十六卷，春秋簡書刊誤二卷，春秋屬辭比事記四卷，條例明晰，考據精核。又欲全著禮經，以衰病不能，乃次第著昏、喪、祭禮、宗法、廟制及郊社、禘祫、明堂、學校諸問答，多發先儒所未及。至於論語、大學、中庸、孟子，各有考證，而大學證文及孝經問，援據古今〔五〕，辨後儒改經之非，持論甚正。奇齡淹貫群書，所自負者在經學，然好爲駁辨，他人所已言者，必力反其詞。古文尚書自宋吴棫後，多疑其僞。及閻若璩作疏證，奇齡力辨爲真，遂作古文尚書寃詞。又删舊所作尚書廣聽録爲五卷，以求勝於若璩。而周禮、儀禮，奇齡又以爲戰國之書。所作經問，指名攻駁者，惟顧炎武、閻若璩、胡渭三人。以三人博學重望，足以攻擊，而餘子以下，不足齒録。其傲睨如此。

素曉音律，家有明代宗藩所傳唐樂笛色譜，直史館，據以作竟山樂録四卷。及在籍，聞聖祖論樂，諭群臣以徑一圍三、隔八相生之法，因推闡考證，撰聖諭樂本解説二卷，皇言定聲録八卷。三十八年，聖祖南巡，奇齡迎駕於嘉興，以樂本解説二卷進，温諭獎勞。聖祖三巡至浙，奇齡復謁行在，賜御書一幅。五十二年，卒於家，年九十一。門人蔣樞編輯遺集，分經集、文集二部，經集自仲氏易以下，凡五十種，文集合詩、賦、序、記及他雜著，凡二百三十四卷。四庫全書收奇齡所著書目，多至四十餘部。奇齡辨正圖、書，排擊異學，尤有功於經義。弟子李塨、陸邦烈、盛唐、王錫、章大來、邵廷寀等，著録者甚衆。李塨、廷寀自有傳。

邦烈，字又超，平湖人。嘗取奇齡經説所載，裒爲聖門釋非録五卷，謂聖問〔六〕口語，未可盡非云。

【校記】

〔一〕清史稿之毛奇齡傳，源出清國史，載儒林傳下卷卷四，兼采盛唐西河先生傳、全祖望蕭山毛檢討別傳而成。

〔二〕「四歲」，不確。據傳主自爲墓誌銘：「五歲，請讀書。無師，太君口授大學。」故當作「五歲」。

〔三〕陳子龍拔毛奇齡爲諸生，事出全祖望蕭山毛檢討別傳，不確。依毛奇齡自爲墓誌銘，子龍雖喜毛文，有「才子之文」一評，然並無拔爲諸生之事。胡春麗博士著毛奇齡年譜，於此考之甚確。毛奇齡爲諸生，時在明崇禎十年，而子龍任紹興府推官，已是三年之後的崇禎十三年。

〔四〕「順治三年」，不確。據清世祖實録，清軍入杭州，事在清順治二年。傳主自爲墓誌銘，亦記作順治二年。

〔五〕「援據古今」，清國史同。然據阮元集傳録存之毛奇齡傳，「今」之原文作「本」。阮元據以集句之四庫提要，所稱亦爲大學古本。

〔六〕「聖問口語」，「問」字誤。依前引阮元文及四庫提要，當作「門」。

毛奇齡 陸邦烈

清史列傳　卷六十八　儒林傳下一

毛奇齡，字大可，浙江蕭山人。康熙十八年，以廩監生薦舉博學鴻儒科，試列二等，授翰林院檢討，充明史館纂修官。二十四年，充會試同考官。尋假歸，得痺疾，遂不復出。

奇齡少穎悟。明季，避兵縣之南山，築土室讀書其中，著毛詩續傳三十八卷。既以避讐流寓江、淮間，失其稿。乃就所記憶，著國風省篇一卷，詩劄一卷，毛詩寫官記四卷。復在江西参議道施閏章處，與湖廣楊洪才説詩，作白鷺洲主客説詩一卷。明嘉靖中，鄞人豐坊僞造子貢詩傳、申培詩説行世。奇齡作詩傳詩説駁議五卷，引證諸書，多所糾正。洎在史館，進所著古今通韻十二卷，聖祖仁皇帝善之，詔付史館。歸田後，僦居杭州，著仲氏易。一日著一卦，凡六十四日而書成，託於其兄錫齡之緒言，故曰「仲氏」，凡三十卷。又著推易始末四卷，春秋占筮書三卷，易小帖五卷，易韻四卷，河圖洛書原舛編一卷，太極圖説遺議一卷。其言易，發明荀、虞、干、侯諸家，旁及卦變、卦綜之注。自後儒者，多研究漢學，不敢以空言説經，實自奇齡始。而辨正圖、書，排擊異學，尤有功於經義。

奇齡分校會闈時，閱春秋房卷，心非胡傳之偏，有意傳述。至是，乃就經文起義，著春秋毛氏傳三十六卷，春秋簡書刊誤二卷，春秋屬辭比事記四卷，條例明晳，考據精覈。又欲全著禮經，以衰病不能，乃次第著昏、喪、祭禮、宗法、廟制及郊社、禘祫、明堂、學校諸問答，多發先儒所未及。至於論語、大學、中庸、孟子，各有考證，而大學證文及孝經問，援據古今〔一〕，辨後儒改經之非，持論亦有可采。

奇齡淹貫群書，詩文皆推倒一世，而自負者在經學，然好爲駁辨，他人所已言者，必力反其詞。古文尚書自宋吴棫後，多疑其僞。及閻若璩作疏證，奇齡力辯爲真，遂作古文尚書冤詞八卷。又删舊所作尚書廣聽録爲五卷，以求勝於若璩。而周禮、儀禮，奇齡又以爲戰國之書。所作經問，其中排斥若錢丙、蔡氏之類，多隱其名，而指名攻駁者，惟顧炎武、閻若璩、胡渭三人。以三人博學重望，足以攻擊，而餘子以下，不足齒録也。素曉音律，家有明代宗藩所傳唐樂笛色譜，直史館，據以作竟山樂録四卷。及在籍，聞聖祖仁皇帝論樂，諭群臣以徑一圍三、隔八相生之法，因推闡考證，撰聖諭樂本解説二卷，皇言定聲録八卷。三十八年，聖祖南巡，奇齡迎駕於嘉興，以樂本解説進，温諭獎勞。聖祖三巡至浙，奇齡復謁行在，賜御書一幅。五十二年，卒於家，年九十一〔二〕。門人蔣樞編輯遺集，分經集、文集二部，經集自仲氏易以下，凡五十種，文集合詩、賦、序、記及他雜著，凡二百三十四卷。著述之富，甲於近代。李天馥嘗謂：「奇齡有不可及者三，不挾書册，而下筆有千萬卷，一也。少小避人，盛年在道路，得怔忪疾，遇疾發，求文者在門，捫腹四應，頃刻付去無誤，二也。讀書務精覈，群經諸子及諸瑣屑事，皆極其根柢而貫其枝葉，偶一論及，輒能使漢、宋儒者拄口不敢辨，三也。然奇齡恃其縱横博辨，肆爲排繫，欲以劫服一世。漢以後人，俱不得免。而其所最詆者爲宋人，宋人之中所最詆者爲朱子，故後人反詆之者亦多。」全祖望嘗發其集爲蕭山毛氏糾謬十卷。祖望稱：「奇齡之才，要非流輩所易及。使其平心易氣以立言，其足以羽翼儒苑無疑。」世謂公論云。

奇齡弟子，平湖陸邦烈、山陰盛唐、遂昌王錫、會稽章大來、餘姚邵廷采等，著録者甚衆。蠡縣李塨最知名。廷采、塨自有傳。

邦烈，字又超。嘗取奇齡經説所載諸論，裒爲聖門釋非録五卷，謂：「聖門口語，未可盡非也。」

【校記】

〔一〕「今」字誤，當作「本」。

〔二〕「九十一」，點校本誤作「四」，逕以改回。

閻若璩 李鎧 吴玉搢

清史稿　卷四百八十一　儒林二

閻若璩〔一〕，字百詩，太原人。世業鹽筴，僑寓淮安。父修齡，以詩名家。若璩幼多病，讀書闇記不出聲。年十五，以商籍補山陽縣學生員。研究經史，深造自得，嘗集陶弘景、皇甫謐語題其柱云：「一物不知，以爲深恥；遭人而問，少有暇日。」其立志如此。海内名流過淮，必主其家。年二十，讀尚書，至古文二十五篇，即疑其譌〔二〕。沉潛三十餘年，乃盡得其癥結所在，作古文尚書疏證〔三〕八卷。引經據古，一一陳其矛盾之故，古文之僞大明。所列一百二十八條，毛奇齡尚書古文冤詞〔四〕百計相軋，終不能以强辭奪正理，則有據之言，先立於不可敗也。

康熙元年，遊京師，旋改歸太原故籍，補廪膳生。十八年，應博學鴻儒科試，報罷。崑山顧炎武以所撰日知録相質〔五〕，即爲改定數條，炎武虚心從之。編修汪琬著五服考異，若璩糾其謬，尚書徐乾學歎服。及乾學奉敕修一統志，開局洞庭山，若璩與其事。若璩於地理尤精審，山川形勢，州郡沿革，瞭如指掌。撰四書釋地五卷，及於人名、物類、訓詁、典制，事必求其根柢，言必求其依據，旁參互證，多所貫通。又據孟子七篇，參以史記諸書，作孟子生卒年月考一卷。又著潛丘劄記六卷，毛朱詩説一卷。手校困學紀聞二十卷，因浚儀之舊而駁正箋説推廣之。又有日知録補正，喪服異注〔六〕，宋劉攽、李燾、馬端臨、王應麟四家逸事，博湖掌録諸書。

世宗在潛邸聞其名，延入邸中，索觀所著書，每進一篇必稱善。疾革，請移就城外，以大牀爲輿，上施青紗帳，二十人舁之出，安穩如牀篔。康熙四十三年卒，年六十九。世宗遣使經紀其喪，親製詩四章，復爲文祭之。有云:「讀書等身，一字無假。孔思周情，旨深言大。」僉謂非若璩不能當也。子詠，康熙四十八年進士，官中書舍人，亦能文。同時山陽學者，有李鎧、吴玉搢。

鎧，字公凱。順治十八年進士，補奉天蓋平縣知縣。康熙十八年，薦應博學鴻儒科試，授翰林院編修，與修明史，洊官内閣學士。所著有讀書雜述〔七〕、史斷，王士禛〔八〕稱爲有本之學。

玉搢，字籍〔九〕五。官鳳陽府訓導。著山陽志遺、金石存、説文引經考、六書述部叙考。又著別雅五卷，辨六書之假借，深爲有功，非俗儒剽竊所能仿佛也。

【校記】

〔一〕清史稿之閻若璩傳及附見二家傳，皆源出清國史，載儒林傳下卷卷四。

〔二〕「譌」字，形近而誤。依清國史及錢大昕閻先生若璩傳，當作「僞」。

〔三〕「古文尚書疏證」，書名不確。據乾隆十年之初刻本，當作「尚書古文疏證」。上引錢大昕撰傳，即稱「尚書古文疏證」。

〔四〕「毛奇齡尚書古文冤詞」，書名不確。當作「古文尚書冤詞」。清史稿、清國史之毛奇齡傳，皆記作「古文尚書冤詞」。

〔五〕據傳主尚書古文疏證及錢大昕若璩傳、張穆閻潛丘先生年譜，顧炎武與傳主晤，以日知録相質，事在康熙十一年。史稿擅移至康熙十八年之後，顯誤。

〔六〕「喪服異注」，「異」字大誤。據清國史，當作「喪服翼注」。

〔七〕「讀書雜述」，依清國史，當作「讀史雜述」。

〔八〕「王士禛」原作「王士禎」，乃避諱而改，故逕還本字。

〔九〕「籍」字，原作「藉」，相通。據清國史改回。

閻若璩 李鎧　吴玉搢

清史列傳　卷六十八　儒林傳下一

閻若璩，字百詩，山西太原人。世業鹽筴，僑寓淮安。幼多病，讀書闇記，不出聲。年十五，以商籍補山陽縣學生員。研究經史，深造自得，嘗集陶弘景、皇甫謐語題其柱云：「一物不知，以爲深耻；遭人而問，少有寧日。」其立志如此。海内名流過淮，必主其家。年二十，讀尚書，至古文二十五篇，即疑其僞。沉潛三十餘年，乃盡得其癥結所在，作古文尚書疏證八卷〔一〕。引經據古，一一陳其矛盾之故，古文之僞大明。所列一百二十八條，毛奇齡尚書古文冤詞〔二〕百計相軋，終不能以强辭奪正理，則有據之言，先立於不可敗也。其疏證之最精者，謂：「漢藝文志言：『魯共王壞孔子宅，得古文尚書，孔安國以考二十九篇，得多十六篇。』楚元王傳亦云：『逸書十六篇，天漢之後，孔安國獻之。』古文篇數之見於西漢者如此。而梅賾所上，乃增多二十五篇。此篇數之不合也。杜林、馬、鄭，皆傳古文者。據鄭氏説，則增多者舜典、汩作、九共、大禹謨、益稷、五子之歌、嗣〔三〕征、典寶、湯誥、咸有一德、伊訓、肆命、原命、武成、旅獒、冏命，凡十六篇，而九共有九篇，故亦稱二十四篇。今晚出書，無汩作、九共、典寶等。此篇名之不合也。鄭康成注書序，於仲虺之誥、太甲、説命、微子之命、蔡仲之命、周官、君陳、畢命、君牙，皆注曰亡，而於汩作、九共、典寶、肆命等，皆注曰逸。逸者，即孔壁書也。康成雖云受書於張恭祖，然其書贊曰：『我先師棘下生子安國，亦好此學。』則其淵源安國明矣。今晚出書，與鄭名目互異，其果安國之書耶？」又云：「古文傳自孔氏，後惟鄭康成注得其真。今文傳自伏生，後惟蔡邕石經所勒者得其正。今晚出書，『昧谷』，鄭作『柳谷』；『心腹腎腸』，鄭作『憂腎陽』；『劓、刵、劅、剠』，鄭作『臏、宫、劓、割頭、庶剠』，與真古文既不同矣。石經殘碑遺字，見於洪适隸釋者五百四十七字，以今孔書校之，不同者甚多。碑云高宗饗國百年，與今書之五十有九年異；孔叙三宗，以年多少爲先後，碑則以傳序爲次，則與今文又不同。然後知晚出之書，蓋不古不今，非伏非孔，而欲別爲一家之學者也。班孟堅言，司馬遷從安國問故，故堯典、禹貢、洪範、微子、金縢諸篇，多古文説。許慎説文亦云，其稱書孔氏。今以史記、説文與晚出書校，又甚不合。安國注論語『予小子履』，以爲墨子引湯誓，其辭若此。不云此出湯誥，亦不云與湯誥小異。然則『予小子履』云云，非真古文湯誥，蓋斷斷也。其注『雖有周親』二句，論語、尚書詮釋懸絶，此豈一人之手筆乎？」又云：「書序益稷，本名棄稷，馬、鄭、王三家本皆然。蓋別是一篇，中多載后稷與契之言。揚雄法言孝至篇云：『言合稷、契之謂忠，謨合皋陶之謂嘉。』雄親見古文，故有此言。晚出書析皋陶謨之半爲益稷，則稷與契初無一言，雄豈鑿空者耶？」若璩又以朱子以來，已疑孔傳之依託，遞有論辨，復爲朱子尚書古文疑以伸其説。

康熙元年，遊京師，旋改歸太原故籍，補廩膳生。十八年，應博學鴻儒科試，報罷。崑山顧炎武以所撰日知録相質，即爲改定數條，炎武虚心從之。編修汪琬著五服考異，若璩糾其繆數條，尚書徐乾學歎服。及乾學奉敕修一統志，開局洞庭山，既又移嘉善，復歸崑山，若璩皆預其事。局中人輯其緒論一編，曰閻氏碎金。若璩於地理尤精審，山川形勢，州郡沿革，瞭如指掌。撰四書釋地一卷，續編兼及人名、物類、訓詁、典制，又解釋經義諸條，共爲五卷。事必求其根柢，言必求其依據，旁參互證，多所貫通。又據孟子七篇，參以史記諸書，作孟子生卒年月考一卷。又著孔廟從祀末議十一事，一曰孔廟祀典，宜復八佾十二籩豆於太學；二曰十哲之外，宜進有若、公西華於廟庭，廣爲十二哲；三曰秦冉、顏何宜從祀，縣亶宜補入；四曰公明儀宜從祀，樂正克宜進入兩廡；五曰曾申、申詳均宜從祀；六曰河間獻王劉德宜入從祀；七曰諸葛孔明宜入從祀；八曰范仲淹宜入從祀；九曰蔡元定宜進於兩廡；十曰黄幹請援蔡沈之例以進；十一曰兩廡先賢先儒位次多凌躐，宜請釐正。其後康熙五十四年，增祀范仲淹於西廡，雍正二年，復祀秦冉於東廡，顏何於西廡，增祀諸葛亮於東廡，縣亶、樂正克、黄幹於西廡，乾隆三年，以有子升配東序，若璩私議已上見於列聖施行矣。又著潛丘劄記六卷，毛朱詩説一卷。手校困學紀聞二十卷，因浚儀之舊，而駁正箋説推廣之。評定古文百篇，其師山陽吴一清所手授，績加闡發。又有日知録補正，喪服翼注，宋劉攽、李燾、馬端臨、王應麟四家逸事，博湖掌録諸書。詩有眷西堂諸集。

世宗在潛邸聞其名，延至賜坐，索觀所著書，每進一篇，必稱善。疾革，請移就外，以大牀爲輿，上施青紗帳，二十人舁之出，安穩如牀簀。康熙四十三年卒，年六十九。世宗遣使經紀其喪，親製輓詩四章，復爲文祭之。子詠，康熙四十八年進士，官中書舍人，亦能文。

李鎧，字公凱，江南山陽人。順治十八年進士，補奉天蓋平縣知縣，調鐵嶺，丁憂歸。康熙十八年，薦舉博學鴻儒科，試列二等，授翰林院編修，與修明史。洊官内閣學士。鎧少孤力學，於書無不窺，至老愈勤。一生清節，嘗語〔四〕門人云：「孟子爲卿於齊，終不受禄。君禄且然，况交際乎？」其自守如此。所著有讀史雜述、史斷。王士禛稱爲有用之學。又有恪素堂集。

吴玉搢，字籍五，江南山陽人。廩貢生。精小學，著别雅五卷。考古書文字之異，取字體之假借通用者，系韻編次，各注所出，爲之辨證，非俗儒剽竊所能及。又著金石存、説文引經考、六書述部叙考、山陽志遺。乾隆間遊京師，秦蕙田延校五禮通考。後官鳳陽府訓導卒。

【校記】

〔一〕書名當作尚書古文疏證。

〔二〕書名當作古文尚書冤詞。

〔三〕「嗣」字係避諱改，當作「胤」。

〔四〕「語」字原作「與」，據清國史改。

惠周惕 子士奇　孫棟　余蕭客

清史稿　卷四百八十一　儒林二

惠周惕〔一〕，字元龍，原名恕〔二〕，吴縣人。父有聲，以九經教授鄉里，與徐枋善。周惕少從枋遊，又曾受業於汪琬。康熙十八年，舉博學鴻儒科，丁憂不與試〔三〕。三十年，成進士，選翰林院庶吉士。散館，改密雲縣知縣，有善政，卒於官〔四〕。周惕邃於經學，爲文章有榘度，著有易傳，春秋、三禮問〔五〕及硯谿詩文集。其詩説二卷〔六〕，謂：「大、小雅以音别，不以政别。」謂：「正雅、變雅美刺錯陳，不必分六月以上爲正，六月以下爲變；文王以下爲正，民勞以下爲變。」謂：「二南二十六篇，皆房中之樂，不必泥其所指何人。」謂：「天子、諸侯均得有頌，魯頌非僭。」其言並有依據。清二百餘年，談漢儒之學者，必以東吴惠氏爲首。惠氏三世傳經，周惕其創始者也。

子士奇，字天牧。康熙五十年進士〔七〕。選翰林院庶吉士，授編修。兩充會試同考官。聖祖嘗問廷臣，誰工作賦，内閣學士蔣廷錫以王頊齡、湯右曾及士奇三人對。五十七年，孝惠章皇后升祔禮成，特命祭告炎帝陵、舜陵。故事，祭告使臣，學士以上乃得開列，士奇以編修與，異數也〔八〕。五十九年，充湖廣鄉試正考官。尋提督廣東學政，以經學倡多士。三年之後，通經者多。又謂：「校官，古博士也。校官無博士之才，弟子何所效法？」訪得海陽進士翁廷資，即具疏題補韶州府學教授，部議格不行。聖祖〔九〕曰：「惠士奇所舉，諒非徇私，著如所請，後不爲例。」雍正初，復命留任。召還，入對不稱旨，罰修鎮江城，以産盡停工削籍。乾隆元年，復起爲侍讀，免欠修城銀，令纂修三禮。

越四年告歸，卒於家〔十〕。

士奇盛年，兼治經史，晚尤邃於經學，撰易説六卷，禮説十四卷，春秋説十五卷。於易，雜釋卦爻，以象爲主，力矯王弼以來空疏説經之弊。於禮，疏通古音古字，俱使無疑似。復援引諸子百家之文，或以證明周制，或以參考鄭氏所引之漢制，以遞觀周制，而各闡其製〔十一〕作之深意。於春秋，事實據左氏，論斷多采公、穀，大致出於宋張大亨春秋五禮例宗、沈棐春秋比事，而典核過之。大學説一卷晚出，「親民」不讀「新民」，論格物不外本末終始先後，即絜矩之不外上下前後左右，亦能根極理要。又著交食舉隅三卷，琴笛理數考四卷。子七人，棟最知名。

棟，字定宇。元和學生員。自幼篤志向學，家多藏書，日夜講誦，於經史諸子、稗官野乘及七經毖緯之學，靡不津逮。小學本爾雅，六書本説文，餘及急就章，經典釋文，漢、魏碑碣，自玉篇、廣韻而下勿論也。乾隆十五年〔十二〕，詔舉經明行修之士，陝甘總督尹繼善、兩江總督黄廷桂交章論薦。會大學士、九卿索所著書，未及呈進，罷歸。

棟於諸經熟洽貫串，謂：「詁訓〔十三〕古字古音，非經師不能辨。」作九經古義二十二卷。尤邃於易，其撰易漢學八卷，掇拾孟喜、虞翻、荀爽緒論，以見大凡。其末篇附以己意，發明漢易之理，以辨正河圖、洛書、先天、太極之學。易例二卷，乃鎔鑄舊説，以發明易之本例，實爲棟論易諸家發凡。其撰周易述二十三卷〔十四〕，以荀爽、虞翻爲主，而參以鄭康成、宋咸、干寶之説，約其旨爲注，演其説爲疏，書垂成而疾革，遂闕革〔十五〕至未濟十五卦及序卦、雜卦兩傳。雖爲未善〔十六〕之書，然漢學之絶者千有五百餘年，至是而粲然復明。撰明堂大道録八卷，禘説二卷，謂：「禘行於明堂，明堂法本於易。」古文尚書考二卷，辨鄭康成所傳之二十四篇爲孔壁真古文，東晉晚出之二十五篇爲僞。又撰後漢書補注二十四卷，王士禛精華録訓纂二十四卷，九曜齋筆記、松崖文鈔諸書。嘉定錢大昕嘗論：「宋、元以來，説經之書盈屋充棟，高者蔑古訓以誇心得，下者襲人言以爲己有。獨惠氏世守古學，而棟所得尤精。擬諸前儒，當在何休、服虔之間，馬融、趙岐輩不及也。」卒年六十二〔十七〕。其弟子知名者，余蕭客、江聲最爲純實。

蕭客，字古農〔十八〕，長洲〔十九〕人。撰古經解鉤沉三十卷，凡唐以前舊説，自諸家經解所引，旁及史傳、類書，片語單詞，悉著於録。清代經學昌明，著述之家，争及於古，蕭客是書，其一也。蕭客又撰文選紀聞三十卷，文選音義八卷〔二十〕。聲自有傳。

【校記】

〔一〕清史稿之惠周惕及所附諸家傳，皆源出清國史，載儒林傳下卷卷五。

〔二〕清國史原作「原名恕，字元龍」，史稿改作「字元龍，原名恕」，蓄意立異，甚是無理。

〔三〕康熙十八年，不確。當依惠氏宗譜，作康熙十七年。詳見北京大學漆永祥教授輯東吴三惠詩文集。

〔四〕惠周惕生卒，清國史及清史稿皆失記。據惠士奇先府君行狀，周惕生於明崇禎十四年正月十八日，卒於清康熙三十六年閏三月二十八日，終年五十有七。

〔五〕春秋問與三禮問本爲兩書，清國史記之甚確，作「三禮問六卷，春秋問五卷」。史稿擅删卷帙，將二書合記，以致整理者誤讀爲「春秋三禮問」。故權加頓號於其間，作「春秋、三禮問」。

〔六〕詩説「二卷」，不確，當依清國史，改作「三卷」。

〔七〕「康熙五十年進士」，誤。清國史同。惠士奇乃康熙四十八年二甲進士，當改作「康熙四十八年進士」。

〔八〕惠士奇奉命祭告炎帝陵、舜陵，清國史及清史稿記作康熙五十七年，不誤。據清聖祖實録，奉朝廷命，確在是年十二月歲杪。若使臣成行，則在康熙五十八年正月。故私家碑傳，多記爲康熙五十八年正月。

〔九〕「聖祖」，誤。據清國史及錢大昕惠先生士奇傳，士奇再督粵學，已是雍正元年之後。故頒聖旨者，乃世宗，而非聖祖。清國史原作「奉旨」，甚確。史稿畫蛇添足，改作「聖祖」，遂成張冠李戴。

〔十〕惠士奇卒年，清國史記之甚明，爲乾隆六年，終年七十一。史稿視修史若文字遊戲，於傳主「乾隆元年復起」之後，改作「越四年告歸，卒於家」。如此修史何以取信後世?

〔十一〕「製」字，原誤作「制」，逕改。

〔十二〕據清高宗實録，詔舉經明行修之士，始自乾隆十四年十一月四日。故此處之乾隆「十五年」，當作「十四年」。

〔十三〕「詁訓」二字倒置，依清國史，當作「訓詁」。

〔十四〕據周易述乾隆二十四年初刻本卷首題記，該書爲二十卷，非二十三卷。

〔十五〕「革」字誤，據周易述，當作「鼎」。

〔十六〕「善」字誤，據清國史，當作「完」。「未完之書」，係謂周易述未克告竣而惋惜。史稿擅將「未完」改作「未善」，一字之差，評價迥異。修史而輕率若此，恐難稱良史之筆。

〔十七〕惠棟卒年，清國史記之甚明，作乾隆二十三年，終年六十二。史稿擅删「乾隆二十三年」，不知史例源出何家!

〔十八〕據諸家碑傳，余蕭客，字仲林，古農乃其别字。故清國史如實記作「字仲林」。史稿别出心裁，獨取「古農」，不知意欲何爲!

〔十九〕「長洲」二字，不確。據傳主友人任兆麟余君蕭客墓誌銘及弟子江藩余古農先生記，皆當作「吴縣」。

〔二十〕據清國史記，余蕭客卒於乾隆四十三年，年四十七。史稿悉數删除，最是無理。

惠周惕 子士奇　孫棟　余蕭客

清史列傳　卷六十八　儒林傳下一

惠周惕，原名恕，字元龍，江蘇吴縣人。父有聲，以九經教授鄉里，與徐枋善。周惕少從枋遊，又受業於汪琬。康熙十八年，舉博學鴻儒科，丁憂不與試。三十年，成進士，改翰林院庶吉士。散館，以知縣用，卒於官。周惕邃於經學，爲文章有榘度，著有易傳二卷，詩説三卷，三禮問六卷，春秋問五卷，及硯谿詩文集。其詩説三卷謂：「大、小雅以音别，不以政别。」謂：「正雅、變雅美刺錯陳，不必分六月以上爲正，六月以下爲變；文王以下爲正，民勞以下爲變。」謂：「二南二十六篇，皆疑爲〔一〕房中之樂，不必泥其所指何人。」謂：「天子、諸侯皆得有頌，魯頌非僭。」其言並有依據。惠氏三世以經學著，周惕其創始也。子士奇。

士奇，字天牧。康熙五十年〔二〕進士，改翰林院庶吉士，散館，授編修。五十二年、五十四年，兩充會試同考官。聖祖嘗問廷臣誰工作賦，内閣學士蔣廷錫以王頊齡、湯右曾及士奇三人對。五十七年，孝惠章皇后升祔禮成，特命祭告炎帝陵、舜陵。故事，祭告使臣，學士以上乃得開列，士奇以編修與，異數也。五十九年，充湖廣鄉試正考官，尋提督廣東學政。雍正初，復命留任三年。士奇在粤，以經學倡多士，三年之後，通經者多。又謂：「校官，古博士也。校官無博士之才，弟子何所效法？」訪諸輿論，得海陽進士翁廷資，即具疏題補韶州府教授，部議格不行。奉旨：「惠士奇居官好，所舉諒非徇私，著照所請，後不爲例。」在任洊陞侍讀學士。去之日，粤人尸祝之。五年，奉旨修理鎮江城，以產盡停工罷官。乾隆元年，有旨調取來京。二年，補侍讀。四年，以病告歸。六年卒，年七十一。撰易說六卷，雜釋卦爻，專宗漢學，以象爲主。嘗謂：「漢儒言易，孟喜以卦氣，京房以通變，荀爽以升降，鄭康成以爻辰，虞翻以納甲。其說不同而指歸則一，皆不可廢。今所傳之易，出自費直。費氏本古文，王弼盡改爲俗書，又創爲虛象之說，遂舉漢易而空之，而古學亡矣。易者象也，聖人觀象而繫辭，君子觀象而玩辭。六十四卦皆實象，安得虛哉？」又撰春秋說十五卷，以禮爲綱，而緯以春秋之事，言必據典，論必持平。禮說十四卷，大學說一卷，於古音古字，皆爲分別疏通，復援引諸史百家之文，考漢制以求周制。士奇幼讀史，於天文、樂律二志，未盡通曉，及官翰林，因新法究推步之原，著交食舉隅二卷。悟陽正陰倍之義，法存於琴箋〔三〕，撰琴箋理數考四卷。又所著詩有紅豆齋小草、詠史樂府及南中諸集。子七人，棟最知名。

棟，字定宇。元和學生員。自幼篤志向學，家多藏書，日夜講誦，於經史諸子、稗官野乘及七經毖緯之學，靡不肄業及之。小學本爾雅，六書本說文，餘及急就章，經典釋文，漢、魏碑碣，自玉篇、廣韻而下勿論也。乾隆十五年，詔舉經明行修之士，陝甘總督尹繼善、兩江總督黃廷桂交章論薦。會大學士、九卿索所著書，未及呈進，罷歸。棟於諸經熟洽貫串，謂：「訓詁古字古音，非經師不能辨。」作九經古義二十二卷。尤邃於易，其撰易漢學，乃追考漢儒易學，掇拾緒論，使學者得窺其門徑。凡孟喜易二卷，虞翻易一卷，京房易二卷，干寶附焉，又鄭康成易一卷，荀爽易一卷。其末一卷，則棟發明漢易之理，以辨正河圖、洛書、先天、太極之學。其撰易例二卷，乃鎔鑄舊説，以發明易之本例，隨手題識，筆之於册，以儲作論之材。其撰周易述二十三卷〔四〕，以荀爽、虞翻爲主，而參以鄭康成、宋咸、干寶之説，約其旨爲注，演其說爲疏。書垂成而疾革，遂闕革〔五〕至未〔六〕濟十五卦，及序卦、雜卦兩傳。雖爲未完之書，然漢學之絶者千有五百餘年，至是而粲然復章。又撰明堂大道録八卷，禘説二卷，謂：「禘行於明堂，明堂之法本於易。」古文尚書考二卷，辨鄭康成所傳之二十四篇，爲孔壁真古文，東晉晚出之二十五篇爲僞。又撰後漢書補注二十四卷，九曜齋筆記、松崖筆記、松崖文鈔及諸史會最、竹南漫録諸書。嘉定錢大昕嘗論：「宋、元以來，説經之書盈屋充棟，高者蔑古訓以誇心得，下者襲人言以爲己有。獨惠氏世守古學，而棟所得尤精，擬諸前儒，當在何休、服虔之間，馬融、趙岐輩不及也。」二十三年卒，年六十二。其弟子知名者，余蕭客最爲純實。

余蕭客，字仲林，江蘇長洲人。初撰注雅別鈔八卷，就正於棟，棟曰：「子書專攻陸佃、蔡卞、羅願，佃、卞乃安石新學，願非有宋大儒，不必辨，當務其大者。」蕭客矍然。自是遍覽四部書，撰古經解鉤沉三十卷，凡唐以前舊説，自諸家經解所引，旁及史傳、類書，片語單詞，悉著其目。自宋以來，訓詁之傳日就散亡。沿及明人，説經者遂憑臆談。我朝經學昌明，著述之家，争及於古，蕭客是書，其一也。蕭客又撰文選紀聞三十卷，文選音義八卷，文選雜題三十卷，選音樓詩拾若干卷。晚歲失明，生徒求教，皆以口授。乾隆四十三年卒，年四十七〔七〕。

【校記】

〔一〕「疑爲」二字，清國史無，係點校本據耆獻類徵加。

〔二〕「康熙五十年」誤，當作「康熙四十八年」。

〔三〕「篴」字原誤作「邃」，逕改。

〔四〕「二十三卷」不確，當作「二十卷」。

〔五〕「革」字誤，當作「鼎」。

〔六〕「未」字原脱，據清國史補。

〔七〕清國史及清史列傳所記余蕭客卒年同，皆本自江藩余古農先生記。任兆麟余君蕭客墓誌銘所記則爲乾隆四十二年，終年四十有九。

陳厚耀

清史稿　卷四百八十一　儒林二

陳厚耀〔一〕，字泗源，泰州人。康熙四十五年進士，官蘇州府學教授〔二〕。大學士李光地薦其通天文、算法，引見，改内閣中書〔三〕。上命試以算法，繪三角形，令求中綫及弧背尺寸。厚耀具劄以進，皆如式。授翰林院編修，入直内廷。厚耀學問淵博，直内廷後，兼通幾何算法，於是其學益進。遷國子監司業，轉左春坊左諭德。以老乞致仕，卒於家〔四〕。

厚耀以天算之法治春秋，嘗補杜預長曆爲春秋長曆十卷。其凡有四，一曰曆證，備引漢書、續漢書、晉書、隋書、唐書、宋史、元史、左傳注疏、春秋屬辭、天元曆理諸説，以證推步之異。其引春秋屬辭載杜預論日月差謬一條，爲注疏所無。又引大衍曆義春秋曆考一條，亦唐志所未録。二曰古曆，以古法十九年爲一章，一章之首，推合周曆正月朔日冬至。前列算法，後以春秋十二公紀年，横列爲四章，縱列十二公，積而成表，以求曆元。三曰曆編，舉春秋二百四十二年，推其朔閏及月之大小，而以經傳干支爲證佐，述杜預之説而考辨之。四曰曆存，古曆〔五〕推隱公元年正月庚戌朔，杜氏長曆則爲辛巳朔，乃古曆所推上年十二月朔，謂元年以前失一閏，蓋以經傳干支排次知之。厚耀則謂如預之説，元年至七年中，書日者雖多不失，而與二年八月之庚辰、四年二月之戊申，又不能合。且隱公三年二月己巳朔日食，桓公三年七月壬辰朔日食，亦皆失之。蓋隱公元年以前，非失一閏，乃多一閏。因定隱公元年正月爲庚辰朔，較長曆退兩月。推至僖公五年止，以下朔閏，一一與杜曆相符，故不復續推焉。

又撰春秋戰國異辭五十四卷，通表二卷，摭遺一卷，春秋世族譜一卷。鄒平馬驌爲繹史，兼采三傳、國語、國策，厚耀則皆摭於五書之外，獨爲其難。氏族一書，與顧棟高大事表互證，春秋氏族之學，幾乎備矣。厚耀又著禮記分類、十七史正譌諸書，今不傳。

【校記】

〔一〕清史稿之陳厚耀傳，源出清國史，載儒林傳下卷卷六。

〔二〕陳厚耀「官蘇州府學教授」，依清國史所記，乃康熙四十八年夏秋間，應召扈行熱河之後，因母老而就蘇州教職。史稿擅移至「康熙四十五年進士」後，且先於得李光地薦入京，致成傳主仕歷不清。

〔三〕據清國史所記傳主履歷，得李光地薦入京，與改內閣中書並非同年事。史稿混同一年，致成史實紊亂。

〔四〕陳厚耀告老及去世具體時間，清國史記之甚確，作康熙「五十八年，以老乞致仕。六十一年卒，年七十五」。清史稿於確切年份棄而不録，改作「以老乞致仕，卒於家」。行文似簡實疏，乃文士述史，而非史家實録。

〔五〕據清國史，「古曆」二字前，脱一「以」字，當補。

陳厚耀

清史列傳　卷六十八　儒林傳下一

陳厚耀，字泗源，江蘇泰州人。康熙四十五年進士，大學士李光地薦其通天文、算法，召見，試以三角形令求中線，又問弧背尺寸，厚耀具劄進稱旨。四十八年，駕幸熱河，厚耀扈行。上問北極出地高下及地周、地徑、地圓，厚耀具舉以對。旋以母老就教職，得蘇州。未踰年，召入南書房。厚耀學問淵博，自是通幾何算法，學益進，授中書科中書。尋命與梅瑴成修書蒙養齋，賜算法諸書及西洋儀器等。書成，特旨授翰林院編修。五十三年，丁母艱，命賜帑銀，著江南織造經紀其喪。喪畢，晉國子監司業，轉左諭德。五十七年，充會試同考官。五十八年，以老乞致仕。六十一年卒，年七十五。

厚耀以天算之法治春秋，嘗補杜預長曆爲春秋長曆十卷。其凡有四，一曰曆證，備引漢書、續漢書、晉書、隋書、唐書、宋史、元史、左傳注疏、春秋屬辭、天元曆理諸説，以證推步之異。其引春秋屬辭載杜預論日月差謬一條，爲注疏所無。又引大衍曆義春秋曆考一條，亦唐志所未録。二曰古曆，以古法十九年爲一章，一章之首，推合周曆正月朔日冬至。前列算法，後以春秋十二公紀年，横列爲四章，縱列十二公，積而成表，以求曆元。三曰曆編，舉春秋二百四十二年，一一推其朔閏及月之大小〔一〕，而以經傳干支爲證佐，述杜預之説而考辨之。四曰曆存，以古曆推隱公元年庚戌朔，杜氏長曆則爲辛巳朔，乃古曆所推之上年十二月朔，謂元年以前失一閏，蓋以經傳干支排次知之。厚耀則謂，如預之説，元年至七年中，書日者雖多不失，而與二年八月之庚辰、四年二月之戊申，又不能合。且隱公三年二月己巳朔日食，桓公三年七月壬辰朔日食，亦皆失之。蓋隱公元年以前，非失一閏，乃多一閏。因定隱公元年正月爲庚辰朔，較長曆退兩月。推至僖公五年止，以下朔閏，一一與杜曆相符，故不復續載〔二〕焉。厚耀明於曆法，故所推較預爲密。又撰春秋戰國異辭五十四卷，通表二卷，摭遺一卷，春秋世族譜一卷。鄒平馬驌爲繹史，兼采三傳、國語、國策，厚耀則皆摭於五書之外，獨爲其難。氏族一書，與顧棟高大事表互證，春秋氏族之學，幾乎備矣。厚耀又著禮記分類、孔子家語注、十七史正譌諸書。

【校記】

〔一〕「一一」二字，係據耆獻類徵增，當删。

〔二〕「載」字，原作「推」，不誤，當改回。

臧琳 玄孫庸 禮堂

清史稿 卷四百八十一 儒林二

臧琳〔一〕，字玉林，武進人。諸生。治經以漢注唐疏爲主，教人先以爾雅、説文，曰：「不解字，何以讀書？不通訓詁，何以明經？」鍵户著述，世無知者。有尚書集解百二十卷〔二〕，經義雜記三十卷。閻若璩稱其深明兩漢之學，錢大昕校定其書，云：「實事求是，别白精審，而未嘗輕詆前哲，斯真務實而不近名者〔三〕。」

玄孫庸〔四〕，本名鏞堂，字在東。與弟禮堂俱事錢塘盧文弨，沉默樸厚，學術精審。績其高祖將絶之學，儗經義雜記爲拜經日記八卷，高郵王念孫亟稱之。其叙孟子年譜，辨齊宣王、湣王之譌，閩縣陳壽祺歎爲絶識。又著拜經文集四卷，月令雜説一〔五〕卷，樂記二十三篇注一卷，孝經考異一卷，子夏易傳一卷，詩考異四卷，韓詩遺説二卷、訂譌一卷、校鄭康成易注二卷。其輯子夏易傳，辨此傳爲漢韓嬰作，非卜子夏。其詩考異，大旨如王伯厚，但逐條必自考輯，不依循王本。庸初因寶應劉台拱獲交儀徵阮元，其後館元署中爲多。元寫其書爲副本，以原本還其家。嘉慶十六年卒，年四十五。

禮堂，字和貴。事親孝，父繼宏久虐，冬月畏火，禮堂潛以身温被。居喪如禮，笑不見齒。母遘危疾，刲股合藥，私禱於神，減齒以延親壽。娶婦胡，初婚夕，教以孝弟長言，令熟聽乃合巹，一家感而化之。尤精小學，善讐校，爲四方賢士所貴。師事錢大昕，業益進。好許氏説文解字，爲説文經考十三卷。慕古孝子、孝女、孝婦事，作孝傳百數十卷。尚書集解案六卷〔六〕，三禮注校字六卷，春秋注疏校正六卷。

卒年三十〔七〕。

【校記】

〔一〕清史稿之臧琳傳，源出清國史，載儒林傳下卷卷二，附見於朱鶴齡傳。

〔二〕尚書集解百二十卷，卷數不確。清國史同。據楊方達臧先生琳傳，當作一百二十四卷。

〔三〕傳末所述錢大昕語，出潛研堂文集卷二十四臧玉林經義雜識序。玉林卒年，清史稿及清國史皆失記。據楊方達臧先生琳傳，傳主生於順治七年七月二十一日，卒於康熙五十二年十月十日，享年六十有四。

〔四〕清史稿之臧庸傳及其弟禮堂傳，皆出自清國史，載儒林傳下卷卷十七。

〔五〕月令雜説一卷，卷數不確。依清國史，當作二卷。

〔六〕尚書集解案前，依上下文意，當補「又著」二字。

〔七〕清史稿不記禮堂卒於何年，失當。清國史記之甚確，作「嘉慶十年卒，年三十」。

臧琳

清史列傳　卷六十八　儒林傳下一

臧琳，字玉林，江蘇武進人。諸生。治經以漢注唐疏爲主，教人先以爾雅、説文，曰：「不解字，何以讀書？不通訓詁，何以明經？」鍵户著述，世無知者。有尚書集解百二十卷〔一〕，經義雜記三十卷。閻若璩稱其深明兩漢之學，錢大昕校定其書，云：「實事求是，别白精審，而未嘗輕詆前哲，真務實而不近名者。」

臧庸 弟禮堂

臧庸，本名鏞堂，字在東，江蘇武進人。高祖琳，已有傳。庸與弟禮堂，俱事錢塘盧文弨，沉默樸厚，學術精審。續其高祖之學，儗經義雜記爲拜經日記八卷，高郵王念孫亟稱之。其叙孟子年譜，辨齊宣王、湣王之譌，閩縣陳壽祺歎爲絶識。又著拜經文集四卷，月令雜説二卷，樂記二十三篇注一卷，孝經考異一卷，子夏易傳一卷，詩考異四卷，韓詩遺説二卷、訂譌一卷，盧植禮記解詁一卷，爾雅古注三卷，説文舊音考三卷，蔡邕月令章句二卷，王肅禮記注一卷、聖證論一卷，尸子一卷，賈唐國語注一卷，蕭該漢書音義二卷，校鄭康成易注二卷。其輯子夏易傳，辨此傳爲漢韓嬰作，非卜子夏。其詩考異，大旨如王伯厚，但逐條必自考輯，不依循王本。庸初因寶應劉台拱獲交儀徵阮元，其後館元署中爲多。元寫其書爲副本，以原本還其家。嘉慶十六年卒，年四十五。

禮堂，字和貴。事親孝，父病虐，冬月畏火，禮堂潛以身温被。及卒，居喪如禮，三年不見齒。母遘危疾，刲股和藥，私禱於神，願減齒一紀。初娶婦時，教以孝弟長言，令熟聽乃合巹，一家感而化之。尤精小學，善讎校，師事錢大昕，業益進。好許氏說文解字，以南唐徐氏兄弟治此，楚金尤專業，而世傳小徐本，轉寫譌異，闕者據大徐本補之，益失真。得元板熊氏韻會舉要所引小徐善本，重輯說文繫傳十五卷。又剌取許引諸經，爲說文經考三十卷〔二〕。又爲南宋石經考二卷。慕古孝子孝婦事，作孝傳百三十卷，尚書集解案六卷，三禮注校字六卷，春秋注疏校正六卷，補嚴氏蔚左傳賈服注三卷，輯臧榮緒晉書二卷，愛日居筆記六卷。嘉慶十年卒，年三十。

【校記】

〔一〕「百二十卷」，不確，當作「百二十四卷」。詳史稿校記。

〔二〕「三十卷」，不確，據朱珪臧禮堂家傳，當作「十三卷」。

任啓運

清史稿 卷四百八十一 儒林二

任啓運〔一〕，字翼聖，宜興人。少讀孟子，至卒章輒哽咽，大懼道統無傳。家貧無藏書，從人借閱，夜乏膏火，持書就月，至移牆不輟。事父母以孝聞。年五十四，舉於鄉。雍正十一年，計偕至都，會世宗問有精通性理之學者，尚書張照以啓運名上。特詔廷試，以「太極似何物」對，進呈御覽，得旨嘉獎。會成進士，遂於臚唱前一日引見，特授翰林院檢討，在阿哥書房行走。上嘗問以「朝聞夕死」之旨，啓運對以「生死一理，未知生，焉知死」。上曰：「此是賢人分上事，未到聖人地位。從此作去，久自知之。」逾年抱疾，賜藥賜醫。越月謝恩，特諭繞廊而進。面稱：「知汝非堯、舜不敢以陳於王前。」務令自愛。令侍臣扶掖以出，且遥望之。高宗登基，仍命在書房行走，署日講起居注官，尋擢中允。乾隆四年，遷侍講，晉侍講學士。七年，擢都察院左僉都御史。八年，充三禮館副總裁官，尋升宗人府府丞。九年，卒於賜第，年七十五。賜帑金治喪具，賜祭葬。

啓運學宗朱子，嘗謂：「諸經已有子朱子傳，獨未及禮經。」乃著肆獻祼饋食禮三卷。以儀禮特牲〔二〕、少牢饋食禮〔三〕皆士禮，因據三禮及他傳記之有關王禮者推之，不得於經，則求諸注疏以補之。凡五篇，一曰祭統，二曰吉蠲，三曰朝踐，四曰正祭，五曰繹祭。其名則取周禮「以肆獻祼享先王」、「以饋食享先王」之文，較之黄榦所續祭禮，更爲精密。又宫室考十三卷，於李如圭釋宫之外，别爲類次，曰門，曰觀，曰朝，曰廟，曰寢，曰塾，曰宁，曰等威，曰名物，曰門大小廣狹，曰明堂，曰方明，曰辟雍，考據頗爲精核。儀禮一經，久成絶學，啓運研究鉤貫，使條理秩然，不愧窮經之目。又禮記章句十卷，以大學、中庸朱子既成章句，則曲禮以下四十七篇，皆可釐爲章句。但所傳篇次，序列紛錯，爰倣鄭康成序儀禮例，更其前後，併爲四十二篇。其有關倫紀之大，而爲秦、漢、元、明輕變易者，則衆著其説，以俟後之論禮者酌取。外有周易洗心九卷，四書約指十九卷，孝經章句十卷，夏小正注、竹書紀年考、逸書補、孟子時事考、清芬樓文集等書。其周易洗心則年六十時作，觀象玩辭，時闡精理。

啓運研窮刻苦，既受特達之知，益思報稱。年七十二，猶書自責語曰：「孔、曾、思、孟，實惟汝師。日面命汝，汝頑不知。痛自懲責，涕泗漣洏。嗚呼老矣，瞑目爲期。」及總裁三禮館，喜甚，因盡發中秘所儲，平心參訂，目營手寫，漏常二十刻不輟。論必本天道，酌人情，務求合朱子遺意，而心神煎〔四〕耗，竟以是終。十四年，詔舉經學，上諭有「任啓運研窮經術，敦樸可嘉」之語。三十七年，命中外蒐集古今群書，高宗諭曰：「歷代名臣，洎本朝士林夙望，向有詩文專集。〔五〕及近時沉潛經史，原本風雅，如顧楝高、陳祖范、任啓運、沈德潛輩，亦各著成編，並非勦説卮言可比。均應概行查明，在坊肆者或量爲給價，家藏者或官爲裝印。至有未經鐫刊，衹係鈔本存留者，不妨鈔録副本，仍將原本給還。庶幾副在石渠，用儲一覽。」於是上啓運所著書四種，入四庫中。

【校記】

〔一〕清史稿之任啓運傳，源出清國史，載儒林傳下卷卷九。

〔二〕「牲」字，原作「性」，誤。故本清國史，改還「牲」。乃謂儀禮之特牲饋食禮。

〔三〕「少牢饋食禮」當連讀，清史稿誤讀作「少牢、饋食禮」。故依儀禮逕改連讀。

〔四〕「煎耗」，不詞。據清國史，當作「並耗」，謂傳主研窮經術，專意修書，以致「心神並耗」而卒。清史稿改「並」爲「煎」，不惟生造無據，而且與上文之「喜甚」自相矛盾，殊不可取。

〔五〕「向有詩文專集」，清史稿未讀斷，與「及近時沉潛經史」連讀，句讀有誤。故於「集」、「及」二字間，施以句號。

任啓運

清史列傳　卷六十八　儒林傳下一

任啓運，字翼聖，江蘇宜興人。少讀孟子，至卒章輒哽咽，大懼道統無傳。家貧無藏書，從人借閱，夜乏膏火，持書就月，至移牆不輟。事父母以孝聞。年五十四，舉於鄉。雍正十一年，計偕至都，會世宗問有精通性理之學者，尚書張照以啓運名上。特詔廷試，以「太極似何物」對，進呈御覽，得旨嘉獎。會成進士，遂於臚唱前一日引見，奉上諭：「任啓運授翰林院檢討，在阿哥書房行走。」上嘗問以「朝聞夕死」之旨，啓運對以「生死一理，未知生，焉知死」。上諭云：「此是賢人分上事，未到聖人地位。從此作去，久自知之。」逾年抱疾，賜藥賜醫。越月謝恩，特旨繞廊而進，面稱：「汝知非堯、舜不敢以陳於王前。」再四慰安，務令自愛。令侍臣扶掖以出，且遥望之。高宗登極，仍命在書房行走，署日講起居注官，尋擢中允。四年，遷侍講，晉侍講學士。七年，擢都察院左僉都御史。八年，充三禮館副總裁官，尋升宗人府府丞。九年，卒於所賜第，年七十五。賜帑金治喪〔一〕，賜祭葬。

啓運學宗朱子，嘗謂：「諸經已有子朱子傳，獨未及禮經。」乃著肆獻祼饋食禮三卷。以儀禮特牲、少牢饋食禮皆士禮，因據三禮及他傳記之有關王禮者推之，不得於經，則求諸注疏以補之。凡五篇，一曰祭統，二曰吉蠲，三曰朝踐，四曰正祭，五曰繹祭。其名則取周禮「以肆獻祼享先王」、「以饋食享先王」之文，較之黃榦所續祭禮，更爲精密。又宫室考十三卷，於李如圭釋宫之外，别爲類次，曰門，曰觀，曰朝，曰廟，曰寢，曰塾，曰宁，曰等威，曰名物，曰門大小廣狹，曰明堂，曰方明，曰辟雍，考據甚爲精覈。儀禮一經，久成絶學，啓運研究鉤貫，使條理秩然，不愧窮經之目。又禮記章句十卷，以大學、中庸朱子既成章句，則曲禮以下四十七篇，皆可釐爲章句。但所傳篇次，序列紛錯，爰倣鄭康成序儀禮例，更其前後，併爲四十二篇。其有關倫紀之大，而爲秦、漢、元、明輕變易者，則衆著其説，以俟後之論禮者酌取。外有周易洗心九卷，四書約指十九卷，孝經章句十卷，夏小正注、竹書紀年考、逸書補、孟子時事考、史要、女史通纂、女教經傳、白虎通正譌、任氏家禮酌、任氏史册備考、同姓名考、記事珠、清芬樓文集等書。其周易洗心則年六十時作，觀象玩辭，時闡精理。

啓運研窮刻苦，既受特達之知，益思報稱。年七十二，猶書自責語曰:「孔、曾、思、孟，實爲汝師。日面命汝，汝頑不知。痛自懲責，涕泗漣洏。嗚呼老矣，瞑目爲期。」及總裁三禮館，喜甚，因盡發中祕所儲，平心參訂，目營手寫，漏常二十刻不輟。論必本天道，酌人情，務求合朱子遺意，而心神並耗，竟以是終。十四年，詔舉經學，上諭有「任啓運研窮經術，敦樸可嘉」語。三十七年，命中外蒐輯古今群書，諭曰:「歷代名臣，洎本朝士林夙望，向有詩文專集。及近時沉潛經史，原本風雅，如顧棟高、陳祖范、任啓運、沈德潛輩，亦各著成編，並非勦説卮言可比。均應概行查明，在坊肆者或量爲給價，家藏者或官爲裝印。至有未經鐫刊，衹係鈔本存留者，不妨繕録副本，仍將原本給還。庶幾副在石渠，用儲乙覽。」於是上啓運所著書四種，入四庫中。

【校記】

〔一〕據清國史，「喪」字下尚脱一「具」字，當補。

全祖望 蔣學鏞　董秉純

清史稿　卷四百八十一　儒林二

全祖望〔一〕，字紹衣，鄞縣人。十六歲能爲古文，討論經史，證明掌故〔二〕。補諸生〔三〕。雍正七年，督學王蘭生選以充貢，入京師，旋舉順天鄉試〔四〕。户部侍郎李紱見其文，曰：「此深寧、東發後一人也。」乾隆元年，薦舉博學鴻詞。是春會試，先成進士，選翰林院庶吉士，不再與試。時張廷玉當國，與李紱不相能，並惡祖望，祖望又不往見。二年，散館，置之最下等，歸班以知縣用，遂不復出。方詞科諸人未集，紱以問祖望，祖望爲記四十餘人，各列所長。性伉直，既歸，貧且病，饔飧不給，人有所餽，弗受。主蕺山、端谿書院講席，爲士林仰重。二十年，卒於家，年五十有一。

祖望爲學，淵博無涯涘，於書無不貫串。在翰林，與紱共借永樂大典讀之，每日各盡二十卷。時開明史館，復爲書六通移之，先論藝文，次論表，次論忠義、隱逸兩列傳，皆以其言爲韙。生平服膺黄宗羲，宗羲表章明季忠節諸人，祖望益廣修枌社〔五〕掌故、桑海遺聞以益之，詳盡而核實，可當續史。宗羲宋元學案甫創草稿，祖望博采諸書，爲之補輯，編成百卷。又七校水經注，三箋困學紀聞，皆足見其汲古之深。又答弟子董秉純、張炳、蔣學鏞、盧鎬等所問經史疑義，録爲經史問答十卷。儀徵阮元嘗謂：「經學、史才、詞科，三者得一足傳，而祖望兼之。其經史問答，實足以繼古賢，啓後學，與顧炎武日知録相埒。」晚年定文稿，删其十七，爲鮚埼亭文集五十卷。

弟子同縣蔣學鏞，字聲始。乾隆三十六年舉人。從祖望得聞黄、萬學派，學鏞尤得史學之傳。

董秉純，字小鈍。乾隆十八年拔貢，補廣西那地州州判，升秦安縣知縣。全祖望文内外集，均秉純一手編定。

【校記】

〔一〕清史稿之全祖望傳，源出清國史，載儒林傳下卷卷九。

〔二〕「討論經史，證明掌故」八字，語出董秉純輯全謝山年譜，見於該譜雍正二年、二十歲條，而非若史稿所記之十六歲時事。

〔三〕史稿記傳主「補諸生」於十六歲之後，有誤。據前引年譜，譜主「補博士弟子」，乃在康熙五十七年，時僅十四歲。而十六歲時，已入杭州應鄉試。

〔四〕全祖望何時「舉順天鄉試」？史稿惟作一「旋」字，未確。據上引年譜，乃在雍正十年，時年二十八。

〔五〕「枌社」，典出史記封禪書，謂秦末，劉邦起事，率衆祭告鄉里枌榆之神祇。後即以「枌社」喻鄉邦。故「枌社」並非專名。史稿點校本，於「枌社」二字側，原有專名號，不當加，逕去。

全祖望

清史列傳　卷六十八　儒林傳下一

全祖望，字紹衣，浙江鄞縣人。十六歲能爲古文，討論經史，證明掌故。雍正七年，以諸生充選貢，至京師。上侍郎方苞書，論喪禮或問，苞大異之。旋舉順天鄉試。户部侍郎李紱見其文，曰:「此黄震、王應麟以後一人也。」乾隆元年，薦舉博學鴻詞科。是春會試，先成進士，改翰林院庶吉士，不再與鴻博試。二年，散館，以知縣用，遂歸不復出。方詞科諸人未集，紱以問祖望，祖望爲記四十餘人，各列所長，乃彙爲詞科摭言一書。先以康熙十八年百八十六徵士，接以今科采諸人，所著入之已成大半，會將歸未卒業，僅得前後姓名及舉主試録三卷。性伉直，既歸，貧且病，饔飧不給，人有所餽，弗受。主講蕺山、端谿書院，爲士林仰重。二十年，卒於家，年五十有一。

祖望爲學，淵博無涯涘，於書靡不貫串。在翰林，與李紱共借永樂大典讀之，每日各盡二十卷。時開明史館，復爲書六通移之，先論藝文，次論表，次論忠義、隱逸兩列傳，皆以其言爲韙。生平服膺黄宗羲，宗羲於明季諸人，刻意表章，祖望踵之，詳盡向覈實，可當續史。家居後，修宗羲宋儒學案，又七校水經注，三箋困學紀聞，皆足見其汲古之深。又答弟子董秉純、張炳、蔣學鏞、盧鎬等所問經史疑義，録爲經史問答十卷。儀徵阮元嘗謂:「經學、史才、詞科，三者得一足傳，而祖望兼之。其經史問答，實足以繼古賢，啓後學，與顧炎武日知録相埒。」晚手定文稿，删其十七，爲鮚埼亭文集五十卷。又著有讀易别録、孔子弟子姓名表、漢書地理志稽疑、公車徵士小録、續甬上耆舊詩、天一閣碑目。

沈彤 蔡德晉 盛世佐

清史稿 卷四百八十一 儒林二

沈彤〔一〕，字果堂〔二〕，吴江人。自少力學，以窮經爲事，貫串前人之異同，折衷至當。乾隆元年，薦舉博學鴻詞報罷，與修三禮及一統志。書成，授九品官，以親老歸。彤淹通三禮，以歐陽修有周禮官多田少，禄且不給之疑，後人多沿其説，即有辨者，不過以攝官爲詞。乃詳究周制，撰周官禄田考，以辨正歐説。分官爵數、公田數、禄田數三篇，積算至爲精密。其説自鄭注、賈疏以後，可云特出。又撰儀禮小疏一卷，取士冠禮、士昏禮、公食大夫禮、喪服、士喪禮，爲之疏箋，足訂舊義之譌。其果堂集十二卷，多訂正經學之文，若周官頒田異同説、五溝異同説、井田軍賦説、釋周官地征等篇，皆援據典核。又撰春秋左氏傳小疏、尚書小疏、氣穴考略、内經本論。

彤性至孝，親殁，三年中不茹葷，不内寢。居恒每講求經世之務，所著保甲論，其後吴德旋見之，稱爲最善云。卒年六十五〔三〕。

蔡德晉〔四〕，字仁錫，無錫人。雍正四年舉人。乾隆二年，禮部尚書楊名時薦德晉經明行修，授國子監學正，遷工部司務。德晉嘗謂：「横渠以禮教人，最得孔門博約之旨。」故其律身甚嚴。其論三禮，多發前人所未發。著禮經本義十七卷，禮傳本義二十卷，通禮五十卷。

盛世佐〔五〕，字庸三，秀水人。官貴州龍里知縣〔六〕。撰儀禮集編四十卷，集衆解而研辨之，持論謹嚴。又楊復儀禮圖久行於世，然其説本注疏，而時有並注疏之意失之者，一一是正。至於諸家謬誤，辨之尤詳焉。

【校記】

〔一〕清史稿之沈彤傳，源自清國史，載儒林傳下卷卷九。

〔二〕傳主之字，清國史本作「冠雲」，不誤。據惠棟沈君果堂墓誌銘:「君諱彤，字冠雲，别字果堂。」史稿既鈔録國史成文，又不取傳主正字，改以别字，蓄意立異，意欲何爲?

〔三〕沈丹卒於何年? 史稿失記。然清國史本記之甚確，作乾隆「十七年卒，年六十五」。史稿删「十七年」不記，如此修史，根據何在?

〔四〕清史稿之蔡德晉傳，源自清國史，載儒林傳下卷卷七，附見於顧棟高傳。

〔五〕清史稿之盛世佐傳，源自清國史，載儒林傳下卷卷七，附見於吴廷華傳。

〔六〕「官貴州龍里知縣」前，清國史本有「乾隆十三年進士」七字，甚確。史稿擅删此七字，失當。

沈彤 蔡德晉[一] 盛世佐[二]

清史列傳　卷六十八　儒林傳下一

沈彤，字冠雲，江蘇吴江人。自少力學，以窮經爲事，貫串前人之異同，折衷至當。乾隆元年，薦舉博學鴻詞報罷，與修三禮及一統志。書成，授九品官，以親老歸。彤淹通三禮，以歐陽修有周禮官多田少，禄且不給之疑，後人多沿其説，即有辨者，不過以攝官爲詞。乃詳究周制，撰周官禄田考三卷，以辨正歐説。分官爵數、公田數、禄田數三篇，積算至爲精密。其説自鄭注、賈疏以後，可云特出。又撰儀禮小疏一卷，取士冠禮、士昏禮、公食大夫禮、喪服、士喪禮，爲之箋疏，足訂舊義之譌。其果堂集十二卷，多訂正經學之文，若周官頒田異同説、五溝異同説、井田軍賦説、釋周官地征等篇，皆援據典覈。又撰春秋左[三]傳小疏、尚書小疏、氣穴考略、内經本論。

彤性至孝，親歿，三年中不茹葷，不内寢。居恒每講求經世之務，所著保甲論，其後吴德旋見之，稱爲最善云。十七年卒，年六十五。

蔡德晉，字仁錫，江蘇無錫人。雍正四年舉人。乾隆二年，禮部尚書楊名時薦德晉經明行修，授國子監學正，遷工部司務。德晉嘗謂：「横渠以禮教人，最得孔門博約之旨。」故其立身甚嚴。其論三禮，多發前人所未發。著禮經本義十七卷，禮傳本義二十卷，通禮五十卷。

盛世佐，字庸三，浙江秀水人。乾隆十三年進士，官貴州龍里知縣。撰儀禮集編四十卷，集古今説禮者一百九十七家，而斷以己意，持論謹嚴，無空腹高談，輕排鄭、賈之錮習。又楊復儀禮圖久行於世，然其説本注疏，而時有並注疏之意失之者，世佐亦一一是正。至於諸家謬誤，辨之尤詳焉。餘姚盧文弨著儀禮詳校，頗采其説。

【校記】

〔一〕蔡德晉傳，清史列傳原附見於顧棟高傳，姑依清史稿編次，權置於此。

〔二〕盛世佐傳，清史列傳原附見於吴廷華傳。

〔三〕依清國史，「左」字下脱一「氏」字，當補。

江永 程瑤田

清史稿　卷四百八十一　儒林二

江永〔一〕，字慎修，婺源〔二〕人。爲諸生數十年，博通古今，專心十三經注疏，而於三禮功尤深。以朱子晚年治禮，爲儀禮經傳通解，書未就，黄氏、楊氏相繼纂續，亦非完書。乃廣摭博討，大綱細目，一從吉、凶、軍、嘉、賓五禮舊次，題曰禮經綱目，凡八十八卷〔三〕。引據諸書，釐正發明，實足終朱子未竟之緒。嘗一至京師，桐城方苞、荆谿吴紱質以禮經疑義，皆大折服。讀書好深思，長於比勘，明推步、鐘律、聲韻。歲實消長，前人多論之者，梅文鼎略舉授時，而亦疑之。永爲之説，當以恒氣爲率，隨其時之高衝以算定氣，而歲實消長勿論。其説至爲精當。其論黄鍾之宫，據管子、吕氏春秋以正淮南子。其論古韻，平、上、去三聲，皆當爲十三部，入聲當爲八部，而三代以上之音，始有條不紊。晚年讀書有得，隨筆撰記，謂:「周易以反對爲次序〔四〕，卦變當於反對〔五〕取之。否反爲泰，泰反爲否，故『小往大來』、『大往小來』，是其例也。凡曰來，曰下，曰反，自反卦之外卦來居内卦也。曰往，曰上，曰進，曰升，自反卦之内卦往居外卦也。」又謂:「兵、農之分，春秋時已然，不起於秦、漢。」證以管子、左傳，兵常近國都，野處之農，固不隸於師旅也。其於經傳稽考精審，多類此。

所著有周禮疑義舉要七卷，禮記訓義擇言六卷〔六〕，深衣考誤一卷，律吕闡微十卷，律吕新論二卷，春秋地理考實四卷，鄉黨圖考十一卷〔七〕，讀書隨筆十二卷，古韻標準四卷，四聲切韻表四卷〔八〕，音學辨微一卷，河洛精藴九卷，推步法解五卷，七政衍、金水二星發微、冬至權度、恒氣注曆辨、歲實消長辨、曆學補論、中西合法擬草各一卷，近思録集注十四卷，考訂朱子世家一卷。乾隆二十七年卒，年八十二。弟子甚衆，而戴震、程瑶田、金榜尤得其傳。震、榜自有傳。

瑶田〔九〕，字易疇，歙〔十〕人。讀書好深沉之思，學於江氏。乾隆三十五年舉人，選授太倉州學正〔十一〕，以身率教，廉潔自持。告歸之日，錢大昕、王鳴盛皆贈詩推重，至與平湖陸隴其並稱。嘉慶元年，舉孝廉方正。同時舉者，推錢大昭、江聲、陳鱣三人，阮元獨謂瑶田足以冠之。平生著述，長於旁搜曲證，不屑依傍傳注。所著曰喪服足徵記、宗法小記、溝洫疆里〔十二〕小記、禹貢三江考、九穀考、磬折古義、水地小記、解字小記、聲律小記、考工創物小記、釋草釋蟲小記。年老目盲，猶口授孫輩成琴音記。東原戴氏自謂尚遜其精密〔十三〕。

【校記】

〔一〕清史稿之江永傳，源出清國史。國史之江永傳凡二稿，一載儒林傳卷七，一載儒林傳下卷卷十六。史稿合而爲一，多加删節成文。

〔二〕傳主籍貫，清國史作「安徽婺源」。史稿擅删「安徽」二字。婺源今屬江西。

〔三〕書名、卷數皆未確。據四庫全書總目，當作禮書綱目八十五卷。

〔四〕據清國史，「次序」二字，當作「序次」。

〔五〕據錢大昕江先生永傳及清國史，「反對」之「對」字誤，當作「卦」。

〔六〕據四庫全書總目，禮記訓義擇言當作「八卷」。

〔七〕據四庫全書總目，鄉黨圖考當作「十卷」。

〔八〕據四庫全書總目，四聲切韻表當作「一卷」。

〔九〕清史稿之程瑶田傳，源自清國史，載儒林傳下卷卷十六。

〔十〕據清國史，程瑶田爲安徽歙縣人。歙縣屬徽州府，清代，徽州府領縣六，依次爲歙縣、休寧、婺源、祁門、黟縣、績溪。歙縣、黟縣之「縣」字，不可省。清史稿擅删「縣」字，失當。

〔十一〕「太倉州學正」，誤。據清國史，當作「嘉定縣教諭」。

〔十二〕程瑶田卒年，清國史記之甚確，作嘉慶「十九年卒，年九十」。清史稿悉數删除，如此修史，意欲何爲？

〔十三〕「里」字誤，據傳主通藝録及清國史本傳，當作「理」。

江永　程瑶田〔一〕

清史列傳　卷六十八　儒林傳下一

江永，字愼修，安徽婺源人。諸生。少讀書，日記數千言。嘗見大學衍義補徵引周禮，愛之，求得其書，朝夕諷誦，遂研覃十三經注疏。凡古今制度及鐘律、聲韻，無不探賾索隱，尤深於三禮及天文、地理之學。以朱子晚年治禮，爲儀禮經傳通解，書未就，黄氏、楊氏相繼纂續，亦非完書。乃廣摭博討，大綱細目，一從吉、凶、軍、賓、嘉五禮舊次，題曰禮經綱目，凡八十八卷。引據諸書，釐正發明，實足終朱子未竟之緒。嘗一至京師，桐城方苞、荆谿吴紱質以禮經疑義，皆大折服。讀書好深思，長於比勘，明推步、鐘律、聲韻。歲實消長，前人多論之者，梅文鼎略舉授時，而亦疑之。永爲説曰：「日平行於黄道，是爲恒氣恒歲實，因有本輪、均輪高衝之差而生盈縮，謂之視行。視行者，日之實體所至，而平行者，本輪之心也。以視行加減平行，故定氣時刻多寡不同。高衝爲縮末盈初之端，歲有推移，故定氣時刻之多寡且歲歲不同，而恒氣歲實終古無增損。當以恒者爲率，隨其時之高衝以算定氣，而歲實消長可勿論也。」其論黄鐘之宫，據管子、吕氏春秋以正淮南子天文訓、漢書律曆志之謬，曰：「黄鐘之宫，黄鐘半律也，即後世所謂黄鐘清聲是也。唐時風雅十二詩譜，以清黄起調畢曲。琴家正宫調，黄鐘不在大絃，而在第三絃，正黄鐘之宫爲律本遺意。國語伶州鳩因論七律，而及武王之四樂，夷則、無射曰上宫，黄鐘、太簇曰下宫。蓋律長者用其清聲，律短者用其濁聲，古樂用均之法雖亡，而因端可推。韓子外儲篇曰：『夫瑟以小絃爲大聲，大絃爲小聲。』雖詭其辭以諷，然因是知古者調瑟之法。黃鐘、大吕、太簇、夾鐘、姑洗、仲吕、蕤賓，用半而居小絃；林鐘、夷則、南吕、無射、應鐘，用全而居大絃也。管子書五聲，徵、羽、宫、商、角之序，亦如此。」永此言，實漢以來所未尋究者。其論古韻曰：「考古音者，昉於吴才老。崑山顧氏，援證益精博。然顧氏考古之功多，審音之功淺。顧氏分古音爲十部，猶未密也。真、諄以下十四韻，當折爲二部，而先韻半屬真、諄，半屬元、寒。考之三百篇，用韻畫然。侯之正音近幽，當别爲一部。虞、模部之隅、渝、驅、婁等字，蕭、豪部之蕭、廖、皂、好等字，皆侯、幽之類，與本部源流各别。三百篇亦畫然。侵、覃以下九韻，亦當以侈、斂分爲二部，而覃、鹽半屬侵，半屬嚴、添。蓋平、上、去三聲，皆當爲十三部，入聲當爲八部，而三代以上之音，始有條不紊也。」論今韻曰：「平、上、去三聲，多者六十部，少者五十餘部。惟入聲祇三十四部。或謂支至咍、蕭至麻、尤至幽，無入聲。崑山顧氏古音表又反其説，於是舊有者無，舊無者有，皆拘於一偏。蓋入聲有二三韻而同一入者，如東、尤、侯同以屋爲入，真、脂同以質爲入，文、微同以物爲入，寒、桓、歌、戈同以曷、末爲入之類。按其呼等，察其偏旁，參以古音，乃無憾也。」

晚年讀書有得，隨筆撰記，謂：「周易以反對爲序次，卦變當於反卦取之。否反爲泰，泰反爲否，故『小往大來』、『大往小來』，是其例也。凡曰來，曰下，曰反，自反卦之外卦來居内卦也；曰往，曰上，曰進，曰升，自反卦之内卦往居外卦也。」又謂：「兵、農之分，春秋時已然，不起於秦、漢。」證以管子、左傳，兵常近國都，野處之農，固不隸於師旅也。其於經傳稽考精審，多類此。所著有周禮疑義舉要七卷，禮記訓義擇言六卷〔二〕，深衣考誤一卷，律吕闡微十卷，律吕新論二卷，春秋地理考實四卷，鄉黨圖考十一卷〔三〕，讀書隨筆十二卷，古韻標準四卷，四聲切韻表四卷〔四〕，音學辨微一卷，河洛精蘊九卷，推步法解五卷，七政衍、金水二星發微、冬至權度、恒氣注曆辨、歲實消長辨、曆學補論、中西合法擬草各一卷，近思録集注十四卷，考訂朱子世家一卷。乾隆二十七年卒，年八十二。休寧戴震、歙縣金榜之學，得於永爲多。永卒後，震携其書入都，故四庫全書收永所著書至十餘部。尚書秦蕙田撰五禮通考，摭永説入觀象授時類，而推步法解則載其全書焉。

程瑶田，字易疇，安徽歙縣人。乾隆三十五年舉人，選嘉定教諭。嘉慶元年，舉孝廉方正。十九年卒，年九十。瑶田少師淳安方粹然，又與戴震、金榜同學於江永，篤志治經，震自言遜其精密。其學長於涵泳經文，不屑屑依傍傳注。以喪服緦麻章末，「長殤、中殤降一等」四句，鄭氏誤以爲傳文，故觸處難通。又不杖期章，「惟子不報」傳文，「公妾以及士妾爲其父母」傳文，鄭氏以爲失誤。大功章，「大夫之妾爲君之庶子」，「女子已嫁者未嫁者，爲世父母、叔父母、姑姊妹」，舊讀以「大夫之妾」爲建首，下二「爲」字貫之。鄭氏謂「女子」别起貫下，斥傳文爲不辭。皆援據經史，疏通證明，以規鄭失，著儀禮喪服文足徵記十卷。又以考工記諸言磬句、磬折，鄭氏度直矩解之，致與前後經文不合。謂磬折不明，由於倨句不明，欲明倨句，先辨矩字。矩有直有曲，倨句之云，折其直矩而爲曲矩，即今木石工所用之曲尺。著磬折古義一卷。又以鄭注太宰「九穀」，稷、粱二者，言人人殊，因詢考農家，據説文釋之。謂粱爲粟，以稷爲秫，今高粱也。著九穀考四卷。又宗法小記、釋宫小記、考工創物小記、溝洫疆理小記、水地小記、解字小記、聲律小記、釋草小記各一卷，皆考證精確，爲學者所宗。又論學小記一卷，外篇一卷。其論性謂：「性從質形氣而有，譬之水與鏡，水之清，鏡之明，質形氣之清明也。是即性也。清明能鑑物，濁暗不能鑑物，此智愚所由分。然極濁極暗，清明自在其中。是即下愚不移者，其性之善自若也。」又謂：「性不可見，於情見之〔五〕。情是心之起念，心只一念，善者居其先，惡則從善而轉之耳。今爲盗賊者，其初只有謀生一念，豈不欲擇其善者爲之？至皆不可得，乃不得已而爲盗賊。又必有一二爲盜賊者，從而引之，所謂習也。」他著又有禹貢三江考、讀書求解、數度小記、九勢碎事、修辭餘鈔各一卷，統名通藝録。

瑶田性退讓，初效鄭康成爲禮堂，繼念非讓無以明禮，官嘉定時，以身率教，復以讓名堂。及告歸，邑人購忠烈名流手蹟贈之，不肯受，曰：「先生不取吾邑一錢，豈破紙亦不受耶？」王鳴盛贈詩云：「官惟當湖陸，師則新安程。一百五十載，卓然兩先生。」其推重如此。浙撫阮元嘗聘修杭州府學樂器，多所參訂。善鼓琴，年老失明，猶口授其孫，成琴音記三卷。詩爲桐城劉大櫆所稱，有集十八卷。

【校記】

〔一〕清史列傳之程瑶田傳，本獨立一傳，姑從清史稿編次，附見於其師江永。

〔二〕「六卷」誤，當爲「八卷」。

〔三〕「十一卷」誤，當爲「十卷」。

〔四〕「四卷」誤，當爲「一卷」。

〔五〕此處句讀，原誤作「又謂性不可見於情，見之情是心之起念」，逕改。

褚寅亮

清史稿　卷四百八十一　儒林二

褚寅亮[一]，字搢升，長洲人。乾隆十六年召試舉人，授内閣中書，官至刑部員外郎。寅亮少以博雅名，心思精鋭，於史書魯魚，一見便能訂其誤謬。中年覃精經術，一以注疏爲歸。從事禮經幾三十年，墨守家法，專主鄭學。鄭氏周禮、禮記注，妄庸人群起嗤點之。獨儀禮爲孤學，能發揮者固絶無，而謬加指摘者亦尚少。惟敖繼公集説，多巧竄經文，陰就己説。後儒苦經注難讀，喜其平易，無疵之者。萬斯大、沈彤於鄭注，亦多所糾駁。至張爾岐、馬驌，但粗爲演繹，其於敖氏之似是而非，均未能正其失也。寅亮著儀禮管見三卷，於敖氏洞見其癥結，驅豁其雺霧[二]。時公羊何氏學久無循習者，所謂五始、三科、九旨、七等、六輔、二類之義，不傳於世。惟武進莊存與，默會其解。而寅亮能闡發之，撰公羊釋例三十篇，謂：「三傳惟公羊爲漢學。孔子作春秋，本爲後王制作，訾議公羊者，實違經旨。」又因何劭公言：「禮有殷制，有時王之制，與周禮不同。」作周禮公羊異義二卷，世稱爲絶業。又長於算術，著句股廣問三卷。校正三統術衍刊本誤字甚多[三]，其「中月相求」，「六扐之數」句，「六扐」當作「七扐」；「推閏餘所在，加十得一」句，「加十」當作「加七」，皆寅亮説也[四]。

著有十三經筆記十卷，諸史筆記八卷，諸子筆記二卷，名家文集筆記七卷，藏於家。四十六年，以病告歸，主常州龍城書院八年。五十五年卒，年七十六。

【校記】

〔一〕清史稿之褚寅亮傳，源出清國史，載儒林傳下卷卷十三，復采江藩漢學師承記而成。

〔二〕「雩霧」之「霧」字，誤。清國史本作「雩露」甚是。史稿不審雩、霧二字，乃同字異寫，擅改「露」作「霧」，因之致誤。

〔三〕「校正三統術衍刊本誤字甚多」，大誤。三統術衍爲錢大昕所著，該書之結撰，褚寅亮確有「商酌校正」之功。大昕於此，記之甚明。據其自訂竹汀居士年譜記，乾隆十八年，時年二十有六，「在中書任暇，與吴杉亭、褚鶴侶兩同年講習算術，得宣城梅氏書讀之，寢食幾廢。因讀歷代史志，從容布算，得古今推步之理」。翌年，「移寓横街，讀漢書，撰次三統曆術四卷」。二十年，大昕撰三統術衍序，文中有云：「顧古今注漢書諸家，於曆術未有詮釋者。隋書經籍志有亡名氏推漢書律曆志術一卷，舊唐書經籍志有陰景倫漢書律曆志音義一卷，今俱亡傳。予少讀此志，病其難通。比歲粗習算術，乃爲疏通其大義，並著算例，厘爲三卷，名之曰三統術衍。蓋祗就本法論之，其法之密與疏，固不暇論及也。志文間有訛舛，相與商酌校正，則長洲褚君寅亮之助實多云。」此後書稿存之篋中，歷時四十餘年，直至嘉慶六年，始得時任浙江巡撫阮元資助，開雕於武林節署。三統術衍之刊行，距褚寅亮去世，已然十有一年。足見，寅亮所商酌校正者，乃漢書律曆志刊本，而非三統術衍刊本。

〔四〕清史稿引三統術衍文，未標引號，句讀亦未盡允當，故逕以校改。

褚寅亮

清史列傳　卷六十八　儒林傳下一

褚寅亮，字搢升，江蘇長洲人。乾隆十六年召試舉人，授內閣中書，官至刑部員外郎。寅亮少以博雅名。在刑部時，明於律，尤戒深刻，研鞫無冤濫，侍郎杜玉林嘗以疑獄屬之。心思精鋭，於史書魯魚，一見便能訂其誤謬。中年覃精經術，一以注疏爲歸。從事禮經幾三十年，墨守家法，專主鄭學。鄭氏周禮、禮記注，妄庸人群起嗤點之，稱儀禮爲孤學，能發揮者固絶無，而謬加指摘者亦尚少。惟敖繼公集説，多巧竄經文，陰就己説。後儒苦經注難讀，喜其平易，無疵之者。萬斯大、沈彤於鄭注，亦多所糾駁。至張爾岐、馬驌，但粗爲演繹，其於敖氏之似是而非，均未能正其失也。寅亮著儀禮管見三卷，於敖氏洞見其癥結，驅豁其雺露。時公羊何氏學久無循習者，所謂五始、三科、九旨、七等、六輔、二類之義，不傳於世。惟武進莊存與，默會其解。而寅亮能闡發之，撰公羊釋例三十篇，謂:「三傳惟公羊爲漢學。孔子作春秋，本爲後王制作，訾議公羊者，實違經旨。」又因何劭公言:「禮有殷制，有時王之制，與周禮不同。」作周禮公羊異義二卷，世稱爲絶業。又長於算術，著句股廣問三卷。嘉定錢大昕作三統術衍，校正刊本誤字甚多，其「中月相求」,「六扐之數」句,「六扐」當作「七扐」;「推閏餘所在，加十得一」句,「加十」當作「加七」，皆取寅亮説也。

又著有十三經筆記十卷，諸史筆記八卷，諸子筆記二卷，名家文集筆記七卷。又有周易一得、四書自課録。乾隆四十六年，以病告歸，主常州龍城書院八年。五十五年卒，年七十六。

盧文弨 顧廣圻

清史稿　卷四百八十一　儒林二

盧文弨〔一〕，字召弓〔二〕，餘姚人。父存心，乾隆初，舉博學鴻詞科〔三〕。文弨，乾隆十七年一甲進士，授翰林院編修，上書房行走，歷官左春坊左中允、翰林院侍讀學士。三十年，充廣東鄉試正考官。三十一年，提督湖南學政，以條陳學政事宜〔四〕部議降三級用。三十三年，乞養歸。

文弨孝謹篤厚，潛心漢學，與戴震、段玉裁友善。好校書，所校逸周書、孟子音義、荀子、吕氏春秋、賈誼新書、韓詩外傳、春秋繁露、方言、白虎通、獨斷、經典釋文諸善本，鏤板惠學者。又苦鏤板難多，則合經、史、子、集三十八種，而名之曰群書拾補。所自著有抱經堂集三十四卷，儀禮注疏詳校十七卷，鍾山劄記四卷，龍城劄記三卷，廣雅釋天以下注二卷，皆使學者諟正積非，蓄疑涣釋。其言曰：「唐人之爲義疏也，本單行，不與經注合。單行經注，唐以後尚多善本。自宋後附疏於經注，而所附之經注，非必孔、賈諸人所據之本也，則兩相齟齬矣。南宋後，又附經典釋文於注疏間，而陸氏所據之經注，又非孔、賈諸人所據也，則齟齬更多矣。淺人必比而同之，則彼此互改，多失其真。幸〔五〕有改之不盡，以滋其齟齬，啓人考核〔六〕者。故注疏、釋文合刻，似便而非古法也。」其特識多類此。

文弨歷主江、浙各書院講席，以經術導士，江、浙士子多信從之，學術爲之一變。六十年卒，年七十九。文弨校書，參合各本，擇善而從，頗引他書改本書，而不專主一説。故嚴元照詆其儀禮詳校，顧廣圻識其釋文考證。後黄丕烈影宋刻書，各本同異，另編於後。兩家各有宗旨，亦互相補苴云。

顧廣圻〔七〕，字千里，元和人。諸生。吴中自惠氏父子後，江聲繼之，後進翕然多好古窮經之士。廣圻讀惠氏書，盡通其義。論經學云：「漢人治經，最重師法。古文、今文，其説各異。若混而一之，則轇轕不勝矣。」論小學云：「説文一書，不過爲六書發凡，原非字義盡於此。」廣圻天質過人，經史、訓詁、天算、輿地，靡不貫通。至於目録之學，尤爲專門，時人方之王仲寶、阮孝緒。兼工校讐，同時孫星衍、張敦仁、黄丕烈、胡克家，延校宋本説文、禮記、儀禮、國語、國策、文選諸書，皆爲之札記，考定文字，有益後學。乾、嘉間以校讐名家，文弨及廣圻爲最著云。又時爲漢學者，多譏宋儒，廣圻獨取先儒語録，摘其切近者，爲遯翁苦口一卷，以教學者。著有思適齋文集十八卷。道光十九年卒，年七十。

【校記】

〔一〕清史稿之盧文弨傳，源出清國史，載儒林傳下卷卷十。

〔二〕清國史原作「字弨弓」，無據。臧庸盧先生行狀及翁方綱、段玉裁分撰之盧公墓誌銘，皆作「字紹弓」。

〔三〕史稿記傳主「父存心，乾隆初，舉博學鴻詞科」，不確。上引行狀本作「應試博學鴻詞科」，翁、段二家墓誌銘，則分作「應試」、「召試」。三文皆不稱「舉」，可見未獲成功。故而其後江藩撰漢學師承記，逕作「應博學鴻詞科不第」，方是實録。

〔四〕「以條陳學政事宜」下，據清國史，尚脱「不當」二字。史稿不録此二字，當屬失誤。據清高宗實録卷八百一，乾隆三十二年十二月丙子條記，高宗是日有諭：「湖南學政盧文弨條奏一摺，全屬不諳事體。」下令：「盧文弨著即撤回，交該部嚴加議處。」翌日，即任「命禮科給事中陳科捷，提督湖南學政」。

〔五〕此處所引盧文弨語，出自段玉裁經韻樓集之盧公墓誌銘。「幸」字，段文無，乃清國史所增，又爲史稿沿襲。述史貴信而有徵，如此改竄，殊不可取。

〔六〕「啓人考核」四字，亦係清史稿及清國史所臆增。

〔七〕清史稿之顧廣圻傳，源出清國史，惟並非附見於盧文弨傳，乃載儒林傳下卷卷十五，附見於江聲傳。

盧文弨　顧廣圻〔一〕

清史列傳　卷六十八　儒林傳下一

盧文弨，字弨〔二〕弓，浙江餘姚人。父存心，乾隆初，舉博學鴻詞科。文弨，乾隆十七年一甲三名進士，授翰林院編修，上書房行走，歷官左春坊左中允、翰林院侍讀學士。三十年，充廣東鄉試正考官。三十一年，充湖南學政，以條陳學政事宜不當，部議降三級用。三十三年，乞養歸。

文弨孝謹篤厚，潛心漢學，與戴震、段玉裁友善。好校書，所校逸周書、孟子音義、荀子、吕氏春秋、賈誼新書、韓詩外傳、春秋繁露、方言、白虎通、獨斷、經典釋文諸善本，鏤板惠學者。又苦鏤板難多，則合經、史、子、集三十八種，而名之曰群書拾補。所自著有抱經堂集三十四卷，儀禮注疏詳校十七卷，鍾山劄記四卷，龍城劄記三卷，廣雅釋天以下注二卷，皆能使學者諟正積非，蓄疑渙釋。其言曰：「唐人之爲義疏也，本單行，不與經注合。單行經注，唐以後尚多善本。自宋後附疏於經注，而所附之經注，非必孔、賈諸人所據之本也，則兩相齟齬矣。南宋後，又附經典釋文於注疏間，而陸氏所據之經注，又非孔、賈諸人所據也，則齟齬更多矣。淺人必比而同之，則彼此互改，多失其真。幸有改之不盡，以滋其齟齬，啓人考核者。故注〔三〕、釋文合刻，似便而非古法也。」其特識多類此。文弨嘗歷主江、浙各書院講席，以經術導士。六十年卒，年七十九。

顧廣圻，字千里，江蘇元和人。諸生。吴中自惠氏父子後，江聲繼之，後進翕然多好古窮經之士。聲弟子數十人，而徐頲、鈕樹玉及廣圻，俱以通小學爲聲契賞。廣圻讀惠氏書，盡通其義。論經學云：「漢人治經，最重師法。古文、今文，其説各異。若混而一之，則轇轕不勝矣。」論小學云：「説文一書，不過爲六書發凡，原非字義盡於此。」廣圻天質過人，經史、訓詁、天算、輿地，靡不貫通。至於目録之學，尤爲專門，時人方之王仲寶、阮孝緒。兼工校讐，同時孫星衍、張敦仁、黄丕烈、胡克家，延校宋本説文、禮記、儀禮、國語、國策、文選諸書，皆爲之札記，考定文字，有益後學。又時爲漢學者，多譏宋儒，廣圻獨取先儒語録，摘其切近者，爲遯翁苦口一卷，以教學者。著有思適齋文集十八卷。道光十九年卒，年七十。

【校記】

〔一〕顧廣圻原附同卷江聲。

〔二〕「弨」字，誤。當作「紹」或「召」。

〔三〕「注」字下，依段玉裁盧公墓誌銘，尚脱一「疏」字。

錢大昕 族子塘　坫

清史稿　卷四百八十一　儒林二

錢大昕[一]，字曉徵，嘉定人。乾隆十六年召試舉人，授内閣中書。十九年進士，選翰林院庶吉士，散館授編修。大考二等一名[二]，擢右春坊右贊善。累充山東鄉試、湖南鄉試正考官，浙江鄉試副考官。大考一等三名[三]，擢翰林院侍講學士。三十二年，乞假歸。三十四年，補原官，入直上書房，遷詹事府少詹事，充河南鄉試正考官，尋提督廣東學政。四十年，丁父艱。服闋，又丁母艱，病不復出。嘉慶九年卒，年七十七。

大昕幼慧，善讀書。時元和惠棟、吴江沈彤以經術稱，其學求之十三經注疏，又求之唐以前子、史、小學。大昕推而廣之，錯綜貫串，發古人所未發。任中書時，與吴烺、褚寅亮同習梅氏算術。及入翰林，禮部尚書何國宗世業天文，年已老，聞其善算，先往見之曰：「今同館諸公，談此道者鮮矣。」大昕於中西兩法，剖析無遺，用以觀史，自太初、三統、四分，中至大衍，下迄授時，朔望薄蝕，淩犯進退，抉摘無遺。漢三統術爲七十餘家之權輿，訛文奥義，無能正之者。大昕衍之，據班志以闡劉歆之説，裁志文之訛，二千年已絶之學，昭然若發蒙。大昕又謂：「古法歲陰與太歲不同。淮南天文訓攝提[四]以下十二名，皆謂歲[五]陰所在。史記太初元年，年名焉逢[六]攝提格者，歲陰，非太歲也。東漢後，不用歲陰紀年，又不知太歲超辰之法，乃以太初元年爲丁丑歲，則與史、漢之文皆悖矣。」又謂：「尚書緯四遊升降之説，即西法日躔最高卑之説[七]。」宋楊忠輔統天術，以距差乘躔差，減氣汎積爲定積。梅文鼎謂，郭守敬加減歲餘法出於此。但統天求汎積，必先減氣差十九日有奇，與郭又異，文鼎不能言。大昕推之曰〔八〕：「凡步氣朔，必以甲子日起算。今統天上元冬至乃戊子日，不值甲子，依授時法，當加氣應二十四日有奇，乃得從甲子起。今減去氣差，是以上元冬至後甲子日起算也。既如此，當減氣應三十五日有奇，今減十九日有奇者，去躔差之數不算也。求天正經朔又減閏差者，經朔當從合朔起算。今推得統天上元冬至後第一朔，乃乙丑戌初二刻弱，故必減閏差，而後以朔實除之，即授時之朔應也。」

大昕始以辭章名，沈德潛吳中七子詩選，大昕居一。既乃研究經史，於經義之聚訟難決者，皆能剖析源流。文字、音韻、訓詁、天算、地理、氏族、金石，以及古人爵里、事實、年齒，瞭如指掌。古人賢姦是非疑似難明者，典章制度昔人不能明斷者，皆有確見。惟不喜二氏書，嘗曰：「立德、立功、立言，吾儒之不朽也。先儒言釋氏近於墨，予以爲釋氏亦終於楊氏爲己而已。彼棄父母而學道，是視己重於父母也。」大昕在館時，嘗〔九〕與修音韻述微、續文獻通考、續通志、一統志、天球圖諸書。所著有唐石經考異一卷，經典文字考異三〔十〕卷，聲類四卷，廿二史考異一百卷，唐書史臣表一卷，唐五代學士年表二卷，宋學士年表一卷，元史氏族表三卷，元史藝文志四卷，三史拾遺五卷，諸史拾遺五卷，通鑑注辨證三卷，四史朔閏考四卷，吴興舊德録四卷，先德録四卷，洪文惠、洪文敏、王伯厚、王弇州四家年譜各一卷，疑年録三卷，潛研堂文集五十卷，詩集二十卷，潛研堂金石文跋尾二十五卷，養新録二十三卷，恒言録六卷，竹汀日記鈔三卷。族子塘、坫，能傳其學。

塘〔十一〕，字學淵。乾隆四十五年進士，改教職，選江寧府學教授。塘少大昕七歲，相與共學，又與大昕弟大昭及弟坫相切磋，爲實事求是之學。於聲音、文字、律吕、推步，尤有神解。著律吕古義六卷，據所得漢慮俿銅尺，正荀勗以劉歆銅斛尺爲周尺之非，謂：「周本八寸尺，不可以制律。律必用十寸尺，即昔人所云夏尺。周因夏、商，夏、商因唐、虞，古律當無異度。」又史記三書釋疑三卷，於律曆天官家言，皆究其原本，而以他書疏通證明之。律書「上九，商八，羽七，角六，宮五，徵九」數語，注家皆不能曉，小司馬疑其數錯。塘據淮南子、太玄經證之，始信其確。又著泮宮雅樂釋律四卷，説文聲繫二十卷，淮南天文訓補注三卷。其所作古文，曰述古編，凡四卷。卒年五十六〔十二〕。

坫〔十三〕，字獻之。副榜貢生。遊京師，朱筠引爲上客。以直隸州州判官於陜，與洪亮吉、孫星衍討論訓詁、輿地之學，論者謂坫沉博不及大昕，而精當過之。嘉慶二年，教匪擾陜西，坫時署華州，率衆乘城，力遏其衝。城無弓矢，仿古爲合竹强弓，厚背紙爲翎，二人共發之，達百五十步。又以意爲發石之法，石重十斤，達三百步。前後斃賊無算，城獲全。以積勞得末疾，引歸。著史記補注百三十卷，詳於音訓及郡縣沿革、山川所在。陜甘總督松筠重其品學，親至卧榻問疾，索未刊著述。坫取付之，曰：「三十年精力，盡於此書矣。」十一年卒，年六十六。又有詩音表一卷，車制考一卷，論語後録五卷，爾雅釋義十卷，釋地以下四篇注四卷，十經文字通正書十四卷，説文斠詮十四卷，新斠注地理志十六卷，漢書十表注十卷，聖賢冢墓志十二卷。

【校記】

〔一〕清史稿之錢大昕傳，源出清國史，載儒林傳下卷卷十一。

〔二〕「大考二等一名」，清國史明記爲乾隆二十三年。清史稿删而不録，失當。

〔三〕「大考一等三名」，清國史明記爲乾隆二十八年，清史稿删而不録，失當。

〔四〕史稿此處引文，出傳主潛研堂文集卷十四答問十一。依傳主文，「攝提」二字下，尚脱一「格」字，當作「攝提格」。

〔五〕依上引答問，「歲」字誤，當作「太」。

〔六〕「焉逢」二字下，史稿原用頓號，與其後之「攝提格」三字斷開，誤。據史記曆書逕改。

〔七〕依前引答問，傳主以中西算法相比較，乃獨自成句。故據傳主原著，加一句號。

〔八〕「曰」字，史稿原作「同」，形近而誤。據清國史改。

〔九〕「嘗」字，史稿原作「常」，據清國史改。

〔十〕「經典文字考異三卷」，史稿原作「一卷」，誤。據清國史改。

〔十一〕清史稿之錢塘傳，源出清國史，附見於大昕傳。

〔十二〕據錢大昕潛亭別傳，錢塘生於雍正十三年，卒於乾隆五十五年。

〔十三〕清史稿之錢坫傳，源出清國史，附見於大昕傳。

錢大昕 族子塘　坫

清史列傳　卷六十八　儒林傳下一

錢大昕，字曉徵，江蘇嘉定人。乾隆十六年召試舉人，授内閣中書。十九年進士，改翰林院庶吉士。二十二年，散館，授編修。二十三年，大考二等一名，擢右春坊右贊善。二十四年，充山東鄉試正考官。二十五年，充會試同考官。二十七年，充湖南鄉試正考官。二十八年，大考一等三名，擢翰林院侍講學士。三十年，充浙江鄉試副考官。三十二年，乞假歸。三十四年，補原官，入直上書房，遷詹事府少詹事。三十九年，充河南鄉試正考官，尋提督廣東學政。四十年，丁父艱。服闋，又丁母艱。病不復出，主講鍾山、婁東、紫陽書院。嘉慶九年卒，年七十七。

大昕幼慧，善讀書。時元和惠棟、吴江沈彤以經術稱，其學求之十三經注疏及唐以前子、史、小學諸書。大昕推而廣之，錯綜貫串，發古人所未發。任中書時，與吴烺、褚寅亮同習梅氏算術及歐羅巴測量弧三角諸法。入翰林，禮部尚書何國宗世業天文，年已老，聞其善算，先往見之，曰：「今同館諸公，談此法者鮮矣。」大昕於中西兩法，剖析無遺，用以觀史，自太初、三統、四分，中至大衍，下迄授時，朔望薄蝕，淩犯進退，抉擿無遺。漢三統爲七十餘家之權輿，訛文奥〔一〕義，無能正之者。大昕衍之，據班志以闡劉歆之説，裁志文之訛，二千年已絶之學，昭然若發蒙。大昕又謂：「古法歲陰與太歲不同。淮南天文訓攝提以下十二名，皆謂歲陰所在。史記太初元年，年名焉逢攝提格者，歲陰，非太歲也。東漢後，不用歲陰紀年，又不知太歲超辰之法，乃以太初元〔二〕年爲丁丑歲，則與史、漢之文皆悖矣。」又謂：「尚書緯四遊升降之説，即西法日躔最高卑之説。」又宋楊忠輔統天術，以距差乘躔差，減氣汎積爲定積。梅文鼎謂，郭守敬加減歲餘法出於此。但統天求汎積，必先減氣差十九日有奇，與郭又異，文鼎不能言。大昕推之曰：「凡步氣朔，必以甲子日起算。今統天上元冬至乃戊子日，不值甲子，依授時法當加氣應二十四日有奇，乃得從甲子起。今減去氣差，是以上元冬至後甲子日起算也。既如此，當減氣應三十五日有奇，今減十九日有奇者，去躔差之數不算也。求天正經朔又減閏差者，經朔當從合朔起算。今推得統天上元冬至後第一朔，乃乙丑戌初二刻弱，故必減閏差，而後以朔實除之，即授時之朔應也。」

大昕始以辭章名，沈德潛吳中七子詩選，大昕居一。既乃研精經史，蔚爲著述，於經義之聚訟難決者，皆剖析源流。文字、音韻、訓詁、天算、地理、氏族、金石，以及古人爵里、事實、年齒，瞭如指掌。古人賢姦是非疑似難明者，皆有確見。惟不喜二氏書，嘗曰：「立德、立功、立言，吾儒之不朽也。先儒言釋氏近於墨，予以爲釋氏亦終於楊氏爲己而已。彼棄父母而學道，是視己重於父母也。」大昕在館時，嘗與修音韻述微、續文獻通考、續通志、一統志、天球圖諸書。所著有唐石經考異一卷，經典文字考異三卷，聲類四卷，二十二史考異一百卷，唐書史臣表一卷，唐五代學士年表二卷，宋學士年表一卷，元史氏族表三卷，元史藝文志四卷，三史拾遺五卷，諸史拾遺五卷，通鑑注辨證三卷，四史朔閏考四卷，南北史雋一卷，三統術衍三卷，術鈐三卷〔三〕，風俗通義逸文二卷，吳興舊德録四卷，先德録四卷，洪文惠年譜一卷，洪文敏年譜一卷，王伯厚年譜一卷，王弇州年譜一卷，疑年録三卷，潛研堂文集五十卷，詩集二十卷，詞垣集四卷，潛研堂金石文跋尾二十五卷，金石文字目録九卷，天一閣碑目二卷，養新録二十三卷，恒言録六卷，竹汀日記鈔三卷。族子塘、坫，能傳其學。

塘，字學淵。乾隆四十五年進士，改教職，選江寧府學教授。塘少大昕七歲，相與共學。又與大昕弟大昭及弟坫相切磋，爲實事求是之學。於聲音、文字、律吕、推步，尤有神解。著律吕古義六卷，據所得漢慮傂銅尺，正荀勖以劉歆銅斛尺爲周尺之非，謂：「周本八寸尺，不可以制律。制律必用十寸尺，即昔人所云夏尺。周因夏、商，夏、商因唐、虞古律，當無異度。」又史記三書釋疑三卷，於律曆〔四〕、天官家言，皆究其原本，而以它書疏通證明之。律書「上九，商八，羽七，角六，宫五，徵九」數語，注家皆不能曉，小司馬疑其數錯。塘據淮南子、太玄經證之，始信其確。又著泮〔五〕宫雅樂釋律四卷，説文聲繫二十卷，淮南天文訓補注三卷。其所作古文，曰述古編，凡四卷。卒〔六〕年五十六。

坫，字獻之。副貢生。遊京師，朱筠引爲上客。以直隸州州判官於陝，與洪亮吉、孫星衍討論訓詁、輿地之學。論者謂坫沉博不及大昕，而精當過之。嘉慶二年，教匪擾陝西，坫時署華州，率衆乘城，力遏其衝。城無弓矢，倣古爲合竹强弓，厚背紙爲翎，二人共發之，達百五十步。又以意爲發石之法，石重十斤，達三百步。前後斃賊無算，城獲全。三年春，河南有謀啓賊者，賊渠張天倫取道華州者三，卒不能東。以積勞得末疾，引歸。著史記補注百三十卷，詳於音訓及郡縣沿革、山川所在。陝甘總督松筠重其品學，親至卧榻問疾，索未刊著述。坫取付之，曰：「三十年精力，盡於此書矣。」十一年卒，年六十六。又有詩音表一卷，車制考一卷，論語〔七〕後録五卷，爾雅釋義十卷，釋地以下四篇注四卷，十經文字通正書十四卷，説文斠詮十四卷，新斠注地理志十六卷，漢書十表注十卷，聖賢塚墓志十二卷。

【校記】

〔一〕「奥」字，原作「粤」，誤。據清國史改。

〔二〕「元」字，原作「九」誤。據清國史改。

〔三〕「鈐」字，清國史同，疑誤。據錢大昕三統術衍，當作「鈐」。

書即題「鈐」，而非「術鈐」，卷數非三卷，當爲一卷。

〔四〕「曆」字，原作「算」，誤。據清國史改。

〔五〕「泮」字，原作「伴」，「伴宫」不詞，故改。

〔六〕「卒」字原脱，據清國史補。

〔七〕「語」字原脱，據清國史補。

王鳴盛　金曰追　吴凌雲

清史稿　卷四百八十一　儒林二

王鳴盛〔一〕，字鳳喈，嘉定人。幼從長洲沈德潛受詩，後又從惠棟問經義，遂通漢學。乾隆十九年，以一甲進士授翰林院編修。大考翰詹第一，擢侍讀學士，充福建鄉試正考官，尋擢内閣學士，兼禮部侍郎。坐濫支驛馬，左遷光禄寺卿。丁内艱，遂不復出〔二〕。

鳴盛性儉素，無聲色玩好之娱，晏坐一室，咿唔如寒士。嘗言：「漢人説經，必守師法。自唐貞觀撰諸經義疏而家法亡，宋元豐以新經學取士而漢學殆絶。今好古之儒，皆知崇法注疏，然注疏惟詩、三禮及公羊傳猶是漢人家法，他經注則出魏、晉人，未爲醇備。」著尚書後案三十卷，專述鄭康成之學。若鄭注亡逸，采馬、王注補之。孔傳雖出東晉，其訓詁猶有傳授，間一取焉。又謂：「東晉所獻之太誓僞，而唐人所斥之太誓非僞。」故附書今文太誓一篇，存古之功，自謂不減惠氏周易述也。又著周禮軍賦説四卷，發明鄭氏之旨。又十七史商榷一百卷，於一史中紀、志、表、傳，互相稽考，因而得其異同。又取稗史叢説，以證其舛誤，於輿地、職官、典章、名物，每致詳焉。别撰蛾術編一百卷，其爲目十，説録、説字、説地、説制、説人、説物、説集、説刻、説通、説系，蓋仿王應麟、顧炎武之意，而援引尤博。詩以才輔學，以韻達情。古文用歐、曾之法，闡許、鄭之義。有詩文集四十卷。嘉慶二年卒，年七十六。

弟子同縣金曰追，字對揚。諸生。深於九經正義，每有疑譌，隨條輒録，先成儀禮注疏正譌〔三〕十七卷。阮元奉詔校勘儀禮石經，多采其説。

時同縣通經學者，有吴凌雲，字得青。嘉慶五年歲貢。讀書深造，經師遺説，靡不通貫。嘗假館錢大昕孱守齋，盡讀所藏書，學益邃。所著十三經考異，援據精核，多前人所未發。又經説三卷，小學説、廣韻説各一卷。海鹽陳其幹爲合刊之，題曰吴氏遺著。

【校記】

〔一〕清史稿之王鳴盛傳，源出清國史，載儒林傳下卷卷十一。

〔二〕傳主何年「丁内艱，遂不復出」？清史稿及清國史皆失記。據錢大昕西沚先生墓誌銘，爲乾隆二十八年，當補。

〔三〕「謁」字，原作「僞」，誤。據清國史改。

王鳴盛 金曰追　吴凌雲

清史列傳　卷六十八　儒林傳下一

王鳴盛，字鳳喈，江蘇嘉定人。幼從長洲沈德潛受詩，後又從惠棟問經義，遂通漢學。乾隆十九年，一甲二名進士，授翰林院編修。二十三年，大考翰詹第一，擢侍講學士，充日講起居注官。二十四年，充福建鄉試正考官，尋擢内閣學士，兼禮部侍郎銜。坐濫支驛馬，左遷光禄寺卿。丁内艱，遂不復出。

鳴盛性儉素，無聲色玩好之娱，晏坐一室，咿唔如寒士。嘗言:「漢人説經，必守家法。自唐貞觀撰諸經義疏而家法亡，宋元豐以新經學取士而漢學殆絶。今好古之儒，皆知崇注疏矣，然注疏惟詩、三禮及公羊傳猶是漢人家法，他經注則出魏、晉人，未爲醇備。」著尚書後案三十卷，專述鄭康成之學，若鄭注亡逸，采馬、王注補之。孔傳雖出東晉，其訓詁猶有傳授，間一取焉。又謂:「東晉所獻之太誓僞，而唐人所斥之太誓實非僞。」故附書今文太誓一篇，存古之功，自謂不減惠氏周易述也。又著周禮軍賦説四卷，發明鄭氏之旨。又十七史商榷一百卷，於一史中紀、志、表、傳，互相稽考，因而得其異同。又取稗史叢説，以證其舛誤，於輿地、職官、典章、名物，每致詳焉。別撰蛾術編一百卷，其爲目十，説録、説字、説地、説制、説人、説物、説集、説刻、説通、説系，蓋倣王應麟、顧炎武之意，而援引尤博。詩以才輔學，以韻達情。古文用歐、曾之法，闡許、鄭之義。有詩文集四十卷。嘉慶二年卒，年七十六。弟子金曰追。

金曰追，字對揚，亦嘉定人。諸生。受業王鳴盛，深於九經正義，每有疑譌，隨條輒録，先成儀禮注疏正譌十七卷。阮元奉詔校勘儀禮石經，多采其説。時同縣通經學者，又有吴凌雲。

吴凌雲，字得青，亦嘉定人。嘉慶五年歲貢。讀書深造，經師遺説，靡不通貫。嘗假館錢大昕孱守齋，盡讀所藏書，學益邃。所著十三經考異，援據精覈，多前人所未發。又經説三卷，小學、廣韻説各一卷。海鹽陳其幹爲合刊之，題曰吴氏遺著。

戴震 金榜

清史稿　卷四百八十一　儒林二

戴震〔一〕，字東原，休寧人。讀書好深湛之思，少時，塾師授以說文，三年盡得其節目。年十六七，研精注疏，實事求是，不主一家。與郡人鄭牧、汪肇龍、方矩、程瑶田、金榜從婺源江永遊，震出所學質之永，永爲之駭歎。永精禮經及推步、鐘律、音聲、文字之學，惟震能得其全。性特介，年二十八，補諸生〔二〕，家屢空，而學日進。與吴縣惠棟、吴江沈彤爲忘年友〔三〕，以避讐入都〔四〕，北方學者如獻縣紀昀、大興朱筠，南方學者如嘉定錢大昕、王鳴盛，餘姚盧文弨，青浦王昶，皆折節與交。尚書秦蕙田纂五禮通考，震任其事焉。乾隆二十七年，舉鄉試。三十八年，詔開四庫館，徵海内淹貫之士司編校之職，總裁薦震充纂修。四十年，特命與會試中式者同赴殿試，賜同進士出身，改翰林院庶吉士。震以文學受知，出入著作之庭，館中有奇文疑義，輒就咨訪。震亦思勤修其職，晨夕披檢，無間寒暑。經進圖籍，論次精審，所校大戴禮記、水經注，尤精核。又於永樂大典内，得九章、五曹算經七種，皆王錫闡、梅文鼎所未見。震正譌補脱以進，得旨刊行。四十二年，卒於官，年五十有五。

震之學，由聲音、文字以求訓詁，由訓詁以尋義理，謂:「義理〔五〕不可空憑胸臆，必求之於古經。求之古經，而遺文垂絶，今古懸隔，必求之古〔六〕訓。古訓明則古經明，古經明則賢人聖人之義理明，而我心之同然者，乃因之而明。義理非他，存乎典章制度者也。彼歧古訓、義理而二之，是古訓非以明義理，而義理不寓乎典章制度，勢必流入於異學曲説而不自知也。」震爲學精誠解辨，每立一義，初若創獲，乃參考之，果不可易。大約有三，曰小學，曰測算，曰典章制度。

其小學書，有六書論三卷，聲韻考四卷，聲類表九卷，方言疏證十卷〔七〕。漢以後，轉注之學失傳，好古如顧炎武，亦不深省。震謂：「指事、象形、諧聲、會意四者爲書之體，假借、轉注二者爲書之用。一字具數用者爲假借，數字共一用者爲轉注。初、哉、首、基之皆爲始，卬〔八〕、吾、台、予之皆爲我，其義轉相注也。」又自漢以來，古音寖微，學者於六書之故，靡所從入。顧氏古音表，入聲與廣韻相反。震謂：「有入無入之韻，當兩兩相配，以入聲爲之樞紐。真至仙十四韻，與脂、微、齊、皆、灰五韻同入聲，東至江四韻及陽至登八韻，與支、之、佳、咍、蕭、宵、肴、豪、尤、侯、幽十一韻同入聲，浸至凡九韻之入聲，則從廣韻，無與之配。魚、虞、模、歌、戈、麻六韻，廣韻無入聲，今同以鐸爲入聲，不與唐相配。而古音遞轉及六書諧聲之故，胥可由此得之。」皆古人所未發。

其測算書，原象一卷，迎日推策記一卷，句股割圜記三卷，曆問一卷，古曆考二卷，續天文略三卷〔九〕，策算一卷。自漢以來，疇人不知有黄極，西人入中國，始云赤道極之外又有黄道極，是爲七政恒星右旋之樞，詫爲六經所未有。震謂：「西人所云赤極，即周髀之正北極也，黄極，即周髀之北極璿璣也。虞書『在璿璣玉衡，以齊七政』，蓋設璿璣以擬黄道極也。黄極在柱史星東南，上弼、少弼之間，終古不隨歲差而改。赤極居中，黄極環繞其外，周髀固已言之，不始於西人也。」

震所著典章制度之書，未成。有詩經二南補注二卷，毛鄭詩考〔十〕四卷，尚書義考一卷〔十一〕，儀禮〔十二〕考正一卷，考工記圖二卷〔十三〕，春秋即位改元考〔十四〕一卷，大學補注一卷，中庸補注一卷，孟子字義疏證三卷，爾雅文字考十卷，經説四卷，水地記一卷，水經注四十卷〔十五〕，九章補圖一卷，屈原賦注七卷，通釋三卷〔十六〕，原善三卷，緒言三卷，直隸河渠書一百有二卷〔十七〕，氣穴記一卷，藏府算經論四卷，葬法贅言四卷，文集十卷。

震卒後，其小學則高郵王念孫、金壇段玉裁傳之，測算之學則曲阜孔廣森傳之，典章制度之學則興化任大椿傳之，皆其弟子也。後十餘年，高宗以震所校水經注問南書房諸臣曰：「戴震尚在否？」對曰：「已死。」上惋惜久之。王念孫、段玉裁、孔廣森、任大椿自有傳。

金榜〔十八〕，字輔之，歙縣人。乾隆二十九年召試舉人〔十九〕，授內閣中書，軍機處行走。三十七年一甲一名進士，授翰林院修撰。散館後〔二十〕，養痾讀書，不復出。卒於家〔二十一〕。師事江永，友戴震，著禮箋十卷。剌取其大者數十事，爲三卷寄朱珪，珪序之，以爲詞精義核。榜治禮最尊康成，然博稽而精思，慎求而能斷。嘗援鄭志答趙商云：「不信亦非，悉信亦非。」曰：「斯言也，敢以爲治經之大法。」故鄭義所未衷者必糾正之，於鄭氏家法不敢誣也。

【校記】

〔一〕清史稿之戴震傳，源自清國史，載儒林傳下卷卷十四。

〔二〕「年二十八，補諸生」，不確。據洪榜戴先生行狀、王昶戴東原先生墓誌銘及段玉裁戴東原先生年譜，均作乾隆十六年補諸生，時年二十九。

〔三〕「與吴縣惠棟、吴江沈彤爲忘年友」，得失參半，未盡實録。傳主與惠棟爲忘年交應不誤，而與沈彤爲忘年友則大謬。據震撰題惠定宇先生授經圖記，乾隆二十二年，「震自京師南還，始覿先生於揚之都轉鹽運使司署内。先生執震之手言曰：『昔亡友吴江沈冠雲嘗語余，休寧有戴某者，相與識之也久，冠雲蓋實見子所著書。』震方訝少時未定之見，不知何緣以入沈君目，而憾沈君之已不及覯，益欣幸獲覯先生。」沈彤卒於乾隆十七年，既先於惠、戴訂交，震又從未與之謀面，「忘年友」云云，實似是而非，無從談起。據傳主所撰沈學子文集序，當時訂交揚州之沈姓前輩，乃雲間沈大成，而非吴江沈彤。史稿及清國史沿襲江藩漢學師承記之誤，混二沈爲一人，以致張冠李戴，謬種流傳。

〔四〕清史稿記戴震避讐入都於與惠棟訂交之後，若依此行文順序，則先有與惠、沈訂交，隨後傳主方避讐北上。其實不然。戴震避讐入都，事在乾隆十九年。關於此一時間，錢大昕自訂竹汀居士年譜、凌廷堪戴東原先生事略狀、王昶戴東原先生墓誌銘等，記之甚確，文繁不録。而與惠棟訂交，則係由京中南還之乾隆二十二年。此一時間，不僅見於段玉裁戴東原先生年譜，而且震撰題惠定宇先生授經圖，尤鑿鑿可據。足見史稿所述，已然將史實前後倒置。

〔五〕史稿此處引文，語出戴震題惠定宇先生授經圖。「義理」二字，震文原作「理義」。

〔六〕「古」字，震文原作「故」。

〔七〕「方言疏證十卷」，不確。據前引墓誌銘、年譜，皆當作十三卷。清史稿藝文志即作十三卷。

〔八〕史稿此處引文，語出戴震答江慎修先生論小學。「印」字，史稿原作「卬」，據震文改。

〔九〕「績天文略三卷」，前引年譜作二卷，清史稿藝文志作一卷。

〔十〕「毛鄭詩考」，據前引墓誌銘及史稿藝文志，「考」字下，尚脱一「正」字，當作毛鄭詩考正。

〔十一〕「尚書義考一卷」，據墓誌及史稿藝文志，當作「二卷」。

〔十二〕「儀禮考正」，「禮」字，史稿原作「經」，不詞。據前引王昶撰墓誌銘改。

〔十三〕「考工記圖」，據前引年譜及史稿藝文志，「圖」字下，尚脱一「注」字，當作「考工記圖注」。

〔十四〕「春秋即位改元考一卷」，源自前引洪榜撰行狀，而年譜則記作「春秋改元即位考三篇」。

〔十五〕「水經注四十卷」，前引史稿藝文志，作「水經注校三十卷」。當從藝文志。

〔十六〕「通釋三卷」，前引年譜、藝文志皆作「二卷」，當從。

〔十七〕據前引年譜，「直隸河渠書一百十一卷，未成」。

〔十八〕清史稿之金榜傳，源出清國史，載儒林傳下卷卷十七。

〔十九〕「乾隆二十九年召試舉人」，不確，乾隆二十九年，並無南巡召試舉人事。據清高宗實録卷七三二記，高宗南巡江、浙，召試一方文士，金榜獲「賜舉人，授爲内閣中書學習行走」，乃在乾隆三十年三月。

〔二十〕「散館後，養疴讀書，不復出」，不確。據清高宗實録卷一〇三六記，乾隆四十年四月，壬辰科庶吉士散館之後，四十二年七月，金榜受命充山西鄉試副考官。又據吳定翰林院修撰金先生榜墓誌銘記，「嘗一出爲山西副考官，以父喪歸，遂不出」。

〔二十一〕「卒於家」，何年卒，享年若干？史稿皆失記。據上引墓誌，金榜卒於嘉慶六年六月十一日，年六十有七。

戴震　金榜〔一〕

清史列傳　卷六十八　儒林傳下一

戴震，字東原，安徽休寧人。讀書好深湛之思，少時，塾師授以說文，三年盡得其節目。年十六七，研精注疏，實事求是，不主一家。與郡人鄭牧、汪肇龍、汪梧鳳、方矩、程瑶田、金榜從婺源江永遊，震出所學質之永，永爲之駭歎。永精禮經及推步、鐘律、音聲、文字之學，惟震能得其全。性特介，年二十八〔二〕，補諸生，家屢空，而學日進。與吴縣惠棟、吴江沈彤〔三〕爲忘年友。以避讎入都，北方學者如獻縣紀昀、大興朱筠，南方學者如嘉定錢大昕、王鳴盛，餘姚盧文弨，青浦王昶，皆折節以交。尚書秦蕙田纂五禮通考，求精於推步者，大昕舉震，蕙田延之纂觀象授時一門。乾隆二十七年，舉鄉試。三十八年，詔開四庫館，徵海内淹貫之士司編校之職，總裁薦震充纂修。四十年，特命與會試中式者同赴殿試，賜同進士出身，改翰林院庶吉士。震以文學受知，出入著作之庭，館中有奇文疑義，輒就咨訪。震亦思勤修其職，晨夕披檢，無間寒暑。經進圖籍，論次精審，所校大戴禮記、水經注，尤精覈。又於永樂大典内，得九章、五曹算經七種，皆王錫闡、梅文鼎所未見。震正譌補脱以進，得旨刊行，御製詩冠其卷首。四十二年，卒於官，年五十有五。

震之學，由聲音、文字以求訓詁，由訓詁以尋義理，謂：「義理不可空憑胸臆，必求之於古經。求之古經，而遺文垂絶，今古懸隔，必求之古訓。古訓明則古經明，古經明則賢人聖人之義理明，而我心之所同然者，乃因之而明。義理非他，存乎典章制度者也。彼歧訓詁、義理而二之，是訓詁非以明義理，而義理不寓乎典章制度，勢必流入於異學曲説而不自知也。」震爲學精誠解辨，每立一義，初若創獲，及參考之，果不可易。大約有三，曰小學，曰測算，曰典章制度。

其小學書，有六書論三卷，聲韻考四卷，聲類表九卷，方言疏證十卷〔四〕。漢以後，轉注之學失傳，好古如顧炎武，亦不深省。震謂：「指事、象形、諧聲、會意四者爲書之體，假借、轉注二者爲書之用。一字具數用者爲假借，數字共一用者爲轉注。初、哉、首、基之皆爲始，卬、吾、台、予之皆爲我，其義轉相注也。」又自漢以來，古音寖微，學者於六書之故，靡所從入。顧氏古音表，入聲與廣韻相反。震謂：「有入無入之韻，當兩兩相配，以入聲爲之樞紐。真至仙十四韻，與脂、微、齊、皆、灰五韻同入聲，東至江四韻及陽至登八韻，與支、之、佳、咍、蕭、宵、肴、豪、尤、侯、幽十一韻同入聲，侵至凡九韻之入聲，則從廣韻，無與之配。魚、虞、模、歌、戈、麻六韻，廣韻無入聲，今同以鐸爲入聲，不與唐相配。而古音遞轉及六書諧聲之故，胥可由此得之。」皆古人所未發。

其測算書，有原象四篇，近日推策記一篇，句股割圜記三篇，曆問一卷，古曆考二卷，續天文略三卷〔五〕，策算一卷。自漢以來，疇人不知有黄極，西人入中國，始云赤道極之外又有黄道極，是爲七政恒星右旋之樞，詫爲六經所未有。震謂：「西人所云赤極，即周髀之正北極也，黄極，即周髀之北極璿璣也。虞書『在璿璣玉衡，以齊七政』，蓋設璿璣以擬黄道極也。黄極在柱史星東南，上弼、少弼之間，終古不隨歲差而改。赤極居中，黄極環繞其外，周髀固已言之，不始於西人也。」「又月建所指，亦謂黄極。夫北極璿璣，冬至夜半恒指子，春分夜半恒指卯，夏至夜半恒指午，秋分夜半恒指酉。以周髀四游所極推之，則月建十有二辰，爲黄極夜半所指。顯然漢人以爲斗杓移辰者，非也。」又漢以來，九數佚於秦火，儒者測天，多不能盡句股之蘊。西人傳弧三角術，推步始爲精密。其三邊求角及兩邊夾一角求對角之邊，加減捷法，梅氏用平儀之理爲圖闡之，可謂剖析淵微。然用餘弦折半爲中數，則過象限與不過象限，有相加相減之殊，未爲甚捷也。震謂：「用餘弦者，或加或減，易生歧惑。」乃立新術，用總較兩弧之矢相較，折半爲中數，則一例用減，更簡而捷矣。蓋餘弦者，矢之餘也。八線法弧小則餘弦大，弧大則餘弦小。弧若大過象限九十度，則餘弦反由小而漸大。惟矢不然，弧小則矢小，弧大則矢大，弧若大過象限九十度，則矢更隨之而大。是矢與弧大小相應，不似餘弦之參差，故以易之。此立法之根，古人所未及也。

震所著典章制度之書，未成。有詩經二南補注二卷、毛鄭詩考〔六〕四卷，尚書義考一卷〔七〕，儀禮考正一卷，考工記圖二卷〔八〕，春秋即位改元考一卷，水經注四十卷，九章補圖一卷，屈原賦注七卷，通釋二卷，原善三卷，緒言三卷，直隸河渠書六十四卷，氣穴記一卷，藏府算經論四卷，葬法贅言四卷，文集十二卷。

震卒後，其小學則高郵王念孫、金壇段玉裁傳之，測算之學則曲阜孔廣森傳之，典章制度之學則興化任大椿傳之，皆其弟子也。後十餘年，高宗以震所校水經注問南書房諸臣，曰：「震尚在否？」對曰：「已死。」上惋惜久之。

金榜，字蘂中，安徽歙縣人。乾隆二十九年〔九〕召試舉人，授内閣中書，軍機處行走。三十七年一甲一名進士，授翰林院修撰。散館後，養疴讀書，不復出。卒於家。榜少工文詞，以才華爲天下望。後師事江永，友戴震，遂深經術，著禮箋十卷。復剌取其大者數十事爲三卷，大而天文、地域、田賦、學校、郊廟、明堂，以及車旗、服器之細，貫串群言，折衷一是。朱珪讀之，歎其詞精而義覈。榜治三禮，最尊鄭康成，然博稽而精思，慎求而能斷。嘗援鄭志答趙商云：「『不信亦非，悉信亦非。』斯言也，敢以爲治經之大法。」故鄭義所未衷者，必糾正之，於鄭氏家法，不敢誣也。

【校記】

〔一〕金榜傳，清史列傳本獨立一傳，姑依史稿，附於戴震傳後。

〔二〕當爲「年二十九」，詳見前史稿校記。下同。

〔三〕「沈彤」誤，疑爲「雲間沈大成」。

〔四〕當爲「十三卷」。

〔五〕別本或作「二卷」，或作「一卷」。

〔六〕「考」後尚脱一「正」字。

〔七〕或作「二卷」。

〔八〕「圖」後尚脱一「注」字。

〔九〕「二十九年」誤，當作「三十年」。

段玉裁 鈕樹玉　徐承慶

清史稿　卷四百八十一　儒林二

段玉裁〔一〕，字若膺，金壇人。生而穎異，讀書有兼人之資。乾隆二十五年舉人。至京師〔二〕，見休寧戴震，好其學，遂師事之〔三〕。以教習得貴州玉屏縣知縣〔四〕，旋調四川，署富順及南溪縣事，又辦理化林坪站務。時大兵征金川，輓輸絡繹。玉裁處分畢，輒篝鐙著述不輟，著六書音均表五卷〔五〕。古韻自顧炎武析爲十部，後江永復析爲十三部。玉裁謂:「支、佳一部也，脂、微、齊、皆、灰一部也，之、咍一部也，漢人猶未嘗淆借通用。晉、宋而後，乃少有出入。迄乎唐之功令，支注『脂、之同用』，佳注『皆同用』，灰注『咍同用』，於是古之截然爲三者，罕有知之。」又謂:「真、臻、先與諄、文、殷、魂、痕爲二，尤、幽與侯爲二，得十七部。」其書始名詩經韻譜、群經韻譜，嘉定錢大昕見之，以爲鑿破混沌。後易其體例，增以新加，十七部蓋如舊也。震偉其所學之精，云:「自唐以來，講韻學者所未發。」尋任巫山縣。年四十六，以父老引疾歸，鍵户不問世事者三十餘年。

玉裁於周、秦、兩漢書，無所不讀，諸家小學，皆別擇其是非。於是精數十年精力，專説説文，著説文解字注三十卷。謂:「爾雅以下，義書也；聲類以下，音書也；説文，形書也。凡篆一字，先訓其義，次釋其形，次釋其音，合三者以完一篆，故曰形書。」又謂:「許以形爲主，因形以説音、説義。其所説義，與他書絕不同者，他書多假借，則字多非本義，許惟就字説其本義。知何者爲本義，乃知何者爲假借，則本義乃假借之權衡也。説文、爾雅相爲表裏，治説文而後爾雅及傳注明。」又謂：「自倉頡造字，時至唐、虞、三代、秦、漢，以及許叔重造説文，曰『某聲』、曰『讀若某』者，皆條理合一不紊。故既用徐鉉切音，又某字志之曰古音第幾部，後附六書音均表，俾形、聲相爲表裏。始爲長編，名説文解字讀，凡五百四十卷。既乃隱括之，成此注。」玉裁又以説文者，説字之書，故有讀如，無讀爲。説經傳之書，必兼是二者。漢人作注，於字發疑正讀，其例有三。讀如、讀若者，擬其音也，比方之詞。讀爲、讀曰者，易其字也，變化之詞。當爲者，定爲字之誤、聲之誤，而改其字也，救正之詞。三者分而漢注可讀，而經可讀。述漢讀考，先成周禮六卷。又撰禮經漢讀考一卷，其他十六卷未成。儀徵阮元謂：「玉裁書有功於天下後世者三，言古音一也，言説文二也，漢讀考三也。」其他説經之書，以漢志毛詩經、毛詩古訓傳〔六〕本各自爲書，因釐次傳文，還其舊著，重訂毛詩古訓傳〔七〕三十卷。以諸經惟尚書離厄最甚，古文幾亡，賈逵分別古今，劉陶是正文字，其書皆不存。乃廣蒐補闕，正晉、唐之妄改，存周、漢之駁文，著古文尚書撰異三十二卷。又録左氏經文，取鄭注禮、周禮，存古文、今文故書之例，附見公羊、穀梁經文之異，著春秋左氏古經十二卷，而以左氏傳五十凡附後。外有毛詩小學三十卷，汲古閣説文訂六卷，經韻樓集十二卷。嘉慶二十年卒，年八十一。

初，玉裁與念孫〔八〕俱師震，故戴氏有段、王兩家之學。玉裁少震四歲〔九〕，謙專〔十〕執弟子禮，雖耄，或稱震，必垂手拱立，朔望必莊誦震手札一通。卒後，王念孫謂其弟子長洲陳奐曰：「若膺死，天下遂無讀書人矣。」玉裁弟子，長洲徐頲、嘉興沈濤及女夫仁和龔麗正俱知名，而奐尤得其傳。奐自有傳。

鈕樹玉〔十一〕，字匪石，吳縣人。篤志好古，不爲科舉之業〔十二〕。精研文字、聲音、訓詁，謂：「説文懸諸日月而不刊者也，後人以新附淆之，誣許君矣。」因博稽載籍，著説文新附考六卷，續考一卷，又著説文解字校録三十卷。樹玉後見玉裁書，著段氏説文注訂八卷，所駁正之處，皆有依據。

徐承慶〔十三〕，字夢祥，元和人。乾隆五十一年舉人，官至山西汾州府知府。著段注匡謬十五卷，其攻瑕索瘢，尤勝鈕氏之書，皆力求其是，非故爲吹求者。

【校記】

〔一〕清史稿之段玉裁傳，源出清國史，載儒林傳下卷卷十四。

〔二〕何年傳主至京師，且遇戴震？清史稿未記確切時間，失當。據段玉裁輯戴東原先生年譜，時爲乾隆二十八年。

〔三〕段玉裁之師事戴震，震謙然婉拒，玉裁虔誠懇請，歷時六載，始成就一段學林佳話。據前引戴東原先生年譜乾隆三十一年丙戌、四十四歲條記：「始，玉裁癸未（乾隆二十八年——引者）請業於先生。既先生南歸，玉裁以札問安，遂自稱弟子。先生是年至京，面辭之，復於札内辭之。直至己丑（乾隆三十四年——引者）相謁，先生乃勉從之。」

〔四〕段玉裁何時「以教習得貴州玉屏縣知縣」？清史稿失記，不當。據上引戴東原先生年譜，乾隆三十二年，「玉裁景山萬善殿教習期滿」，三十五年夏，「銓得貴州玉屏縣」。

〔五〕段玉裁何時完成六書音均表？史稿失記，不當。據六書音均表卷首録玉裁乾隆四十年十月，寄戴東原先生書，竣稿時間爲是年九月。

〔六〕「毛詩古訓傳」，據漢書藝文志及段玉裁引述，皆作「毛詩故訓傳」。「古」字係史稿改。此處之故、古二字，雖相通，然若就尊重文獻言，史稿所改則並不可取。

〔七〕段玉裁所著，即自題「毛詩故訓傳」。

〔八〕傳文首次出現「王念孫」，「王」姓不當删。

〔九〕「玉裁少震四歲」，誤。據前引戴東原先生年譜，戴震生於雍正元年，而據劉盼遂段玉裁先生年譜，玉裁生於雍正十三年，兩人相差乃十二歲。

〔十〕「謙專」，不詞，「專」字誤。依清國史，當作「焉」，即「謙焉執弟子禮」。史稿改「焉」作「專」，無理無據。

〔十一〕清史稿之鈕樹玉傳，源出清國史，載儒林傳下卷卷十四，附見於段玉裁傳。

〔十二〕依清國史，此句之前，尚有「居東洞庭，隱於賈」七字，不當刪。

〔十三〕清史稿之徐承慶傳，源出繆荃孫段玉裁傳之附傳。

段玉裁 鈕樹玉

清史列傳　卷六十八　儒林傳下一

段玉裁，字若膺，江蘇金壇人。生而穎異，讀書有兼人之資。年十三，補諸生，學使尹會一授以小學書，遂究心焉。乾隆二十五年舉人。至京師，見休寧戴震，好其學，遂師事之。以教習得貴州玉屛縣知縣，旋調四川，署富順及南溪縣事，又辦理化林坪站務。時大兵征金川，輓輸絡繹。玉裁處分畢，輒篝燈著述不輟，著六書音均表五卷。古韻自顧炎武析爲十部，後江永復析爲十三部。玉裁謂:「支、佳一部也，脂、微、齊、皆、灰一部也，之、咍一部也，漢人猶未嘗淆借通用。晉、宋而後，乃少有出入。迄乎唐之功令，支注『脂、之同用』，佳注『皆同用』，灰注『咍同用』，於是古之截然爲三者，罕有知之。」又謂:「真、臻、先與諄、文、殷、魂、痕爲二，尤、幽與侯爲二，得十七部。」其書始名詩經韻譜、群經韻譜，嘉定錢大昕見之，以爲鑿破混沌。後易其體例，增以新加，十七部蓋如舊也。書成，自蜀寄震，震偉其所學之精，云:「自唐以來，講韻學者所未發。」尋任巫山縣。年四十六，以父老引疾歸。卜居蘇州之楓橋，鍵户不問世事者三十餘年。

玉裁於周、秦、兩漢書，無所不讀，諸家小學，皆別擇其是非。於是積數十年精力，專説説文，著説文解字注三十卷。謂:「爾雅以下，義書也；聲類以下，音書也；説文，形書也。凡篆一字，先訓其義，次釋其形，次釋其音，合三者以完一篆，故曰形書。」又謂:「許以形爲主，因形以説音、説義。其所説義，與他書絶不同者，他書多假借，則字多非本義，許惟就字説其本義。知何者爲本義，乃知何者爲假借，則本義乃假借之權衡也。説文、爾雅相爲表裏，治説文而後爾雅及傳注明。」又謂：「自倉頡造字，時至唐、虞、三代、秦、漢，以及許叔重造説文，曰『某聲』、曰『讀若某』者，皆條理合一不紊。故既用徐鉉切音，又某字志之曰古音第幾部，後附六書音均表，俾形、聲相爲表裏。始爲長編，名説文解字讀，凡五百四十卷。既乃隱括之，成此注。」書未成，海内想望者幾三十年。嘉慶十七年始付梓，高郵王念孫序之曰：「千七百年無此作矣。」玉裁又以説文者，説字之書，故有讀如，無讀爲。説經傳之書，必兼是二者。漢人作注，於字發疑正讀，其例有三。讀如、讀若者，擬其音也，比方之詞。讀爲、讀曰者，易其字也，變化之詞。當爲者，定爲字之誤、聲之誤，而改其字也，救正之詞。三者分而漢注可讀，而經可讀。述漢讀考，先成周禮六卷。又撰禮經漢讀考一卷，其他十六卷未成。儀徵阮元謂：「玉裁書有功於天下後世者三，言古音一也，言説文二也，漢讀考三也。」其他説經之書，以漢志毛詩經、毛詩故訓傳本各自爲書，因釐次傳文，還其舊著，重訂毛詩故訓傳三十卷。以諸經惟尚書離厄最甚，古文幾亡，賈逵分别古今，劉陶是正文字，其書皆不存。乃廣蒐補闕，正晉、唐之妄改，存周、漢之駁文，著古文尚書撰異三十二卷。又録左氏經文，取鄭注禮、周禮，存古文、今文故書之例，附見公羊、穀梁經文之異，著春秋左氏古經十二卷，而以左氏傳五十凡附後。又有毛詩小學三十卷，汲古閣説文訂十六卷，經韻樓集十二卷。二十年卒，年八十一。

初，玉裁與念孫俱師震，故戴氏有段、王兩家之學。玉裁少震四歲〔一〕，謙焉執弟子禮，雖耄，或稱震，必垂手拱立，朔望必莊誦震手札一通。卒後，王念孫謂其弟子長洲陳奐曰：「若膺死，天下遂無讀書人矣。」玉裁弟子，長洲徐頲、嘉興沈濤及女夫仁和龔麗正俱知名，而奐尤得其傳。

鈕樹玉，字匪石，江蘇吴縣人。居東洞庭，隱於賈。篤志好古，不爲科舉之業。精研文字、聲音、訓詁，謂：「説文懸諸日月而不刊者也，後人以新附淆之，誣許君矣。」因博稽載籍，著說文新附考六卷，續考一卷，又著說文解字校録三十卷。樹玉後見玉裁書，著段氏說文注訂八卷，所駁正之處，皆有依據。時又有元和舉人徐承慶，著段注匡謬十五卷，尤勝鈕氏書。

【校記】

〔一〕「玉裁少震四歲」，誤。當作「十二歲」。

孫志祖　翟灝　梁玉繩　梁履繩　汪家禧

清史稿　卷四百八十一　儒林二

孫志祖〔一〕，字詒穀，仁和人。乾隆三十一年進士，改刑部主事，洊升郎中，擢江南道監察御史，乞養歸。志祖清修自好，讀經史必釋其疑而後已。著讀書脞録七卷，考論經、子、雜家，折衷精詳，不爲武斷之論。又家語疏證六卷，謂：「王肅作聖證論以攻康成，又僞撰家語，飾其説以欺世。」因博集群書，凡肅所剿竊者，皆疏通證明之。又謂：「孔叢子亦王肅僞託。其小爾雅，亦肅借古書以自文。」並作疏證以辨其妄。幼熟精文選，後乃仿韓文考異之例，參稽衆説，正俗本之誤，爲文選考異四卷。又輯前人及朋輩論説，爲文選注補正四卷。又有文選理學權輿補一卷。輯風俗通逸文一卷，補正姚之駰輯謝承後漢書五卷。嘉慶六年卒，年六十五。

翟灝〔二〕，字大川，亦仁和人。乾隆十九年進士，官金華、衢州府學教授〔三〕。灝見聞淹博，又能搜奇引痺〔四〕。嘗與錢塘梁玉繩論王肅撰家語難鄭氏，欲搜考以證其譌〔五〕，因握筆互疏所出，頃刻數十事。時方被酒，旋罷去，未竟稿。其精力殊絶人也。著有爾雅補郭二卷，以爾雅郭注未詳、未聞者百四十二科，邢疏補言其十，餘仍闕如。乃參稽衆家，一一備説。又云：「古爾雅當有釋禮篇，與釋樂篇相隨。祭名與講武、旌旂三章，乃釋禮之殘缺失次者。」又著四書考異七十二卷，皆貫串精審，爲世所推。他著又有家語發覆、通俗篇〔六〕、湖山便覽、無不宜齋詩文稿。五十三年卒。

梁玉繩〔七〕，字曜北，錢塘人。增貢生。家世貴顯，玉繩不志富貴，自號清白士。嘗語弟履繩曰：「後漢襄陽樊氏，顯重當時，子孫雖無名德盛位，世世作書生門户。願與弟共勉之。」故玉繩年未四十，棄舉子業，專心撰著。其瞥記七卷，多釋經之文，有裨古義。玉繩尤精乙部書，著史記志疑三十六卷，據經傳以糾乖違，參班、荀以究同異，錢大昕稱其書爲「龍門功臣」。著人表考九卷，謂：「班氏借用禹貢田賦九等之目，造端自馬遷。」史記李將軍傳云：「李蔡爲人在下中。」其説頗是〔八〕。

履繩〔九〕，字處素。乾隆五十三年舉人。與兄玉繩相礱錯，有「元方、季方」之目。其於衆經中，尤精左氏傳，謂：「隋志載賈逵解詁、服虔解義各數十卷，今俱亡佚。杜氏參用賈、服，仲達作疏，間有稱引，未睹其全。亦如馬融諸儒之説，僅存單文隻義。唐以後注左氏者，惟張洽、趙汸最爲明晰，大抵詳書法而略紀載。」履繩綜覽諸家，旁采衆籍，以廣杜之所未備，作左通補釋三十二卷。又有未成者五門，曰廣傳、考異、駁證、古音、臆説。錢大昕見其書，歎爲絶恉。通説文，下筆鮮俗字。年四十六卒〔十〕。

汪家禧〔十一〕，字漢郊，仁和人。諸生。穎敏特異，通漢易，作易消息解。所著書數十卷，燬於火。其友秀水莊仲方、門人仁和許乃穀輯其遺文，爲東里生燼餘集三卷。文多説經，粹然有家法〔十二〕。

【校記】

〔一〕清史稿之孫志祖傳，源自清國史，載儒林傳下卷卷十，附見於盧文弨傳。

〔二〕清史稿之翟灝傳，源自清國史，載儒林傳下卷卷十三。

〔三〕「官金華、衢州府學教授」，先後倒置，不確。據梁同書翟先生灝傳，傳主先是於乾隆二十一年，任衢州府學教授，連丁父母憂，十餘載之後，始補金華教授。故當作「官衢州、金華府學教授」。

〔四〕「搜奇引痺」，「痺」字誤。當依清國史作「癖」，或依清史列傳作「僻」。

〔五〕「以證其譌」，「譌」字誤。當依清國史作「僞」。

〔六〕「通俗篇」「篇」字誤。當依前引梁撰翟先生灝傳作「編」。

〔七〕清史稿之梁玉繩傳，源自清國史，載儒林傳下卷卷十九。

〔八〕依清國史，尚於傳末記有梁玉繩卒年，作「年七十六卒」。史稿删而不録，失當。據徐世昌清儒學案卷一百〇三錢塘二梁學案，玉繩「嘉慶二十四年卒，年七十六」。

〔九〕清史稿之梁履繩傳，源自清國史，載儒林傳下卷卷十九，附見於梁玉繩傳，兼采盧文弨梁孝廉處素小傳而成。

〔十〕依清國史，尚於傳末記有梁履繩卒年，作乾隆「五十八年卒，年四十六」。史稿删而不録，失當。

〔十一〕清史稿之汪家禧傳，源自清國史，載文苑傳卷六十二。

〔十二〕依清國史，尚記有汪家禧卒年，作「嘉慶二十一年卒，年四十二」。史稿删而不録，失當。

孫志祖　翟灝〔一〕　梁玉繩〔二〕　梁履繩〔三〕　汪家禧〔四〕

清史列傳　卷六十八　儒林傳下一

孫志祖〔五〕，字詒穀，浙江仁和人。乾隆三十一年進士，改刑部主事，洊升郎中，擢江南道監察御史，乞養歸。志祖清修自好，讀經史必釋其疑而後已。著讀書脞録七卷，考論經、子、雜家，折中精詳。又家語疏證六卷，謂：「王肅作聖證論以攻康成，又僞撰家語，飾其説以欺世。」因博集群書，凡肅所剿竊者，皆疏通證明之。又謂：「孔叢子亦王肅僞託。其小爾雅，亦肅借古書以自文。」並作疏證以辨其妄。幼熟精文選，後乃倣韓文考異之例，參稽衆説，正俗本之誤，爲文選考異四卷。又輯前人及朋輩論説，爲文選注補正四卷。又有文選理學權輿補一卷。輯風俗通逸文一卷，補正姚之駰輯謝承後漢書五卷。嘉慶六年卒，年六十五。

翟灝，字大川，浙江仁和人。乾隆十九年進士，官金華、衢州府學教授。灝見聞淹博，又能搜奇引僻。嘗與錢塘梁玉繩論王肅撰家語難鄭氏，欲搜考以證其僞。因握筆互疏所出，頃刻數十事。時方被酒，旋罷去，未竟稿。其精力殊絶人也。著有爾雅補郭六卷，以爾雅郭注未詳、未聞者百四十二科，邢疏補言其十，餘仍闕如。乃參稽衆家，一一備説。又云：「古爾雅當有釋禮篇，與釋樂篇相隨。祭名與講武、旌旂三章，乃釋禮之殘缺失次者。」又著四書考異七十二卷，皆貫串精審，爲世所推。他著又有家語發覆、周書考證、山海經道常、説文稱經證、漢書藝文補志、太學石鼓補考、通俗篇〔六〕、湖山便覽、無不宜齋詩文集。五十三年卒。

梁玉繩，字曜北，浙江錢塘人。增貢生。同書嗣子。家世貴顯，有賜書。玉繩不至富貴，自號清白士。與弟履繩互相礲錯，有「二難」之目。同時杭世駿、陳兆崙、錢大昕、孫志祖、盧文弨，皆與接談論。文弨嘗稱二人氣象，玉繩則侃侃然，履繩闇闇然。其見重如此。玉繩嘗語履繩曰：「後漢襄陽樊氏，顯重當時，子孫雖無名德盛位，世世作書生門户。願與弟共勉之。」故玉繩年未四十，棄舉子業，專心撰著。其瞥記七卷，多釋經之文，有裨古義。嘗謂：「經學自東晉後，分爲南北。自唐以後，則有南學而無北學。北史儒林傳曰：『江左，周易則王輔嗣，尚書則孔安國，左傳則杜元凱。河洛，左傳則服子慎，尚書、周易則鄭康成。』蓋南北之不同如此。陸元朗南方學者，經典釋文不獨創始陳後主元年，其成書亦在未入隋以前。故序録中於王曉周禮音注云：『江南無此書，不詳何人。』於論語云：『北學有杜弼注，世頗行之。』又其書中引北音衹一再見，似書成後，入隋、唐亦不增加。故北大儒如徐遵明諸人，皆不援及。舊唐書儒學傳稱，元朗於貞觀初，拜國子博士。五經正義之作，未必非元朗創議。故正義於易、書、左傳，用王注、孔傳、杜注，並同釋文。正義中所謂定本者，出於顏師古手。師古之學，本其祖介，介家訓書證篇，每是江南本，非河北本。師古爲定本時，輒引晉、宋以來古今本，折服諸儒，則據南本爲定可知也。孔仲達本兼涉南北學，至其爲正義時，已有顏氏考定本在前。且師古首董其事，仲達亦不能自主，遂專用南學，而北學由此竟廢。近乃有治鄭氏易、書，服氏左傳者，紹北學於千載之下，不亦難乎！」

玉繩尤精乙部書，著史記志疑三十六卷。據經、傳以糾乖違，參班、荀以究同異，凡文字之傳譌，注解之傅會，一一析辨之，從事幾二十年。刊行後，續有增加，復筆之上方。大昕稱其書爲龍門功臣，可與集解、索隱、正義並傳。又以大昕言漢書人表，尊仲尼於上聖，顏、閔、思、孟於大賢，弟子居上等者三十餘人，而老、墨、莊、列諸家，咸置中等，有功名教。因著人表考九卷，皆詳審雅博，見稱於時。他著有元號略四卷，吕子校補二卷，誌銘廣例二卷，蜕稿四卷。又庭立紀聞四卷，子學昌所記也。年七十六卒。

履繩，字處素。乾隆五十三年舉人。刻意於學，蕭然如寒素，衣不求新，出則徒步。强識博聞，通聲韻人學，尤精左氏傳。其舅氏元和陳樹華著春秋内外傳考證，履繩復彙輯諸家之説而折其衷，成書六種，名曰左通。一曰補釋，古注輯存雖富，惟合者録。二曰駁證，諸家詮釋或疏，有證者駁。三曰考異，旁搜及石經群籍諸文。四曰廣傳，取材在公、穀、國語而外。五曰古音，證以風謡、卦繇。六曰肊説，詳於別解軼聞，皆考輯詳審。其補釋三十二卷，外孫汪遠孫爲刊行。履繩不以所能病人，亦不以所知愧人，人樂親之。五十八年卒，年四十六。

汪家禧，字漢郊，浙江仁和人。諸生。素好學，性謙抑，常若不及。與楊鳳苞、嚴元照同受知於學使阮元，元立詁經精舍，家禧爲舉首。尤長七略之學，其言著書之旨，以修己治人爲本，學務沉博，卒歸極於理。謂：「儒有鄭康成而經明，有韓退之而用彰，有朱文公而體立。朱學之傳，歷久無弊。」西湖六一泉有神位數百，皆前明湛族破家遺老，家禧嘗鉤考其事蹟，爲六一泉神位考三篇。嘉慶二十一年卒，年四十二。所著書凡數十卷，歿後無子，燬於火。今惟存東里生爐餘集三卷，崇祀三祠志九卷。

【校記】

〔一〕翟灝本獨自立傳，以黄模、周廣業附。

〔二〕梁玉繩本獨自立傳，以弟履繩、汪遠孫附。

〔三〕梁履繩本附見於兄玉繩傳。

〔四〕汪家禧原在清史列傳卷七十三，文苑傳四。

〔五〕孫志祖本附見於盧文弨傳。

〔六〕「篇」字誤，當作「編」。

劉台拱 朱彬

清史稿　卷四百八十一　儒林二

劉台拱〔一〕，字端臨，寶應人。性至孝，六歲，母朱氏殁，哀如成人。事繼母鍾氏，與親母同。九歲，作顏子頌，斐然成章，觀者稱爲神童。中乾隆三十五年舉人〔二〕，屢試禮部不第。是時，朝廷開四庫館，海内方聞綴學之士雲集。台拱在都，與學士朱筠、編修程晉芳、庶吉士戴震、學士邵晉涵，及其同郡御史任大椿、給事中王念孫等交遊，稽經考古，旦夕討論。自天文、律吕，至於聲音、文字，靡不該貫。其於漢、宋諸儒之説，不專一家，而惟是之求。精思所到，如與古作者晤言一室，而知其意指之所在。比之閻若璩，蓋相伯仲也。段玉裁每謂：「潛心三禮，吾所不如。」選丹徒縣訓導〔三〕，取儀禮十七篇，除喪服外，各繪爲圖，與諸生習禮容，爲發明先王制作之精意。迎兩親學署，雍雍色養，年雖五十，有孺子之慕。嘗客他所，忽心痛驟歸，母病危甚，乃悉心奉湯藥，衣不解帶者數旬，母病遂愈。逮丁内外艱，水漿不入口，既斂〔四〕，枕苫啜粥，哭泣之哀，震動鄰里。居喪，蔬食五年，出就外寢，以哀毁過情卒〔五〕，年五十有五。

與同郡汪中爲文章道義交，中殁，撫其孤喜孫，賴以成立。武進臧庸常以説經之文請益，台拱善之，恤其窮，賙其困，飲食教誨，十七年如一日，庸心感焉。台拱慕黄叔度之爲人，王昶稱其有曾、閔之孝。著有論語駢枝、經傳小記、國語補校、荀子補注、方言補校、淮南子補校、漢學拾遺、文集，都爲端臨遺書，凡八卷。

同邑朱彬〔六〕，字武曹。乾隆六十年舉人。彬幼有至行，年十一喪母，哀戚如成人。長丁父憂，斂〔七〕葬盡禮，三年蔬食居外。自少至老，好學不厭。承其鄉王懋竑經法，與外兄劉台拱互相切磋。每有所得，輒以書札往來辨難，必求其是而後已。於訓詁、聲音、文字之學，用力尤深。著有經傳考證八卷，禮記訓纂四十九卷，虎觀諸儒所論議〔八〕，鄭志弟子之問答，以及魏、晉以降諸儒之訓釋，書鈔、通典、御覽之涉是書者，一以注疏爲主，擷其精要，緯以古今諸説。其附以己意者，皆援據精碻，發前人所未發。他著有游道堂詩文集四卷。道光十四年卒，年八十有二。子士彦，吏部尚書，自有傳。

【校記】

〔一〕清史稿之劉台拱傳，源自清國史，載儒林傳下卷卷十七。

〔二〕「乾隆三十五年舉人」，不確。當爲三十六年。據朱彬劉先生台拱行狀，台拱生於乾隆十六年，二十一歲舉江南鄉試，時當乾隆三十六年。劉文興劉端臨先生年譜亦記爲：乾隆三十六年辛卯，二十一歲，舉江南鄉試第八十九名。

〔三〕傳主何時「選丹徒訓導」？史稿失記。據上引行狀，台拱「甲辰（乾隆四十九年），大挑二等，以教職用。踰歲，銓授丹徒縣訓導」。又據上引年譜，亦作乾隆五十年「春，銓授丹徒縣學訓導」。

〔四〕「斂」字，原作「歛」，形近而誤。據清國史改。

〔五〕劉台拱病卒事，清國史記之甚確，作「嘉慶十年卒，年五十五」。史稿擅删「嘉慶十年」四字，不妥。

〔六〕清史稿之朱彬傳，源自清國史，載儒林傳下卷卷二十三。

〔七〕「斂」字，原誤作「歛」，逕改。

〔八〕史稿節録國史成文，於「虎觀」句前，脱録一「取」字，致使文意不通。

劉台拱 朱彬〔一〕

清史列傳　卷六十八　儒林傳下一

劉台拱，字端臨，江蘇寶應人。父世謩，舉孝廉方正，不就，官靖江縣訓導，教士有聲。台拱幼不好戲，六歲，母歿，哀毁如成人。九歲，作顔子頌，心慕理學。及長，見同里王懋竑、朱澤澐書，遂篤志程、朱之學。乾隆三十五年〔二〕舉人，屢試禮部不第。大興朱珪校禮闈，得其卷，歎爲績學之士。時四庫館開，台拱在都，與朱筠、程晉芳、戴震、邵晉涵及同郡任大椿、王念孫等遊，稽經考古，旦夕討論。台拱齒最少，每發一義，諸人莫不折服。其學自天文、律吕，至聲音、文字，靡不該貫。考證名物，精研義理，未嘗離而二之。於漢、宋諸儒之説，不專一家，惟是之求。精思所到，如與古作者晤言一室，而知其意指之所存。以論語、禮經爲孔氏微言大義所在，用力尤深。選丹徒縣訓導，課士以敦品立行爲先，暇則誦習古訓，親爲講畫。取儀禮十七篇，除喪服外，各繪爲圖，與諸生習禮容，爲發明先王制作之精意。迎兩親學署，雍雍色養。事繼母尤孝，母或返家，書至目輒瞤。嘗客他所，忽心痛驟歸，母病危甚。台拱侍湯藥，衣不解帶者數旬，病遂愈。及兩親歿，水漿不入口，哀動鄰里。既斂，枕苫啜粥，自是出就外寢，蔬食者五年。青浦王昶以爲有曾、閔之孝，而王念孫則稱其學與閻若璩相伯仲。朱筠嘗曰：「台拱大賢也，豈獨學問過人也！」邵晉涵亦曰：「予交友中，淵通静遠，造次必儒者，台拱一人而已。」然台拱以聖賢之道自繩，與人遊處，未嘗一字及道學也。卒以哀毁過情，卧病不起，嘉慶十年卒，年五十五。

台拱慎於接物，而好誘掖後進，與王念孫及金壇段玉裁、江都汪中最稱莫逆。中恃才傲物，獨心折台拱，嘗曰：「君欲吾養德性，無騁血氣，使吾見所不足，吾所以服也。」及中殁，台拱撫其孤喜孫成立。武進臧庸常以經義請益，台拱飲食教誨之，十七年如一日，庸心感焉。生平無他嗜好，唯聚書數萬卷及金石文字，日夕冥搜，而不務著述。卒後，稿多零落，僅輯成論語駢枝一卷，儀禮傳注一卷，經傳小記三卷，荀子補注一卷，漢學拾遺一卷，文集一卷，及方言補校、淮南子補校、國語補〔三〕諸書。其説論語，「如切如磋，如琢如磨」，則據爾雅之文；「有事弟子服其勞，有酒食先生饌」，則據内則之文；「子貢欲去告朔之餼羊」，則據周官、大戴記、穀梁傳之文；「師摯之始，關雎之亂」，則據周官、儀禮之文；「入公門以下」，則據聘禮之文；「吉月必朝服而朝」、「孔子時其亡也而往拜之」，則據玉藻之文。皆聖經之達詁，而傳注之所未及。其疏釋儀禮經文，能默念其意，既補鄭注之缺，兼斥敖氏之妄。如横弓之爲南踣弓，張侯設乏之在前一日，饌於東方之在東堂下，下飲之非在西階下，朝祖之奠非用脯醢醴酒，皆條理緻密。至於荀子補注綴評事之疏漏，漢學拾遺箴祕書之違失，凡所糾正，悉徹本源云。

朱彬，字武曹，江蘇寶應人。乾隆六十年舉人。彬幼有至行，年十一喪母，哀戚如成人。丁父憂，斂葬盡禮，三年蔬食居外。時祖母劉尚存，寒暑飲食，盡心調護，一如其父在時。同懷兄早殤，與群從昆弟友于甚篤。自少至老，好學不厭。承其鄉王懋竑經法，又與外兄劉台拱，高郵王念孫、引之父子，李惇，江都汪中，餘姚邵晉涵諸人，互相切磋，每有所得，輒以書札往來辨難，必求其是而後已。於訓詁、聲音、文字之學，用力尤深，著有經傳考證八卷。又輯禮記訓纂四十九卷，取爾雅、説文、玉篇、廣雅諸書之故訓，虎觀諸儒之論議，鄭志弟子之問答，以及魏、晉以降諸儒之訓釋，又剌取北堂書鈔、通典、太平御覽之涉是書者，旁證國初及乾嘉間諸家之書，亦不下數十種，而一以注疏爲主，擷其精要，緯以古今諸説。其附以己意者，皆援據精確，足以薈衆説而持其平。他著有游道堂詩文集四卷。道光十四年卒，年八十二。

【校記】

〔一〕朱彬本獨爲一傳，載儒林傳下二。

〔二〕當爲乾隆三十六年。

〔三〕「補」字下，尚脱一「校」字，當補。

孔廣森

清史稿　卷四百八十一　儒林二

孔廣森〔一〕，字衆仲，曲阜人。孔子六十八代孫〔二〕、襲封衍聖公傳鐸之孫，户部主事繼汾之子。乾隆三十六年進士，選翰林院庶吉士，散館，授檢討。年少入官，性淡泊，躭著述，不與要人通謁。告養歸〔三〕，不復出。及居大母與父喪，竟以哀卒〔四〕，時乾隆五十一年，年三十五。

廣森聰穎特達，嘗受經戴震、姚鼐之門，經、史、小學，沉覽妙解。所學在公羊春秋〔五〕，嘗以左氏舊學湮於征南，穀梁本義汩於武子。王祖游謂，何休志通公羊，往往爲公羊疚病。其餘啖助、趙匡之徒，又横生義例，無當於經，唯趙汸最爲近正。何氏體大思精，然不無承訛率臆。於是旁通諸家，兼采左、穀，擇善而從，著春秋公羊通義十一卷、序一卷。凡諸經籍有可通於公羊者，多著録之。其不同於解詁者，大端有數事。謂：「古者諸侯分土而守，分民而治，有不純臣之義，故各得紀年於其境内。而何劭公謂：『唯王者然後改元立號，經書元年，爲託王於魯。』則自蹈所云『反傳違戾』之失。」其不同一也。謂：「春秋分十二公而爲三世，舊説所傳聞之世，隱、桓、莊、閔、僖也；所聞之世，文、宣、成、襄也；所見之世，昭、定、哀也。顔安樂以爲，襄公二十三年，邾婁鼻我來奔，云邾婁無大夫，此何以書？以近書也，又昭公二十七年，邾婁快來奔，傳云邾婁無大夫，此何以書？以近書也。二文不異，同宜一世，故斷自孔子生後，即爲所見之世。從之。」其不同二也。謂：「桓十七年，經無夏，二家經皆有夏，獨公羊脱耳。何氏謂：『夏者陽也，月者陰也，去夏者，明夫人不繫於公也。』所不敢言。」其不同三也。謂:「春秋上本天道，中用王法，而下理人情。天道者，一曰時，二曰月，三曰日。王法者，一曰譏，二曰貶，三曰絶。人情者，一曰尊，二曰親，三曰賢。此三科九旨。」而何氏文謚例云:「三科九旨者，新周故宋，以春秋當新王。此一科三旨也。」又云:「所見異辭，所聞異辭，所傳聞又異辭。二科六旨也。」又:「内其國而外諸夏，内諸夏而外夷狄。是三科九旨也。」其不同四也。他如何氏所據間有失者，多所裨損，以成一家之言。又謂:「左氏之事詳，公羊之義長，春秋重義不重事。」皆好學深思，心知其意。其爲説能融會貫通，使是非之旨不謬於聖人，大旨〔六〕見自序中。儀徵阮元謂:「讀其書，始知聖志之所在。」

又著有大戴禮記補注十四卷，詩聲類十三卷，禮學卮言六卷，經學卮言六卷，少廣正負術内外篇六卷。駢體兼有漢、魏、六朝、初唐之勝，江都汪中讀之，歎爲絶手。然廣森不自足，作堂於其居，名曰儀鄭，自庶幾於康成。桐城姚鼐謂:「其將以孔子之裔傳孔子之學，雖康成猶不足以限之。」惜奔走家難，勞思夭年，不充其志，藝林有遺憾焉。

【校記】

〔一〕清史稿之孔廣森傳，源自清國史，載儒林傳下卷卷十六。

〔二〕「孔子六十八代孫」，係指孔傳鐸，史稿此處原作逗號，誤指廣森，故改作頓號。

〔三〕「告養歸」，不確。據廣森兄廣林自訂温經樓年譜，乾隆四十二年，廣森丁母憂返鄉，服闋，遂陳情歸養，從此不出。

〔四〕「竟以哀卒」，史稿所記，失之過簡。傳末既稱「奔走家難，勞思夭年」，則此處文字似不可省。據前引温經樓年譜，乾隆四十九年，家難起。七月，因安葬大母事，廣森父繼汾忤宗子意，爲傳鐸劾奏。奉旨:「自議罰銀，交豫工充用。」後自認五萬。十一月，横禍再降，怨家挾嫌誣控，指繼汾撰孔氏家儀「語涉悖逆」。五十年三月，奉旨:「交刑部嚴訊。」後以「撰述沽名，議發伊犁」，改請交銀萬五千代贖。得旨報可。案起，廣森憂心如焚，扶病走江淮、河洛間，稱貸四方，納贖鍰入都，萬里荷戈，願以身代。父幸獲宥，復護之歸里。是年八月，爲籌措罰銀，繼汾南下江浙，乞援親友。五十一年八月，病卒杭州。十一月，廣森亦殉父九泉。

〔五〕「所學在公羊春秋」，何時學？從何人學？史稿失記。傳中所言戴震、姚鼐，皆不以公羊學見長。實則另有其人，乃清中葉公羊學之開派宗師莊存與。乾隆三十六年三月，莊存與任會試副考官，翌年六月，在翰林院教習庶吉士。莊、孔二人之師生之誼，廣森撰春秋公羊通義記之甚確。據稱：「座主莊侍郎爲廣森説此經，曰屈貉之役，左氏以爲陳侯、鄭伯在焉，而又有宋公後至，麇子逃歸。春秋一切不書主，書蔡侯者，甚惡蔡也。」廣森服膺師説，曰：「三復斯言，誠春秋之微旨。」

〔六〕「大旨」二字，原屬上讀，作「聖人大旨」，誤。逕改。

孔廣森

清史列傳　卷六十八　儒林傳下一

孔廣森，字㢲軒，山東曲阜人。孔子六十八代孫、襲封衍聖公傳鐸之孫，户部主事繼汾之子。乾隆三十六年進士，改翰林院庶吉士，散館，授檢討。年少入官，翩翩華胄，一時争與之交。然性淡泊，躭著述，不與要人通謁。告養歸，不復出。及居大母與父喪，竟以哀卒，時乾隆五十一年，年三十五。

廣森聰穎特達，嘗受經戴震、姚鼐之門，經、史、小學，沉覽妙解。所學在公羊春秋，嘗以左氏舊學湮於征南，穀梁本義汩於武子，王祖游謂何休志通公羊，往往爲公羊疚病。其餘啖助、趙匡之徒，又横生義例，無當於經，唯趙汸最爲近正。何氏體大思精，然不無承譌率臆。於是旁通諸家，兼采左、穀，擇善而從，著春秋公羊通義十一卷、序一卷。凡諸經籍義有可通於公羊者，著録之。其不同於解詁者，大端有數事。謂:「古者諸侯分土而守，分民而治，有不純臣之義，故各得紀年於其境内。而何劭公謂:『唯王者然後改元立號，經書元年，爲託王於魯。』則自蹈所云『反傳違戾』之失。」其不同一也。謂:「春秋分十二公而爲三世，舊説所傳聞之世，隱、桓、莊、閔、僖也；所聞之世，文、宣、成、襄也；所見之世，昭、定、哀也。顔安樂以爲，襄公二十三年，邾婁鼻我來奔，云邾婁無大夫，此何以書？以近書也；又昭公二十七年，邾婁快來奔，云邾婁無大夫，此何以書？以近書也。二文不異，同宜一世，故斷孔子生後即爲所見之世。從之。」其不同二也。謂:「桓十七年，經無夏，二家經皆有夏，獨公羊脱耳。何氏謂:

『夏者陽也，月者陰也，去夏者，明大夫不繫於公也。』所不敢言。」其不同三也。謂：「春秋上本天道，中用王法，而下理人情。天道者，一曰時，二曰月，三曰日。王法者，一曰譏，二曰貶，三曰絕。人情者，一曰尊，二曰親，三曰賢。此三科九旨。而何氏文謚例云：『三科九旨者，新周故宋，以春秋當新王。此一科三旨也。』又云：『所見異辭，所聞異辭，所傳聞又異辭。二科六旨也。』又：『內其國而外諸夏，內諸夏而外夷狄。是三科九旨也。』」其不同四也。他如何氏所據間有失者，多所裨損，以成一家之言。又謂：「左氏之事詳，公羊之義長，春秋重義不重事。」皆好學深思，心知其意。故能融會貫通，使是非之旨不謬於聖人。大旨見自序中。儀徵阮元謂：「讀其書，始知聖志之所在。」

又著大戴禮記補注十四卷，詩聲類十三卷，禮學卮言六卷，經學卮言六卷，少廣正負術內外篇六卷。駢體兼有漢、魏、六朝、初唐之勝，江都汪中讀之，歎爲純手。然廣森不自足，作堂於其居，名曰儀鄭，自庶幾於康成。惜奔走家難，勞思夭年，藝林有遺憾焉。

邵晉涵 周永年

清史稿　卷四百八十一　儒林二

邵晉涵〔一〕，字二雲，餘姚人。乾隆三十六年進士，歸班銓選。會開四庫館，特詔徵晉涵及歷城周永年、休寧戴震、仁和余集等，入館編纂，改翰林院庶吉士，授編修。四十五年，充廣西鄉試正考官。五十六年，大考遷左中允。擢侍講學士，充文淵閣直閣事，日講起居注官。晉涵左目眚，清羸。善讀書，四部七録，靡不研究。嘗謂：「爾雅者，六藝之津梁，而邢疏淺陋不稱。」乃别爲正義二十卷，以郭璞爲宗，而兼采舍人、樊、劉、李、孫諸家，郭有未詳者，摭他書附之。自是承學之士，多舍邢而從邵。尤長於史，以生在浙東，習聞劉宗周、黄宗羲諸緒論，説明季事，往往出於正史之外。在史館時，見永樂大典采薛居正五代史〔二〕，乃薈萃編次，得十之八九。復采册府元龜、太平御覽諸書，以補其缺。並參考通鑑長編、諸史及宋人説部、碑碣，辨證條繫，悉符原書一百五十卷之數。書成，呈御覽，館臣請仿劉昫舊唐書之例，列於廿三史，刊布學宫。詔從之。由是薛史與歐陽史並傳矣。嘗謂：「宋史自南渡後多謬，慶元之間，褒貶失實，不如東都有王偁事略也。」欲先輯南都事略，使條貫粗具，詞簡事增。又欲爲趙宋一代之志，俱未卒業。其後，鎮洋畢沅爲續宋元通鑑，囑晉涵删補考定，故其緒餘稍見於審正續通鑑中。

晉涵性狷介，不爲要人屈。嘗與會稽章學誠論修宋史宗旨，晉涵曰：「宋人門户之習，語録庸陋之風，誠可鄙也。然其立身制行，出於倫常日用，何可廢耶？士大夫博學工文，雄出當世，而於辭受、取與、出處、進退之間，不能無簞豆、萬鐘之擇。本心既失，其他又何議焉？此著宋史之宗旨也。」學誠聞而聳然。他著有孟子述義、穀梁正義、韓詩内傳考，並足正趙岐、范甯及王應麟之失，而補其所遺。又有皇朝大臣謚迹録、方輿金石編目、輶軒日記、南江詩文稿〔三〕。嘉慶元年卒，年五十有四。

周永年〔四〕，字書昌，歷城人。博學貫通，爲時推許。乾隆三十六年進士，與晉涵同徵修四庫書，改翰林院庶吉士，授編修。四十四年，充貴州鄉試副考官。永年在書館，好深沉之思，四部兵農、天算、術數諸家，鉤稽精義，褒譏悉當，爲同館所推重。見宋、元遺書，湮没者多見采於永樂大典中，於是抉摘編摩，自永新〔五〕劉氏兄弟公是、公非集以下，凡得十餘家，皆前人所未見，咸著於録。又以爲釋、道有藏，儒者獨無，乃開借書園，聚古今書籍十萬卷，供人閲覽傳鈔，以廣流傳。惜永年歿後〔六〕，漸就散佚，則未定經久之法也。

【校記】

〔一〕清史稿之邵晉涵傳，源出清國史，載儒林傳下卷卷十六。

〔二〕據清國史，五代史書名尚冠有一「舊」字，當補。

〔三〕據清史稿藝文志，邵晉涵著有南江劄記四卷。

〔四〕清史稿之周永年傳，源出清國史，載儒林傳下卷卷十六，附見於邵晉涵傳。

〔五〕周永年歿於何年？清史稿失記。清國史記作「卒年六十二」，惟依然未明何年。據章學誠撰周書昌别傳，永年卒於乾隆五十六年，年六十有二。

〔六〕「永新」，誤。據宋史，劉敞、劉攽兄弟，乃江西新喻人，而非永新。清國史即作「新喻」。

邵晉涵 周永年

清史列傳　卷六十八　儒林傳下一

邵晉涵，字二雲，浙江餘姚人。乾隆三十六年進士，歸班銓選。會開四庫館，特詔徵晉涵及歷城周永年、休寧戴震等，入館編纂，改翰林院庶吉士，授編修。四十五年，充廣西鄉試正考官。五十六年，大考遷左中允。洊擢侍講學士，充文淵閣直閣事，日講起居注官。晉涵左目眚，清羸。善讀書，四部七録，靡不研究。嘗謂：「爾雅者，六藝之津梁，而邢疏淺陋不稱。」乃爲正義二十卷，以郭璞爲宗，而兼采舍人、樊、劉、李、孫諸家，郭有未詳者，擇他書附之。自是承學之士，多舍邢而從邵。尤長於史，以生長浙東，習聞劉宗周、黄宗羲諸緒論，説明季事，往往出於正史之外。在書館時，見永樂大典采薛居正舊五代史，乃薈萃編次，得十之八九。復采册府元龜、太平御覽諸書，以補其缺。並參考通鑑長編、諸史及宋人説部、碑碣，辨證條繫，悉符原書一百五十卷之舊。書成，呈御覽，館臣請仿劉昫舊唐書之例，列於二十三史，刊布學宫。詔從之。由是薛史與歐陽史並傳矣。嘗謂：「宋史自南渡後多謬，慶元之間，褒貶失實，不如東都有王偁事略」。欲先輯南都事略，使條貫粗具，詞簡事增。又欲爲趙宋一代之志，俱未卒業。其後鎮洋畢沅爲續宋元通鑑，囑晉涵删補考定，故其緒論稍見於審正續通鑑中。

晉涵性狷介，不爲要人屈。嘗與會稽章學誠論修宋史宗旨，晉涵曰：「宋人門户之習，語録庸陋之風，誠可鄙也。然其立身制行，出於倫常日用，何可廢耶？士大夫博學工文，雄出當世，而於辭受取與、出處進退之間，不能無簞豆萬鍾之擇。本心既失，其他又何議乎？此著宋史之宗旨也。」學誠聞而聳然。他著有孟子述義、穀梁正義、韓詩内傳考、並足正趙岐、范寧及王應麟之失，而補其所遺。又有皇朝大臣謚迹録、方輿金石編目、輶軒日記、南江詩文稿。嘉慶元年卒，年五十四。

周永年，字書昌，山東歷城人。少嗜學，聚書五萬卷，築籍書園，祀漢經師伏生等。博洽貫通，爲時推許。乾隆三十六年〔一〕進士，特詔徵修四庫書，改翰林院庶吉士，散館授編修。充文淵閣校理官。四十四年，充貴州鄉試副考官。永年在書館，見宋、元遺書湮没者，多采入永樂大典中，於〔二〕抉摘編摩，自新喻劉氏兄弟公是、公非集以下，凡得十餘家，皆前人所未見者，悉著於録。生平與邵晉涵及江都程晉芳、歸安丁杰、曲阜桂馥交最契。嘗借館中書，與馥爲四部考，傭書工十人，日夜鈔校，會禁借官書乃止。其爲學務觀大義，不讐章句。自謂文拙不存稿，著有先正讀書訣一卷。卒年六十二。

【校記】

〔一〕「乾隆三十六年」，原誤作「二十六年」，逕改。

〔二〕據清國史，「於」字下尚脱一「是」字，當補。

王念孫 子引之　李惇　賈田祖　宋綿初

清史稿　卷四百八十一　儒林二

王念孫〔一〕，字懷祖，高郵州人。父安國，官吏部尚書，謚文肅，自有傳。八歲〔二〕，讀十三經畢，旁涉史鑑。高宗南巡，以大臣子迎鑾，獻文册，賜舉人。乾隆四十年進士，選翰林院庶吉士，散館，改工部主事。升郎中，擢陝西道御史，轉吏科給事中。嘉慶四年，仁宗親政。時川、楚教匪猖獗，念孫陳剿賊六事，首劾大學士和坤。疏語援據經義，大契聖心。是年，授永定河道。六年，以河隄漫口罷，特旨留督辦河工。工竣，賞主事銜。河南衡家樓河决，命往查勘，又命馳赴臺莊治河務。尋授山東運河道。在任六年，調永定河道。會東河總督與山東巡撫以引黄利運異議，召入都决其是非。念孫奏引黄入湖，不能不少淤，然暫行無害。詔許之。已而永定河水復異漲，如六年之溢〔三〕，念孫自引罪，得旨休致。道光五年，重宴鹿鳴。卒〔四〕年八十有九。

念孫故精熟水利書〔五〕，官工部，著導河議上下篇。及奉旨纂河源紀略，議者或誤指河源所出，念孫力辨其譌，議乃定。紀略中辨譌一門，念孫所撰也。既罷官，日以著述自娱。著讀書雜志，分逸周書、戰國策、管子、荀子、晏子春秋、墨子、淮南子、史記、漢書、漢隸拾遺，都八十二卷。於古義之晦，於鈔之誤寫，校之妄改，皆一一正之。一字之證，博及萬卷，其精於校讐如此。

初，從休寧戴震受聲音、文字、訓詁。其於經，熟於漢學之門户，手編詩三百篇、九經、楚辭之韻，分古音爲二十一部。於支、脂、之三部大分，段玉裁六書音均表亦見及此。其分至、祭、盍、輯爲四部，則段書所未及也。念孫以段書先出，遂輟作。又以邵晉涵先爲爾雅正義，乃撰廣雅疏證。日三字爲程，閲十年而書成，凡三十二卷。其書就古音以求古義，引申觸類，擴充於爾雅、説文，無所不達。然聲音、文字，部分之嚴，一絲不亂。嘗語子引之曰：「詁訓之旨，存乎聲音，字之聲同、聲近者，經傳往往假借。學者以聲求義，破其假借之字而讀本字，則涣然冰釋。如因假借之字强爲之解，則結籥不通矣。毛公詩傳，多易假借之字而訓以本字，已開改讀之先。至康成箋詩注禮，屢云某讀爲某，假借之例大明。後人或病康成破字者，不知古字之多假借也。」又曰：「説經者期得經意而已，不必墨守一家。」引之因推廣庭訓，成經義述聞十五卷〔六〕，經傳釋辭十卷，周秦古〔七〕字解詁、字典考證。論者謂有清經術，獨絶千古，高郵王氏一家之學，三世相承，與長洲惠氏相埒云。

引之〔八〕，字伯申。嘉慶四年一甲進士，授編修。大考一等，擢侍講，歷官至工部尚書。福建署龍溪令朱履中，誣布政使李賡芸受賕，總督汪志伊、巡撫王紹蘭劾之，對簿無佐證，而持之愈急。賡芸不堪，遂自經。命引之讞之，平反其獄，罷督撫官。爲禮部侍郎時，有議爲生祖母承重，丁憂三年者。引之力持不可，會奉使去，持議者遽奏行之。引之還，疏陳庶祖母非祖敵體，不得以承重論。緣情即終身持服不足，制禮則承重之義不能加於支庶，請復治喪一年舊例。遂更正。道光十四年卒〔九〕，謚文簡。

同州李惇〔十〕，字成裕。乾隆四十五年進士。惇與同縣王念孫、賈田祖同力於學。始爲諸生，爲學使謝墉所賞。將選拔貢，會田祖卒於旅舍，惇經營殯事，不與試，墉歎爲古人。江藩好詆訶前人，惇謂之曰：「王子雍若不作聖證論以攻康成，豈非醇儒？」其面規人過如此。著有群經識小八卷，考諸經古義二百二十餘事，多前人所未發。四十九年卒，年五十一。

田祖〔十一〕，字稻孫。諸生。通左氏春秋，有春秋左氏通解。

宋綿初〔十二〕，字守端，亦高郵人。乾隆四十二年拔貢生，官五河、清河訓導。邃深經術，長於説詩，著韓詩内傳徵四卷。又有釋服二卷。

【校記】

〔一〕清史稿之王念孫傳，源自清國史，載儒林傳下卷卷十八。

〔二〕「八歲，讀十三經畢」，不確。據阮元王石臞先生墓誌銘，當作「八歲，屬文。十歲，讀十三經畢」。清國史同阮文。

〔三〕「溢」字原作「隘」，形近而誤。故依清國史改。

〔四〕王念孫卒於何年？清史稿失記。清國史所記不誤，作道光「十二年卒，年八十有九。」

〔五〕「書」字，清國史無，係史稿所加，甚是。

〔六〕「經義述聞十五卷」，係嘉慶二十二年之復刻本。道光七年之定本，則作三十二卷。引之自序末，有雙行夾注云：「合春秋名字解詁、太歲考，凡三十二卷。道光七年十二月，重刊於京師西江米巷壽藤書屋」。

〔七〕「周秦古字解詁」，「古」字誤。據湯金釗伯申王公墓誌銘，當作「名」。引之輯入經義述聞，又稱「春秋名字解詁」。

〔八〕清史稿之王引之傳，源出清國史，載大臣畫一傳檔次編卷一一六。

〔九〕王引之享年若干？史稿失記。清國史同。據上引墓誌銘，引之卒於道光十四年十一月二十四日，享年六十有九。

〔十〕清史稿之李惇傳，源出清國史，載儒林傳下卷卷十八，附見於王念孫傳。

〔十一〕清史稿之賈田祖傳，源出清國史，載儒林傳下卷卷十八，附見於王念孫傳。

〔十二〕清史稿之宋綿初傳，源出清國史，載儒林傳下卷卷十八，附見於王念孫傳。

王念孫 王引之　李惇　賈田祖　宋綿初

清史列傳　卷六十八　儒林傳下一

王念孫，字懷祖，江蘇高郵人。父安國，官吏部尚書，謚文肅，自有傳。念孫八歲能屬文，十歲讀十三經畢，旁涉史鑑，有神童之目。高廟南巡，以大臣子迎鑾，獻文册，賜舉人。乾隆四十年進士，改翰林院庶吉士，散館，授工部主事。洊升郎中，擢陝西道御史，轉吏科給事中。嘉慶四年，仁宗睿皇帝親政。時川、楚教匪猖獗，念孫陳剿賊六事，首劾大學士和珅，疏語援據經義，大契聖心。是年，命巡淮安及濟寧漕，授直隸永定〔一〕河道。六年，以河隄漫口罷，持旨留督辦河工。工竣，賞主事銜。河南衡家樓河决，命隨尚書費淳查勘，且籌新漕。又命馳赴臺莊，隨同吉綸辦河務。尋授山東運河道。在任六年，調永定河道。會東河總督與山東巡撫以引黄利運異議，召入都决其是非。念孫奏引黄入湖，不能不少淤，然暫行無害。詔許之。已而永定河水復異漲，如六年之溢。念孫自引罪，得旨休致。道光五年，重宴鹿鳴，賞給四品銜。十二年卒，年八十有九。

念孫故精熟水利，官工部，著導河議上下篇。及奉旨纂河源紀略，議者或誤指河源所出，念孫力辨其譌，議乃定。紀略中辨譌一門，念孫所撰也。任河道十餘載，查工節帑，積弊一清，累得旨褒獎。所條上河務事，多議行。既罷官，日以著述自娱。著讀書雜志八十二卷，分逸周書、戰國策、管子、荀子、晏子春秋、墨子、淮南子、史記、漢書、漢隸拾遺，凡十種。於古義之晦誤，寫校之妄改，皆一一正之。一字之證，博及萬卷，其精於校讐如此。

初，從休寧戴震受聲音、文字、訓詁。手編詩三百篇、九經、楚詞之韻，分古音爲二十一部。於支、脂、之三部之分，段玉裁六書音均表亦見及此。其分至、祭、盇〔二〕、緝爲四部，則段書所未及也。念孫以段書先出，遂輟作。又以邵晉涵先爲爾雅疏，乃綜其經學，撰廣雅疏證。日三字爲程，閱十年而書成，凡三十二卷。其書就古音以求古義，引伸觸類，擴充於爾雅、説文，無所不達。然聲音、文字，部分之嚴，一絲不亂。蓋藉張揖之書以納諸説，而實多揖所未知，及同時惠棟、戴震所未及。嘗語子引之曰：「詁訓之旨，存乎聲音，字之聲同、聲近者，經傳往往假借。學者以聲求義，破其假借之字而讀本字，則渙然冰釋。如因假借之字强爲解，則結籥不通矣。毛公詩傳，多易假借之字而訓以本字，已開改讀之先。至康成箋詩注禮，屢云某讀爲某，假借之例大明。後人或病康成破字者，不知古字之多假借也。」又曰：「説經者期得經意而已，不必墨守一家。」引之因推廣庭訓，成經義述聞十五卷，經傳釋辭十卷。

引之，字伯申，能世其學。由編修官至禮部尚書，謚文簡，自有傳。論者謂國朝經述，獨絶千古，高郵王氏一家之學，三世相承，自長洲惠氏父子外，蓋鮮其匹云。

李惇，字成裕，江蘇高郵人。乾隆四十五年進士。少穎異，七歲即知解經，有神童之目。年十三而孤。及長，與同縣王念孫、賈田祖同力於學，又與任大椿、劉台拱、汪中、程瑶田等相研摩。邃深經傳，尤長于詩及春秋。晚好曆算，得宣城梅氏書，盡通其術，與錢塘齊名。著有群經釋小八卷，考諸經古義二百二十餘事，多前人所未發。又有古文尚書説、毛詩三條辨、考工車制考、左氏通釋、杜氏長曆補、渾天圖説、讀史碎金、詩文集。惇事母孝，侍疾居喪皆盡禮。質直寡言，篤於朋友。始爲諸生，爲學使謝墉所賞。將選拔貢，會賈田祖卒於旅舍，惇經營殯事，不典試，墉歎爲古人。江都江藩好詆訶前人，惇謂之曰：「王子雍若不作聖證論以攻康成，豈非醇儒？」其面規人過如此。

四十九年卒，年五十一。

賈田祖，字稻孫。諸生。通左氏春秋，有春秋左氏通解。

宋綿初，字守端，亦高郵人。乾隆四十二年拔貢生，官五河、清河訓導。邃深經術，長於説詩，著韓詩内傳徵四卷。又有釋服二卷，困知録。

【校記】

〔一〕「定」字，原缺，據清國史補。

〔二〕「盍」字，原作「蓋」，清國史同，誤。據阮元王石臞先生墓誌銘改。

汪中 江德量　徐復　汪光爔

清史稿　卷四百八十一　儒林二

汪中〔一〕，字容甫，江都人。生七歲而孤，家貧不能就外傅，母鄒授以四子書。稍長，助書賈鬻書於市，因遍讀經史百家，過目成誦，遂爲通人。年二十，補諸生。乾隆四十二年拔貢生。提學使者謝墉每試，別置一榜，署名諸生前，嘗曰：「余之先容甫，爵也。若以學，當北面事之。」其敬中如此。以母老竟不朝考。五十一年，侍郎朱珪主江南試，謂人曰：「吾此行必得汪中爲選首。」不知其不與試也。中顓意經術，與高郵王念孫、寶應劉台拱爲友，共討論之。其治尚書，有尚書考異。治禮，有儀禮校本、大戴禮記校本。治春秋，有春秋述義。治小學，有爾雅校本及小學説文求端。中嘗謂：「國朝古學之興，顧炎武開其端。河、洛矯誣，至胡渭而絀。中西推步，至梅文鼎而精。力攻古文者，閻若璩也。專治漢易者，惠棟也。凡此，皆千餘年不傳之絕學。及戴震出，而集其大成。」擬作六儒頌〔二〕，未成。

又嘗博考先秦古籍，三代以上學制廢興，使知古人所以爲學者。凡虞夏第一，周禮之制第二，周衰列國第三，孔門第四，七十子後學者第五。又列通論、釋經、舊聞、典籍、數典、世官，目録凡六。而自題其端曰：「觀周禮太史云云，當時行一事則有一書。其後執書以行事，又其後則事廢而書存。至宋儒以後，則並其書之事而去之矣。」又曰：「有官府之典籍，有學士大夫之典籍，故老之傳聞〔三〕。行一事有一書，傳之後世，奉以爲成憲。此官府之典籍也。先王之禮樂政事，遭世之衰，廢而不失。有司徒守其文，故老能言其事。好古之君子，憫其浸久而遂亡也，而書之簡畢。此學士大夫之典籍也。」又曰：「古之爲學士者，官師之長但教之以其事，其所誦者，詩書而已。其他典籍，則皆官府藏而世守之，民間無有也。苟非其官，官亦無有也。其所謂士者，非王侯、公卿、大夫之子，則一命之士，外此則鄉學、小學而已。自辟雍之制無聞，太史之官失守，於是布衣有授業之徒，草野多載筆之士。教學之官，記載之職，不在上而在下。及其衰也，諸子各以其學鳴，而先王之道荒矣。然當諸侯去籍，秦政焚書，有司所掌，蕩然無存。猶賴學士相傳，存其一二，斯不幸中之幸也。」又曰：「孔子所言，則學士所能爲者，留爲世教。若其政教之大者，聖人無位，不復以教子弟。」又曰：「古人學在官府，人世其官，故官世其業。官既失守，故專門之學廢。」其書稿草略具，亦未成。後乃即其考三代典禮及文字訓詁、名物象數，益以論撰之文，爲述學内、外篇，凡六卷。其有功經義者，則有若釋三九、婦人無主答問、女子許嫁而壻死從死及守志議、居喪釋服解義。其表彰經傳及先儒者，則有若周官徵文、左氏春秋釋疑、荀卿子通論、賈誼新書序。其他考證之文，亦有依據。

中又熟於諸史地理，山川阨要，講畫瞭然。著有廣陵通典十卷，秦蠶食六國表，金陵地圖考。生平於詩文書翰，無所不工。所作廣陵對、黄鶴樓銘、漢上琴臺銘，皆見稱於時。他著有經義知新記一卷，大戴禮正誤一卷，遺詩一卷。五十九年卒，年五十一。

中事母以孝聞，左右服勞，不辭煩辱。居喪，哀戚過人。其於知友故舊，没後衰落，相存問過於從前。道光十一年，旌孝子。中子喜孫，自有傳。同郡人爲漢學者，又有江德量、徐復、汪光爔。

德量〔四〕，字量殊，江都人。父恂，好金石文字。伯父昱，通聲音訓詁之學。德量少承家學，及長，與汪中友，勵志肄經，學益進。乾隆四十四年一甲進士，授翰林院編修，改江西道御史。居朝多識舊聞，博通掌故，公餘鍵户，以文籍自娱。著有古泉志三十卷。五十八年卒，年四十二。

復〔五〕，字心仲，亦江都人。通九章算術。

光爔〔六〕，字晉蕃，儀徵人。廩生。博通經史，嘗辨惠氏易爻辰圖之謬，又作蕢稗釋，時人服其精核。

【校記】

〔一〕清史稿之汪中傳，源出清國史，載儒林傳下卷卷十八。

〔二〕「六儒頌」係文篇名，原誤作專名號，故逕改書名號。

〔三〕「故老之傳聞」五字，依汪喜孫容甫先生年譜引述，當作隨文小字夾注。故當從清國史不引，或改作夾注。

〔四〕清史稿之江德量傳，源出清國史，載儒林傳下卷卷十八，附見於汪中傳。

〔五〕清史稿之徐復傳，源出清國史，載儒林傳下卷卷十八，附見於汪中傳。

〔六〕清史稿之汪光爔傳，源出清國史，載儒林傳下卷卷十八，附見於汪中傳。

汪中 子喜孫　江德量　徐復　汪光爔

清史列傳　卷六十八　儒林傳下一

汪中，字容甫，江蘇江都人。父一元，以孝子旌。中生七歲而孤，家酷貧，不能就外傅，母鄒授以小學、四子書。稍長，助書賈鬻書於市，因遍讀經史百家，過目成誦，遂爲通人。年二十，補諸生，然時人未之知也。編修杭世駿主講安定書院，論及孟子「往送之門」，以爲昏禮無明文。中引穀梁祭門闕門證之，世駿折服，遂大稱之。乾隆四十二年拔貢。提學謝墉每試，別置一榜，署名諸生前，嘗曰：「余之先容甫，爵也。若以學，當北面事之矣。」以母老竟不赴朝考。中嘗有志於用世，故於古今沿革，民生利病，皆博問而切究之。年三十，顓意經術，與高郵李惇、王念孫、寶應劉台拱爲友，共討論之。其治尚書，有尚書考異。治禮，有儀禮校本、大戴禮記校本。治春秋，有春秋述義。治小學，有爾雅校本及小學說文求端。同時治經諸人，如王念孫、阮元、郝懿行，時采其說。中嘗謂：「國朝古學之興，顧炎武開其端。河、洛矯誣，至胡渭而絀。中西推步，至梅文鼎而精。力攻古文者，閻若璩也。專治漢易者，惠棟也。凡此，皆千餘年不傳之絶學。及戴震出，而集其大成。」擬作六儒頌，未成。又嘗博考先秦古籍三代以上學制廢興，使知古人以爲學者。爲述學一書，凡虞夏第一，周禮之制第二，周衰列國第三，孔門第四，七十子後學者第五。又列通論、釋經、舊聞、典籍、數典、世官，目録凡六。而自題其端曰：「觀周禮太史云云，當時行一事則有一書。其後執書以行事，又其後則事廢而書存。至宋儒以後，則並其書之事而去之矣。」又曰：「有官府之典籍，有學士大夫之典籍。當時行一事則有一書，傳之後世，奉以爲成憲。此官府之典籍也。先王之禮樂政事，遭世之衰，廢而不失。有司徒守其文，故老能言其事。好古之君子，閔其浸久而遂亡也，而書之簡畢。此學士大夫之典籍也。」又曰：「古之爲學士者，官師之長但教之以其事，其所誦者，詩、書而已。其他典籍，則皆官府藏而世守之，民間無有也。苟非其官，官亦無有也。其所謂士者，非王侯、公卿、大夫之子，則一命之士，外此則鄉學、小學而已。自辟雍之制無聞，太史之官失守，于是布衣有授業之徒，草野多載筆之士。教學之官，記載之職，不在上而在下。及其衰也，諸子各以其學鳴，而先王之道荒矣。然當諸侯去籍，秦政焚書，有司所掌，蕩然無存。猶賴學士相傳，存其一二，斯不幸中之幸也。」又曰：「孔子所言，則學士所能爲者，留爲世教。若其政教之大者，聖人無位，不復以教子弟。」又曰：「古人學在官府，人世其官，故官世其業。官既失守，故專門之學廢。」其書稿草略具，亦未成。後乃即其考三代典禮及文字訓詁，名物象數，益以論撰之文，爲述學內、外篇，凡六卷。其有功經義者，則有若釋三九、婦人無主答問、女子許嫁而壻死從死及守志議、居喪釋服解義。其表章經傳及先儒者，則有若周官徵文、左氏春秋釋疑、荀卿子通論、賈誼新書序。其他考證之文，亦有依據。

中又熟于諸史地理，山川阨要，講畫瞭然。著有廣陵通典十卷，秦蠶食六國表，金陵地圖考。生平于詩文書翰，無所不工。所作廣陵對、黃鶴樓銘、漢上琴臺銘，皆見稱于時。他著有經義知新記一卷，大戴禮正誤一卷，遺詩一卷。五十九年卒，年五十一。

中性質直，不爲容止。疾當時所爲陰陽拘忌、釋老神怪之説，斥之不遺餘力。于時彥不輕許可，好嫚罵人，人目之曰「狂生」。然不没人之實，有一文一詩之善者，亦贊不容口。事母以孝聞，貧無菽水，則賣文以養。居喪，哀戚過人。其於知友故舊，没後衰落，相存問過于生前，蓋其性之篤厚然也。子喜孫。

喜孫，字孟慈。嘉慶十二年舉人，由内閣中書洊陞户部員外郎，補河南懷慶府知府，卒於官。喜孫博學好古，於文字、聲音、訓詁，多所究心，能紹家學。著有大戴禮記補、喪服答問紀實、國朝名臣言行録、經師言行録、尚友記、且住庵文稿。同郡人爲漢學者，又有江德量、徐復、許珩、汪光爔。

江德量，字量殊，江都人。父恂，好金石文字。伯父昱，通聲音訓詁之學。德量少承家學，及長，與汪中友善，勵志肄經，學益大進。乾隆四十四年一甲二名進士，授翰林院編修，改江西道御史。居朝多識舊聞，博通掌故，公餘鍵户，以文籍自娱。著有古泉志三十卷，又撰廣雅疏，未成。五十八年卒，年四十有二。

徐復，字心仲，亦江都人。諸生。著有論語疏證，惜早卒。

汪光爔，字晉蕃。亦儀徵諸生。博通經史。嘗辨惠氏易爻辰圖之謬，又作蕘稗釋一卷，人歎其精覈。卒年四十三。

武億

清史稿　卷四百八十一　儒林二

武億〔一〕，字虚谷，偃師人。父紹周，進士〔二〕，官吏部郎中。億居父母喪，哀痛毁瘠，以讀書自勵。時伊、洛溢，屋圮，架洿以居，斧朽木燎寒，誦讀不輟。已，復從大興朱筠遊，益爲博通之學。乾隆四十五年進士，五十六年，授山東博山縣知縣。縣山多土瘠，民不務農。地産石炭、石礬，燒作玻璃器皿，商賈輻輳。億問土俗利病，免玻璃入貢，革煤炭供饋，里馬草豆不以累民。創范泉書院，進其秀者與之講，敦倫理，務實學〔三〕。而決辭無留獄，禱雨即沛。有以賄干者，未敢進，億廉知之，值迅雷，曰：「汝不聞雷聲乎？吾矢禱久矣。」賄者惶悚而止，輿情大洽。

五十七年，大學士和珅領步軍統領事，聞妄人言山東逆匪王倫未定死，密遣番役四出蹤跡之。于是番役頭目杜成德等十一人，横行州縣，入博山境，手鐵尺飲博，莫敢誰何。億悉執之。成德尤倔强，按法痛杖之。喧傳其事者曰：「億鹵莽，刑無罪，將累上官。」巡撫吉慶遂以濫責平民劾罷之，而不直書其事。億莅任僅七月；及去，民携老弱千餘人走大府，乞留我好官。不可得，則日爲運致薪米，門如市焉。吉慶亦感動，因入覲，偕億行，爲籌捐復。大學士公阿桂謂吉慶曰：「例禁番役出京畿，奈何責縣令按法之非，且隱其實而劾强項吏，何也？」吉慶深自悔，而格於部議，遂歸〔四〕。嘉慶四年十月，仁宗諭朝臣，密舉京外各員内，操守端潔，才猷幹濟，於〔五〕平日居官事蹟可據者，得赴部候旨召用。億在所舉中。十一月，縣令捧檄至門，而億先以十月卒矣，年五十有五。

億學問醰粹，於七經注疏、三史、涑水通鑑，皆能闇誦。既罷官，貧不能歸，所至以經史訓詁教授生徒。勇於著録，有群經義證七卷，經讀考異九卷，金石三跋十卷，金石文字續跋十四卷，偃師金石記四卷，安陽金石録十三卷。又有三禮義證、授堂劄記、詩文集等書，皆旁引遠徵，遇微罅輒剖抉精蘊，比辭達意，以成一例。大興朱珪稱億「不愧好古遺直」云。

【校記】

〔一〕清史稿之武億傳，源出清國史，載儒林傳下卷卷十九。

〔二〕億父紹周係何年進士？清史稿及清國史皆失記。據朱珪博山縣知縣武君億墓誌銘，當爲雍正元年進士。

〔三〕據清國史，此句原作：「創范泉書院，進其秀者講授，敦倫實學。」語出上引墓誌銘，文作：「創范泉書院，進其秀者躬親講授，以敦倫實學。」史稿所改，未盡符原意。

〔四〕引述大學士阿桂質詢事，清國史未記，係出上引墓誌銘及孫星衍撰武億傳。

〔五〕「於」字，清國史本作「及」，係史稿誤改。清國史之所記，本自清實録。據仁宗實録卷五三嘉慶四年十月辛亥條記，仁宗諭内閣云：「著滿漢大學士、六部尚書、侍郎及三品以上之都察院、通政司、大理寺堂官，於京外各員内，有操守端潔，才猷幹濟，及平日居官事蹟可據者，各舉所知，密行保奏。」

武億

清史列傳　卷六十八　儒林傳下一

武億，字虚谷，河南偃師人。父紹周，進士，官吏部郎中。億年十七喪父，十九喪母，哀痛毀瘠，以讀書自勵。時伊、洛溢，屋圮，架洿以居，斧朽木燎寒，誦讀不輟。已，復從大興朱筠遊，益爲博通之學。士大夫無不慕與之交，然億簡傲真率，非其志，掉臂不以屑意也。乾隆四十五年進士，五十六年，授山東博山縣知縣。問土俗利病，釐比丘尼，請命於大吏，免玻璃入貢。勸節儉，創范泉書院，進其秀者講授，敦倫實學。革煤炭供饋，里馬草豆，不以累民。決辭無留獄，禱雨即沛。有以賄干者，曰：「汝不聞雷聲乎？吾矢禱久矣。」輿情大洽。五十七年，大學士和珅領步軍統領事，聞妄人言山東逆匪王倫未定死，密遣番役四出蹤跡之。於是番役頭目杜成德等十一人，横行州縣，入博山境，手鐵尺飲博，莫敢誰何。億悉執之。成德尤倔强，痛杖之，叩頭求解去。喧傳其事者曰：「億鹵莽，濫責無罪，將累上官。」巡撫吉慶以任性濫責平民劾罷之，而不直書其事。億莅任僅七月，及去，民携老弱千餘人走大府，乞留我好官。不可得，則日爲運致薪米，門如市焉。嘉慶四年十月，諭大學士、尚書、侍郎及都察院、通政使、大理寺堂官，於京外各員内，操守端潔，才猷幹濟，及平日居官事蹟可據者，各舉所知。於是億去官事聞。十一月，諭吏部：「原任山東博山縣知縣武億，即行文該員本籍，詢問願否來京引見。」而億先以十月卒，年五十有五。

億學問醇粹，於七經注疏、三史、涑水通鑑，皆能闇誦。既罷官，貧不能歸，所至以經史訓詁教授生徒。勇於著録，有群經義證七卷，經讀考異九卷，金石三跋十卷，金石文字續跋十四卷，偃師金石記四卷，偃師金石遺文二卷，安陽金石録十三卷。又有三禮義證、讀史金石集目、錢譜、授堂劄記、詩文集等書，凡數百卷，皆稽之經史百家傳記，旁引遠徵，遇微罅輒剖抉精蘊，比辭達意，以成一例。大興朱珪稱億「不愧好古遺直」云。

莊述祖 莊綬甲　莊有可

清史稿　卷四百八十一　儒林二

莊述祖[一]，字葆琛，武進人。世父存與，官禮部侍郎，自有傳。述祖，乾隆四十五年進士，官山東濰縣知縣。明暢吏治，刑獄得中，豪猾斂跡。嘗勘鹻地，衆以爲斥鹵也，述祖指路旁草問何名，曰馬帚。述祖笑曰：「此於經名荓，夏正『荓秀』記時，凡沙土草荓者宜禾，何謂鹻？」衆皆服。甲寅[二]，以卓異引見。還，檄授桃源同知。不一月，乞養歸，著書色養者十六年，未嘗一日離左右。二十一年卒[三]。

述祖傳存與之學，研求精密，於世儒所忽不經意者，覃思獨闢，洞見本末。著述皆義理宏達，爲前賢未有。以爲連山亡而尚存夏小正，歸藏亡而尚有倉頡古文，略可稽求義類。故著夏小正經傳考釋，以斗柄、南門、織女記天行之不變，以參中、火[四]中記日度之差，以二月丁卯知夏時，以正月甲寅啓蟄爲曆元，歲祭爲郊，萬用入學爲禘。著古文甲乙篇，謂許叔重始一終亥，偏旁條例所由出。日辰干支，黄帝世大撓所作，沮誦、倉[五]頡名之以易結繩，伏羲畫八卦作十言之教之後，以此三十二類爲正名百物之本。故歸藏爲黄帝易，就許氏偏旁條例，以干支别爲序次。凡許書所存及見於金石文字者，分别部居。書未竟，而條理粗具。其餘五經悉有撰著，旁及逸周書、尚書大傳、史記、白虎通。於其舛句訛字，佚文脱簡，易次换第[六]，草薙腋補，咸有證據。無不疏通，曠然思慮之表，若面稽古人而整比之也。所著夏小正經傳考釋十卷，尚書今古文考證七卷，毛詩考證四卷，毛詩周頌口義三卷，五經小學述二卷，歷代載籍足徵録一卷，弟子職集解一卷，漢鐃歌句解一卷，石鼓然疑一卷，文鈔七卷，詩鈔二卷。

存與孫綬甲〔七〕，字卿珊。盡通家學，尤爲述祖所愛重。著尚書考異三卷，釋書名一卷〔八〕。

同族莊有可〔九〕，字大久。勤學力行，老而彌篤。取諸注傳，精研義理，句櫛字比，合諸儒之書，以正其是非，而自爲之説。於易、書、詩、禮、春秋，皆有撰述。凡四十二種，四百三十餘卷。

【校記】

〔一〕清史稿之莊述祖傳，源自清國史，載儒林傳下卷卷十九。

〔二〕「甲寅，以卓異引見」事，清國史失記，係據宋翔鳳莊先生述祖行狀補。惟行狀繫年以干支，故記乾隆五十九年引見，則沿例作「甲寅」。史稿並非以干支繫年，之前既有「乾隆四十五年」之繫年，此處自然不當作「甲寅」。

〔三〕莊述祖卒年，清國史記之甚確，作「嘉慶二十一年卒，年六十七」。清史稿删嘉慶年號及傳主享年，不妥。

〔四〕「火」字原誤作「大」，據清國史改。

〔五〕「倉」字原作「蒼」，據清國史改。

〔六〕「第」字原作「弟」，據清國史改。

〔七〕清史稿之莊綬甲傳，源自清國史，載儒林傳下卷卷十九，附見於莊述祖傳。影印本原注：「附傳鈔本未見。」

〔八〕據清史稿藝文志，莊綬甲著有周官禮鄭氏注箋十卷。清史列傳亦記入本傳。史稿擅删，失當。

〔九〕清史稿之莊有可傳，源自清國史，載儒林傳下卷卷十九，附見於莊述祖傳。影印本原注：「附傳鈔本未見。」

莊述祖 莊綬甲　莊有可

清史列傳　卷六十八　儒林傳下一

莊述祖，字葆琛，江蘇武進人。從父存與，官禮部侍郎，幼傳太原閻若璩之學，博通六藝，而善於别擇。時閻氏所闢僞古文信於海内，言官學臣則議上言於朝，重寫二十八篇於學官，頒天下，考官命題，學者毋得諷讀僞書。存與方直上書房，獨曰:「辨古籍真僞，爲術淺且近也。古籍墜湮十之八，頗藉僞籍存者十之二，胄子不能旁覽雜氏，惟賴習五經以通於治。若大禹謨廢，『人心』、『道心』之旨，『殺不辜，寧失不經』之誡亡矣；太甲廢，『儉德永圖』之訓墜矣；仲虺之誥廢，『謂人莫己若』之誡亡矣；説命廢，股肱、良臣啓沃之誼亡矣；旅獒廢，『不寳易物賤用物』之誡亡矣；冏命廢，左右前後皆正人之美失矣。今數言幸而存，皆聖人之真言也。」乃爲尚書既見三卷、説二卷，數稱僞書，而古文竟獲仍學官不廢。他著彖傳論一卷，彖象論一卷，繫辭傳論二卷，附序卦傳論、八卦觀象解二卷，卦氣論一卷，毛詩説二卷、補一卷、附一卷，周官記五卷、説二卷，春秋正辭十二卷，附舉例一卷、要指一卷，四書説二卷。事蹟别見列傳。門人餘姚邵晉涵、曲阜孔廣森，同邑劉逢禄及述祖，皆通其學。

述祖十歲而孤。乾隆四十五年進士，選山東昌樂縣知縣，調濰縣，明暢吏治，刑獄得中，豪猾斂跡。嘗勘鹻地，衆以爲斥鹵也，述祖指路旁草問何名，曰馬帚，述祖笑曰:「此於經名荓，夏小正『荓秀』記時，凡沙土草荓者宜禾，何謂鹻？」衆皆服。尋授桃源同知，不一月以乞養歸。著書色養者十六年，未嘗一日離左右。嘉慶二十一年卒，年六十七。述祖原本家學，研求精密，於世儒所忽不經意者，覃思獨闢，洞見本末。以爲連山亡而尚存夏小正，歸藏亡而尚有倉頡古文，略可稽求義類。乃著夏小正經傳考釋十卷，以斗柄、南門、織女記天行之不變，以參中、火中記日度之差，以二月丁卯知夏時，以正月甲寅啓蟄爲曆元，歲祭爲郊，萬用入學爲禘。又著古文甲乙篇，謂許叔重始一終亥，偏旁條例所由出。日辰干支，黄帝世大撓所作，沮誦、倉頡名之以易結繩，伏羲畫八卦作十言之教之後，以此三十二類爲正名百物之本。故歸藏爲黄帝易，就許氏偏旁條例，以干支别爲序次。凡許書所存及見於金石文字者，分别部居，各就條例。書未竟而條理粗備。其餘五經悉有撰述，旁及逸周書、尚書大傳、史記、白虎通。於其舛句訛字、佚文脱簡，易次换第，草薙腋補，咸有證據。凡所著十七種，其刊行者，尚書今古文考證七卷，毛詩考證四卷，毛詩周頌口義三卷，五經小學述二卷，歷代載籍足徵録一卷，弟子職集解一卷，漢鐃歌句解一卷，石鼓然疑一卷，文鈔七卷，詩鈔二卷。

莊綬甲，字卿珊，存與孫。諸生。承其家學，盡能通之，尤爲述祖所愛重。著周官禮鄭氏注箋十卷，尚書考異三卷，釋書名一卷。

莊有可，字大久，綬甲同族。勤學力行，老而彌篤。取諸注傳，精研義理，句櫛字比，合諸儒之書，以正其是非，而自爲之説。於易、書、詩、禮、春秋，皆有傳述。凡四十二種，四百三十餘卷。其周官指掌五卷，爲德清戴望所稱。

戚學標　江有誥　陳熙晉　李誠

清史稿　卷四百八十一　儒林二

戚學標[一]，字鶴泉，太平人。幼從天台齊召南遊，稱高第。高宗巡江、浙，學標獻南巡頌。乾隆四十五年，成進士，官河南涉縣知縣。縣苦闊布徵，學標請於大府得減額。權林縣，有兄弟爭産者，集李白句爲斗粟謠以諷，皆感悔。性强項，多與上官齟齬，卒以是罷。後改寧波教授，未幾歸，從事撰述[二]。精考證，著漢學諧聲二十三卷、總論一卷，用説文以明古音。謂：「六書之學[三]，三曰形聲，聲不離形，形者聲之本也。而聲又隨乎氣，氣有陰有陽，故一字之音，或從陰，或從陽，或陽而陰，或陰而陽，或陰陽各造其偏。昔人知其然，故但以某聲者，明字音所出，以耑其本。以讀若某，設爲譬况之詞，使人依類而求。即離絶遠去，而因此聲之本，以究此聲之變，無患其不合。説文從某某聲，從某某亦聲，從某某省聲，從某讀若某，從某讀與某某同，並二端兼舉。聲音之學，莫備於此。後人惑於徐氏所附孫愐音切，不究本讀。而一二宿儒言古音，如吴棫、陳第、顧炎武、江永之流，亦第就韻書辨析。不知説文形聲相繫，韻書就聲言聲；説文聲氣相求，韻書祇論同聲之應。其部居錯雜，分合類出臆見。學者苟趣其便，衷於一讀，且初於平上去入之界之不可移易。諧聲之法廢，而説文之學晦矣[四]。」其書論聲，一本許氏，由本聲以推變聲，既列本注，旁搜古讀以爲之證。末附説文補考二卷，多辨正二徐謬誤。又有毛詩證讀若干卷，詩聲辨定陰陽譜四卷，四書偶談四卷，内外篇二卷[五]，字易二卷，鶴泉文鈔二卷。

江有誥〔六〕，字晉三，歙縣人。通音韻之學，得顧炎武、江永兩家書，嗜之忘寢食。謂:「江書能補顧所未及，而分部仍多罅漏。」乃析江氏十三部爲二十一，與戴震、孔廣森多暗合。書成，寄示段玉裁，玉裁深重之，曰:「余與顧氏、孔氏皆一於考古，江氏、戴氏則兼以審音。晉三於前人之説，擇善而從，無所偏徇，又精於呼等字母，不惟古音大明，亦使今韻分爲二百六部者得其剖析之故。韻學於是大備矣。」著有詩經韻讀、群經韻讀、楚辭韻讀、先秦韻讀、漢魏韻讀、唐韻四聲正、諧聲表、入聲表、二十一部韻譜、唐韻再正、唐韻更定部分，總名江氏音學十書。王念孫父子胥服其精。晚歲著説文六書録、説文分韻譜。道光末，室災，焚其稿〔七〕。有誥老而目盲，鬱鬱遂卒〔八〕。

陳熙晉〔九〕，原名津，字析木，義烏人。優貢生。以教習官貴州開泰、龍里、普定知縣，仁懷同知，擢湖北宜昌府知府。權開泰時，教匪蔣昌華擾黎平，將興大獄。熙晉縛其渠而貸諸脅從，全活無算。龍里民以釘鞻殺人，已誣服，而兇驗不合，心疑焉。一日，方慮囚，見叢人中有曳釘鞻竊睨者，命執而鞫之，痕宛合，遂款服。普定俗糾聚相雄長，號其魁曰「牛叢」，其獲盗不詣之官，輒積薪焚殺之。先是有挾讐焚三尸者，吏不敢捕，熙晉期必得，重繩以法，風頓革。其守宜昌也，楚大水，流民聚宜昌，畢力撫綏、繕城垣，以工代賑。會秩滿將行，爲留六閲月，蕆其事，送者數千人，皆泣下。乞養歸，未幾卒〔十〕。

熙晉邃於學，積書數萬卷，訂疑糾謬，務窮竟原委，取裁精審。嘗謂:「杜預解左氏有三蔽，劉光伯規之，而書久佚。惟正義引一百七十三事，孔穎達皆以爲非。」乃剌取經史百家及近儒著述，以明劉義。其杜非而劉是者申之，杜是而劉非者釋之，杜、劉兩説義俱未安，則證諸群言，斷以己意，成春秋規過考信九卷。又謂:「隋經籍志載光伯左氏述義四十卷，不及規過。據孔穎達序稱，習杜義而攻杜氏，疑規過即在述義中。舊唐書經籍志載述義三十七卷，較隋志少三卷，而多規過三卷。此其證也。正義於規杜一百七十三事外，又得一百四十三事，蓋皆述義之文。其異杜者三十事，駁正甚少。殆唐初奉敕删定，著爲令典，黨同伐異，勢會使然。」乃参稽得失，援據群言，成春秋述義拾遺八卷。他著有古文孝經述義疏證五卷，帝王世紀二卷，貴州風土記三十二卷，黔中水道記四卷，宋大夫集箋注三卷，駱臨海集箋注十卷，日損齋筆記考證一卷，文集八卷，征帆集四卷。

李誠〔十一〕，字静軒，黄巖人。嘉慶十八年拔貢生，官雲南姚州州判，終順寧知縣。撰十三經集解二百六十卷，首臚漢、魏諸家之説，次采近人精確之語，而唐、宋諸儒之徵實者，亦不廢焉。嘗謂:「記水之書，自酈道元下，代不乏人，而言山者無成編。」乃作萬山綱目六十卷。又水道提綱補訂二十八卷，宦游日記一卷，微言管窺三十六卷，醫家指迷一卷。

【校記】

〔一〕清史稿之戚學標傳，源自清國史，載儒林傳下卷卷二十。

〔二〕「從事撰述」四字，清國史無，國史所本之繆荃孫撰戚學標傳亦無，係清史稿所補。若以此四字爲據，則傳主著述，當成於罷官返鄉之後。其實不然。據孫殿起先生著販書偶記，傳主之代表作漢學諧聲，即刊於嘉慶九年涉縣官署。

〔三〕「六書之學」「學」字，係史稿所改。依傳主漢學諧聲自序，當作「六書之體」。

〔四〕史稿引述傳主論説文形聲之大段文字，本自前述繆荃孫先生戚學標傳，係合漢學諧聲自序及黄河清序而成。據考，文中指名批評先儒，「如吴棫、陳第、顧炎武、江永之流」云云，并非傳主自序語。

〔五〕據前引販書偶記，嘉慶十年所刊，爲四書偶談内篇一卷、外篇一卷。嘉慶二十四年所刊，爲四書續談内編二卷，補一卷，外編二卷，補一卷。

〔六〕清國史本無江有誥傳，清史稿據葛其仁江晉三先生傳而增補，甚善。惟附有誥于戚學標傳，則尚可斟酌。江有誥學承顧炎武、江永、戴震、段玉裁，乃嘉慶間挺生之音韻學后勁，學有專攻，精進不已。而戚學標取徑有異，誠如張舜徽先生清人文集別録所教，學標「於當時乾、嘉諸師之治聲韻學者爲別派」,「聞見較隘，不能無師心自用之失」。

〔七〕「道光末，室災，焚其稿」。如此行文，似簡而意未晰。當依前述葛其仁撰傳，作道光二十六年「正月，家不戒於火，所鐫板及未刻稿，皆爲煨盡」。

〔八〕據江慶柏先生清代人物生卒年表，江有誥卒於咸豐元年，享年七十有九。

〔九〕清史稿之陳熙晉傳，源自清國史，載儒林傳下卷卷二十，附見於戚學標傳。

〔十〕據前引清代人物生卒年表，陳熙晉卒於咸豐元年，得年六十有一。

〔十一〕清史稿之李誠傳，源自清國史，載儒林傳下卷卷二十，附見於戚學標傳。

戚學標 陳熙晉　李誠

清史列傳　卷六十八　儒林傳下一

戚學標，字鶴泉，浙江太平人。幼有異稟，從六台齊召南遊，稱高弟。高宗純皇帝巡浙江，學標獻南巡頌。乾隆四十五年，成進士，官河南涉縣知縣。縣苦闊布徵，學標請於大府，得減額。權林縣，有兄弟争産者，集李白句爲斗粟謡以諷，皆感悔。性强項，多與上官齟齬，卒以是罷。後改寧波府教授，未幾歸。著漢學諧聲二十三卷、總論一卷，用説文以明古音。謂:「六書之學，三曰形聲，聲不離形，形者聲之本也。而聲又隨乎氣，氣有陰有陽，故一字之音，或從陰，或從陽，或陽而陰，或陰而陽，或陰陽各造其偏。昔人知其然，故但以某聲者，明字音所出，以專其本。以讀若某，設爲譬况之詞，使人依類而求。即離絶遠去，而因此聲之本，以究此聲之變，無患其不合。説文從某某聲，從某某亦聲，從某某省聲，從某讀若某，從某讀與某某同，並二端兼舉。聲音之學，莫備於此。後人惑於徐氏所附孫愐音切，不究本讀，而一二宿儒言古音，如吴棫、陳第、顧炎武、江永之流，亦第就韻書辨析。不知説文形聲相繫，韻書就聲言聲；説文聲氣相求，韻書祇論同聲之應。其部居錯雜，分合類出肊見。學者苟趣其便，衷於一讀，且狃平上去入之界之不可移易。諧聲之法廢，而説文之學晦矣。」其書論聲，一本許氏，由本聲以推變聲，既列本注，旁搜古讀以爲之證。末附説文補考二卷，多辨正二徐謬誤。又有毛詩證讀不分卷，詩聲辨定陰陽譜四卷，四書偶談内外篇二卷，字易二卷，鶴泉文鈔二卷。又有溪山講授、三台詩録、台州外書、風雅遺聞、鶴泉詩鈔、鶴泉集唐集李三百首等書。

陳熙晉，原名津，字析木，浙江義烏人。優貢生。以教習官貴州知縣，歷知開泰、龍里、普定縣，仁懷同知，擢湖北宜昌府知府。權開泰時，教匪蔣昌華擾黎平，將興大獄。熙晉縛其渠而貸諸脅從，全活無算。龍里民以釘鞻殺人，已誣服，而兇驗不合，心疑焉。一日，方慮囚，見叢人中有曳鞻竊睨者，命執而鞫之，痕宛合，遂款服。老人道死，無主名，熙晉廉得其故，有小兒偕行，密呼兒，啗以果餌，兒遽效老人墜樹狀，獄乃白。龍里人爲立生祠，仁懷亦如之。普定俗糾聚相雄長，號其魁曰「牛叢」，其獲盗不謁之官，輒積薪焚殺之。先是有挾讐焚三尸者，吏不敢捕，熙晉期必得，重繩以法，風頓革。其守宜昌也，楚大水，流庸聚宜昌，畢力撫綏，繕城垣，以工代賑。會秩滿將行，爲留六閲月，蕆其事。送者數千人，皆泣下。尋乞養歸，未幾卒。

熙晉邃於學，積書數萬卷，訂疑糾謬，務窮竟原委。每語及經史、三通、歷朝會要，袞袞若成誦。嘗謂:「杜預解左氏有三蔽，劉光伯規之，而書久佚。惟正義引一百七十三事，孔穎達皆以爲非。」乃剌取經史百家及近儒著述，以明劉。其杜非而劉是者申之，杜是而劉非者釋之，杜、劉兩説義俱未安，則證諸群言，斷以己意，成春秋規過考信〔一〕九卷。又謂:「隋經籍志載光伯左氏述義四十卷，不及規過。據孔穎達序稱，習杜義而攻杜氏，疑規過即在述義中。舊唐書經籍志載述義三十七卷，較隋志少三卷，而多規過三卷。此其證也。正義於規杜一百七十三事外，又得一百四十三事，蓋皆述義之文。其異杜者三十事，駁正甚少。殆唐初奉敕删定，著爲令典，黨同伐異，勢會使然。」乃參究得失，援據群言，成春秋述義拾遺八卷。他所著有古文考經述義疏證五卷，帝王世紀二卷，貴州風土記三十二卷，黔中水道記四卷，宋大夫集箋注三卷，駱臨海集箋注十卷，日損齋筆記考證一卷，文集八卷，征帆集四卷，仁懷廳志二十卷。

李誠，字静軒，浙江黄巖人。嘉慶十八年拔貢生，官雲南姚州州判，終順寧知縣。誠研究經學，貫串該洽。罷官後，總督阮元嘗檄修雲南通志。著有十三經集解二百六十卷，首臚漢、魏諸家之説，次採近人精確之語，而唐、宋諸儒之徵實者，亦不廢焉。又有萬山綱目六十卷，水道提綱補訂二十八卷，宦遊日記一卷，微言管窺三十六卷，醫家指迷一卷。

【校記】

〔一〕「信」字，原作「言」誤。據繆荃孫陳熙晉傳改。

丁杰 周春

清史稿　卷四百八十一　儒林二

丁杰〔一〕，原名錦鴻，字升衢，歸安人。乾隆四十六年進士，官寧波府學教授。杰純孝誠篤，嘗奔走滇南，迎父柩歸葬。少家貧，就書肆中讀。肆力經史，旁及說文、音韻、算數。初至都，適四庫館開，任事者延之佐校，遂與朱筠、戴震、盧文弨、金榜、程瑶田等相講習。杰爲學長於校讎，與盧文弨最相似。得一書必審定句讀，博稽他本同異。於大戴禮用功尤深，著有大戴禮記繹。又易鄭注久佚，宋王應麟裒輯成書，惠棟復有增入。杰審視兩本，以爲多已羼入鄭氏易乾鑿度注。又漢書注所云鄭氏，乃即注漢書之人，非康成。乃刊其譌，定其是，復摘補其未備，著周易鄭注後定凡十二卷。胡渭禹貢錐指，號爲絶學，杰摘其誤甚多。嘗謂：「緯書『移河爲界，在齊吕填閼八流以自廣』。河患之棘，由九河堙廢，而害始於齊。管仲能臣，必不自貽伊戚。班固敘溝洫志云：『商竭周移，秦決南涯。自兹距漢，北亡八支。』則九河之塞，當在秦、楚之際矣。」惠棟尚書大傳輯本，杰以爲疏舛，如「鮮度作荆，以詰四方」，誤讀困學紀聞，此謬之甚者。五行傳文不類，讀後漢書注，始知誤連皇覽也。杰嘗與翁方綱補正朱彝尊經義考，序年月，博采見聞，以相證合。又與許宗彦〔二〕闡繹墨子上下經，大有端緒。方言善本，始於戴震，杰采獲裨益最多，盧文弨以爲不在戴下。漢隸字原考正，錢塘謂得隸之義例。

杰又言：「字母三十六字，不可增併，不可顛倒。見、端、知、邦、非、精、照爲孤清，不可增濁聲也。疑、泥、孃、明、微、來、日爲孤濁，不可增清聲也。非即邦之輕脣，不可併於敷[三]。微即明之輕脣，不可併於奉。影爲曉之深喉，喻爲匣之深喉，曉、匣、影、喻，不可顛倒爲影、曉、喻、匣也。」

子授經，嘉慶三年優貢，傳經，六年優貢，皆能世其家學，有「雙丁」之目。授經佐其友嚴可均造甲乙丙丁長編，以校定說文。

周春[四]，字松靄，海寧人。乾隆十九年進士，官廣西岑溪縣知縣。革陋規，幾微不以擾民，有古循吏風。以憂去官，岑溪人構祠祀焉。嘉慶十五年，重赴鹿鳴。二十年卒，年八十七。春博學好古，兩親服闋，年未五十，不謁選。著十三經音略十三卷[五]，專考經音。以陸氏釋文爲權輿，參以玉篇、廣韻[六]、五經文字諸書音，字必審音，音必歸母，謹嚴細密，絲毫不假。他著又有中文孝經一卷，爾雅補注四卷，小學餘論二卷，代北姓譜二卷，遼金元姓譜一卷，遼詩話一卷，選材録一卷，杜詩雙聲疊韻譜括略八卷。

【校記】

〔一〕清史稿之丁杰傳，源自清國史，載儒林傳下卷卷二十。

〔二〕「宗」字原作「言」，誤，據清國史改。

〔三〕「敷」字原作「敷」，誤，據清國史改。

〔四〕清史稿之周春傳，源自清國史，載儒林傳下卷卷二十，附見於丁杰傳。

〔五〕據傳主十三經音略卷首凡例，玉篇一書之前，尚有說文一書，當補。全書當爲十二卷非十三卷。

〔六〕「韻」字原作「均」，二字雖通，然以廣韻稱書名，已然約定俗成。史稿立異，並不可取。

丁杰 周春

清史列傳　卷六十八　儒林傳下一

丁杰，原名錦鴻，字升衢，浙江歸安人。乾隆四十六年進士，寧波府學教授。杰純孝誠篤，嘗奔走滇南，迎父柩歸葬。少家貧，就書肆中讀。肆力經史，旁及說文、音韻、算數。初至都，適四庫館開，任事者延之佐校，遂與朱筠、戴震、盧文弨、金榜、程瑤田等相講習。於大戴禮用功尤深，著有大戴禮記繹。又易鄭注久佚，宋王應麟裒輯成書，國朝惠棟復有增入。杰審視兩本，以爲多羼入鄭氏易乾鑿度注。又漢書注所云鄭氏，乃即注漢書之人，非康成。乃刊其譌，定其是，復摘補其未備，著周易鄭注後定，凡十二卷。

杰爲學長於校讐，與盧文弨最相似。得一書爲審定句讀，博稽他本同異。胡渭禹貢錐指，號爲絶學，杰摘其誤甚多。嘗謂：「緯書『移河爲界，在齊吕填閼八流以自廣』。夫河患之棘，由九河堙廢，而害始於齊。管仲能臣，必不自貽伊戚。班固叙溝洫志云：『商竭周移，秦決南涯。自兹距漢，北亡八支。』則九河之塞，當在秦、楚之際矣。」又惠棟尚書大傳輯本，杰以爲疏舛，謂：「如『鮮度作刑，以詰四方』，誤讀困學紀聞，此謬之甚者。五行傳文不類，讀後漢書注始知誤連皇覽也。」杰嘗與翁方綱補正朱彝尊經義考，序年月，博采見聞，以相證合。又與許宗彦闡繹墨子上下經，大有端緒。其爲人校定之書，曰：毛詩草木蟲魚鳥獸疏、方言、漢隸字原、復古編、困學紀聞補箋、字林逸、蘇詩補注。方言善本，始於戴震，杰采獲裨益最多，盧文弨以爲不在戴下。漢隸字原考正，錢塘謂得隸之義例。杰又言：「字母三十六字，不可增併，不可顛倒。見、端、知、邦、非、精、照爲孤清，不可增濁聲也。疑、泥、孃、明、微、來、日爲孤濁，不可增清聲也。非即邦之輕唇，不可併於敷。微即明之輕唇，不可併於奉。影爲曉之深喉，喻爲匣之深喉，曉、匣、影、喻，不可顛倒爲影、曉、喻、匣也。」所著有小西山房文集。嘉慶十二年卒，年七十。

子授經，嘉慶三年優貢，傳經，六年優貢，皆能世其家學，有「雙丁」之目。授經佐其友嚴可均造甲乙丙丁長編，以校定說文。

周春，字松靄，浙江海寧人。乾隆十九年進士，官廣西岑溪縣知縣。革陋規，幾微不以擾民，有古循吏風。以憂去官，岑溪人構祠祀焉。嘉慶十五年，重赴鹿鳴。二十年卒，年八十七。春博學好古，兩親服闋，年未五十，不謁選。所居凝塵滿室，插架環列，卧起其中者三十餘年。四部七略，靡不瀏覽，究心字母，遂遍觀釋藏六百餘函。於韻學有得，著十三經音略十二卷。他著又有中文孝經一卷，爾雅補注四卷，小學餘論二卷，代北姓譜二卷，遼金元姓譜一卷，遼詩話一卷，選材録一卷，杜詩雙聲疊韻譜括略八卷。

孫星衍 畢亨 李貽德

清史稿 卷四百八十一 儒林二

孫星衍〔一〕，字淵如，陽湖人。少與同里楊芳燦、洪亮吉、黃景仁文學相齊，袁枚品其詩曰「天下奇才」，與訂忘年交。星衍雅不欲以詩名，深究經史、文字、音訓之學，旁及諸子百家，皆必〔二〕通其義。乾隆五十二年，以一甲進士授翰林院編修，充三通館校理。五十四年，散館，試厲志賦，用史記「𩥋𩥋如畏」。大學士和珅疑爲別字，置三〔三〕等改部。故事，一甲進士改部，或奏請留館。又編修改官可得員外，前此吴文煥有成案。珅示意欲使往見，星衍不肯屈節，曰：「主事終擢員外，何汲求人爲？」自是編修改主事遂爲成例。官刑部，爲法寬恕，大學士阿桂、尚書胡季堂悉器重之。有疑獄，輒令依古義平議，所平反全活甚衆。退直之暇，輒理舊業。洊升郎中。六十年，授山東兗沂曹濟道。嘉慶元年七月，曹南水漫灘潰，決單縣地。星衍與按察使康基田鳩工集夫，五日夜從上游築隄遏禦之，不果決。基田謂：「此役省國家數百萬帑金也。」尋權按察使，凡七閱月，平反數十百條，活死罪誣服者十餘獄。濰縣有武人犯法，賄和珅門，囑託大吏。星衍訪捕鞫之，械和門來者於衢。及回本任，值曹工漫溢，星衍以無工處所得疏防咎，特旨予留任。曹工分治引河三道，星衍治中段，畢工，較濟東道、登萊道上下段省三十餘萬。先是，河工分賠之員，或得羡餘，謂之扣費。星衍不取，悉以給引河工費。時曹工尚未合，河督、巡撫亟奏合龍，移星衍任。尋又奏稱合而復開，開則分賠兩次壩工銀九萬兩，當半屬後任。而司事者並以歸星衍，星衍亦任之，曰：「吾既兼河務，不能不爲人受過也。」

四年，丁母憂歸，浙撫阮元聘主詁經精舍。星衍課諸生以經史疑義及小學、天部、地理、算學、詞章，不十年，舍中士皆以撰述名家。服闋入都，仍發山東。十年，補督糧道。十二年，權布政使。值侍郎廣興在省按章，供張煩擾，星衍不肯妄支。後廣以賄敗，豫、東兩省，多以支庫獲罪，星衍不與焉。十六年，引疾歸。

星衍博極群書，勤於著述，又好聚書，聞人家藏有善本，借鈔無虛日。金石文字，靡不考其原委。嘗病古文尚書爲東晉梅賾所亂，官刑部時，即集古文尚書馬鄭王注〔四〕十卷、逸文二卷。歸田後，又爲尚書今古文注疏三十九卷〔五〕。其序例云：「尚書古注散佚，今刺取書傳升爲注者，五家三科之說。一、司馬遷從孔氏安國問故，是古文說。一、書大傳伏生所傳歐陽高、大夏侯勝、小夏侯建，是今文說。一、馬氏融、鄭氏康成雖有異同，多本衛氏宏、賈氏逵，是孔壁古文說。皆疏明出典。其先秦諸子所引古書說，及緯書、白虎通等漢、魏諸儒今文說，許氏說文所載孔壁古文，注中存其異文異字，其說則附疏中。」其意在網羅放失舊聞，故録漢、魏人佚説爲多。又兼采近代王鳴盛、江聲、段玉裁諸人書說。惟不取趙宋以來諸人注，以其時文籍散亡，較今代無異聞，又無師傳，恐滋臆説也。凡積二十二年而後成。其他撰輯，有周易集解十卷，夏小正傳校正三卷，明堂考三卷，考注春秋別典十五卷，爾雅廣雅詁訓韻編五卷，魏三體石經殘字考一卷，孔子集語十七卷，晏子春秋音義二卷，史記天官書考證十卷，建立伏博士始末二卷，寰宇訪碑録十二卷，金石萃編二十卷，續古文苑二十卷，詩文集二十五卷。二十三年卒，年六十六。星衍晚年所著書，多付文登畢亨、嘉興李貽德，爲卒其業。

亨〔六〕，原名以田，字恬谿。初，從休寧戴震游，精漢人故〔七〕訓之學，尤長於書。星衍撰尚書今古文注疏，多采亨説，每稱以爲經學無雙。中嘉慶十二年舉人。道光六年，以大挑知縣分發江西，署安義縣。有兄殺胞弟案，亨執「不念鞠子哀，泯亂倫彝，刑玆無赦」義，不准援赦。大府怒，將劾之，會歙程恩澤重亨，事乃解。後補崇義，以積勞卒官，年且八十矣。著有九水山房文存二卷。

貽德〔八〕，字次白。嘉慶二十三年舉人。館星衍所，相得甚歡。著春秋左氏傳〔九〕賈服注輯述二十卷。其書援引甚博，字比句櫛，於義有未安者，亦加駁難。雖使沖遠復生，終未敢專樹征南之幟而盡棄舊義也。又有詩考異、詩經名物考、周禮賸義、十七史考異、攬青閣詩鈔、夢春廬詞〔十〕。

【校記】

〔一〕清史稿之孫星衍傳，源自清國史，載儒林傳下卷卷二十一。

〔二〕「必通其義」之「必」字，清國史本作「心」，國史所據之阮元撰山東糧道孫君淵如傳亦作「心」。清史稿誤作「必」，當改回「心」字。

〔三〕「置三等改部」之「三」字，據上引阮元文，當作「二」。

〔四〕「古文尚書馬鄭王注」一書，清史稿及清國史俱脱一「王」字，係據上引阮元文補。

〔五〕尚書今古文注疏卷帙有誤，非「三十九卷」，當爲「三十卷」。清史稿 藝文志所記不誤，即作「三十卷」。

〔六〕清史稿之畢亨傳，源自清國史，載儒林傳下卷卷二十一，附見於孫星衍傳。

〔七〕「故訓」，清史稿改作「古訓」，依清國史改回。

〔八〕清史稿之李貽德傳，源自清國史，載儒林傳下卷卷二十一，附見於孫星衍傳。

〔九〕春秋左氏傳賈服注輯述一書之「傳」字，清史稿原作「解」誤。據清國史改。清史稿 藝文志不誤。

〔十〕李貽德卒年，清國史記之甚確，作「道光十二年卒，年五十」。史稿刪而不録，失當。

孫星衍 畢亨　李貽德

清史列傳　卷六十九　儒林傳下二

孫星衍，字淵如，江蘇陽湖人。少與同里楊芳燦、洪亮吉、黃景仁文學相齊〔一〕。袁枚品其詩曰「天下奇才」，與訂忘年交。星衍雅不欲以詩名，深究經史、文字、音訓，旁及諸子百家，皆心通其義。既從錢大昕遊，精研漢學。元和江聲注尚書，以堯「稽古」爲「同天」，皋陶「稽古」爲「順考古道」，前後歧説。星衍著論云：「鄭注稽古同天，言堯同於天也。鄭意蓋以堯稱帝爲同天。書正義誤引其文，云：『稽同也，古天也。』天爲古之説雖見周書，未必唐時即有此義。」又嘗於江寧瓦官寺閣見元應一切經并慧苑華嚴經音義，引倉頡爲多，乃剌取其文，兼摭他書，爲倉頡篇二卷。謂：「元應、慧苑書，世多不傳，然足與陸德明經典釋文並重於世。」囑友人刊行。

乾隆五十二年，一甲二名進士，授翰林院編修，充三通館校理。五十四年，散館，改刑部主事。故事，一甲進士改部，或奏請留館。又編修改官，可得員外郎，前此吳文煥有成案。大學士和珅示意，欲使往見，星衍不肯。自是編修改主事，遂爲成例。官刑部，爲法寬恕，大學士阿桂、尚書胡季堂悉器重之。有疑獄，輒令依古義平議，全活甚衆。退直之暇，仍理舊業。高麗使臣朴齊家入貢，特謁星衍，爲書「問字堂」匾，賦詩以贈。五十七年，遷員外郎，洊陞郎中。六十年，充山東兗沂曹濟道。嘉慶元年七月，曹南水漫灘潰，決單縣地。星衍與按察使康基田鳩工集夫，五日夜從上游築隄遏禦之，不果決。基田謂：「此役省國家數百萬帑金。」尋權按察使，凡七閱月，平反數十百條，活死罪誣服者十餘獄。濰縣有武人犯法，賄和珅門，囑託大吏。星衍訪捕鞫之，械和門來者於衢。及回本任，值江南豐工及山東曹工同時漫溢，星衍以無工處所得疏防咎，特旨予留任。曹工分治引河三道，星衍治中段，工畢，較濟東道、登萊道上下段省三十餘萬兩。先是，河工分賠之員，或得羨餘，謂之扣費。星衍不取，悉以給引河工費。時曹工尚未合，河督、巡撫亟奏合龍，移星衍任。尋又奏稱合而復開，開則分賠兩次壩工銀九萬兩，當半屬後任。而司事者並以歸星衍，星衍亦任之，曰：「吾既兼河務，不能不爲人受過也。」

四年六月，丁母憂歸，儀徵阮元撫浙，聘主詁經精舍。星衍課諸生以經史疑義及小學、天部、地理、算學〔二〕、詞章，不十年，舍中士皆以撰述名家。服闋入都，奉旨仍發山東。十年，補督糧道。十二年，權布政使。值侍郎廣興在省，供張煩擾，星衍不肯妄支。後廣以賄敗，豫、東兩省多以支庫獲罪，星衍不與焉。湯陵舊在山西滎河，星衍據漢崔駰、晉伏滔及皇覽説，皆云濟陰有湯陵。任曹南時，常申上府，請釐祀典。至是，陵始修整，給地畝奉香火。又考太平寰宇記，知先賢閔子墓在范縣，今所傳在歷城者誤，爲修筑之，申禁樵采。又以伏生傳書二十篇，使二帝三王之訓典不墜於地，欲奏請建立伏傳士。乃具稿移學政，囑鄒平令訪其嫡裔，資使讀書。越七年，竟得入告，奉旨准以伏生六十五代孫敬祖世襲五經博士。十六年，引疾歸。

星衍博極群書，勤於著述，又好聚書，聞人家藏有善本，借鈔無虛日。金石文字，靡不考其原委。常病古文尚書爲東晉梅賾所亂，官刑部時，即集古文尚書馬鄭王注十卷、逸文二卷。歸田後，又爲尚書今古文注疏三十九卷〔三〕。其序例云：「尚書古注散佚，今剌取書傳升爲注者，五家三科之説。一、司馬遷從孔氏安國問故，是古文説。一、書大傳伏生所傳歐陽高、大夏侯勝、小夏侯建，是今文説。一、馬氏融、鄭氏康成雖有異同，多本衛氏弘、賈氏逵，是孔壁古文説。皆疏明出典。其先秦諸子所引古書説，及緯書、白虎通等漢、魏諸儒今文説，許氏説文所載孔壁古文，注中存其異文異字，其説則附疏中。」其書意在綱羅放失舊聞，故録漢、魏人佚説爲多。又兼采近代王鳴盛、江聲〔四〕、段玉裁諸人書説。惟不取趙宋以來諸人注，以其時文籍散亡，較今代無異聞，又無師傳，恐滋臆説也。凡積二十二年而後成，論者以爲勝王鳴盛書。其他撰輯，有周易集解十卷，夏小正傳校正三卷，明堂考三卷，考注春秋别典十五卷，爾雅廣雅古訓韻編五卷，魏三體石經殘字考一卷，孔子集語十七卷，晏子春秋音義二卷，史記天官書考證十卷，建立伏博士始末二卷，寰宇訪碑録十三卷，金石萃編二十卷，京畿金石考二卷，續古文苑二十卷，詩文集二十五卷。又有九經正俗字考、十三經佚注、集馬昭孫叔然難王申鄭之書、山海經音義、鄭康成年譜。其所校刊，若岱南閣叢書、平津館叢書，均據善本，有資學藝。二十三年卒，年六十六。

星衍性誠正，無僞言僞行，立身行世，皆以儒術。尤喜奬借後進，所至之地，士爭歸附。其所撰輯，能集衆人之才智。準以己之識力，再三審擇而後成編。其卒也，海内學者皆悼慕之。

畢亨，原名以田，字九水，山東文登人。初，從休寧戴震遊，精漢人故訓之學，尤長於書。後與星衍交。星衍以金縢「秋大熟」以下，據尚書大傳及史記，當爲亳姑逸文。後人或以其文有「啓金縢」語，遂入於金縢篇中。亨釋之曰：「尚書『王出郊』，謂祭天於郊，以周公配。書序所云『成王葬周公於畢，告周公作亳姑』，即其事。此經上文云『今天動威，以彰周公之德，惟予小子其親迎』，言親迎而祭之。迎，迎尸也。惟郊祭周公之事，故云『我國家禮亦家之』。禮者，謂祭也。尚書大傳曰：『乃不葬周公成周，而葬於畢，尊以王禮，申命魯郊。』據此而言則魯之郊禘，由風雷之變始也。」星衍載其説文集中。星衍撰周易集解，左右采獲，亨力居多。其尚書今古文注疏，亦多采亨説，每稱以爲經學無雙。曲阜桂馥説文義證，引亨篤論百數十事。中嘉慶十二年舉人。道光六年，以大挑知縣分發江西，署安義縣。有兄殺胞弟案，亨執「不念鞠子哀，泯亂倫彝，刑茲無赦」義，不準援赦。大府怒，將劾亨，會歙程恩澤重亨，事乃解。後補崇義縣，以積勞卒於官，年且八十矣。著有九水山房文存二卷。星衍晚年所著書，又多付嘉興李貽德爲卒其業。

李貽德，字次白。嘉慶二十三年舉人。年二十六，謁星衍於江寧，事以師禮。星衍與上下古今，窮晝夜不息，囑分纂十三經佚注。貽德因著春秋左氏傳賈服注輯述二十卷。其書援引甚博，字比句櫛，於義有未安者，亦加駁難。又有詩考異、詩經名物考、周禮賸義、十七史考異、攬青閣詩鈔、夢春廬詞。道光十二年卒，年五十。

【校記】

〔一〕「相齊」二字，原誤據耆獻類徵改作「齊名」。逕以改回。

〔二〕「算學」二字，原誤改「算術」。逕以改回。

〔三〕「三十九卷」，誤，當作「三十卷」。

〔四〕「江聲」原誤作「江都」，據傳主尚書今古文注疏序改。

王聘珍

清史稿　卷四百八十一　儒林二

王聘珍〔一〕，字貞吾，南城人。自幼以力學聞。乾隆五十四年，學使翁方綱拔貢成均，爲謝啓昆、阮元参訂古籍。嘗客浙西，與歙凌廷堪論學，廷堪深許之。爲人厚重誠篤，廉介自守。治經確守後鄭之學，著大戴禮記解詁十三卷、目録一卷。其言曰：「大戴與小戴同受業於后倉，各取孔壁古文説〔二〕，非小戴删大戴、馬融足小戴也。禮察、保傅語及秦亡，乃孔襄等所合藏。是賈誼有取於古記，非古記采及新書也。三朝記、曾子，乃劉氏分屬九流，非大戴所裒集也。」又曰：「近代校讐，不知家法。王肅本點竄此經，私定孔子家語，反據肅本改易經文。又或據唐、宋類書，如藝文類聚、太平御覽之流，增删字句。或云據永樂大典，改某字作某。凡兹數端，率以今義繩古義，以今音證古音，以今文易古文，遂使孔壁古奥之經，變而文從字順。經義由兹而亡。」故其發凡大旨，禮典器數，墨守鄭義，解詁文字，一依爾雅、説文及兩漢經師訓詁。有不知而闕，無杜撰之言。如「五義」義字，據周禮注讀若儀；「五鑿」五字，釋若忤；青史子引漢書「君子養之」，讀若「中心養養」之養。皆能根據經史，發蒙解惑。江都焦循稱，其不爲增删，一仍其舊，列爲三十二讀書贊之一。他著經義考補、九經學。

【校記】

〔一〕清史稿之王聘珍傳，源自清國史，載儒林傳下卷卷二十一。

〔二〕「孔壁古文説」説字，係清史稿誤改。依傳主大戴禮記解詁，本作「孔壁古文記」。清國史不誤。

王聘珍

清史列傳　卷六十九　儒林傳下二

王聘珍，字貞吾，江西南城人。自幼以力學聞。乾隆五十四年，學使翁方綱拔貢成均。常客浙西，與歙凌廷堪論學，廷堪深許之。又爲謝啓昆、阮元參訂古籍。爲人厚重誠篤，廉介自守。治經確守後鄭之學，著大戴禮記解詁十三卷、目録一卷。其言曰：「大戴與小戴同受業於后倉，各取孔壁古文記，非小戴删大戴、馬融足小戴也。禮察、保傅，語及秦亡，乃孔襄等所合藏。是賈誼有取於古記，非古記采及新書也。三朝記、曾子，乃劉氏分屬九流，非大戴所裒集也。」又曰：「近代校讐，不知家法。王肅本點竄此經，私定孔子家語，反據肅本改易經文。又或據唐、宋類書，如藝文類聚、太平御覽之流，增删字句。或云據永樂大典，改某字作某。凡兹數端，率以今義繩古義，以今音證古音，以今文易古文，遂使孔壁古奧之經，變而文從字順。經義由兹而亡。」故其發凡大旨，禮典器數，墨守鄭義，解詁文字，一依爾雅、説文及兩漢經師訓詁。有不知而闕，無杜撰之言。如「五義」義字，據周禮注讀若儀；「五鑿」五字，釋若忤；青史子引漢書「君子養之」，讀若「中心養養」之養。皆能根據經史，發蒙解惑。凡積二十餘年而後成。阮元謂：「其書義精語潔，多所發明，爲孔廣森諸家所未及。」江都焦循稱，其不爲增删，一仍其舊，列爲三十二讀書贊之一。又著九經學，引申詁訓，考定漢制，具有家法。又有經義考補。

凌廷堪 洪榜　汪龍

清史稿　卷四百八十一　儒林二

凌廷堪[一]，字次仲，歙縣人[二]。六歲而孤，冠後始讀書[三]，慕其鄉江永、戴震之學。乾隆五十五年進士[四]，改教職，選寧國府學教授。奉母之官，畢力著述者十餘年[五]。嘉慶十四年卒，年五十三。

廷堪之學，無所不窺，於六書、曆算，以迄古今疆域之沿革、職官之異同，靡不條貫。尤專禮學，謂：「古聖使人復性者學也，所學者即禮也。顏淵問仁，孔子告之者惟禮焉爾。顏子歎道之高堅前後[六]，迨博文約禮，然後『如有所立』，即『立於禮』之立也。禮有節文度數，非空言理者可託。」著禮經釋例十三卷，謂：「禮儀委曲繁重，必須會通其例。如鄉飲酒、鄉射、燕禮、大射不同，而其爲獻酢酬、旅酬無算爵之例則同；聘禮、覲禮不同，而其爲郊勞執玉、行享庭實之例則同；特牲饋食、少牢饋食不同，而其爲尸飯，主人初獻、主婦亞獻、賓長三獻、祭畢飲酒之例則同。乃區爲八例，以明同中之異，異中之同。曰通例，曰飲食例，曰賓客例，曰射例，曰變例，曰祭例，曰器服例，曰雜例。禮經第十一篇，自漢以來，説者雖多，由不明尊尊之旨，故罕得經意。乃爲封建尊尊服制考一篇，附於變例之後。」大興朱珪讀其書，贈詩推重之。

廷堪禮經而外，復潛心於樂。謂：「今世俗樂，與古雅樂中隔唐人燕樂一關，蔡季通、鄭世子輩，俱未之知。」因以隋沛公鄭譯五旦、七調之説，爲燕樂之本，又參考段安節琵琶録、張叔夏詞源、遼史樂志諸書，著燕樂考原六卷。江都江藩歎以爲「思通鬼神」。他著有元遺山年譜二卷，校禮堂文集三十六卷，詩集十四卷。儀徵阮元嘗〔七〕命子常生從廷堪授士禮，又稱其鄉射五物考、九拜解、九祭解、釋牲、詩楚茨考諸説經之文，多發古人所未發。其尤卓然者，則復禮三篇云。

同邑洪榜〔八〕，字汝登。乾隆二十三年舉人〔九〕。四十一年，應天津召試第一，授内閣中書。卒〔十〕年三十有五。粹於經學，著明象未成，終於益卦。因鄭康成易贊作述贊二卷。又明聲均，撰四聲均和表五卷，示兒切語一卷。江氏永切字六百十有六〔十一〕，是書增補百三十九字，又以字母見、溪等字，注於廣韻之目每字之上，以定喉、吻、舌、齒、唇五音。蓋其書宗江、戴二家之説而加詳焉。爲人律身以正，待人以誠。生平服膺戴震，戴震所著孟子字義疏證，當時讀者不能通其義，惟榜以爲功不在禹下。撰震行狀，載與彭紹升書，朱筠見之曰：「可不必載，戴氏可傳者不在此。」榜乃上書辨論。江藩在吴下見其書，歎曰：「洪君可謂衛道之儒矣。」

汪龍〔十二〕，字長叔，亦廷堪同邑人。乾隆五十一年舉人。嗜古博學，尤精於詩。嘗讀詩生民、玄鳥二篇，疑鄭箋迹乳卵生之説，不若毛詩謂姜嫄、簡狄從帝嚳祀郊禖之正。遂稽傳、箋同異，用力於是經者數十年，成毛詩異義四卷，毛詩申成十卷。卒〔十三〕年八十二。

【校記】

〔一〕清史稿之凌廷堪傳，源自清國史，載儒林傳下卷卷十五。

〔二〕據傳主弟子張其錦輯凌次仲先生年譜，廷堪父文焻早年離鄉，至江蘇海州依外祖，遂家焉，乾隆二十二年八月二十日，生廷堪於海州。故廷堪自謂：「僕本歙人，生於海上。」阮元撰次仲凌君别傳亦云：「君生海州，六歲而孤。」

〔三〕據上引年譜記，傳主嘗曰：「某六齡而孤，貧無立錐，賴兄致堂營生養母。次年，始就塾師讀書。十三歲，即以家貧棄書學賈。」年二十三，始志於學，出遊儀徵。從此，久客揚州，先後與阮元、汪中諸後彥訂交，孜孜向學而崛起。年譜所述此段問學經歷，史稿不當失記。

〔四〕「乾隆五十五年進士」，不確。據上引年譜，是年恩科會試，傳主初列第四名，後以頭場首藝磨勘停殿試。三年之後，始於五十八年癸丑科補殿試，得三甲第二十六名。故當記爲乾隆五十八年進士。

〔五〕據上引年譜，乾隆五十八年五月，傳主具呈吏部，請改教職以養母。明年十月，得寧國府教授缺。六十年三月，蒞任。直至嘉慶十年閏六月，丁母憂去職。

〔六〕史稿此段引文，係據傳主復禮三篇删節而成。文中「歎」字，復禮下原作「見」，原文爲「顔淵見道之高堅前後，幾於杳渺而不可憑，迨至博文約禮，然後曰『如有所立卓爾』，即『立於禮』之立也。」

〔七〕「嘗」字原作「常」，據清國史改。

〔八〕清史稿之洪榜傳，源自清國史，惟並非附見於凌廷堪傳，乃載儒林傳卷下卷十七，附見於金榜傳。清國史之編次並無不妥。一則洪榜年輩長於凌廷堪，再則二人之間亦無學術往還，史稿臆爲分合，殊屬無據。

〔九〕「乾隆二十三年舉人」，誤。據江藩漢學師承記卷六洪榜，當作「乾隆三十三年舉人」。

〔十〕據漆永祥教授漢學師承記箋釋，江永切字爲四百七十有七，洪榜增百三十九字，故示兒切語共切字六百十有六。

〔十一〕洪榜卒於何年，清史稿失記。據江慶柏教授清代人物生卒年表，洪榜卒於乾隆四十四年，當補。

〔十二〕清史稿之汪龍傳，源自清國史，本附見於金榜傳，史稿擅加分合，失之輕率。

〔十三〕汪龍卒於何年，清史稿失記。據上引年表，當補「道光三年」四字於「卒」字前。

凌廷堪

清史列傳　卷六十八　儒林傳下一

凌廷堪，字次仲，安徽歙縣人。六歲而孤。冠後始讀書，慕其鄉江永、戴震之學。乾隆五十五年進士，改教職，選寧國府教授。奉母之官，畢力著述。嘉慶四十年卒，年五十五〔一〕。

廷堪之學，無所不窺，於六書、曆算〔二〕，以迄古今疆域之沿革、職官之異同，靡不條貫。尤專禮學，謂：「古聖使人復性者學也，所學即禮也。顏淵問仁，孔子告之者惟禮焉爾。顏子歎道之高堅前後，迨博文約禮，然後『如有所立』，即『立於禮』之立也。禮有節文度數，非空言理者可託。」著禮經釋例十三卷，謂：「禮儀委曲繁重，必須會通其例。如鄉飲酒、鄉射、燕禮、大射不同，而其爲獻酢酬、旅酬無算爵之例則同，聘禮、覲禮不同，而其爲郊勞執玉、行享庭實之例則同；特牲饋食、少牢饋食不同，而其爲尸飯，主人初獻、主婦亞獻、賓長三獻、祭畢飲酒之例則同。乃區爲八例，以明同中之異，異中之同。曰通例，曰飲食例，曰賓客例，曰射例，曰變例，曰祭例，曰器服例，曰雜例。禮經第十一篇，自漢以來，説者雖多，由不明尊尊之旨，故罕得經意。乃復爲封建尊尊服制考一篇，附於變例之後。」大興朱珪讀其書，贈詩推重之。

廷堪禮經而外，復潛心於樂。謂：「今世俗樂，與古雅樂中隔唐人燕樂一關，蔡季通、鄭世子輩，俱未之知。」因以隋沛公鄭譯〔三〕五旦、七調之説，爲燕樂之本，又參考段安節琵琶録、張叔夏詞原、遼史樂志諸書，著燕樂考原六卷。江都江藩歎以爲「思通鬼神」。外有充渠新書二卷，元遺山年譜二卷，梅邊吹笛譜二卷，校禮堂文集三十六卷，詩集十四卷。儀徵阮元嘗命子常生從廷堪授士禮，又稱其鄉射五物考、九拜解、九祭解、釋牲、詩楚茨考諸説經之文，多發古人所未發。其尤卓然者，則復禮三篇云。

洪榜〔四〕，字汝登，亦歙縣人。乾隆二十三年舉人〔五〕。應天津召試第一，授内閣中書。卒年三十有五。粹於經學，著明象未成，終於益卦。因鄭康成易贊作述贊二卷。又明聲韻，撰四聲均知表五卷，示兒切語一卷。江氏永切字六百十有六〔六〕，是書增補百三十九字，又以字母見、溪等字注於廣韻之目每字之上，以定喉、吻、舌、齒、脣五音。蓋其書宗戴、江二家之説而加詳焉。又有周易古義録、書經釋典、詩經古義録、詩經釋典、儀禮十七篇書後、春秋公羊傳釋例、論語古義録、初堂讀書記、許氏經義諸書。爲人律身以正，待人以誠，以孝友著於鄉里。生平學問之道，服膺戴震，戴震所著孟子字義疏證，當時讀者不能通其義，惟榜以爲功不在禹下云。

汪龍，字辰叔，亦歙縣人。乾隆五十一年舉人。嗜古博學，尤精於詩。嘗讀詩生民、玄鳥二篇，疑鄭箋跡乳卵生之説，不若毛傳謂姜嫄、簡狄從帝嚳祀郊禖之正。遂稽傳、箋同異，用力於是經者數十年，成毛詩異義四卷，毛詩申成十卷。卒年八十二。

【校記】

〔一〕「卒年五十五」，誤，當爲五十三。

〔二〕「曆算」，原誤作「算曆」，依清國史改。

〔三〕「鄭譯」「譯」字，原誤作「澤」，據校禮堂文集改。

〔四〕洪榜、汪龍二家傳，原附見於同卷金榜傳。

〔五〕當爲三十三年舉人。

〔六〕六百十有六，誤。詳見前史稿校記。

桂馥 許瀚

清史稿 卷四百八十一 儒林二

桂馥[一]，字冬卉，曲阜人。乾隆五十五年進士，選雲南永平縣知縣，卒於官[二]。馥博涉群書，尤潛心小學，精通聲義。嘗謂：「士不通經，不足致用，而訓詁不明，不足以通經。」故自諸生以至通籍，四十年間，日取許氏說文，與諸經之義相疏證，爲說文義證五十卷。力窮根柢，爲一生精力所在。馥與段玉裁生同時，同治說文，學者以「桂、段」並稱，而兩人兩不相見，書亦未見，亦異事也。蓋段氏之書，聲義兼明，而尤邃於聲。桂氏之書，聲亦[三]並及，而尤博於義。段氏鉤索比傅，自以爲能冥合許君之旨，勇於自信，自成一家之言，故破字創義爲多。桂氏專[四]佐許說，發揮旁通，令學者引申貫注，自得其義之所歸。故段書約而猝難通闢，桂書繁而尋省易了。夫語其得於心，則段勝矣；語其便於人，則段或未之先也。其專臚古籍，不下己意，則以意在博證求通，展轉孳乳，觸長無方，亦如王氏廣雅疏證、阮氏經籍籑詁之類，非以己意爲獨斷者。

及馥就官滇南，追念舊聞，隨筆疏記十卷，以其細碎，比之匠門木材[五]，題曰札樸。然馥嘗引徐幹中論：「鄙儒博學，務於物名，詳於器械，考於訓詁，摘其章句而不能統其大義之所極，以獲先王之心。故使學者勞思慮而不知道，費日月而無功成[六]。」謂：「近日學者，風尚六書。動成習氣。偶涉名物，自負倉、雅，略講點畫，妄議斯、冰。叩以經典大義，茫乎未之聞也。」此尤爲同時小學家所不能言，足以鍼肓起廢。他著有晚學集十二卷[七]。

許瀚〔八〕，字印林，日照人。道光十五年舉人，官嶧縣教諭。博綜經史及金石文字，訓詁尤深。至校勘宋、元、明本書籍，精審不減黄丕烈、顧廣圻。晚年，爲靈石楊氏校刊桂馥説文義證於清河，甫成而板燬於捻寇，並所藏經籍金石俱盡。遂悒鬱而歿，年七十〔九〕。他著有韓詩外傳勘誤、攀古小廬文。

【校記】

〔一〕清史稿之桂馥傳，源自清國史，載儒林傳下卷卷二十二。

〔二〕桂馥卒於何時？清史稿失記。清國史則記之甚確，作「嘉慶十年，卒於任，年七十。」史稿删之不當。

〔三〕「聲亦並及」「亦」字，清國史本作「義」，甚是。史稿擅改，實屬失當。

〔四〕「專佐許説」之「專」字，清國史本作「敷」，並無不妥。史稿擅改，無理無據。

〔五〕「匠門木材」之「材」字，清國史本作「林」。説文解字「柿」，謂「削木札樸也」，即傳主書題名之所據。而「材」字，説文釋爲「木梃」，與「柿」並非一字。史稿改「林」作「材」，失當。

〔六〕傳主引徐幹語，源出中論治學第一。文末二字，中論原文及傳主所引，皆作「成功」。清史稿擅改作「功成」，無據。信史引文，以忠實原著爲第一要義，即使片言隻字，亦須有本有據。

〔七〕晚學集本八卷，此處所云十二卷，係合未谷詩集四卷計。

〔八〕清史稿之許瀚傳，源自清國史，載儒林傳下卷卷二十二，附見於桂馥傳。

〔九〕許瀚卒於何時？清史稿失記。據柯愈春先生清人詩文集總目，瀚生於嘉慶二年，卒於同治五年，終年七十。

桂馥 許瀚

清史列傳　卷六十九　儒林傳下二

桂馥，字東卉，山東曲阜人。乾隆五十五年進士，選雲南永平縣知縣，居官多善政。嘉慶十年，卒於任，年七十。馥博涉群書，尤潛心小學，精通聲義。嘗謂：「士不通經，不足致用，而訓詁不明，不足以通經。」故自諸生以至通籍，四十年間，日取許氏說文，與諸經之義相疏證，爲說文義證五十卷。云「義證」者，取梁書孔子袪傳中語也。其書薈萃群書，力窮根柢，爲一生精力所在。馥與段玉裁生同時，同治說文，學者以「桂、段」並稱，而兩人兩不相見，書亦未見。段氏之書，聲義兼明，而尤邃於聲。桂氏之書，聲義並及，而尤博於義。段氏鉤索比傅，自以爲能冥合許恉，勇於自信，自成一家之言，故破字創義爲多。桂氏敷佐許說，發揮旁通，令學者引申貫注，自得其義之所歸。故段書約而猝難通闢，桂書繁而尋省易了。其專臚古籍，不下己意，則以意在博證求通，輾轉孳乳，觸長無方，亦如王氏廣雅疏證、阮氏經籍籑詁之類，非可以己意爲獨斷者也。馥尚有說文諧聲譜考證，本欲與義證並行，歿後遇亂，散失數卷。馥又繪許祭酒以下，及魏濟陽江式，唐趙郡李陽冰，南唐廣陵徐鉉、徐鍇兄弟，宋吴興張有，錢塘吾丘衍之屬，爲說文統系圖。大興朱筠嘗爲之記。

及就宦滇南，追念舊聞，隨筆疏記十卷，以其細碎，比之匠門木林，題曰札樸。然馥嘗引徐幹中論「鄙儒博學，務於物名，詳於器械，考於訓詁，摘其章句而不能統其大義之所極，以獲先王之心。故使學者勞思慮而不知道，費日月無成功」，謂：「近日學者，風尚六書，動成習氣。偶涉名物，自負倉、雅，略講點畫，妄議斯、冰。叩以經典大義，茫乎未之聞也。」此尤爲同時小學家所不能言，足以鍼肓起废。他著有晚學集十二卷，繆篆分韻五卷，續三十五舉一卷。

許瀚，字印林，山東日照人。道光十五年舉人，官嶧縣教諭。博綜經史及金石文字，於訓詁尤深。至校勘宋、元、明古書籍，精審不減黄丕烈、顧廣圻。晚年，校刊説文義證，謂：「原稿『臺』下，有『查高唐賦原文』六字，此爲馥脱稿未校之書。」因爲之補正，數年乃成。甫成而板燬於捻寇，並盡瀚所藏經籍金石，遂悒鬱而歿，年七十。

其答門弟子問曰：「説文序云：『今叙篆文，合以古籀』，而亦有以篆文爲重文者，如丄之重文上，丅之重文下，皆篆文者〔以下文繁從略〕。」他著有别雅訂五卷，印林遺著一卷。又有韓詩外傳勘誤、攀古小廬文。

江聲 江沅

清史稿　卷四百八十一　儒林二

江聲〔一〕，字叔澐，元和人。七歲就傅讀書，問讀書何爲，師以取科第爲言，聲求所以進於是者。年二十九，遭父疾，晨夕侍牀褥，不解衣帶，至自滌楲窬，視穢以驗疾進退。及居憂，哀毀骨立，逾三年，容戚然如新喪者。侍母疾，居喪，亦如父歿時。族黨哀其至行。既孤，因不復事科舉業。讀尚書，怪古文與今文不類，又怪〔二〕孔傳非安國所爲。年三十五，師事同郡通儒惠棟，得讀所著古文尚書考及閻若璩古文疏證，乃知古文及孔傳皆晉時人僞作。於是集漢儒之説以注二十九篇，漢注不備，則旁考他書，精研古〔三〕訓，成尚書集注音疏十二卷，附補誼九條，識僞字一條，尚書集注音疏前後述外編一卷，尚書經師系表也。經文注疏，皆以古篆書之。疑僞古文者，始於宋之吴才老，朱子以後，吴草廬、郝京山、梅鷟，皆不能得其要領。至本朝〔四〕閻、惠兩徵君所著之書，乃能發其作僞之跡，勦竊之原。若刊正經文，疏明古注，則皆未之及也。及聲出而集大成焉。

聲又病後世深求考、老轉注之義，至以篆迹求之，因爲六書説。謂：「建類一首，即始一終亥五百四十部之首。同意相受，即凡某之屬皆從某也。」陽湖孫星衍亦推其説，以爲爾雅肇、祖、元、胎之屬，始也，始亦建類一首。肇、祖、元、胎皆爲始，亦同意相受。説文此類亦甚多。推考、老之訓，如口部之咽，嗌也；嗌，咽也。走部之走，趨也；趨，走也。猶之考注老，老轉注考矣。其同在口部、走部，即建類一首也。聲亦以爲然，而戴震以爲貫全部則義太廣。聲折之曰：「若止考、老爲轉注，不已隘乎？且諧聲一義，不貫全部乎？」聲與震以學問相推重，其不相附和如此。

生平不作楷書，即與人往來筆札，皆作古篆。俗儒往往非笑之，而聲不顧也。其寫尚書瀍水字、蕿字，不在説文，瀍據淮南作廛，蕿據爾雅義作孟。人始或怪之，後服其非臆説。顧其書終以時俗不便識讀，不甚行於時。聲性耿介，不慕榮利，交遊如王鳴盛、王昶、畢沅，皆重其品藻，而聲未嘗以私事干之，當事益重其人。嘉慶元年，舉孝廉方正。四年卒，年七十有九。晚年因不諧俗，動與時違，取周易「艮背」之義，自號艮庭，學者稱爲艮庭先生云。

子鏐，吳縣學生。孫沅，優貢生。世傳其學。

沅，字子蘭。金壇段玉裁僑居蘇州，沅出入其門者數十年。沅先著説文釋例，後承玉裁囑，以段書十七部諧聲表之列某聲某聲者爲綱，而件繫之，聲復生聲，則依其次第，爲説文解字音均表凡十七卷。沅於段紕繆處，略箋其失。其言曰：「支、脂、之之爲三，真、臻、先與諄、文、欣、魂、痕之爲二，皆陸氏之舊。而段氏矜爲獨得之秘，嚴分其界，以自殊異。凡許氏所合韻處，皆多方改使離之，而一部之與十二部，亦不使相通。故皕之讀若秘，改爲逼；肊之乙聲，删去聲字；必之弋亦聲，改爲八亦聲。而於開章一篆，説解極、一、物三字，即是一部、十二部、十五部合韻之理。於是絶不敢言其韻，直至亥字下重文説之也。十二、十三兩部之相通者，惟民、昏二字爲梗，故力去昏字，以就其説。畀字由聲，十五部也，緥从畀得聲，而緥即古綦字，在一部，遂改畀字爲甶聲，以避十五部與一部之合音。凡此，皆段氏之癥結處也。」又曰：「段氏論音，謂古無去，故譜諸書，平而上入。沅意古音有去無入，平輕去重，平引成上，去促成入。上入之字，少於平去，職是故耳。北人語言，入皆成去，古音所沿，至今猶舊。非敢苟異，參之或然。」沅當時面質玉裁，親許駁勘，故有不同云。卒年七十二〔五〕。

【校記】

〔一〕清史稿之江聲傳，源自清國史，載儒林傳下卷卷十五，復采江藩漢學師承記之江艮庭先生記而成。

〔二〕「又怪」云云，語出上引江藩記。清國史則作「又疑」，國史行文似更確切。

〔三〕「精研古訓」，語出江藩記。「古」字本作「故」，係史稿擅改。

〔四〕清史稿江聲傳文，自「讀尚書」起，至「及聲出而集大成焉」止，皆引自江藩記。「本朝」一語，乃江藩所稱，清史稿撰文，相沿不改，則大謬不然。此類失誤，令人訝然。

〔五〕江沅卒於何年？史稿失記。據柯愈春清人詩文集總目，沅卒於道光十八年。

江聲 江沅

清史列傳　卷六十八　儒林傳下一

江聲，字叔澐，江蘇元和人。七歲就傳讀書，問讀書何爲，師以取科第爲言，聲求所以進於是者。稍長，與兄筠共學，不事帖括。年二十九，遭父疾，晨夕侍牀褥，不解衣帶，至自滌械窬，視穢以驗疾進退。及居憂，哀毁骨立，逾三年，容戚然如新喪者。侍母疾，居喪，亦如父歿時。少讀尚書，怪古、今文不類，又疑孔傳非安國所爲。年三十五，師事同郡惠棟，得讀所著古文尚書考及閻若璩古文疏證。年四十一，以棟既作周易述，搜討古學，乃撰尚書集注音疏。存今文二十九篇，以別梅氏所上二十八篇之僞造，取書傳所引湯征、泰誓諸篇逸文，按書序録入。又取說文經子所引書古文本字，更正秦人隸書及唐開元改易古字之謬。輯鄭康成殘注及漢儒逸說，附以己見而爲之疏，以明其說之有本。以篆寫經，復三代文字之舊，凡四易稿，積十餘年而後成，共十二卷，說一卷。泰誓後得，馬融頗以爲疑。聲辨之曰：「融意以泰誓非伏生所傳，故疑之爾。然泰誓『維四月，太子發上祭於畢』云云，尚書大傳既引其文，所以不傳者，生年老，容有遺亡。大傳能引九共、帝告片語，而不傳其全文，是其明驗也。漢書藝文志云『尚書古文經五十七篇』，計伏生書二十八篇，三分盤庚爲三十，加孔氏多出二十四篇，才五十四，加泰誓三篇，適五十七。若無泰誓，不符其數。融疑所稱『八百諸侯，不期而會』，然婁敬說高祖嘗言之。又疑『火流爲雕，以穀俱來』爲神怪。然孔子繫易，稱『河出圖，洛出書』。論語亦曰『鳳鳥不至，河不出圖，吾已矣夫』。符瑞之徵，聖人且覬幸之，謂爲子所不語，豈通論乎？詩思文『貽我來牟』，即此『以穀俱來』之謂，融亦將斥爲誕乎？融又以書傳所引泰誓甚多，而疑此泰誓皆無有。案湯誓傳自伏生，今、古文皆有，而墨子兩引湯誓中亦無之。泰誓亦猶是耳。大傳引盤庚曰『若德明哉，湯任父言，卑應言』；引無逸曰『厥兆天子爵』。今經反遺其語。然則伏生既傳之後，歐陽、夏侯遞有師承，猶不能無闕逸，況泰誓經灰燼之餘，百年而出焉。」其論爲閻、惠諸人所未及。

聲又病後世深求考、老轉注之義，至以篆迹求之，因爲六書説。謂：「建類一首，即始一終亥五百四十部之首。同意相受，即凡某之屬皆從某也。」陽湖孫星衍亦推其説，以爲爾雅肇、祖、元、胎之屬，始也，始亦建類一首。肇、祖、元、胎皆爲始，亦同意相受。説文此類亦甚多。推考、老之訓，如口部之咽，嗌也；嗌，咽也。走部之走，趨也；趨，走也。猶之考轉注老，老轉注考矣。其同在口部、走部，即建類一首也。聲亦以爲然，而戴震以爲貫全部則義太廣。聲折之曰：「若止考、老爲轉注，不已隘乎？且諧聲一義，不貫全部乎？」聲與震以學問相推重，其不相附和如此。

聲嘗爲説文解字考證，及見金壇段玉裁所著，遂舉稿本付之。又嘗爲畢沅校刊釋名，爲之疏證，皆以篆書。生平不爲行楷，與人筆札，皆作古篆。俗儒往往非笑之，而聲不顧也。其寫尚書瀍水字、蕓字，不在説文，瀍據淮南作廛，蕓據爾雅義作孟。人始或怪之，後服其非臆説。顧其書終以時俗不便識讀，不甚行於時。又嘗舉經子古書，俱繩以説文字例，去其俗字，命曰經史子字準繩。又著論語竢質三卷，六書淺説一卷，恒星説一卷，艮庭小慧一卷。「艮庭」者，晚年因性不諧俗，取周易「艮背」之義自號也。聲性耿介，不慕榮利。交遊如王鳴盛、王昶、畢沅，皆重其品藻，而聲未嘗以私事干之。嘉慶元年，詔開孝廉方正科，江蘇巡撫費淳首舉聲，賜六品頂戴。四年卒，年七十九。

聲子鏐、孫沅，能世其學。鏐，字貢庭，諸生，後聲一年卒。沅，字子蘭，憂貢生。金壇段玉裁僑居蘇州，沅出入其門者數十年。玉裁著六書音均表，發明平、上、入分合相配，曰：「此表惟江聲及沅知之，外無第三人知者。」沅先著說文釋例，後承玉裁囑，以段書十七部諧聲表之列某聲某聲者爲綱，而件係之，聲復生聲，則依其次第，爲說文解字音韻表，凡十七卷。沅於段紕謬處，略箋其失。其言曰：「支、脂、之之爲三，真、臻、先與諄、文、欣、魂、痕之爲二，皆陸氏之舊。而段氏矜爲獨得之秘，嚴分其界，以自殊異。凡許氏所合韻處，皆多方改使離之，而一部之與十二部，亦不使相通。故皕之讀秘，改爲逼；肊之乙聲，删去聲字；必之弋亦聲，改爲八亦聲。而於開章一篆，說解極、一、物三字，即是一部、十二部、十五部合韻之理。於是絶不敢言其韻，直至亥字下重文說之也。十二、十三兩部之相通者，惟氏、昏二字爲梗，故力去昏字以就其說。畀字由聲，十五部也。緼從畁得聲，而緼即古綦字，在一部。遂改畀字爲甶聲，以避十五部與一部之合音。凡此，皆段氏之癥結處也。」又曰：「段氏論音，謂古無去，故譜諸書，平而上入。沅意古者有去無入，平輕去重，平引成上，去促成入。上入之字，少於平去，職是故耳。北人語言，入皆成去，古音所沿，至今猶舊。非敢苟異，參之或然。」沅當時面質玉裁，親許駁勘，故有不同云。卒年七十二。

錢大昭 子東垣　繹　侗　朱駿聲

清史稿　卷四百八十一　儒林二

錢大昭〔一〕，字晦之，嘉定人，大昕弟。大昕深於經史，一門群從，皆治古學，能文章，爲東南之望。大昭少於大昕者二十年，事兄如嚴師，得其指授，時有「兩蘇」之比。壯歲遊京師，嘗校録四庫全書，人間未見之秘，皆得縱觀，由是學問蓋浩博。又善於決擇，其説經及小學之書，能直入漢儒閫奥。嘗欲從事爾雅，大昕與書謂：「六經皆以明道，未有不通訓詁而能知道者。欲窮六經之旨，必自爾雅始。」大昭乃著爾雅釋文補三卷及廣雅疏義二十卷〔二〕。又著説文統釋六十卷，其例十。一曰疏證以佐古義，凡經典古義與許合者，在所必收。二曰音切以復古音，以徐鉉、徐鍇等不知古音，往往誤讀。又許君言讀若某者，即有某音，今並補正。又説文本有舊音，隋書經籍志有説文音隱，顔氏家訓引之。唐以前傳注家，多稱説文音某，今並采附本字之下。三曰考異以復古本，凡古本暨古書所引有異同者，悉取以折中。四曰辨俗以正譌字，凡經典相承俗字，及徐氏新補、新附字，皆辨證詳明，别爲一卷附後。五曰通義以明互借，凡經典之同物同音，於古本是通用者，皆引經證之。六曰從母以明孳乳，如完、刓、髡、軏等字，皆於元下注云从此。七曰别體以廣異義，凡重文中之籀、篆、古文奇字，皆有所从〔三〕，其許君未言者，亦略釋之。經典兩用者，則引而證焉。八曰正譌以訂刊誤，凡許君不收之字，注中不應有，又字畫脱誤者，並校正之。九曰崇古以知古字，如鸕、鳴、鷄、鶵之類，經典有不從鳥者，此古今字，今注曰古用某。十曰補字以免漏略，如由、希、免、畾等三十九字，从此得聲者甚多，而書中脱落，有子無母，非許例。今酌補之，亦别爲一卷附後。

大昭於正史，尤精兩漢，嘗謂：「注史與注經不同。注經以明理爲宗，理寓於訓詁，訓詁明而理自見。注史以達事爲主，事不明，訓詁雖精無益也。」每怪服虔、應劭之於漢書，裴駰、徐廣之於史記，其時去古未遠，稗官、載記、碑刻尚多，不能會而通之，考異質疑，徒戔戔於訓詁。乃著兩漢書辨疑四十卷〔四〕，於地理、官制皆有所得。又仿其例著三國志辨疑三卷。又以宋熊方所補後漢書年表，衹取裁范書、陳志。乃於正史外，兼取山經、地志、金石、子集，其體例依班氏之舊而略變通之，著後漢書補表八卷。計所補王侯，多於熊書百三十人，論者謂視萬斯同歷代史表，有過之無不及。他著有詩古訓十二卷，經説十卷，補績漢書藝文志二卷，後漢郡國令長考一卷，邇言二卷。生平不嗜榮利，名其讀書之所曰可廬，欲蘄至於古之隨遇自足者。嘉慶元年，舉孝廉方正〔五〕。

子東垣〔六〕，字既勤。嘉慶三年舉人，官浙江松陽縣知縣，以艱歸。服闋，補上虞縣。東垣與弟繹、侗，皆潛研經、史、金石，時稱「三鳳」。嘗與繹、侗及同縣秦鑒，勘訂鄭志〔七〕，又與繹、侗、鑒及桐鄉金錫鬯，輯釋崇文總目，世稱精本。東垣爲學，沉博而知要，以世傳孟子注疏繆舛特甚，乃輯劉熙、綦毋邃、陸善經諸儒古注，及顧炎武、閻若璩〔八〕同時師友之論，附以己見，並〔九〕正其音讀，考其異同，爲孟子解誼十四卷。他著有小爾雅校證二卷，補經義考四十卷，列代建元表、勤有堂文集〔十〕。

侗〔十一〕，字同人。於曆算之學，亦能究其原本〔十二〕。大昕撰宋遼金元四史朔閏考，未竟而卒，侗證以群書、金石文字，增輯一千三百餘條。日夕閲推算，幾忘寢食，卒因是感疾而歿〔十三〕。

朱駿聲〔十四〕，字豐芑，吴縣人。年十三，受許氏説文，一讀即通曉。從錢大昕遊，錢一見奇之，曰：「衣鉢之傳，將在子矣。」嘉慶二十三年舉人，官黟縣訓導。咸豐元年，以截取知縣入都，進呈所著説文通訓定聲及古今韻準、柬韻、説雅，共四十卷。文宗披覽，嘉其洽〔十五〕，賞國子監博士銜。旋遷揚州府學教授，引疾未之官。八年卒，年七十一。

駿聲著述甚博，不求知於世，兼長推步，明通象數。嘗論爾雅太歲在寅，推大昕説謂：「其時自從實測之歲星在亥，定太歲在寅，命之曰攝提格以紀年。歲星所合之辰，即爲太歲。然歲星閲百四十四年而超一辰，至秦、漢而甲寅之年歲星在丑，太歲應在子。漢詔書以太初元年爲攝提格者，因六十紀年之名，歷年以次排叙，不能頓超一辰，故仍命以攝提格也。於是後人以寅、卯等爲太歲，强以攝提格等爲歲陰。其實爾雅所云歲陽、歲陰，非如後人説也。」他著有左傳旁通十卷，左傳識小録三卷，夏小正補傳一卷〔十六〕，離騷補注一卷。

子孔彰，字仲我。能傳父業，著有説文粹三編、十三經漢注、中興將帥别傳。

【校記】

〔一〕清史稿之錢大昭傳，源自清國史，載儒林傳下卷卷十二。

〔二〕錢大昭著廣雅疏義，諸家所記，皆作二十卷。惟趙之謙漢學師承續記作二十四卷。據之謙稱，同治四年冬，嘗於杭州書肆見是書殘帙，爲六、七、十四、十七、十八凡五卷。既未見首卷，則二十四卷一説，未知所本。據孫殿起販書偶記，孫先生所見之廣雅疏義傳鈔本，確爲二十卷。

〔三〕「从」字，史稿原誤作「從」，此據清國史改。

〔四〕兩漢書辨疑，清國史、清史稿皆作四十卷，而清史稿藝文志所記，則與大昭本傳異，作四十二卷。清儒學案卷八十四潛研學案下，輯大昭三國志辨疑自序又稱：「予舊於兩漢書，有辨疑四十四卷。」孫殿起販書偶記，據光緒十四年廣雅書局刊本，記作四十二卷，爲漢書辨疑二十二卷，後漢書辨疑十一卷，續後漢書辨疑九卷。

〔五〕錢大昭卒年，清國史記之甚確，作嘉慶「十八年卒，年七十」。

清史稿刪之不録，失當。

〔六〕清史稿之錢東垣傳，源自清國史，載儒林傳下卷卷十二，附見於錢大昭傳。

〔七〕「鄭志」乃一專書名，史稿誤標爲「鄭志」，故逕改。

〔八〕此處史稿及國史行文皆可酌。顧炎武、閻若璩下，若添一「並」字，改作「顧炎武、閻若璩並同時師友之論」，其後之「並」字改作「復」，則文從字順，不生歧義。

〔九〕詳見〔八〕。

〔十〕據清國史，錢東垣傳後，本接弟繹傳，清史稿竟將錢繹傳全文漏編，顯屬失誤。

〔十一〕清史稿之錢侗傳，源自清國史，附見於錢大昭傳。

〔十二〕清國史之錢侗傳，布局合理，頗得史法。清史稿擅加斧鉞，僅録傳末文字不及百言，殊失輕率。

〔十三〕錢侗卒年，史稿失記。據姚椿錢同人墓誌銘，侗卒於嘉慶二十年十一月，得年僅三十有八。

〔十四〕清史稿之朱駿聲傳，源自清國史，載儒林傳下卷卷三十一。駿聲乃道、咸間學術名家，尤精説文，獨樹一幟，足以接武段、桂而後先輝映。故清國史以之獨立一傳，最得歷史實際。清史稿擅爲分合，殊屬無理，難怪朱氏後人憤而抗議。

〔十五〕「嘉其洽」，不詞。據清國史，「洽」字之上，尚脱一「賅」字，當補。

〔十六〕史稿記朱駿聲學行及著述，多與清國史同，源出孫詒讓撰朱博士事略。惟孫先生記駿聲「咸豐七十病卒，春秋七十有一」，未確。據朱師轍補注石隱山人自訂年譜，譜主即師轍大父駿聲先生，卒於咸豐八年十月十六日，享年七十有一。

錢大昭 子東垣 繹 侗

清史列傳 卷六十八 儒林傳下一

錢大昭，字晦之，江蘇嘉定人。太學生，大昕弟也。大昕深於經史，一門群從，皆治古學，能文章。大昭少於大昕者二十年，事兄如嚴師，得其指授，時有「兩蘇」之比。壯歲遊京師，嘗代友人校録四庫全書，人間未見之秘，皆得縱觀，由是學益博。又善於決擇，其説經及小學之書，能直入漢儒閫奥。嘗欲從事爾雅，大昕與書：「六經皆以明道，未有不通訓詁而能知道者。欲窮六經之旨，必自爾雅始。」大昭乃著爾雅釋文補三卷及廣雅疏義二十卷。又著説文統釋六十卷，其例有十。一曰疏證以佐古義，凡經典古義與許合者，在所必收。二曰音切以復古音，以徐鉉、徐鍇等不知古音，往往誤讀。又許君言讀若某者，即有某音，今並補正。又説文本有舊音，隋書經籍志有説文音隱，顔氏家訓引之。唐以前傳注家，多稱説文音某，今並採附本字之下。三曰考異以復古本，凡古本暨古書所引，有異同者，悉取以折中。四曰辨俗以正譌字，凡經典相承俗字，及徐氏新補、新附字，皆辨證詳明，别爲一卷附後。五曰通義以明互借，凡經典之同物同音，於古本是通用者，皆引經證之。六曰從母以明孳乳，如完、刓、髡、軏等字，皆於元下注云从此。七曰别體以廣異義，凡重文中之籀篆、古文奇字，皆有所从，其許未言者，亦略釋之。經典兩用者，則引而證焉。八曰正譌以訂刊誤，凡許君不收之字，注中不應有，又字畫脱誤者，並校正之。九曰崇古以知古字，如鷗、鳴、鷚、鴟之類，經典有不從鳥者，此古今字，今注曰古用某。十曰補字以免漏略，如由、希、免、晶等三十九字，從此得聲者甚多，而書中脱落，有子無母，非許例。今酌補之，亦别爲一卷附後。

大昭於正史，尤精兩漢。嘗謂：「注史與注經不同。注經以明理爲宗，理寓於訓詁，訓詁明而理自見。注史以達事爲主，事不明，訓詁雖精無益也。」每怪服虔、應劭之於漢書，裴駰、徐廣之於史記，其時去古未遠，稗官、載記、碑刻尚多，不能會而通之，考異質疑，徒戔戔於訓詁。乃著兩漢書辨疑四十卷，於地理、官制皆有所得。又仿其例，著三國志辨疑三卷。又以宋熊方所補後漢書年表，祇取材范書、陳志，乃於正史外，兼取山經、地志、金石、子集。其體例依班氏之舊，而略變通之，著後漢書補表八卷。計所補王侯，多於熊書百三十人，論者謂視萬斯同歷代史表，有過之無不及。他著有詩古訓十二卷，經説十卷，補續漢書藝文志二卷，後漢郡國令長考一卷，邇言二卷，嘉定金石文字記四卷。生平不嗜榮利，名其讀書之所曰可廬，欲蘄至於古之隨遇自足者。嘉慶元年，詔舉孝廉方正之士，江南大吏以大昭應徵，賜六品頂戴。十八年卒，年七十。子東垣、繹、侗。

東垣，字既勤。嘉慶三年舉人，官浙江松陽縣知縣，以艱歸。服闋，補上虞縣。東垣與弟繹、侗，皆潛研經史、金石，時稱「三鳳」。嘗與繹、侗及同縣秦鑒，勘訂鄭志，又與繹、侗、鑒及桐鄉金錫鬯，輯釋崇文總目，世稱精本。東垣爲學，沉博而知要。以世傳孟子注疏，繆舛特甚，乃輯劉熙、綦毋邃、陸善經諸儒古注，及顧炎武、閻若璩、同時師友之論，附以己見，並正其音讀，考其異同，爲孟子解誼十四卷。他著有小爾雅校證二卷，補經義考四十卷，列代建元表、勤有堂文集。

繹，初名東墉，字以成。少承家學，嘗以諸經句讀，徵引家互有異同，據武億原本，參稽群籍，折中至是，爲十三經斷句考。又著方言箋疏十三卷，五方之民，言語不通，循聲譯字，字雖無定，而音理可推。是書於展轉互異處，尋其音變之原，古人以聲釋文之旨，於斯大啓。他著有説文解字讀若考三卷，闕疑補一卷，釋大、釋小各一卷，釋曲一卷，訓詁類纂一百六卷。

侗，字同人，諸生。嘉慶十三年，淀津召試二等，賞大緞，充文穎館校録。十五年舉人，議叙知縣。侗於説文，用力致深，精講韻學，熟於古音之通轉。嘗徵集群書同物異名之文，比而釋之，爲釋聲八卷。其序曰：「言小學者有二端，曰故訓，爾雅、説文之屬是也；曰聲音，釋名之屬是也。有文字然後有訓詁，而聲音實在文字之先。故言小學必通訓詁，言訓詁必先識字，欲識字必先審聲音。所謂聲者，萌芽於二儀初判之時，廣益於草昧既開之後，非後世四聲、七音、三十六母之説也。周公制爾雅，有釋詁言訓，獨無釋聲與名者，是以劉氏廣之，爲釋名一書。」又曰：「論語『必也正名乎』，記曰『書同文』。天下古今之名之文，可正而同也，天下古今之聽音，則莫能一也。夫聲隨人變，則字亦隨之俱變。書傳所紀，異言殊俗，紛更錯雜。新學後進，罔識據依，甚者不知督郵爲獨摇，而疑神農尚無此官。不知文無即蘼蕪，而謂當歸以贈稽旅。此釋聲之書，所以繼釋名而作也。」又曰：「爾雅而外，以爲言故訓者首推許慎，言聲音者當宗劉熙。取其詮釋諸名，俱以聲爲定準，蓋有得乎六書形聲之旨者。而彼所釋，必據聲音以求故訓，此所釋，則皆以聲音概文字，故命名爾殊也。」其書冥思苦索，積年乃成。又有群經古音鉤沉四卷，正名録四卷，九經補韻考二卷，説文音韻表五卷，重文小箋二卷，孳乳表二卷，方言義證六卷，吴語詮六卷。

侗於曆算之學，亦能究其原本。大昕撰宋遼金元四史朔閏考，未竟而卒。侗證以群書、金石文字，增輯一千三百餘條。日夕檢閲推算，幾忘寢食，卒因是感疾而歿。他著有金石録四十卷，續録續三卷，古錢待訪録二卷，樂斯堂文集。

朱駿聲

清史列傳　卷六十九　儒林傳下二

朱駿聲，字豐芑，江蘇吴縣人。年十三，受許氏説文，一讀即通曉。十五爲諸生，從錢大昕遊，錢一見奇之，曰：「衣鉢之傳，將在子矣。」嘉慶二十三年舉人，官黟縣訓導，肆力著述，諸生造門請業者，常數十人，官舍至不能容。俞正燮歎曰：「朱君真名士也！」咸豐元年，以截取知縣入都，進呈所著説文通訓定聲等四十卷，序云：「此書以苴説文轉注、假借之隱略，以稽群經子史用字之通融。題曰『説文』，表所宗也；曰『通訓』，發明轉注、假借之例也；曰『定聲』，證廣韻、今韻之非古，而導其源也。先之以柬字，遵康熙字典之例，使學者便於檢閲也。終之以韻準，就今一百六韻區分之，俾不繆於古，亦不悖於今也。附之以説雅，明説文之上繼爾雅，可資以参互考訂也。」文宗披覽，嘉其賅洽，賞國子監博士銜。旋遷揚州府學教授，引疾未之官。六年卒，年七十一〔一〕。

駿聲著述甚博，不求知於世，兼長推步，明通象數。嘗論爾雅太歲在寅，推大昕説謂：「其時自以實測之歲星在亥，定太歲在寅，命之曰攝提格以紀年。歲星所合之辰，即爲太歲。然歲星閲百四十四年而超一辰，至秦、漢，而甲寅之年歲星在丑，太歲應在子。漢詔書以太初元年爲攝提格者，因六十紀年之名，歷年以次排叙，不能頓超一辰，故仍命以攝提格也。於是後人以寅、卯等爲太歲，强以攝提格等爲歲陰。其實爾雅所云歲陽、歲陰，非如後人説也。」他著有六十四卦經解八卷，尚書古注便讀四卷，詩傳箋補十二卷，儀禮經注一隅二卷，夏小正補傳二卷，大戴禮記校正二卷，左傳旁通十卷，左傳識小録三卷，論孟塙解二卷、懸解四卷，經史問答二十六卷，天算瑣記四卷，數度衍約四卷，離騷補注一卷，淮南書校正六卷，説解商十卷，小學識餘四卷，説叢十二卷。

【校記】

〔一〕朱駿聲卒年，當爲咸豐八年，詳見前史稿校記。

馬宗槤 子瑞辰　孫三俊

清史稿　卷四百八十二　儒林三

馬宗槤〔一〕，字器之，桐城人。由舉人官東流縣教諭。嘉慶六年，成進士。又一年卒。少從舅氏姚鼐學詩古文詞，所作多沉博絶麗。既而精通古訓及地理之學。鄉舉時〔二〕，以解論語過位升堂合於古訓，大興朱珪亟拔之。後從邵晉涵、任大椿、王念孫遊，其學益進。嘗以解經必先通訓詁，而載籍極博，未有彙成一編者，乃偕同志孫星衍、阮元、朱錫庚分韻編録，適南旋中輟。其後元視學江、浙〔三〕，萃諸名宿爲經籍籑詁，其凡例猶宗槤所手訂也。生平敦實〔四〕，寡嗜好，惟以著述爲樂。嘗撰左氏補注三卷，博徵漢、魏諸儒之説，不苟同立異。所著别有毛鄭詩詁訓考證、周禮鄭注疏證、穀梁傳疏證、説文字義廣證、戰國策地理考、南海鬱林合浦蒼梧四郡沿革考、嶺南詩鈔〔五〕，共數十卷，校經堂詩鈔二卷〔六〕。

子瑞辰，字元伯。嘉慶十五年進士〔七〕，選翰林院庶吉士。散館，改工部營繕司主事，擢郎中，因事罣誤，發盛京效力。旋賞主事，奏留工部，補員外郎。復坐事發往黑龍江。未幾釋歸。歷主江西白鹿洞〔八〕、山東嶧山、安徽廬陽書院講席。髮逆陷桐城〔九〕，衆驚走，賊脅之降。瑞辰大言曰：「吾前翰林院庶吉士、工部都水司員外郎馬瑞辰也。吾命二子團練鄉兵，今仲子死，少子從軍，吾豈降賊者耶！」賊執其髮、爇其背而擁之行，行數里，罵愈厲，遂死，年七十九〔十〕。事聞，卹廕如例，敕建專祠。

瑞辰勤學著書，耄而不倦。嘗謂：「詩自齊、魯、韓三家既亡，説詩者以毛詩爲最古。據鄭志[十一]答張逸云：『注詩宗毛爲主，毛義隱略，則更表明。』是鄭君大旨本以述毛，其箋詩改讀，非盡易傳[十二]，而正義或誤以爲毛、鄭異義。鄭君先從張恭祖受韓[十三]，凡箋訓異毛者，多本韓説。其答張逸亦云：『如有不同，即下己意。』而正義又或誤合傳、箋爲一。毛詩用古文，其經字多假借，類皆本於雙聲疊韻，而正義或有未達。」於是乃撰毛詩傳箋通釋三十二卷，以三家辨其異同，以全經明其義例，以古音義證其譌互，以雙聲疊韻别其通借，篤守家法，義據通深。同時長洲陳奐，著毛詩傳疏，亦爲專門之學。由是治毛詩者，多推此兩家之書。

子三俊，字命之。優貢生。舉孝廉方正，學宗程、朱。以國難家仇，憤欲殺賊。咸豐四年六月，率練勇追賊至周瑜城，力戰死，年三十五。著有馬徵君遺集。

【校記】

〔一〕清史稿之馬宗槤傳及附見之子瑞辰、孫三俊二傳，皆源自清國史，載儒林傳下卷卷二十五。

〔二〕馬宗槤何年舉鄉試？清史稿及清國史皆失記。據馬其昶馬魯陳先生傳，爲乾隆五十一年。

〔三〕「元視學江、浙」，據清國史，本作「元視學浙江」，係清史稿誤改。據考，阮元一生並無視學江蘇經歷，經籍籑詁即督學浙江所輯。

〔四〕「敦實」，不詞。據清國史，「實」後脱一「行」字，當爲「敦實行」。

〔五〕傳主何以有涉及廣東之著述？清史稿及清國史之本傳，皆無從知曉。據前引馬魯陳先生傳，乃因宗槤於乾隆五十四年，嘗應廣東學政周興岱聘，作幕嶺南。

〔六〕據前引馬魯陳先生傳及金天翮馬宗槤瑞辰傳，校經堂詩乃一卷。

〔七〕嘉慶十五年進士，誤。據清國史，當作嘉慶十年。

〔八〕「白鹿洞」之「洞」字，係清史稿臆增。據前引馬、金二家撰文，皆係白鹿書院，而非白鹿洞書院。

〔九〕桐城何時爲太平軍所破？清國史記之甚明，作「咸豐三年冬」。清史稿刪而不録，失誤。

〔十〕「年七十九」，不確。據馬其昶贈道銜原任工部員外郎馬公墓表，當爲「春秋七十七」。即馬瑞辰生於乾隆四十二年，卒於咸豐三年，終年七十有七。

〔十一〕「鄭志」乃書名，清史稿整理本原標爲「鄭志」，逕改。

〔十二〕「易傳」，本義爲改易毛詩傳。史稿標作「易傳」，誤讀爲「易經之傳」，故逕改。

〔十三〕據清國史，「韓」字下尚有一「詩」字，即「韓詩」。清史稿誤脱「詩」字，當補。

馬宗槤 子瑞辰　孫三俊

清史列傳　卷六十九　儒林傳下二

馬宗槤，字器之，安徽桐城人。由舉人官東流縣教諭。嘉慶六年，成進士。又一年卒。少從舅氏姚鼐學詩古文詞，所作多沉博絶麗。既而精通古訓及地理之學。鄉舉時，以解論語過位升堂合於古制，大興朱珪亟拔之。後從邵晉涵、任大椿、王念孫遊，其學益進。嘗以解經必先通訓詁，而載籍極博未有彙成一編者，乃偕同志孫星衍、阮元、朱錫庚分韻編録，適南旋中輟。後元視學浙江，萃諸名宿爲經籍籑詁，其凡例猶昔年所手訂也。生平敦實行，寡嗜好，惟以著述爲樂。嘗撰左氏補注三卷，博徵漢、晉諸儒之説，不苟同立異，論者謂足與顧炎武、惠棟兩家之書相表裏。其自序云:「效子慎之作解誼，家法是守；鄙冲遠之爲疏證，曲説鮮通。」蓋紀實也。所著别有毛鄭詩詁訓考證、周禮鄭注疏證、穀梁傳疏證、説文字義廣注、戰國策地理考、南海鬱林合浦蒼梧四郡沿革考、嶺南詩鈔，共數十卷，校經堂詩鈔二卷。子瑞辰。

瑞辰，字元伯。嘉慶十年進士，改翰林院庶吉士，散館，授工部營繕司主事，擢郎中。因事罣誤，發盛京效力。旋賞給主事，奏留工部，補員外郎。復坐事發往黑龍江效力，未幾釋歸。歷主江西白鹿、山東嶧山、安徽廬陽書院講席。咸豐三年冬，髮逆陷桐城，衆驚走，賊脅之降。瑞辰大言曰:「吾前翰林院庶吉士、工部水司員外郎馬瑞辰也！吾命二子團練鄉兵，今仲子死，少子從軍，吾豈降賊耶！」賊爇其背而擁之行，行數里，罵愈厲，遂死，年七十九〔一〕。事聞，奉旨贈道銜，賜卹廕如例，敕建專祠。

瑞辰豐頤長身，言論娓娓，勤學著書，耄而不倦。嘗謂：「詩自齊、魯、韓三家既亡，説詩者以毛詩爲最古。據鄭志答張逸云：『詩宗毛爲主，毛義隱略，則更表明。』是鄭君大旨本以述毛，其箋詩改讀，非盡易傳，而正義或誤以爲毛、鄭異義。鄭君先從張恭祖受韓詩，凡箋訓異毛者，多本韓説。其答張逸亦云：『如有不同，即下己意。』而正義又或誤合傳、箋爲一。毛詩用古文，其經字多假借，類皆本於雙聲叠韻，而正義或有未達。」於是撰毛詩傳箋通釋三十二卷，以三家辨其異同，以全經明其義例，以古音古義證其譌〔二〕互，以雙聲叠韻别其通借，篤守家法，義據通深。同時長洲陳奐著毛詩傳疏，亦爲專門之學。由是治毛詩者，多推此兩家之書。

子三俊，字命之。優貢生，舉考廉方正。學宗程、朱，兼取陸、王之説，詩古文亦力追秦、漢、魏、晉。以國難家仇，憤欲殺賊。四年六月，率練勇追賊至周瑜城，力戰死，年三十五。著有馬徵君遺集。

【校記】

〔一〕當爲七十七，詳見前史稿校記。

〔二〕「譌」字原作「僞」，誤。據馬其昶馬魯陳先生傳改。

張惠言 子成孫　江承之

清史稿　卷四百八十二　儒林三

張惠言〔一〕，字皋聞，武進人。少受易經，即通大義〔二〕。年十四，爲童子師，修學立行，敦禮自守，人皆稱敬。嘉慶四年進士，時大學士朱珪爲吏部尚書，以惠言學行特奏，改庶吉士，充實録館纂修官。六年，散館，改部屬。珪復特奏，授翰林院編修。七年卒，年四十有二。惠言鄉、會兩試皆出朱珪門，未嘗以所能自異，默然隨群弟子進退而已。珪潛察得之，則大喜，故屢進達之。而惠言亦齗齗相諍，不敢隱。珪言：「天子當以寬大得民。」惠言言：「國家承平百年餘，至仁涵育，遠出漢、唐、宋之上。吏民習於寬大，故姦孽萌芽其間。宜大伸罰以肅内外之政。」珪言：「天子當優有過大臣。」惠言言：「庸猥之輩，倖致通顯，復壞朝廷法度，惜全之當何所用？」珪喜進淹雅之士，惠言言：「當進内治官府，外治疆埸者。」與同縣洪亮吉於廣坐諍之。

惠言少爲詞賦，擬司馬相如、揚雄之文。及壯，又學韓愈、歐陽脩。篆書初學李陽冰，後學漢碑額及石鼓文。嘗奉命詣盛京，篆列聖加尊號玉寶。惠言言於當事，謂：「舊藏寶不得磨治。」又謂：「翰林奉命篆列聖寶，宜奏請馳驛。」以格於例不果行。

生平精思絶人，嘗從歙金榜問故，其學要歸六經，而尤深易、禮，著有周易虞氏義、虞氏消息。序曰：「自漢成帝時，劉向校書，考易説，以爲諸易家皆祖田何〔三〕，楊叔、丁將軍大義略同，惟京氏爲異。而孟喜受易家陰陽，其説易本於氣，而後以人事明之。八卦六十四象，四正七十二候，變通消息，諸儒祖述之，莫能具。當漢之季年。扶風馬融作易傳，授鄭康成作易注。而荆州牧劉表、會稽太守王朗、潁川荀爽、南陽宋忠，皆以易名家，各有所述。唯翻傳孟氏學，既作易注，奏上之獻帝。翻之言易，以陰陽消息六爻，發揮旁通，升降上下，歸於乾元用九而天下治。依物取類，貫穿比附，始若瑣碎，及其沉深解剥，離根散棄，暢茂條理，遂於大道，後儒罕能通之。自魏王弼以虚空之言解易，唐立之學官，而漢世諸儒之説微。獨資州李鼎祚作周易集解，頗采古易家言，而翻注爲多。其後古書盡亡，而宋道士陳摶以意造爲龍圖。其徒〔四〕，劉牧以爲易之河圖、洛書也。河南邵雍又爲先天、後天之圖，宋之説易者翕然宗之。以至於今，牢不可拔〔五〕。而易陰陽之大義，蓋盡晦矣。大清有天下〔六〕，元和徵士惠棟始考古義，孟、京、荀、鄭、虞氏，作易漢學，又自爲解釋，曰周易述。然掇拾於亡廢之後，左右采獲，十無二三。其所述大氐宗禰虞氏，而未能盡通，則旁徵他説以合之。蓋從唐、五代、宋、元、明朽壞散亂，千有餘年。區區修補收拾，欲一旦而其道復明，斯固難也。翻之學既邃〔七〕，又具見馬、鄭、荀、宋氏書，考其是否，故其義爲精。又古書亡，而漢、魏師説可見者十餘家，然唯鄭、荀、虞三家，略有梗概可指説，而虞尤〔八〕較備。然則求七十子之微言，田何、楊叔、丁將軍之所傳者，舍虞氏之注，其何所自焉？故求其條貫，明其統例，釋其疑滯，信其亡闕，爲虞氏義九卷，又表其大旨，爲消息二卷。」又著有虞氏易禮二卷，虞氏易候一卷，虞氏易言二卷。

初，惠棟作周易述，大旨遵虞翻，補以鄭、荀諸儒，學者以未能專一少之。儀徵阮元謂：「漢人之易，孟、費諸家，各有師承，勢不能合。惠言傳虞氏易，即傳漢孟氏易矣，孤經絶學也。」惠言又著周易鄭氏易三卷，周易荀氏九家義一卷，周易鄭荀義三卷，易義别録十四卷，易緯略義三卷，易圖條辨二卷。其易義别録序謂：「不盡見其辭，而欲論其是非，猶以偏言决獄也。」故其所著，皆羽儀虞氏易者。於禮有儀禮詞〔九〕一卷，讀儀禮記二卷，皆特精審。又有茗柯文五卷，詞一卷。

子成孫，字彦惟。少時，惠言課以説文，令分六書譜之，成象形二卷。惠言著説文諧聲譜，未竟而卒。成孫後從莊述祖遊，得其大要，乃續成之。卷第篇例，多所增易，凡五十卷。其書分中、僮、蕘、林、巖、筐、桀〔十〕、蓁、詵、千、萋、肄、揖、支、皮、絲、鳩、芼、蔞、岨二十部。此乃於毛詩中括其最先出之字爲建首，加以易韻、屈韻，而又以説文之聲分從之，犁然不紊，有各家所未及者。嘗以示儀徵阮元，元歎其超卓精細。成孫兼精天學，同里董祐誠殁，爲校刊其遺書。又著有端虛勉一居文集。

江承之，字安甫，歙縣人。學於惠言。時弟子從惠言受易、禮者十數，其甥董士錫受易，通陰陽五行家言。承之兼受易、禮，著有周易爻義、虞氏易變表、儀禮名物、鄭氏詩譜，年僅十有八〔十一〕。

【校記】

〔一〕清史稿之張惠言傳並所附張成孫、江承之二家傳，皆源自清國史，載儒林傳下卷卷二十三。

〔二〕「少受易經，即通大義」，清國史作「少受義經，即通大義」，然皆不識所本。據張惠言茗柯文二編楊隨安漁樵問對圖賦云：「歲在己酉，余時甫涉易學。」己酉爲乾隆五十四年，茗柯時年二十有九。傳主既然二十九歲始治易學，何來「少受易經，即通大義」之説？

〔三〕「皆祖田何」後之句讀，史稿點校本原作頓號，意謂漢初易學，同祖田何、楊叔、丁將軍，此乃誤讀。據漢書藝文志云：「易道深矣，人更三聖，世歷三古。及秦燔書，而易爲筮卜之事，傳者不絶。漢興，田何傳之。」漢書儒林傳亦云：「漢興，言易自淄川田生。」而丁將軍、楊叔，則係田何弟子及再傳。張惠言本之以述兩漢易學，言之甚明。既於史稿所引之周易虞氏義序稱：「劉向校書，考易説，以爲諸易家説皆祖田和，楊叔、丁將軍大義略同，惟京氏爲異。」又於周易鄭荀義序云：「劉向有言，『易家皆祖田何，楊叔、丁將軍大義略同』，豈不信哉！」因之將頓號逕改作逗號。

〔四〕「其徒」之「徒」字，大誤。據傳主周易虞氏義序，當作「圖」。意謂宋初，陳摶造龍圖。其後至仁宗間，劉牧乃以之爲易之河圖、洛書。原文爲：「其後古書盡亡，而宋道士陳摶以意造爲龍圖。其圖，劉牧以爲易之河圖、洛書也。」陳摶乃唐末、五代、宋初人，劉牧乃北宋中人，二人生非同一時代，劉牧無從向摶問學。據宋史及宋元學案，牧乃孫復、范仲淹弟子。將張惠言文中之「圖」字誤改作「徒」，始于清嘉慶間，阮元供職國史館，創編儒林傳，以惠言入傳。之後譌誤相沿，迄於清史稿而不改。

〔五〕「牢不可拔」之「拔」字，據傳主周易虞氏義序，當作「破」。修史當尊重歷史，以徵實爲第一要義。凡引述傳主言論，務求忠實原著。必要之節略可，隨意改字則不可，有如前述之改「其圖」作「其徒」，杜撰歷史，紊亂史實，尤不可。

〔六〕「大清有天下」，據周易虞氏義序，本作「我皇清之有天下百年」。

〔七〕「翻之學既邃」之「邃」字，據傳主文及阮元集傳録存之張惠言傳，皆作「世」。世者，謂其學承之有自，即世傳其學。清國史及清史稿改「世」爲「邃」，無據。且變更傳主文意，不可取。

〔八〕「而虞尤較備」之「尤」字，據傳主文及阮元所引，皆本作「又」，清國史亦作「又」。清史稿改「又」作「尤」，傷害文意，無異蛇足。

〔九〕「儀禮詞」之「詞」字，誤。據清國史，當作「圖」。

〔十〕「榮」字，形近而誤。清國史同。據張成孫説文諧聲譜自序，當作「縈」。

〔十一〕「年僅十有八」之前，當補一「卒」字。據張惠言江安甫葬銘，承之卒於嘉慶五年，年甫十八。

張惠言 子成孫　江承之

清史列傳　卷六十九　儒林傳下二

張惠言，字皋聞，江蘇武進人。少受羲經，即通大義。年十四，爲童子師，修學立行，敦品自守。嘉慶四年進士，時大學士朱珪爲吏部尚書，以惠言學行特奏改庶吉士，充實録館纂修官。六年，散館，奉旨以部屬用，珪復特奏改授翰林院編修。七年卒，年四十二。惠言鄉、會兩試皆出朱珪門，未嘗以所能自異，默然隨群弟子進退而已。珪潛察得之，則大喜，故屢進達之。而惠言亦齗齗相諍，不敢隱。珪言：「天子當以寬大得民。」惠言言：「國家承平百餘年，至仁涵育，遠出漢、唐、宋之上。吏民習於寬大，故奸孽萌芽其間。宜大伸法以肅内外之政。」珪言：「天子當優有過大臣。」惠言言：「庸猥之輩，倖致通顯，復壞朝廷法度，惜全之當何所用？」珪喜進淹雅之士，惠言言：「當進内治官府，外治疆埸者。」與同縣編修洪亮吉於廣坐諍之。

惠言少爲辭賦，擬司馬相如、揚雄之文。及壯，又學韓愈、歐陽脩。篆書初學李陽冰，後學漢碑額及石鼓文。嘗奉命詣盛京，篆列聖加尊號玉寶。惠言言於當事，謂：「舊藏寶不得磨治。」又謂：「翰林奉命篆列聖寶，宜奉請馳驛。」以格於例不果行。

生平精思絶人，嘗從歙金榜問故，其學要歸六經，而尤深易、禮，著有周易虞氏義九卷，虞氏消息二卷。嘗謂：「自漢成帝時，劉向校書，考易説，以爲諸易家皆祖田何，楊叔、丁將軍大義略同，惟京氏爲異。而孟喜受易家陰陽，其説易本於氣，而後以人事明之。八卦六十四象，四正七十二候，變通消息，諸儒祖述之，莫能具。當漢之季年，扶風馬融作易傳，授鄭康成作易注。而荆州牧劉表、會稽太守王朗、潁川荀爽、南陽宋忠，皆以易名家，各有所述。惟翻傳孟氏學，既作易注，奏上之獻帝。翻之言易，以陰陽消息六爻，發揮旁通，升降上下，歸於乾元用九而天下治。依物取類，貫穿比附，始若瑣碎，及其沉深解剥，離根散葉，暢茂條理，遂於大道，後儒罕能通之。自魏王弼以虚空之言解易，唐立之學官，而漢世諸儒之説微。獨資州李鼎祚作周易集解，頗采古易家言，而翻注爲多。其後古書亡，而宋道士陳摶以意造爲龍圖。其徒〔一〕，劉牧以爲易之河圖、洛書也。河南邵雍又爲先天、後天之圖，宋之説易者翕然宗之。以至於今，牢不可拔。而易陰陽之大義，蓋盡晦矣。大清有天下，元和徵士惠棟始考古義，孟、京、荀、鄭、虞氏，作易漢學，又自爲解釋，曰周易述。然掇拾於亡廢之後，左右采獲，十無二三。其所述大抵宗禰虞氏，而未能盡通，則旁徵他説以合之。蓋從唐、五代、宋、元、明朽壞散亂，千有餘年，區區修補收拾，欲一旦而其道復明，斯固難也。翻之學既邃〔二〕，又具見馬、鄭、荀、宋氏書，考其是否，故其義爲精。又古書亡，而漢、魏師説可見者十餘家，然惟鄭、荀、虞三家，略有梗概可指説，而虞又較備。然則求七十子之微言，田何、楊叔、丁將軍之所傳者，舍虞氏之注，其何所自焉？故求其條貫，明其統例，釋其疑滯，信其亡闕，庶以探賾索隱，存一家之學。其所未寤，俟有道正焉耳。」又著虞氏易禮〔三〕二卷，虞氏易候一卷，虞氏易言二卷。

初，惠棟作周易述，大旨遵虞翻，補以鄭、荀諸儒，學者以未能專一少之。儀徵阮元謂：「漢人之易，孟、費諸家，各有師承，勢不能合。惠言傳虞氏易，即傳漢孟氏易矣，孤經絶學也。」惠言又著周易鄭氏義三卷，周易荀氏九家義一卷，周易鄭荀義三卷，易義别録十四卷，易緯略義三卷，易圖條辨二卷。其易義别録序謂：「不盡見其辭，而欲論其是非，猶以偏言決獄也。不盡通各家，而欲處其優劣，猶援白而嘲黑也。」故其所著，皆羽儀虞氏易者。於禮有儀禮圖六卷，讀儀禮記二卷，皆特精審。又有茗柯文五卷，詞一卷。子成孫。

成孫，字彦惟。少時，惠言課以説文，令分六書譜之，成象形二卷。惠言著説文諧聲譜，未竟而卒。成孫後從莊述祖遊，得其大要，乃績成之。卷第篇例，多所增易，凡五十卷。其書分中、僮、薨、林、巖、筐、榮〔四〕、蓁、詵、千、萋、肄、揖、支、皮、絲、鳩、芼、蔞、岨二十部。此乃於毛詩中拈其最先出之字爲建首，加以易韻、屈韻，而又以説文之聲分從之，犂然不紊，有各家所未及者。嘗以示儀徵阮元，元歎其超卓精細。後臨桂龍啓瑞見其稿，以爲較段氏書爲密，而不失之拘，古韻之書，此爲集其大成。時啓瑞著古韻通説，因節録之以備考。遭亂稿佚，惟節本九卷存。成孫兼精天學，同里董祐誠殁，爲較〔五〕刊其遺書。又著有端虚勉一居文集。

江承之，字安甫，安徽歙縣人。學於惠言。時弟子從惠言受易、禮者十數，其甥董士錫受易，通陰陽五行家言。承之兼受儀禮，著有周易爻義、虞氏易變表、儀禮名物、鄭氏詩譜。

【校記】

〔一〕「徒」字，誤，當作「圖」。詳見清史稿張惠言傳校記。下同。

〔二〕「邃」字，當作「世」。

〔三〕「禮」字，原作「理」，據清國史改。

〔四〕「榮」字，誤，當作「縈」。

〔五〕「較」字，清國史同。宜改作「校」。

郝懿行 王照圓

清史稿　卷四百八十二　儒林三

郝懿行〔一〕，字恂九，棲霞人。嘉慶四年進士，授户部主事。二十五年，補江南司主事。道光三年〔二〕卒，年六十九。懿行爲人謙退，訥若不出口，然自守廉介，不輕與人晉接。遇非素知者，相對竟日無一語。迨談論經義，則喋喋忘倦。所居四壁蕭然，庭院蓬蒿常滿，僮僕不備，懿行處之晏如。浮沉郎署，視官之榮悴若無與於己者，而一肆力於著述，漏下四鼓者四十年。所著有爾雅義疏十九卷，春秋説略十二卷，春秋比一卷〔三〕，山海經箋疏十八卷〔四〕，易説十二卷〔五〕，書説二卷。懿行嘗曰：「邵晉涵爾雅正義，蒐輯較廣，然聲音訓詁之原，尚多壅閡，故鮮發明。今余作義疏，於字借聲轉處，詞繁不殺，殆欲明其所以然。」又曰：「余田居多載，遇草木蟲魚有弗知者，必詢其名，詳察其形，考之古書，以徵其然否。今兹疏中，其異於舊説者，皆經目驗，非憑胸肊。此余書所以别乎邵氏也。」

懿行之於爾雅，用力最久，稿凡數易，垂歿而後成。於古訓同異，名物疑似，必詳加辨論，疏通證明，故所造較晉涵爲深。高郵王念孫爲之點閲，寄儀徵阮元刊行。元總裁會試時，從經義中識拔懿行者也。其箋疏山海經，援引各籍，正名辨物，事刊疏謬，辭取雅訓。阮元謂：「吴氏廣注，徵引雖博，失之蕪雜。畢沅校本，訂正文字，尚多疏略。惟懿行精而不鑿，博而不濫。」

懿行妻王照圓，字瑞玉。博涉經史，當時著書家，有「高郵王父子，棲霞郝夫婦」之目。著有詩説一卷〔六〕，列女傳補注八卷，附女録一卷，女校一卷〔七〕。又與懿行以詩答問，懿行録之爲詩問七卷。其爾雅義疏，亦間取照圓説。他著有詩經拾遺一卷〔八〕，汲冢周書輯要一卷，竹書紀年校正十四卷〔九〕，荀子補注一卷〔十〕，晉宋書故一卷，補晉書刑法志一卷〔十一〕，食貨志一卷，文集十二卷〔十二〕。照圓又有列仙傳校正二卷〔十三〕。

【校記】

〔一〕清史稿之郝懿行傳並附其妻王照圓傳，皆源自清國史，載儒林傳下卷卷二十四。惟篇題王照圓未署名，有失偏頗，故逕行增補。

〔二〕清史稿記郝懿行卒於道光三年，未審所據。據懿行摯友胡培翬撰郝蘭皋先生墓表及刻郝氏春秋二種序，所記懿行卒年，皆爲道光五年。

〔三〕春秋比一卷，不確。據郝氏遺書著録之道光七年刊本，春秋比當作二卷。清史稿藝文志亦作二卷。

〔四〕據前引郝氏遺書，山海經箋疏十八卷後，附有圖讚一卷，訂譌一卷，叙録一卷。

〔五〕據前引郝氏遺書，易説十二卷後，附有便録一卷。

〔六〕據前引郝氏遺書，詩説爲二卷，乃郝懿行著。又據前引胡培翬郝蘭皋先生墓表，王照圓所著爲詩經小記。

〔七〕女録、女校，據郝氏遺書，當作叙録、校正。

〔八〕詩經拾遺以下諸書，皆係郝懿行所著。史稿删節清國史傳文不謹，致使含混不明。

〔九〕據郝氏遺書，竹書紀年校正十四卷後，附有通考一卷。

〔十〕據郝氏遺書，荀子補注當作二卷。清史稿藝文志不誤。

〔十一〕補晉書刑法志一卷，「晉」字誤。據郝氏遺書作「補宋書刑法志、食貨志各一卷。」

〔十二〕據郝氏遺書，當作曬書堂文集十二卷、外集二卷、別集一卷。

〔十三〕據郝氏遺書，列仙傳校正二卷後，附有讚一卷。

郝懿行 王照圓

清史列傳　卷六十九　儒林傳下二

郝懿行，字恂九，山東棲霞人。嘉慶四年進士，授户部主事。二十五年，補江南司主事。道光三年〔一〕卒，年六十九。懿行謙退，若不出口。然自守廉介，不輕與人晉接。遇非素知者，相對竟日無一語。迨談論經義，則喋喋忘倦。所居四壁蕭然，庭院蓬蒿常滿，僮僕不備，懿行處之晏如。浮沉郎署，視官之榮悴若無與於己者，而一肆力於著述，漏下四鼓者四十年。所著有爾雅義疏十九卷，春秋説略十二卷，春秋比一卷，山海經箋疏十八卷，易説十二卷，書説二卷，鄭氏禮記箋四十九卷。

懿行嘗曰：「邵晉涵爾雅正義，蒐輯較廣，然聲音訓詁之原，尚多壅閡，故鮮發明。今余作義疏，於字借聲轉處，詞繁不殺，殆欲明其所以然。」又曰：「余田居多載，遇草木蟲魚有弗知者，必詢其名，詳察其形，考之古書，以徵其然否。今兹疏中，其異於舊説者，皆經目驗，非憑胸肊。此余書所以别乎邵氏也。」懿行之於爾雅，用力最久，稿凡數易，垂歿而後成。訓故同異，名物疑似，必詳加辨論，疏通證明，故所造較晉涵爲深。高郵王念孫爲之點閱，寄儀徵阮元刊行。元總裁會試時，從經義中識拔懿行者也。其著春秋説略，有十例。一曰説春秋不得褒貶天王，以明臣子之義。二曰説春秋不得妄生褒貶，春秋直書其事，褒貶自見。三曰説春秋者好於經説無處尋褒貶，春秋皆實録，其多一字，少一字，皆事實如此，非聖人意爲增減。四曰春秋多闕文，然以義推之，皆大略可見。五曰春秋經文當從左氏，左氏闕誤，乃從公、穀。六曰左氏深於經，公、穀説經字字求褒貶，左氏但叙本事，褒貶自見，得聖人渾厚之旨。七曰説春秋者好緣傳生義，不顧經文。説經當以一經爲主，范武子曰：「三傳殊説，擇善而從。」此言可爲治經者法。八曰春秋刑書也，刑書之例，一成不移，故法必行而人知畏。九曰春秋聖人義理之書，本不待傳而明。十曰比事屬辭，春秋教也。事同相比，事異相比，辭同相屬，辭異相屬，其義自見。河間紀昀覩其書，以爲能剗盡千秋藤葛。其箋疏山海經，援引各籍，正名辨物，事刊疏謬，辭取雅訓。阮元謂：「吴氏廣注，徵引雖博，失之蕪雜。畢沅校本，訂正文字，尚多疏略。惟懿行精而不鑿，博而不濫。」

懿行妻王照圓，字瑞玉。博涉經史。當時著書家，有「高郵王父子，棲霞郝夫婦」之目。照圓聰慧過人，每與懿行持論不合，諍辨竟日。著有詩説一卷，列女傳補注八卷，附女録一卷、女校一卷。又與懿行以詩答問，懿行録之爲詩問七卷。其爾雅義疏，亦間取照圓説。光緒七年，倉場侍郎游百川進呈懿行所著春秋、爾雅、山海經四種，奉旨：「郝懿行所著書，當交南書房翰林閱看。」據稱，郝懿行學問淵博，經術湛深，嘉慶年間，海内推重，所著各書，精博邃密，足資考證。即著留覽。八年，府尹畢道遠等，續進懿行及照圓所著書六種，奉旨著留覽。懿行所著未經進者，有詩經拾遺一卷，汲冢周書輯要一卷，竹書紀年校正十四卷，荀子補注一卷，晉宋書故一卷，補晉書刑法志一卷、食貨志一卷，宋瑣語一卷，寶訓八卷，蜂衙小紀、燕子春秋、海錯各一卷，證俗文十八卷，筆録六卷，文集十二卷。懿行以養疴輟爾雅業，時瀏覽晉、宋史鈔、晉文百數十首，謂：「王右軍『虚談廢務』、『浮文妨要』二語，切中當時之弊。」所鈔屏黜虚浮，一以切實爲主。其自作雜文，亦出入漢、魏、晉、宋之間。雜記數帙，旁徵稗説，間采時事，皆意主勸戒。照圓所著未經進者，又有列仙傳校正二卷，夢書一卷。

【校記】

〔一〕郝懿行卒年，據胡培翬撰墓表，當作道光五年。詳見前史稿諸校記。

陳壽祺 子喬樅　謝震　何治運　孫經世　柯蘅

清史稿　卷四百八十二　儒林三

陳壽祺〔一〕，字恭甫，閩縣人。少能文，年十八，臺灣平，上福康安百韻詩並序，沉博絶麗，傳誦一時。嘉慶四年，成進士，選翰林院庶吉士。散館，授編修，尋告歸。性至孝，不忍言仕，家貧無食，父命之入都。九年，充廣東鄉試副考官。十二年，充河南鄉試副考官。十四年，充會試同考官。京察一等，記名御史〔二〕。壽祺以不得迎養二親，常愀然不樂。將告歸矣，俄聞父歿，慟幾絶，奔歸。服除，乞養母。母歿，終喪。年五十三，有密薦於朝者，卒不出。

壽祺會試出朱珪、阮元門，乃專爲漢儒之學。又及見錢大昕、段玉裁、王念孫、程瑶田諸人，故學益精博。解經得兩漢大義，每舉一義，輒有折衷。兩漢經師，莫先於伏生，莫備於許氏、鄭氏。壽祺闡明遺書，著尚書大傳箋三卷、序録一卷、訂誤一卷，附漢書五行志，綴以他書所引劉氏五行傳論三卷。序曰：「伏生大傳，條撰大義，因經屬指。其文辭爾雅深厚，最近大、小戴記七十子之徒所説，非漢諸儒傳訓之所能及也。康成百世儒宗，獨注大傳。其釋三禮，每援引之。及注古文尚書，洪範五事，康誥孟侯，文王伐崇戡耆之歲，周公克殷踐奄之年，咸據大傳以明事。豈非閎識博通，信舊聞者哉？且夫伏生之學，尤善於禮。其言巡狩、朝覲、郊尸、迎日、廟祭、族燕、門塾、學校、養老、擇射、貢士、考績、郊遂、采地、房堂、路寢之制，后夫人入御，太子迎問諸侯之法，三正之統，五服之色，七始之素，八伯之樂，皆唐、虞、三代遺文，往往六經所不備，諸子百家所不詳。今其書散逸，十無四五，尤可寶重。宋朱子與勉齋黄氏纂儀禮經傳通解，擴摭大傳獨詳，蓋有裨禮學不虚也。五行傳者，自夏侯始昌至劉氏父子傳之，皆善推禍福，著天人之應。漢儒治經莫不明象數陰陽，以窮極性命。故易有孟、京卦氣之候，詩有翼奉五際之要，春秋有公羊災異之條，書有夏侯、劉氏、許商、李尋洪範之論。班固本大傳，攬仲舒，别向、歆，以傳春秋，告往知來，王事之表，不可廢也。是以録漢書五行志附於後，以備一家之學云。」又著五經異義疏證三卷，左海經辨二卷，左海文集十卷，左海駢體文二卷，絳趺堂詩集〔三〕六卷，東越儒林文苑後傳二卷，東觀存稿一卷。

壽祺歸後〔四〕，阮元延課詁經精舍生徒。元纂群經古義爲經郛，壽祺爲撰條例，明所以原本訓辭，會通典禮，存家法而析異同之意。後〔五〕主泉州清源書院十年，主鼇峰書院十一年，與諸生言修身勵學，教以經術，作義利辨、知恥説、科舉論以示學者。規約整肅，士初苦之，久乃悦服。家居與諸當事書，於桑梓利弊，蒿目痗心，雖觸忌諱無所隱。明儒黄道周，孤忠絶學，壽祺搜輯遺文，爲之刊行。又具呈大吏，乞疏請從祀孔廟，議上，如所請。道光十四年卒，年六十四。

子喬樅，字樸園。道光五年舉人。二十四年，以大挑知縣分發江西，歷官分宜、弋陽、德化、南城諸縣，署袁州、臨江、撫州知府，以經術飾吏治，居官有聲。同治七年，卒於官〔六〕，年六十一。初壽祺以鄭注禮記多改讀，又嘗稽考齊、魯、韓三家詩佚文佚義與毛氏異同者，輯而未就。病革，謂喬樅曰：「爾好漢學，治經知師法，他日能成吾志，九原無憾矣。」喬樅乃紬繹舊聞，勒爲定本，成禮記鄭讀考六卷，三家詩遺説考十五卷。又著齊詩翼氏學疏證二卷，詩緯集證四卷。謂：「齊詩之學，宗旨有三，曰四始，曰五際，曰六情，皆以明天地陰陽終始之理，考人事盛衰得失之原，言王道治亂安危之故。齊先亡，最爲寡證，獨翼奉存其百一，且其學多出詩緯，察躔象，推曆數，徵休咎，蓋齊學所本也。詩緯亡，而齊詩遂爲絶學矣。」又著今文尚書經説考三十四卷，歐陽夏侯經説考一卷。謂：「二十九篇今文具存，十六篇既無今文可考，遂莫能盡通其義。凡古文易、書、詩、禮、論語、孝經所以傳，悉由今文爲之先驅，今文所無輒廢。向微伏生，則萬古長夜矣。歐陽、大小夏侯各守師法，苟能得其單辭片義，以尋千百年不傳之緒，則今文之維持聖經於不墜者，豈淺尠哉！」又有詩經四家異文考五卷，毛詩鄭箋改字説四卷，禮堂經説二卷，最後爲尚書説。時宿學漸蕪，考據家爲世訾謷，獨湘鄉曾國藩見其書以爲可傳。自元和惠氏、高郵王氏外，惟喬樅能修世業，張大其家法。

壽祺同里治古學者，有謝震、何治運。

震，原名在震，字甸男，侯官人。乾隆五十四年舉人，官順昌學教諭。震嘗與閩縣林一桂、甌寧萬世美俱精三禮，震尤篤學嗜古，然斷斷持漢學，好排擊宋儒鑿空逃虚之説。壽祺與震同舉鄉試，少震六歲，視爲畏友。震重氣誼，有志用世，而不遇於時，年四十卒〔七〕。弟子輯其遺著，有禮案二卷，精覈勝敖氏。又有四書小箋一卷，四聖年譜一卷。工詩，有櫻桃軒詩集二卷。

治運，字郊海，閩縣人。嘉慶二十年舉人。洽聞彊識，篤志漢學。粤督阮元嘗聘纂廣東通志。後遊浙中，巡撫陳若霖爲録其經解及論辨文字四卷，名何氏學。道光元年卒，年四十七。治運與壽祺友，及卒，壽祺以謂無與爲質，不獲以輔成其學也。

孫經世，字濟侯，惠安人。壽祺弟子。壽祺課士不一格，遊其門者，若仙遊王捷南之詩、禮、春秋、諸史，晉江杜彦士之小學，惠安陳金城之漢易，將樂梁文之性理，建安丁汝恭、德化賴其煐、建陽張際亮之詩古文辭，皆足名家。而經世學成蚤世，世以儒林推之。經世少喜讀近思録，後沉研經義，謂：「不通經學，無以爲理學。不明訓詁，無以通經。不知聲音文字之原，無以明訓詁。」著説文會通十六卷，爾雅音疏六卷，釋文辨證十四卷，韻學溯源四卷，十三經正讀定本八十卷，經傳釋辭續編八卷。又著春秋例辨八卷，孝經説二卷，夏小正説一卷，詩韻訂二卷，愓齋經説六卷，讀經校語四卷〔八〕。

柯蘅，膠州人。從壽祺受許、鄭之學。嘗以史、漢諸表爲紀、傳之綱領，而譌誤舛奪，最爲難治，乃條而理之，著漢書七表校補二十卷。爲例十，一曰辨事誤，二曰辨文字誤，三曰辨注誤，四曰辨諸家考證之誤，五曰以本書證本書之誤，六曰史、漢互證而知其誤，七曰漢書、荀紀互證而知其誤，八曰漢書、水經注互證而知其誤，九曰據紀、傳以補表之闕，十曰據今地以證表之誤。鉤稽隱賾，凡前人之説，皆取而辨其是非，至前人未及者，又得二三十〔九〕事，亦專門之學也。尤長於詩，著有聲詩闡微二卷，舊雨草堂詩集四卷。其説經、説史之作，門人集爲舊雨草堂札記。

【校記】

〔一〕清史稿之陳壽祺傳及所附陳喬樅、謝震、何治運、孫經世、柯蘅諸傳，皆源出清國史，載儒林傳下卷卷二十五。

〔二〕清國史之陳壽祺傳，本自高澍然陳先生壽祺行狀。據該文記，嘉慶十四年，京察一等，記名御史之後，壽祺又充國史館總纂，迄於翌年七月，丁父憂歸，皆供職史館。又據陳壽祺左海文集卷五與方彦聞令君書稱：「壽祺先於嘉慶十有四年，充國史館總纂，專創儒林、文苑兩傳。尋以憂歸。明年，宫保儀徵公適在京師，當事延之，獨纂儒林傳。」可見，壽祺之在史館，乃爲創編清國史之儒林、文苑二傳。由於事關一代史書編纂，壽祺身爲先行者，此段經歷史書不當失記。

〔三〕據左海全集，陳壽祺詩集爲絳趺草堂詩集。史稿此處脱一「草」字。

〔四〕「壽祺歸後」，所指不確。此處乃係嘉慶六年，散館後之告假返鄉省親。

〔五〕此處之「後」字，乃指去官歸鄉之後，亦即嘉慶十五年之後。

〔六〕清國史之陳喬樅傳，本自謝章鋌左海後人樸園陳先生墓誌銘。該文記喬樅卒年甚確，作「年六十一，同治己巳，卒於撫州官舍。」己巳爲同治八年，清國史、清史稿皆誤作「同治七年」，當改。

〔七〕據前引左海文集卷九謝震傳，震長壽祺六歲，卒年當爲嘉慶九年。

〔八〕孫經世卒年，清國史記之甚確，作：「道光十二年，卒於京邸，年五十。」史稿删而不録，失當。

〔九〕「又得二十三事」，清國史、清史列傳皆作「二三千事」，疑誤。當依史稿所改爲宜。

陳壽祺 子喬樅 謝震 何治運 孫經世 柯蘅

清史列傳 卷六十九 儒林傳下二

陳壽祺，字恭甫，福建閩縣人。父鶴書，歲貢生，以質行稱。壽祺少能文，年十八，臺灣平，撰上福康安百韻詩並序，沉博絶麗，時稱爲才子。然壽祺自咎不能高行邃學，不可告人，乃從同縣孟超然遊，爲宋儒之學，懔然以古君子自期。嘉慶四年，成進士。改翰林院庶吉士。散館，授編修，尋告歸。性至孝，不忍言仕，家貧無食，父命之入都。九年，充廣東鄉試副考官。十二年，充河南鄉試副考官。十四年，充會試同考官，旋記名御史。壽祺以不得迎養，常愀然不樂。將告歸，俄聞父憂，慟幾絶，奔歸。服除，乞養母。母歿，終喪。年五十三，有密薦於朝者，卒不出。

壽祺會試出朱珪、阮元門，乃專爲漢儒之學，與同年張惠言、王引之齊名。又及見錢大昕、段玉裁、王念孫、程瑶田諸人，故學益精博。解經得兩漢大義，每舉一義，輒有折衷。兩漢經師，莫先於伏生，莫備於許氏、鄭氏。壽祺闡明遺書，著尚書大傳箋三卷、序録一卷、訂誤一卷，附漢書五行志，綴以他書所引劉氏五行傳論三卷。序曰：「伏生大傳，條撰大義，因經屬恉，其文辭爾雅深厚，最近大小戴記七十子之徒所説，非漢諸儒傳訓之所能及也。康成百世儒宗，獨注大傳，其釋三禮每援引之。及注古文尚書，洪範五事，康誥孟侯，文王伐崇戡耆之歲，周公克殷踐奄之年，咸據大傳以明事。豈非閎識博通，信舊聞者哉？且夫伏生之學，尤善於禮。其言巡狩、朝覲、郊尸、迎日、廟祭、族燕、門〔一〕塾、學校、養老、擇射、貢士、考績、郊遂、采地、房堂、路寢之制，后夫人入御，太子迎問諸侯之法，三正之統，五服之色，七始之素，八伯之樂，皆唐、虞、三代遺文，往往六經所不備，諸子百家所不詳。今其書散逸十無四五，尤可寶重。宋朱子與勉齋黄氏纂儀禮經傳通解，攟摭大傳獨詳，蓋有裨禮學不虚也。五行傳者，自夏侯始昌，至劉氏父子傳之，皆善推禍福，著天人之應。漢儒治經，莫不明象數陰陽，以窮極性命。故易有孟、京卦氣之候，詩有翼奉五際之要，春秋有公羊災異之條，書有夏侯、劉氏、許商、李尋洪範之論。班固本大傳，攬仲舒，别向、歆，以傳春秋，告往知來，王事之表，不可廢也。是以録漢書五行志附於後，以備一家之學云。」又著五經異義疏證三卷，序曰：「石渠議奏之體，先臚衆説，次定一尊，覽者得以考見家法。劉更生采之，爲五經通義，惜皆散亡。白虎通義亦多闕佚，且經班固删集，深没衆家姓名，殊爲疏失。不如異義所援古今百家，皆舉五經先師遺説，其體仿石渠論，而詳贍過之。許君又著説文解字，綜貫萬原，當世未見遵用。獨鄭君注儀禮既夕記、小戴禮雜記、周禮考工記，嘗三稱之，所以推重之者至矣。顧於異義爲之駁者，祭酒受業賈侍中，敦崇古學，故多從古文家説。司農囊括綱羅，意在宏通，故兼從今文家説。此其判也。案張懷瓘書斷，叔重安帝末年卒，鄭君别傳，康成永建二年生，鄭氏於許爲後進，而繩糾是非，爲汝南之諍友。夫向、歆父子猶有左、穀之違，何、鄭同室，奚傷箴肓之作？聖道至大，百世莫殫，仁者見仁，智者見智，蘄於事得其實，道得其真而已。今許、鄭之學流布天下，此編雖略，然典祀之閎達，名物之章明，學者循是而討論焉，其於昔人所譏，國家將立辟雍巡守之儀，幽冥而莫知其原者，庶乎可免也。」他著又有左海經辨二卷，左海文集十卷，左海駢體文二卷，絳跌堂詩集六卷，東粤〔二〕儒林文苑後傳二卷，東觀存稿一卷。

壽祺歸後，阮元延課詁經精舍，趙坦、徐養原、嚴杰、洪頤煊等皆從問業。元纂群經古義爲經郛，壽祺爲撰條例，明所以原本訓辭，會通典禮，存家法而析異同之意。後主泉州清源書院十年，主鼇峰書院十一年，與諸生言修身勵學，教以經術，作義利辨、知恥説、科舉論以示學者。規約整肅，士初苦之，久乃悦服。家居與諸當事書，於桑梓利弊，蒿目痗心，雖觸忌諱無所隱。明儒黄道周孤忠絶學，壽祺搜輯遺文，爲之刊行。又具呈大吏，乞疏請從祀孔廟。議上，如所請。道光十四年卒，年六十四。子喬樅。

喬樅，字樸園。道光五年舉人。二十四年，以大挑知縣分發江西，歷官分宜、弋陽、德化、南城諸縣，署袁州、臨江、撫州知府，以經術飾吏治，居官有聲。同治七年〔三〕，卒於官，年六十一。初，壽祺以鄭注禮記多改讀，又嘗鉤考齊、魯、韓三家詩佚文佚義，與毛氏異同者，輯而未就。病革，謂喬樅曰：「爾好漢學，治經知師法，他日能成吾志，九原無憾矣。」喬樅乃紬繹舊聞，勒爲定本，成禮記鄭讀考六卷，三家詩遺説考十五卷。又著齊詩翼氏學疏證二卷，詩緯集證四卷。謂：「齊詩之學，宗旨有三，曰四始，曰五際，曰六情，皆以明天地陰陽終始之理，考人事盛衰得失之原，言王道治亂安危之故。齊先亡，最爲寡證，獨翼奉存其百一，且其學多出詩緯，察躔象，推曆數，徵休咎，蓋齊學所本也。詩緯亡，而齊詩遂爲絶學矣。」又著今文尚書經説考三十四卷，歐陽夏侯經説考一卷。謂：「二十九篇今文具存，十六篇既無今文可考，遂莫能盡通其義。凡古文易、詩〔四〕、書、禮、論語、孝經所以傳，悉由今文爲之先驅，今文所無輒廢。向微伏生，則萬古長夜矣。歐陽、大小夏侯各守師法，苟能得其單辭片義，以尋千百年不傳之緒，則今文之維持聖經於不墜者，豈淺尠哉！」

喬樅撰述，多準壽祺遺訓，又有詩經四家異文考五卷，毛詩鄭箋改字説四卷，禮堂經説二卷。少喜治三禮，撰東夾西夾考一篇，推勘精密，王引之亟稱之。最後爲尚書説，時宿儒漸蕪，考據家爲世訾謷，獨湘鄉曾國藩見其書，以爲可傳。國朝古學，元和惠氏、高郵王氏外，惟喬樅能修世業，張大其家法。壽祺同里治古學者，有謝震、何治運。

謝震，原名在震，字甸男，福建侯官人。乾隆五十四年舉人，順昌學教諭。震嘗與閩縣林一桂、甌寧萬世美爲經會，與一桂、世美俱精三禮。震尤篤學嗜古，史傳百家，篆隸金石，靡不通曉。然齗齗持漢學，好排擊宋儒鑿空逃虛之説。壽祺與震鄉試同年，少震六歲，視爲畏友。震重氣誼，有志用世，而不遇於時。嘗過漢中，謂人曰：「終南亘七百餘里，連跨數郡，秦、蜀門户也，守險安可忽？鄖、庸以西，夔、巫以東，巴、閬之北，武都之南，大山老林，螘蝝其間。今將吏狃昇平而弛控馭，不數稔，難其作乎？」及嘉慶初，邪教起，震言皆驗。年四十卒。弟子輯其遺著，有禮案二卷，精覈勝敖氏。又有四書小箋一卷，四聖年譜一卷。工詩，有櫻桃軒詩集二卷。

何治運，字郊海，福建閩縣人。嘉慶十二年舉人，洽聞彊識，篤志漢學。粵督阮元嘗聘纂廣東通志。後遊浙中，巡撫陳若霖爲録其經解及論辨文字四卷，名何氏學。又著有公羊精義、論語解詁、孟子通義、周書後定、太玄經補注。道光元年卒，年四十七。治運與壽祺友，及卒，壽祺以謂無與爲質，不獲以輔成其學也。

孫經世，字濟侯，福建惠安人，壽祺弟子也。壽祺課士不一格，遊其門者，若仙遊王捷南之詩、禮、春秋、諸史，晉江杜彦士之小學，惠安陳金城之漢易，將樂梁文之性理，建安丁汝恭、德化賴其煐、建陽張際亮之詩古文辭，皆足名家。而經世學成早世，世以儒林推之。經世少喜讀近思録，後沉研經義，謂：「不通經學，無以爲理學。不明訓詁，無以通經。不知聲音文字之原，無以明訓詁。」著説文會通十六卷，爾雅音疏六卷，釋文辨證十四卷，韻學溯源四卷，十三經正讀定本八十卷，經傳釋辭績編八卷。又著春秋例辨八卷，孝經説二卷，夏小正説一卷，詩韻訂二卷，惕齋經説六卷，讀經校語四卷，其四書集解十二卷，周易本義發明十二卷，則少作也。經世善事父母，居喪不御酒肉，不居内。泉俗好鬭訟，大姓爲甚。孫氏族衆萬數，漸漬身教，竟爲仁里。新城陳用光督學閩中，舉優行第一，嘗詫於涇縣包世臣曰：「吾歸裝得一濟侯，勝笥河三百石矣。」笥河，朱筠號，筠去閩時，士各饋一石，因積成山，建三百三十三士亭，故用光云然。經世又謂：「治經當體之身心，用之家國。」嘗欲編定經義，纂集古今之言學言治以證明之，名曰通經略。書未竟，道光十二年，卒於京邸，年五十。

柯蘅，山東膠州人。從壽祺受許、鄭之學。嘗以史、漢諸表爲紀、傳之綱領，而譌誤舛奪，最稱難治，乃條而理之，著漢書七表校補二十卷。爲例十，一曰辨事誤，二曰辨文字誤，三曰辨注誤，四曰辨諸家考證之誤，五曰以本書證本書之誤，六曰史、漢互證而知其誤，七曰漢書、荀紀互證而知其誤，八曰漢書、水經注互證而知其誤，九曰據紀、傳以補表之闕，十曰據今地以證表之誤。鉤稽隱賾，掇拾繁碎，凡前人之説，皆取而辨其是非。至前人之未及者，又得二三千事，亦專門之學也。尤長於詩，論者謂可配其鄉先輩王士禛、趙執信。著有聲詩闡微二卷，舊雨草堂詩集四卷。其説經、説史之作，門人集爲舊雨草堂札記。

【校記】

〔一〕「間」字，據傳主尚書大傳定本自序及清國史所引，皆當作「門」。

〔二〕「東粵」之「粵」字誤，當作「越」。

〔三〕喬樅卒年，當爲同治八年，詳見前史稿注。

〔四〕據傳主今文尚書經説考自序，文中所述經典先後，當以書爲先，詩在其後。

許宗彥

清史稿　卷四百八十二　儒林三

許宗彥〔一〕，字積卿，德清人。九歲能讀經史，善屬文。侍郎王昶愛其才，作積卿字説以贈。嘉慶四年進士，授兵部主事。就官兩月，以親老遽引疾歸。親歿，卒不出。居杭州，杜門以讀書爲事。其學無所不通，探賾索隱，識力卓然，發千年儒者所未發。考周五廟二祧，以爲周制五廟之外，别有二祧，爲遷廟之殺，以厚親親之仁。宗廟之外，别立祖宗，與禘、郊同爲重祭，以大尊尊之義。諸經無文、武二廟不毁之説，誤始於韋玄成，而劉歆因之，鄭康成亦因之。祧者遷廟，乃謂爲不遷之廟，名實乖矣。又考文、武二世室，以爲周文、武皆配於明堂太室，故有「文、武世室」之號。孔穎達誤謂伯禽稱「文世室」，周公〔二〕稱「武世室」。以公羊傳周公稱「太廟」，魯公稱「世室」，群公稱「宫」證之，舛甚。又考禹貢三江，以爲漢志言「分江水，首受江，東至餘姚入海」。夫曰「分江水」，曰「首受江」，則非南江之正流可知。曰「東至餘姚入海」，則非在吴入海可知，與禹貢三江無與。又考太歲、太陰，以爲太歲者，歲星與日同次斗杓所建之辰也。太陰始寅終丑，太歲始子終亥。漢律志曰：「太初元年，歲前十一月朔旦冬至，歲在星紀婺女六度，歲名困敦。」此太歲始子之碻證。武帝詔曰：「年名焉逢攝提格。」此太陰始寅之碻證。漢書天文志始誤以甘、石之言太陰者，繫之太歲，而與太初之太歲遂差兩辰，乃以爲星有贏縮，非矣。

又説六書轉注，以爲從偏旁轉相注。説文曰：「轉注者，建類一首，同意相受，考、老是也。」後序曰：「其建首也，立一爲耑。」即「建類一首」之謂也。如示爲部首，從示之偏旁注爲神祇等字，從神祇注爲祠祀祭祝等字，展轉相注，皆同意爲一類。戴震指爾雅詁訓爲轉注，而不知詁訓出於後來，非制字時所豫有也。段玉裁引戴説，又言爾雅字多假借，而不知假借者，本無其字。今如初、哉、首、基之訓，非本無首〔三〕字，而假初、哉諸字以當之也。其他所著學説，能持漢、宋儒者之平。禮論、治論諸篇，皆稽古證今，通達政體。尤精天文，得泰西推步秘法。自製渾金〔四〕球，別具神解。嘗援緯書四游，以疏本天高卑，而知不同心非渾圓之理。考周髀北極璿璣，以推古人測驗之法，七政皆統於天，而知東漢以前用赤道，不用黄道，爲得諸行之本。論月左右旋一理，以王錫闡解黄道右旋、赤道平行，戴震分黄極〔五〕爲二行，其説頗不分明。爲剖析之，洞徹微妙，皆言天家所未及。

性孝友，慎於交遊。體羸而神理瀓淡，見者皆肅然敬之。儀徵阮元，會試舉主也，重其學術行誼，以子女爲婣家〔六〕。

【校記】

〔一〕清史稿之許宗彦傳，源出清國史，載儒林傳下卷卷二十四。

〔二〕「周公」誤。據清國史，本作「武公」。語出禮記明堂位：「魯公之廟，文世室也。武公之廟，武世室也。」鄭玄注云：「此二廟，象周有文王、武王之廟也。世室者，不毁之名也。魯公，伯禽也。武公，伯禽之玄孫也，名敖。」又據史記魯周公世家，伯禽乃周公子，受封於魯，故稱魯公。清史稿不審，將「武公」臆改爲「周公」，大謬不然。

〔三〕清史稿及清國史引述許宗彦論六書轉注語，本自陳壽祺駕部許君宗彦墓誌銘。陳文原作「非本無始字」，二家皆擅將「始」字改作「首」。不明訓詁，臆改舊籍，殊不可取。

〔四〕「渾金球」，本自諸可寶疇人傳三編卷二許宗彦，當可信據。清國史、清史列傳皆作「渾全球」。

〔五〕據清國史，「黄極」前尚脱「黄道」二字，當補。

〔六〕許宗彦卒年，清國史記之甚確，作嘉慶「二十三年卒，年五十一」。清史稿删而不録，無理。

許宗彦

清史列傳　卷六十九　儒林傳下二

許宗彦，字積卿，浙江德清人。父祖京，乾隆三十四年進士，官至廣東布政使，著有詩經述八卷，詩四卷。宗彦九歲能讀經史，善屬文。侍郎王昶愛其才，作積卿字説以贈。嘉慶四年進士，是科得人最盛，總裁朱珪尤重宗彦，謂兼有張惠言、王引之、吴鼒諸子之長。授兵部主事，就官兩月，以親老遽引疾歸。親歿，卒不出。居杭州，杜門以讀書爲事。其學無所不通，探賾索隱，發千年儒者所未發。考周五廟二祧，以爲周制五廟之外，别有二祧，爲遷廟之殺，以厚親親之仁。宗廟之外，别立祖宗，與禘、郊同爲重祭，以大尊尊之義。諸經無文、武二廟不毁之誤，誤始於韋玄成，而劉歆因之，鄭康成亦因之。祧者遷廟，乃謂爲不遷之廟，名實乖矣。又考文、武二世室，以爲周文、武皆配於明堂太室，故有「文、武世室」之號。孔穎達誤謂伯禽稱「文世室」，武公稱「武世室」，以公羊傳周公稱「太廟」，魯公稱「世室」，群公稱「宫」證之，舛甚。又考禹貢三江，以爲漢志言：「分江水，首受江，東至餘姚入海。」夫曰「分江水」，曰「首受江」，則非南江之正流可知。曰「東至餘姚入海」，則非在吴入海可知。與禹貢三江無與。又考太歲、太陰，以爲太歲者，歲星與日同次斗杓所建之辰也。太陰始寅終丑，太歲始子終亥。漢律志曰：「太初元年，歲前十一月朔旦冬至，歲在星紀婺女六度，歲名困敦。」此太歲始子之確證。武帝詔曰：「年名焉逢攝提格。」此太陰始寅之確證。漢書天文志始誤以甘、石之言太陰者，係之太歲，而與太初之太歲遂差兩辰，乃以爲星有贏縮，非矣。

又説六書轉注，以爲從偏旁轉相注。説文曰：「轉注者，建類一首，同意相受，考、老是也。」後序曰：「其建首也，立一爲耑。」即建類一首之謂也。如示爲部首，從示之偏旁注爲神、祇等字，從神、祇注爲祠、祀、祭、祝等字，輾轉相注，皆同意爲一類。戴震指爾雅詁訓爲轉注，而不知詁訓出於後來，非制字時所豫有也。段玉裁引戴説，又言爾雅字多假借，而不知假借者本無其字。今如初、哉、首、基之訓，非本無首字，而假初、哉等字以當之也。其他所著學説，能持漢、宋儒者之平。禮論、治論諸篇，皆稽古證今，通達政體。尤精天文，得泰西推步秘法。自製渾全球，別具神解。嘗援緯書四游，以疏本天高卑，而知不同心非渾圓之理。考周髀北極璿璣，以推古人測驗之法，七政皆統於天，而知東漢以前用赤道，不用黄道，爲得諸行之本。又論日左右旋一理，以王錫闡解黄道右旋、赤道平行，戴震分黄道、黄極爲二行，其説頗不分明，爲剖析之，皆言天家所未及。

性孝友，慎於交遊。體羸而神理澂淡，見者皆肅敬之。儀徵阮元，會試舉主也，重其學術行誼，以子女爲姻家。宗彦嘗訓諸子曰：「讀書人第一須使此心光明正大，澄清如止水，無絲毫苟且私曲，不可對人處。」故名所居曰鑑止水齋。二十三年卒，年五十一。著有鑑止水齋集二十卷。

吕飛鵬　沈夢蘭　宋世犖

清史稿　卷四百八十二　儒林三

吕飛鵬〔一〕，字雲里，旌德人。從寧國凌廷堪治禮，廷堪器之，以爲能傳其學。山陽汪廷珍視學安徽，喜士通古經義，補飛鵬縣學附生。飛鵬少讀周禮，長而癖嗜。廷堪嘗著周官九拜九祭解、鄉射五物考，援據禮經，疏通證明，足發前人所未發。飛鵬師其意而變通之，成周禮補注六卷。其大旨以鄭氏爲宗，自序曰：「漢、魏之治周禮者，如賈逵、張衡、孫炎、薛綜、陳劭、崔靈恩之注，遺文軼事，散見群籍。或與鄭義符合，或與鄭義乖違，同者可得其會通，異者可博其旨趣。是用廣搜衆説，補所未備，條系於經文之下。或旁采他經舊注，或兼取近儒經説，要於申明古義而已。又著周禮古今文義證六卷〔二〕。嘗考康成本治小戴禮，後以古經校之，取其於義長且順者，爲鄭氏學。又注小戴所傳禮記四十九篇，又嘗作毛詩箋。今取鄭氏之學，證鄭氏之注，則辭易瞭然，即彼此互歧，前後錯出，亦不煩辭費而得失已明，故於三者刺取爲多。至許氏説文解字，徵引周禮，彼此互異，取以推廣鄭義，不嫌牴牾。其他史册流傳，事系本朝，禮遵周典，亦備采擇，用俟辯章。猶是鄭氏況以漢法之意也。」

平居書齋閣自銘誡，粹然出於儒先道學。鄉饑，籌粟倡賑，人多德之。有争辯，一言立釋。嘗戒其子賢基曰：「成名易，成人難。」又曰：「言官不易爲，毋陳利而昧大體，毋挾私而務高名。」其本行如此。賢基卒以忠節著。道光二十九年〔三〕卒，年七十三。子賢基，工部右侍郎，謚文節，自有傳。

有清爲周禮之學者，有惠士奇、沈彤、莊存與、沈夢蘭、段玉裁、徐養原、宋世犖〔四〕。

夢蘭〔五〕，字古春，烏程人。乾隆四十八年舉人，官湖北宜都縣知縣。夢蘭博通諸經，實事求是，尤邃於周官，成周禮學一書。分溝洫、畿封、邦國、都鄙、城郭、宫室、職官、禄田、貢賦、軍旅、車乘、禮射、律度量衡十三門，取司馬法、逸周書、管子、吕覽、伏傳、戴記諸古書，參互考證，合之書、詩、禮記、三傳、孟子，先儒所病其牴牾者，無不得其會通。爲圖若干，並取經傳文之與周官相發明者，釋於篇。他著有易、書、詩、孟子學，五省溝洫圖説。其易學自序云：「自輯周禮學，於易象得井、比、師、訟、同人、大有若干卦，錯綜參伍，知易之爲道，先王一切之治法於是乎在。」而孟子學，則又以疏證周官之故，彙其餘説以成帙者。其溝洫圖説，卷不盈寸，凡南北形勢、河道原委、歷代沿革，衆説異同，與夫溝遂經畛之體，廣深尋尺之數，以及蓄水、止水、蕩水、均水、舍水、瀉水之事，皆備。復證之周官，考究詳覈。官湖北時，奉檄襄築荆州隄工，上江隄埽工議及荆江論。沔陽水災，復奉檄會勘，作水利説以諭沔民。原本經術，有裨實用，皆此類也〔六〕。

世犖〔七〕，字卣勛，臨海人。乾隆五十三年舉人，以教習官陝西扶風知縣。地當川、藏孔道，夫馬悉斂之民，計畝率〔八〕錢，名曰「公局」。世犖多所裁革，無妄取。時教匪初定，州縣多以獲盜遷擢。扶風民有持齋爲怨家所訐者，大府飛檄至，捕而鞫之，皆良民，釋弗顧。罷歸，研求經訓，熟於諧聲、假借之例，著周禮故書疏證六卷，儀禮古今文疏證二卷。

【校記】

〔一〕清史稿之吕飛鵬傳，源出清國史，載儒林傳下卷卷二十三，附見於汪德鉞傳。

〔二〕清史稿此處之大段引文，自「漢、魏之治周禮者」起，至

「猶是鄭氏况以漢法之意也」止，皆出傳主周禮補注自序。其中，惟「又著周禮古今文義證六卷」一語，乃史稿撰稿者所加。文意既斷，後世整理自然難以準確句讀。故而當年史稿諸點校專家，祇好將原引文一分爲二，上半段止於「申明古義而已」，下半段則自「今取鄭氏之學」始。

〔三〕「道光二十九年卒」，誤。據梅曾亮贈翰林院編修吕府君墓誌銘，飛鵬卒於道光二十三年十二月二十六日。清國史據以入傳，確然無誤。史稿擅改，無據。

〔四〕「有清爲周禮之學者」云云，係清史稿撰稿者所加。早期既不言萬斯大、李光坡、吴廷華，中期亦不及方苞、江永，晚清更不見集大成之孫詒讓，大體不明，疏失顯然。且置沈夢蘭於段玉裁前，不惟錯亂長幼，又復乖違學術史之實際。率爾操觚，當引以爲戒。

〔五〕清史稿之沈夢蘭傳，源出清國史，載儒林傳下卷卷二十。

〔六〕沈夢蘭卒年，清史稿、清國史皆失記。據吴承仕周易學提要，沈夢蘭「道光二年，卒於宜都知縣任」。

〔七〕清史稿之宋世犖傳，源出清國史，載儒林傳下卷卷二十，附見於沈夢蘭傳。

〔八〕「率」字，清國史作「索」。「率」、「索」雖可通，結合上下文，當作「索」字更妥。

吕飛鵬

清史列傳　卷六十九　儒林傳下二

吕飛鵬，字雲里，安徽旌德人。年十七，從寧國凌廷堪治禮，廷堪器之，以爲能傳其學。山陽汪廷珍視學安徽，喜士通古經義，補飛鵬縣學附生。飛鵬少讀周禮，長而癖嗜。廷堪嘗著周官九拜九祭解、鄉射五物考，援據禮經，疏通證明，足發前人所未發。飛鵬師其意而變通之，成周禮補注六卷。其大旨以鄭氏爲宗，廣搜衆説，補所未備。或旁采他經舊注，或兼取近儒經説，要於申明古義。又著周禮古今文義證六卷。平居書齋閣自銘誡，粹然出於儒先道學。鄉饑，籌粟倡賑，人多德之。有争辯，一言立釋。嘗戒其子賢基曰：「成名易，成人難。」又曰：「言官不易爲，毋陳利而昧大體，毋挾私而務高名。」其本行如此。賢基卒以忠節著。道光二十三年卒，年七十三。

沈夢蘭 宋世犖

清史列傳 卷六十八 儒林傳下一

沈夢蘭，字古春，浙江烏程人。乾隆四十八年舉人，以大挑知縣分發湖北，補宜都縣知縣。夢蘭博通諸經，實事求是，尤邃於周官。成周禮學一書，分溝洫、畿封、邦國、都鄙、城郭、宮室、職官、禄田、貢賦、軍旅、車乘、禮射、律度量衡十三門，取司馬法、逸周書、管子、吕覽、伏傳、戴記諸古書，參互考證，合之書、詩、禮記、三傳、孟子，先儒所病其牴牾者，無不得其會通。爲之圖，並取經傳文之與周官相發明者，釋於篇。他著有易、書、詩、孟子學，五省溝洫圖説。其易學自序云：「自輯周禮學，於易象得井、比、師、訟、同人、大有若干卦，錯綜參伍，知易之爲道，先王一切之治法於是乎在。」而孟子學則又以疏證周官之故，彙其餘説，以成帙者。其溝洫圖説，凡南北形勢、河道原委、歷代沿革、衆説異同，與夫溝遂經畛之體，廣深尋尺之數，以及蓄水、止水、蕩水、均水、舍水、瀉水之事皆備，復證之周官，考究詳覈。官湖北時，奉檄襄築荆州隄工，上江隄埽工議及荆州論。沔陽水災，復奉檄會勘，作水利説以諭沔民。原本經術，有裨實用，皆此類也。

宋世犖，字卣勛，浙江臨海人。乾隆五十三年舉人，以教習官陝西扶風知縣。地當川、藏孔道，夫馬悉斂之民，計畝索錢，名曰「公局」。世犖多所裁革，無妄取。時教匪初定，州縣多以獲盜遷擢。扶風民有持齋爲怨家所訐者，大府飛檄至，捕而鞫之，皆良民，釋弗顧。罷歸，研求經訓，熟於諧聲、假借之例，著周禮故書疏證六卷，儀禮古今文疏證二卷。他著有确山駢體文四卷，紅杏軒詩鈔十七卷。

嚴可均 嚴元照

清史稿 卷四百八十二 儒林三

嚴可均〔一〕，字景文，烏程人。嘉慶五年舉人。官建德縣教諭〔二〕，引疾歸〔三〕。可均博聞强識，精考據之學。與姚文田同治説文，爲説文長編，亦謂之類考，有天文、算術、地理類，草木、鳥獸、蟲魚類，聲類，説文引群書、群書引説文類，積四十五册〔四〕。又輯鐘鼎拓本，爲説文翼十五篇〔五〕。將校定説文，撰爲疏義，孫星衍促其成，乃撮舉大略，就毛氏汲古閣初印本，别爲校議三十篇〔六〕，專正徐鉉之失。又與丁溶同治唐石經，著校文十卷，自序云:「余弱冠治經，稍見宋槧本。既又念若漢，若魏，若唐，若孟蜀，若宋嘉祐、紹興，各立石經，今僅嘉祐四石，紹興八十七石，皆殘本。而唐大和石壁二百二十八石，巋然獨存，此天地間經本之最完最舊者也。夫唐代四部之富，埒於梁、隋，而鄭覃、唐元度輩皆通儒，頗見古本。苟能刊正積非，歸於真是，即方駕熹平不難〔七〕，而僅止於是。今也古本皆亡，欲復舊觀，已難爲力，可嘅也！然而後唐雕版，實依石經句鈔寫，歷宋、元、明，轉刻轉誤。而石本幸存，縱不足與復古，以匡今繆有餘也。獨怪數百年來，學士大夫尠或過問者。間有一二好古之士，亦與冢碣、寺碑同類而並道之。康熙初，顧炎武始略校焉。觀其所作九經誤字、金石文字記，剌取寥寥，是非寡當，又誤信王堯惠之補字以誣石經。顧氏且然，況其他乎？烏乎！石經者，古本之終，今本之祖。治經不及見古本，而並荒石經，匪直荒之，又交口誣之，豈經之幸哉！余不自揆，欲爲今版本正其誤，爲唐石經釋其非，爲顧氏等袪其惑。隨讀隨校，凡石經之磨改者、旁增者、與今本互異者，皆録出。輒據注疏、釋文，旁稽史傳，及漢、唐人所徵引者，爲之左證，而石臺孝經附其後焉。」

嘉慶十三年，詔開全唐文館。可均以越在草茅，無能爲役，慨然曰：「唐之文盛矣哉！唐以前要當有總集，斯事體大，是余之責也。」乃輯上古三代秦漢三國六朝文〔八〕，使與全唐文相接。多至三千餘家，人各系以小傳，足以考證史文，皆從蒐羅殘賸得之。覆檢群書，一字一句，稍有異同，無不校訂，一手寫定，不假衆力。唐以前文，咸萃於此焉。又校輯諸經逸注及佚子書等數十種，合經、史、子、集爲四録堂類集千二百餘卷〔九〕。

嚴元照〔十〕，字九能，歸安人。十歲能爲四體書，補諸生，儀徵阮元、大興朱珪深賞之。熟於爾雅，作匡名八卷，旁羅異文軼訓，鉤稽而疏證之。著有悔菴文鈔、詩鈔、詞鈔、娱親雅言等書〔十一〕。

【校記】

〔一〕清史稿之嚴可均傳，源出清國史，載儒林傳下卷卷二十六。

〔二〕嚴可均何時官建德縣教諭？清史稿及清國史皆失記。據閔爾昌碑傳集補所輯烏程縣志之嚴可均傳，乃在道光二年，距嘉慶五年鄉舉，已然相去二十二年。

〔三〕嚴可均何時自建德引疾歸？不惟清史稿及清國史失記，前引烏程縣志含混不明，祇作「在任數年，引疾歸」。據嚴可均鐵橋漫稿卷三載傳主道光十三年六月十日，致浙江學政陳用光書，已表示爲繕録全上古三代秦漢三國六朝文清本，「亟宜謝病去官」。翌年十二月八日，答徐星伯同年書，即明確告友：「十一月望，可均爲繕寫清本地，引疾去官。」可見，嚴可均之引疾去官，在道光十四年十一月，時年七十有三。

〔四〕清史稿及清國史所述說文長編，分類及卷帙皆未盡準確。據前引鐵橋漫稿卷三答徐星伯同年書所附四録堂類集總目，說文長編七十卷，可均撰，凡四十七册，亦名類考。計分天文算術類二卷，地理類六卷，草木鳥獸蟲魚類十卷，聲類二卷，説文引群書類六卷，群書引説文類二十九卷，鐘鼎古籀文秦篆類十五卷。

〔五〕「説文翼十五篇」「篇」字，前引四録類集總目作「卷」。

〔六〕「校議三十篇」「篇」字，前引總目作「卷」。

〔七〕清史稿及清國史所引唐石經校文序，與清儒學案卷一百十九鐵橋學案文多有異同。史書於傳主論述，删節成文，體例使然，未可厚非。然若不護惜古人，隨意嫁接，以致乖違原意，則非良史所當爲。此處之「方駕熹平不難」，學案所録案主文，則爲「然欲方駕熹平，亦斷斷不能」。二者之文意，顯然相去甚遠。

〔八〕上古三代秦漢三國六朝文，「上」字前脱一「全」字，當補。清國史不誤，係史稿不慎脱。

〔九〕嚴可均卒年，清國史記之甚確，作「道光二十三年卒，年八十二」。清史稿删而不録，失之輕率。

〔十〕清史稿之嚴元照傳，源出清國史，載儒林傳下卷卷二十六，附見於嚴可均傳。

〔十一〕嚴元照卒年，清史稿失記。清國史記作卒於嘉慶二十二年，不誤。惟記元照終年三十五，誤。據嚴元照悔菴學文卷五先考國子監生半菴先生行述，嚴元照乃生於乾隆三十八年，迄於嘉慶二十二年故世，終年當爲四十五。

嚴可均 嚴元照

清史列傳 卷六十九 儒林傳下二

嚴可均，字景文，浙江烏程人。嘉慶五年舉人。官建德縣教諭，引疾歸。可均博文强識，精考據之學。與姚文田同治說文，遍索異同，爲說文長編，亦謂之類考。有天文算數地理類、草木鳥獸蟲魚類、聲類、說文引群書類、群書引說文類，積四十五册。又輯鐘鼎拓本，爲說文翼十五篇。將校定說文，撰爲疏異〔一〕，孫星衍促其成，乃撮舉大略，就毛氏汲古閣初印本，别爲校義〔二〕三十卷，專正徐鉉之失。又與丁溶同治唐石經，著校文十卷。自序云：「余弱冠治經，稍見宋槧本。既又念若漢，若魏，若唐，若孟蜀，若宋嘉祐、紹興，各立石經。今僅嘉祐四石，紹興八十七石，皆殘本。而唐太和〔三〕石壁二百二十八石，巋然獨存，此天地間經本之最完最舊者。夫唐代四部之富，埒於梁、隋，而鄭覃、唐元度輩皆通儒，頗見古本，苟能刊正積非，歸於真是，即方駕熹平不難，而僅止於是。今也古本皆亡，欲復舊觀，已難爲力，可慨也。然而後唐雕版，實依石經句讀鈔寫，歷宋、元、明，轉刻轉誤。而石本幸存，縱不足與復古，以匡今謬有餘也。獨怪數百年來，學士大夫尠或過問者，間有一二好古之士，亦與冢碣、寺碑同類而并道之。康熙初，顧炎武始略校焉。觀其所作九經誤字、金石文字記，剌取寥寥，是非寡當，又誤信王堯惠之補字，以誣石經。顧氏且然，况其他乎？嗚呼！石經者，古本之終，今本之祖。治經不及見古本，而並荒石經，匪直荒之，又交口誣之，豈經之幸哉？余不自揆，欲爲今版本正其誤，爲唐石經釋其非，爲顧氏等祛其惑。隨讀隨校，凡石經之磨改者，旁增者，與今本互異者，皆録出。輒據注疏、釋文，旁稽史傳，及漢、唐人所徵引者，爲之左證，而石臺孝經附其後焉。」

嘉慶十三年，詔開全唐文館。可均以越在草茅，無能爲役，慨然曰：「唐之文盛矣哉！唐以前要當有總集。」乃輯全上古三代秦漢三國六朝文，使與全唐文相接。多至三千餘家，人各系以小傳，足以考證史文，皆從蒐羅殘賸得之。覆檢群書，一字一句，稍有異同，無不校訂，一手寫定，不假衆力。唐以前文，咸萃於此焉。又校輯諸經逸注及佚子書等數十種，合經、史、子集爲四録堂類集千二百餘卷。又著有鐵橋漫稿十三卷。其説文類考稿佚，惟聲類二卷存。道光二十三年卒，年八十二。

嚴元照，字九能，浙江歸安人。諸生。治經務實學，尤熟於爾雅、説文。嘗曰：「説文，古文家學；爾雅，今文家學也。」著爾雅匡名八卷，旁羅異文佚訓，鉤稽而疏證之。又有悔菴文鈔八卷，詩鈔、詞鈔、娱親雅言等書。嘉慶二十二年卒，年三十五〔四〕。

【校記】

〔一〕「疏異」「異」字誤，當爲「義」。詳見傳主鐵橋漫稿。下同。

〔二〕「校義」「義」字誤，當爲「議」。

〔三〕「太和」當依新舊唐書作「大和」。

〔四〕嚴元照終年爲四十五，詳見前史稿校文。

焦循 子廷琥 顧鳳毛 鍾懷 李鍾泗

清史稿 卷四百八十二 儒林三

焦循[一]，字里堂，甘泉人。嘉慶六年舉人。曾祖源、祖鏡[二]、父蔥，世傳易學。循[三]少穎異，八歲在阮賡堯家，與賓客辨壁上「馮夷」字，曰：「此當如楚辭讀皮冰切，不當讀如縫。」阮奇之，妻以女。既壯，雅尚經術，與阮元齊名。元督學山東、浙江，俱招循往遊。性至孝，丁父及嫡母謝艱，哀毀如禮。一應禮部試，後以生母殷病愈而神未健，不復北行。殷歿，循毀如初。服除，遂託足疾，不入城市者十餘年。葺其老屋，曰半九書塾，復構一樓，曰雕菰樓，有湖光山色之勝，讀書著述其中。嘗歎曰：「家雖貧，幸蔬菜不乏。天之疾我，福我也。吾老於此矣！」嘉慶二十五年卒，年五十八。

循博聞强記，識力精卓。每遇一書，無論隱奥平衍，必究其源。以故經史、曆算、聲音、訓詁，無所不精。幼好易，父問：「小畜『密雲』二語，何以復見於小過？」循反復其故不可得。既學洞淵九容之術，乃以數之比例，求易之比例，漸能理解，著易通釋二十卷。自謂：「所悟得者，一曰旁通，二曰相錯，三曰時行。」又以古之深通易理，深得羲、文、周、孔之恉者，莫如孟子。生孟子後，能深知其學者，莫如趙氏。僞疏踳駁，未能發明，著孟子正義三十卷。謂：「爲孟子作疏，其難有十，然近代通儒，已得八九。」因博采諸家之説，而下以己意，合孔、孟相傳之正恉[四]。又著六經補疏二十卷。以説漢易者，每屏王弼，然弼解「箕子」，用趙賓説，讀彭爲旁，借雍爲甕，通孚爲浮，解斯爲廝。蓋以六書通借，其解經之法，未遠於馬、鄭諸儒[五]，爲周易王注補疏二卷。以尚書僞孔傳説之善者，如金縢「我之不辟」，訓辟爲法，居東即東征，罪人即管、蔡，大誥周公不自稱王，而稱成王之命，皆非馬、鄭所能及，爲尚書孔氏傳補疏二卷。以詩毛、鄭義有異同，正義往往雜鄭於毛，比毛於鄭，爲毛詩鄭氏箋補疏五卷。以左氏傳「稱君君無道，稱臣臣之罪」，杜預揚其詞而暢衍之。預爲司馬懿女婿，目見成濟之事，將以爲司馬飾，即用以爲己飾。萬斯大、惠士奇、顧棟高等，未能摘姦而發覆，爲春秋傳杜氏集解補疏五卷。以禮「以時爲大」，訓詁名物，亦所宜究，爲禮記鄭氏注補疏三卷。以論語一書，發明羲、文、周公之指，參伍錯綜，引申觸類，亦與易例同，爲論語何氏集解補疏三卷。合之爲二十卷。又録當世通儒説尚書者四十一家，書五十七部，仿衛湜禮記之例，以時之先後爲序，得四十卷，曰書義叢鈔。又著禹貢鄭注釋一卷，毛詩地理釋四卷，毛詩鳥獸草木蟲魚釋十一卷，陸璣疏考證一卷，群經宫室圖二卷，論語通釋一卷。又著有雕菰樓文集二十四卷，詞三卷，詩話一卷。

循壯年即名重海内，錢大昕、王鳴盛、程瑶田等，皆推敬之。始入都，謁座主英和，和曰：「吾知子之字曰里堂，江南老名士，屈久矣。」殁後，阮元作傳，稱其學精深博大，名曰通儒，世謂不愧云。

子廷琥，字虎玉。優廪生。性醇篤，善承家學，阮元稱爲端士。循嘗與廷琥纂孟子長編三十卷，後撰正義，其廷琥有所見，亦本范氏穀梁之例，爲之録存。循又以測圓海鏡、益古演段二書，不詳開方之法，以常法推之不合。既得秦道古數學九章，有正圓〔六〕開方法，爲開方通釋，乃謂廷琥曰：「汝可列益古演段六十四問，用正負〔七〕開方法推之。」廷琥布策下算，一一符合，著益古演段開方補一卷。陽湖孫星衍不信西人地圓之説，以楊光先之斥地圓，比孟子之距楊、墨。廷琥謂：「古之言天者三家，曰宣夜，曰周髀，曰渾天。宣夜無師承，渾、蓋之説，皆謂地圓。泰州陳氏、宣城梅氏，悉以東西測景有時差，南北測星有地差，與圓形合爲説。且大戴有曾子之言，内經有岐伯之言，宋有邵子、程子之言。其説非西人所自創。」因博搜古籍，著地圓説二卷。他著有密梅花館詩文鈔。

顧鳳毛，字超宗，江蘇[八]興化人。乾隆四十九年，南巡召試，列二等。五十三年，副榜貢生。父九苞，字文子，長於詩、禮。九苞母任氏，大椿[九]祖姑，通經達史。九苞之學，母所教也。乾隆四十六年進士，歸時卒於路，著述不傳。鳳毛亦受經於祖母，年十一，通五經。及長，與焦循同學，循就鳳毛問難，始用力於經。鳳毛又學音韻、律吕於嘉定錢塘，撰楚辭韻考、入聲韻考、毛詩韻考，皆得塘旨。又撰毛詩集解、董子求雨考、三代田制考，未成而卒，年二十七。卒後，循理其喪，作招亡友賦哭之。

鍾懷、李鍾泗皆有名，均甘泉人。鍾懷，字保岐。優貢生。與阮元、焦循相善，共爲經學，旦夕討論，務求其是。居恒禮法自守，不與世争名，交遊中稱爲君子。嘉慶十年卒，年四十五，著有菣厓考古録四卷。其漢儒考，較陸德明所載增多十餘人。鍾泗，字濱石。嘉慶六年舉人。治經精左氏春秋，撰規規過一書，抑劉伸杜，焦循服其精博。

【校記】

〔一〕清史稿之焦循傳，並所附焦廷琥、顧鳳毛、鍾懷、李鍾泗諸家傳，皆源出清國史，載儒林傳下卷卷二十六。

〔二〕焦循祖父名，清國史、清史列傳及阮元通儒揚州焦君傳，皆作「鏡」，惟清史稿作「饒」。鏡、饒二字，形近而意異，清史稿所改，未詳所本。

〔三〕「循」字左側，點校本原標作書名號，偶誤。逕改。

〔四〕「正恉」後，點校本誤作逗號。因句意已盡，故改句號。

〔五〕此處引文，源出清國史，本自傳主周易補疏叙及阮元揚州通儒焦君傳。惟「其」字係清國史所增，故與傳主原意略有異同。依周易補疏叙，當作「故弼之易以六書通借，解經之法尚未遠於馬、鄭諸儒。」

〔六〕此處引文，亦沿自清國史。惟「正圓」之「圓」字，兩家皆誤。據傳主開方通釋自序，當作「負」。

〔七〕「正員」之「員」字，誤。依前引開方通釋自序，當作「負」。

〔八〕之前各傳，記傳主籍貫，皆不書省名。獨此傳述及「江蘇」，實爲自亂體例。

〔九〕據清國史，任大椿本有專傳，載儒林傳下卷卷十三。故隨後之顧鳳毛傳，語及任大椿，方可稱名。清史稿既删任大椿傳，此處之大椿名，則成無源之水。當年清史稿之纂修粗疏，統籌無法，於此可見一斑。

焦循 子廷琥　顧鳳毛　鍾懷　李鍾泗

清史列傳　卷六十九　儒林傳下二

焦循，字里堂，江蘇甘泉人。嘉慶六年舉人。曾祖源，祖鏡，父葱，世傳易學。循少穎異，八歲在阮賡堯家，與賓客辨壁上「馮夷」字，曰：「此當如楚辭讀皮冰切，不當讀如缝。」阮奇之，妻以女。既壯，雅尚經術，與阮元齊名。元督學山東、浙江，俱招循往遊。性至孝，丁父及嫡母謝艱，哀毁如禮。一應禮部試，後以生母殷病愈而神未健，不復北行。殷歿，循毁如初。服除，遂託足疾，不入城市者十餘年。葺其老屋，曰半九書塾，復構一樓，曰雕菰樓，有湖光山色之勝，讀書著述其中。嘗歎曰：「家雖貧，幸蔬菜不乏。天之疾我，福我也。吾老於此矣！」嘉慶二十五年卒，年五十八。

循博聞彊記，識力精卓。每遇一書，無論隱奥平衍，必究其源。以故經史、曆算、聲音、訓詁，無所不精。幼好易，父問：「小畜『密雲』二語，何以復見於小過？」循反復其故不可得。既學洞淵九容之術，乃以數之比例，求易之比例，漸有理解，著通釋二十卷。自謂：「所悟得者，一曰旁通，二曰相錯，三曰時行。旁通者，在本卦初與四易，二與五易，三與上易。本卦無可易，則旁通於他卦，亦初通於四，二通於五，三通於上。先二五後初四三上爲當位，不俟二五，而初四三上先行爲失道。易之道惟在變通，二五先行而上下應之，此變通不窮者也。或初四先行，三上先行，則上下不能應。然能變而通之，仍大中而上下應。如乾四之坤初，而成小畜、復，失道矣。變通之，小畜二之豫五，姤二之復五，復初不能應，姤初則能應，小畜四不能應，豫四則能應。

坎三之離上，成井、豐，失道矣。變通之，井二之噬嗑五，豐五之渙二，豐上不能應，渙上則能應，井三不能應，噬嗑三則能應。此所謂時行也。比例之義，出於相錯，如睽二之五爲無妄，井二之噬嗑五亦爲無妄，故睽之噬膚，即噬嗑之噬膚。坎三之離上成豐，噬嗑上之三亦成豐，故豐之日昃，即離之日昃，豐之日中，即噬嗑之日中。漸上之歸妹三，歸妹成大壯、漸成蹇。蹇、大壯相錯成需，故『歸妹以須』，須即需也。歸妹四之漸初，漸成家人、歸妹成臨。臨通遯，相錯爲謙、履，故眇能視，跛能履。臨二之五，即履二之謙五之比例也。」既復提其要，爲圖略八卷，又成章句十二卷，總名易學三書。

初，循以易學質王引之，引之以爲鑿破混沌。年四十七，病危，以書未成爲憾。後乃誓於先聖先師，盡屏他務，凡四易稿乃成。其學易時，隨筆記録，有易餘籥録二十卷，易話二卷，注易日記三卷，易廣記三卷。又以古之精通易理，深得羲、文、周、孔之指者，莫如孟子。生孟子後，深知其學者，莫如趙氏。僞疏踳駁，未能發明，著孟子正義三十卷。謂：「爲孟子作疏，其難有十，然近代通儒，已得八九。」因博采諸家之説，而下以己意，合孔、孟相傳之正指。又著六經補疏。以説漢易者，每屏王弼，然弼解「箕子」，用趙賓説，讀彭爲旁，借雍爲甕，通孚爲浮，解斯爲廝。蓋以六書通借解經之法，未遠於馬、鄭諸儒，爲周易王注補疏二卷。以尚書僞孔傳説之善者，如金縢「我之不辟」，訓辟爲法，居東即東征，罪人即管、蔡，大誥周公不自稱王，而稱成王之命，皆非馬、鄭所能及，爲尚書孔氏傳補疏二卷。以詩毛、鄭義有異同，正義往往雜鄭於毛，比毛於鄭，爲毛詩鄭氏箋補疏五卷。以左氏傳「稱君君無道，稱臣臣之罪」，杜預揚其辭而暢衍之。預爲司馬懿女婿，目見成濟之事，將以爲司馬飾，即用以爲己飾。萬斯大、惠士奇、顧棟高等，未能摘姦而發覆，爲春秋傳杜氏集解補疏五卷。以禮「以時爲大」，訓詁名物，亦所宜究，爲禮記鄭氏注補疏三卷。以論語一書，發明羲、文、周公之指，參伍錯綜，引申觸類，亦與易例同，爲論語何氏集解補疏三卷。合之爲二十卷。又録當世通儒説尚書者四十一家，書五十七部，仿衛湜禮記之例，以時之先後爲序，得四十卷，曰書義叢鈔。又著禹貢鄭注釋一卷，毛詩地理釋四卷，毛詩鳥獸草木蟲魚釋十一卷，陸璣疏考證一卷，群經宫室圖二卷，論語通釋一卷。

循於天文算術，以梅文鼎孤三角舉要、環中黍尺，撰非一時，繁複無次，戴震句股割圜記，務爲簡要，變易舊名，著釋弧三卷。又以弧線之生，緣於諸輪，輪之弗明，法無從附，著釋輪二卷。又以雍正癸卯律書用橢圓法實測，隨時而差，則立法亦隨時而改，著釋橢一卷。又以九章不能盡加減乘除之用，而加減乘除可以通九章之窮，著加減乘除釋八卷。又得秦道古數學大略，因著天元一釋二卷、開方通釋一卷。吴縣李鋭序之云：「此書於帶分寄母，同數相消之故，發揮無餘藴。李樂城、郭刑臺後，爲此學者，未能如此妙也。」他著有北湖小志六卷，揚州足徵録一卷，邗記六卷，里堂道聽録五十卷。最愛柳柳州文，習之不倦，謂唐、宋以來一人而已。著有雕菰樓文集二十四卷，又詞三卷，詩話一卷。循壯年即名重海内，錢大昕、王鳴盛、程瑶田等，皆推敬之。始入都，謁座主英和，和曰：「吾知子之字曰里堂，江南老名士，屈久矣。」殁後，阮元作傳，稱其學精深博大，名曰通儒。世謂不愧云。子廷琥。

廷琥，字虎玉。優廩生。性醇篤，善承家學，阮元稱爲端士。循嘗與廷琥纂孟子長編三十卷，後撰正義，其廷琥有所見，亦本范氏穀梁之例，爲之録存。循又以測圓海鏡、益古衍段二書，不詳開方之法，以常法推之不合。既得秦道古數學九章，有正負〔一〕開方法，爲開方通釋，乃謂廷琥曰：「汝可列益古衍段六十四問，用正負〔二〕開方法推之。」廷琥布策下算，一一符合，著益古衍段開方補一卷。陽湖孫星衍不信西人地圓之説，以楊光先之斥地圓，比孟子之距揚、墨。廷琥謂：「古之言天者三家，曰宣夜，曰周髀，曰渾天。宣夜無師承，渾、蓋之説皆謂地圓。泰州陳氏、宣城梅氏悉以東西測景有時差，南北測星有地差，與圓形合爲説。且大戴有曾子之言，内經有岐伯之言，宋有邵子、程子之言。其説非兩人所自創。」因博搜古籍，著地圓説二卷。他著有密梅〔三〕花館詩文鈔。

顧鳳毛，字超宗，江蘇興化人。乾隆四十九年，高宗南巡，召試列二等。五十三年，副貢生。父九苞，字文子，長於詩、禮。九苞母任氏，大椿祖姑，通經達史。九苞之學，母所教也。四十六年進士，歸時卒於路，著述不傳。鳳毛亦受經於祖母，年十一，通五經。及長，傳九苞學。與焦循同學，循就鳳毛問難，始用力於經。鳳毛又學音韻、律吕於嘉定錢塘，撰楚辭韻考、入聲韻考、毛詩韻考，皆得塘旨。又撰毛詩集解、董子求雨考、三代田制考，未成而卒，年二十七。卒後，循理其喪，作招亡友賦哭之。

鍾懷，字保岐，甘泉人。優貢生。與儀徵阮元、同縣焦循相善，共爲經學，旦夕討論，務求其是。居恒禮法自守，不與世争名，交遊中稱爲君子。嘉慶十年卒，年四十五。所著有春秋考異、説書區别録、祭法解、周官識小、論語考古、漢儒考等書，凡十三種。卒後，循刺其精華，編爲菣厓考古録四卷。其漢儒考，較陸德明所載，增多十餘人。

李鍾泗，字濱石，亦甘泉人。嘉慶六年舉人。治經精左氏春秋，撰規規過一書，抑劉伸杜，焦循服其精博。

【校記】

〔一〕「負」字，原作「圓」，形近而誤。據傳主開方通釋自序改。詳見前清史稿焦循傳校記。

〔二〕「負」字，原作「圓」，形近而誤。故據傳主文改。

〔三〕「梅」字，原脱，據傳主現存别集補。

李富孫 兄超孫 弟遇孫

清史稿 卷四百八十二 儒林三

李富孫〔一〕，字既汸，嘉興人。嘉慶六年拔貢生。良年來孫，良年自有傳。從祖集，字敬堂，乾隆二十八年進士，官鄖縣知縣，精研經學，以漢、唐爲宗，嘗爲學規論以課窮經、課經濟，著有願學齋文鈔。富孫學有原本，與伯兄超孫、從弟遇孫有「後三李」之目。長遊四方，就正於盧文弨、錢大昕、王昶、孫星衍，飫聞緒論。阮元撫浙，肄業詁經精舍，遂湛深經術。尤好讀易，著易解賸義，謂：「易學三派。有漢儒之學，鄭、虞、荀、陸諸家精矣。有晉、唐之學，王弼、孔穎達諸家，即北宋胡瑗、石介、東坡、伊川，猶是支流餘裔。至宋陳、邵之學出，本道學〔二〕之術，創爲圖説，舉羲、文、周、孔之所未及，漢以後諸儒之所未言者，以自神其附會之説。理其理而非易之所謂理，數其數而非易之所謂數，而前聖之易道晦矣。」唐李鼎祚所輯易解，精微廣大，聖賢遺旨，略見於此。然其於三十六家之説，尚多未采，其遺文賸義，閒見他書，猶可蒐輯。爰綴而録之，成書三卷，又成校異二卷〔三〕。

又著七經異文釋，就經文傳注、諸子百氏所引，以及漢、唐、宋石經，宋、元槧本，校其異同。或字有古今，或音近通假，或沿襲乖舛，悉據古誼而疏證之。而前儒之論説，並爲蒐輯，使正其譌謬，辨其得失，折衷以求一是。凡易六卷，尚書八卷，毛詩十六卷，春秋三傳十二卷，禮記八卷。同里馮登府稱其詳核〔四〕奥博，爲詁異義者集其大成。又謂：「説文一書，保氏六書之旨，賴以僅存。自篆變爲隸，隸變爲真，文字日繁，譌僞錯出。或有形聲意義大相區别，亦有近似而其實異，後人多混而同之。或有一篆之形，從某爲古籀，爲或體，後人竟析而二之。經典文字，往往昧於音訓，擅爲改易，甚與本義相迕，亦字學之大變。夫假借通用，説文自有本字，有得通借者，有不容通借而並爲俗誤者。援〔五〕據經典，以相證契，俾世之踵謬沿譌，焯然可辨，爲説文辨字正俗八卷。」同里錢泰吉謂：「其書大旨，折衷段注，而亦有段所未及者，讀説文之津梁也。」他著有漢魏六朝墓銘纂例四卷，鶴徵録八卷、後録十二卷，曝書亭詞注七卷，梅里志十六卷，校經廎文稿十八卷。

超孫，字引樹。嘉慶六年舉人，官會稽縣教諭。剖析經義，尤深於詩〔六〕。嘗以毛詩草木蟲魚則有疏，名物則有解，地理則有考，而詩中所稱之人，則未有纂輯成書者。因取詩人之氏族名字，博考經史諸子及近儒所著述，並列國之世次，洎其人之行事，搜羅薈集，爲詩氏族考六卷。官會稽時，課諸生，依寧化雷鋐學規條約，士習日上。又著拙守齋集。

遇孫，字金瀾，集孫。優貢生，處州府訓導。幼傳祖訓，淹貫經史，著有尚書隸古定釋文八卷。漢孔安國以科斗文難知，取伏生今文次第之，爲隸古定。宋薛宣因之，成古文訓。遇孫又以隸古文難知，引説文諸書疏通之，譌者是正，疑者則闕。性嗜金石，有芝省齋碑隸八卷，金石學録四卷。官處州時，以處州地僻山遠，阮元兩浙金石志未免脱漏，乃搜輯數百餘種，爲括蒼金石志八卷。他著有日知録補正一卷、校正一卷，古文苑拾遺十卷，天香録八卷，隨筆六卷，詩文集十八卷〔七〕。

【校記】

〔一〕清史稿之李富孫傳，以及所附兄超孫、弟遇孫二家傳，皆源出清國史，載儒林傳下卷卷二十八。

〔二〕「道學」之「學」字，清國史本作「家」，甚確。清史稿臆改，混「道家」與「道學」爲一，殊不可取。

〔三〕李氏集解校異，清國史及清史列傳皆作一卷，未確。據孫殿起販書偶記，該書道光十年校經廎刊本，即爲二卷。清史稿所改有據。

〔四〕「詳核」之「核」字，據清國史本作「該」，謂詳實該備。清史稿臆改，似是而非。該、核二字，非同義，不可混用。

〔五〕據清國史，「援」字之前，尚脱一「因」字，當補。

〔六〕「詩」字，點校本漏標書名號，故逕補。

〔七〕據清國史，李氏兄弟之後，尚附有馮登府傳。登府與李氏兄弟同調共鳴，治經名家，尤以石經研究用力最勤，允稱承前啓後之集大成者。清史稿中竟未得留一席，難免後世學人訾議。

李富孫 兄超孫 弟遇孫

清史列傳 卷六十九 儒林傳下二

李富孫，字既汸，浙江嘉興人。嘉慶六年，拔貢生。良年來孫。從祖集，字敬堂，乾隆二十八年進士，官鄖縣知縣，精研經學，以漢、唐爲宗，嘗爲學規論以課窮經、課經濟，著有願學齋文鈔。富孫學有原本，與伯兄超孫、從弟遇孫有「後三李」之目。長遊四方，就正於盧文弨、錢大昕、王昶、孫星衍，飫聞緒論。阮元撫浙，肄業詁經精舍，遂湛深經術。尤好讀易，所經眼者不下百餘種，深斥圖讖之說。著易解賸義，謂:「易學有三派。有漢儒之學，鄭、虞、荀、陸諸家精矣。有晉、唐之學，王弼、孔穎達諸家，即北宋胡瑗、石介、東坡、伊川，猶是支流餘裔。至宋陳、邵之學出，本道家之術，創爲圖説，舉羲、文、周、孔之所未及，漢以後諸儒之所未言者，以自神其附會之説。理其理而非易之所謂理，數其數而非易之所謂數，而前聖之易道晦矣。」因歎李鼎祚所輯易解，精微廣大，聖賢遺旨，略見於此。其餘三十六家之説，尚多未采，其遺文賸義，間見他書，猶可蒐輯。爰綴而録之，成書三卷，校異一卷〔一〕。又著七經異文釋，就經史傳注、諸子百氏所引，以及漢、唐、宋石經，宋、元槧本，校其異同，辨其得失，折衷以求一是。凡易六卷，尚書八卷，毛詩十六卷，春秋三傳十二卷，禮記八卷。同里馮登府稱其詳該奥博，爲詁異義者集其大成。又謂:「説文一書，保氏六書之恉，賴以僅存。自篆變爲隸，隸變爲真，文字日繁，譌僞錯出。或有形聲意義大相區别，亦有近似而其實異，後人多混而同之。或有一篆之形，從某爲古籀，爲或體，後人竟析而二之。」經典文字，往往昧於音訓，擅爲改易，甚與本義相迕。夫假借通用，説文自有本字，有得通借者，有不容通借而並爲俗誤者。因援據經典，以相證契，俾世之踵謬尚譌，焯然可辨，爲説文辨字正俗八卷。同里錢泰吉謂:「其書大旨，折衷段注，而亦有段所未及者，讀説文之津梁也。」他著有漢魏六朝墓銘纂例四卷，鶴徵録八卷、後録十二卷，曝書亭詞注七卷，梅里志十六卷，校經廎文稿十八卷。

超孫，字引樹。嘉慶六年恩科舉人，會稽縣教諭。剖析經義，尤深於詩。嘗以毛詩草木蟲魚則有疏，名物則有解，地理則有考，而詩中所稱之人，則未有纂輯成書者。因取詩人氏族名字，博考經史諸子，及近儒所著述並列國之世次，洎其人之行事，搜羅薈集，爲詩氏族考六卷。官會稽時，課諸生，依寧化雷鋐學規條約，士習日上。又著拙守齋集。

遇孫，字金瀾。嘉慶六年優貢生，處州府訓導。幼傳祖訓，淹貫經史，著有尚書隸古定釋文八卷。漢孔安國以科斗文難知，取伏生今文次第之，爲隸古定。宋薛宣因之，成古文訓。遇孫又以隸古文難知，引説文諸書疏通之，譌者是正，疑者則闕。性嗜金石，有芝省齋碑録八卷，金石學録四卷。官處州時，以處州地僻山遠，阮元兩浙金石志，未免脱漏。乃搜輯百餘種，爲括蒼金石志八卷。他著有日知録補正一卷、校正一卷，古文苑拾遺十卷，天香録八卷，隨筆六卷，詩文集十八卷。

【校記】

〔一〕易解賸義校異當作二卷，詳見前史稿校文。

胡承珙 胡秉虔　朱珔

清史稿　卷四百八十二　儒林三

胡承珙[一]，字墨莊[二]，涇縣人。嘉慶十年進士，選翰林院庶吉士，散館，授編修。十五年，充廣東鄉試副考官，尋遷御史，轉給事中。自以身居言路，當周知天下利弊，陳之於上，方不負職。數年中，陳奏甚多，多見施行。而其最切中時病者，則有條陳虧空弊端各條：「一曰冒濫宜禁。司庫支發錢糧，向有扣除二三成之弊，故藩司書吏將不應借支之款，冒支濫借。此在領者便於急需，不敢望其足數，而在放者利於多扣，不復問其合宜，則雖應放而仍與浮冒無異。一曰抑勒宜禁。州縣交代，例限綦嚴，均不準充抵。近日仍多以議單欠票虛開實抵者，總由上司多方抑勒，逼令新任擔承。一曰糜費宜省。各省攤捐津貼名目，豈盡必不可省？聞州縣所解各上司衙門飯食季規等銀，逐歲增加。如邸報一事，安徽省每年通派各屬萬金。一省如此，他省可知，一事如此，他事可知。一曰升調宜慎。部選人員，多係初任，或尚能不敢輕易接受。惟佐雜題升及調補繁缺二者，每多久歷仕途，習成狡猾。在題升者急於得缺，明知此地之多累，不復顧後而瞻前。在調補者遷就一時，轉因原任之有虧，希圖挪彼以掩此。究之擔承彌補，皆屬空名，不過剜肉補瘡，甚且變本加厲[三]。」其言深切著明。二十四年，授福建分巡延建邵道，編查保甲，設立緝捕章程八條，匪徒斂跡。調署臺灣兵備道，緝獲洋盜張充等置於法。旋乞假回籍[四]。臺灣素稱難治，承珙力行清莊弭盜之法，民番安肅。自承珙去後，彰化、淡水即以械鬬起釁矣。道光十二年卒，年五十七。

承珙究心經學，尤專意於毛詩傳。歸里後，鍵户著書，與長洲陳奐往復討論不絶，著毛詩後箋三十卷。其書主於申述毛義，自注疏而外，於唐、宋、元諸儒之説，及近人爲詩學者，無不廣徵博引，而於名物訓詁及毛與三家詩文有異同，類皆剖析精微，折衷至當。而其最精者，能於毛傳本文前後會出指歸，又能於西漢以前古書中反覆尋考，貫通詩義，證明毛旨。凡三四易稿，手自寫定。至魯頌泮水章而疾作，遺言囑陳奐校補，奐乃爲績成之。又以鄭君注儀禮，參用古今文二本，撮其大例，有必用其正字者，有即用其借字者，有務以存古者，有兼以通今者，有因彼以决此者，有互見而並存者，閎意妙旨，有關於經實夥。遂取注中疊出之字，並讀如、讀爲、當爲各條，排比梳櫛，考其訓詁，明其假借，參稽旁采，疏通而證明之，作儀禮古今文疏義十七卷。又謂:「惠氏棟九經古義，未及爾雅。」遂補撰數十條，成二卷。小爾雅原本不傳，今存孔叢子中，世多謂爲僞書，作小爾雅義證十三卷，斷以爲真。復著有求是堂詩文集三十四卷〔五〕。

胡秉虔，字伯敬，績溪人。嘉慶四年進士，官刑部主事，改甘肅靈臺縣知縣，升丹噶爾同知，卒於官〔六〕。秉虔自幼嗜學，博通經史。嘗入都肄業成均，夜讀必盡燭二條。尤精於聲音訓詁，著古韻論二卷，辨江、戴、段、孔諸家之説，細入毫芒，塙不可易。説文管見三卷，發明古音古義，多獨得之見，末論二徐書，有灼見語，蓋其所致力也。他著有周易、尚書、論語小識各八卷〔七〕，卦本圖考一卷，尚書序録一卷，漢西京博士考二卷，甘州明季成仁録四卷，河州景忠録三卷。

朱珔，字蘭坡〔八〕，涇縣人。珔生三年而孤，祖命爲季父後。嗣母汪未婚守志，珔孝事之，與生母同，昆弟均相友愛。嘉慶七年，成進士，選翰林院庶吉士，與幸翰林院柏梁體聯句宴。散館，授編修，擢至侍讀〔九〕。與修明鑑，坐承纂官累，降編修。道光元年，直上書房，屬蒙嘉獎，有「品學兼優」之褒。升右春坊右贊善，告養歸〔十〕。植品敦俗，獎誘後進，歷主鍾山、正誼、紫陽書院。卒〔十一〕年八十有二。珔愛書如命，學有本原，主講席幾三十年，教士以通經學古爲先。與桐城姚鼐、陽湖李兆洛并負儒林宿望，蓋鼎足而三云。著有説文假借義證二十八卷，經文廣異十二卷，文選集釋二十四卷，小萬卷齋詩文集七十卷。輯有國朝古文彙鈔二百七十二卷〔十二〕。又有詁經文鈔六十二卷〔十三〕，匯有清諸名家説經之文，依次標題，篇幅完善，尤足爲後學津逮云。

【校記】

〔一〕清史稿之胡承珙傳，及所附胡秉虔、朱琦二家傳，均源出清國史，惟非在同一傳中。二胡傳，載儒林傳下卷卷二十九，朱琦則在同部卷二十七。

〔二〕據清國史，胡承珙字景孟，而非墨莊。本自胡培翬研六室文鈔卷十，福建臺灣道胡君别傳。該别傳云：「君姓胡氏，諱承珙，字景孟，號墨莊。」清史稿不依清國史，改號爲字，失之隨意。

〔三〕此處之大段引文，語出前引别傳。清國史不録，甚是得體。傳主既入儒林，理當以述學爲主，兼及生平行事。史稿輕重不分，未免喧賓奪主。

〔四〕胡承珙何時「乞假回籍」？史稿失記。據前引别傳，當補「道光四年」四字。

〔五〕求是堂詩文集，清史稿之胡承珙傳記作「三十四卷」，而同書藝文志則記作「三十卷」，皆不確。據前引别傳及孫殿起販書偶記，當作「三十一卷」。偶記所述最確，道光十三年先刊求是堂詩集二十二卷、詩餘一卷。道光十七年再刊求是堂文集六卷、駢體文二卷。合之即爲三十一卷。

〔六〕胡秉虔何時任丹噶爾同知？何時卒於官？清史稿皆失記。據趙之謙國朝漢學師承續記十七胡秉虔記，傳主調任丹噶爾，時當道光九年。又據胡蘊玉撰胡秉虔傳稱：「乃未及三年，遽卒。」故當爲道光十一年。

〔七〕清史稿稱胡秉虔所著周易、尚書、論語三小識「各八卷」，不確。據清國史及上引趙、胡二家傳記，周易、論語二小識固皆八卷，而尚書小識則當爲六卷。

〔八〕朱珔「字蘭坡」，不確。據李元度右春坊右贊善前翰林院侍講朱蘭坡先生傳:「公諱珔，字玉存，學者稱蘭坡先生。」故當爲字玉存，號蘭坡。

〔九〕據清國史，傳主係由編修擢侍講，而非侍讀。

〔十〕朱珔何時「告養歸」？清史稿失記。據上引李元度撰傳，時當道光二年。清國史亦記之甚明，史稿竟删而不録。

〔十一〕朱珔卒於何年？清國史本記之甚確，作道光「三十年卒，年八十二」。清史稿删「三十年」不記，失誤。

〔十二〕清史稿及清國史之朱珔傳，皆記國朝古文彙鈔爲二百七十二卷，不確。據前引販書偶記，當作初集一百七十六卷、二集一百卷，合之當爲二百七十六卷。清史稿藝文志所記則不誤。

〔十三〕朱珔輯詁經文鈔，清史稿朱存傳記作「六十二卷」，不確。據胡培翬研六室文鈔卷六，國朝詁經文鈔序所記:「凡易八卷，書八卷，詩八卷，春秋八卷，周禮十卷，儀禮五卷，禮記五卷，三禮總義十卷，論語、孟子附群經義共五卷，爾雅一卷，説文一卷，音韻一卷，總七十卷。續鈔又已積二十卷。」清國史據以入朱珔傳，自然準確不誤。而清史稿竟視而不見，別出心裁，改作「六十二卷」，殊爲無理。

胡承珙 胡秉虔 朱珔〔一〕

清史列傳 卷六十九 儒林傳下二

胡承珙，字景孟，安徽涇縣人。嘉慶十年進士，改翰林院庶吉士，散館授編修。十五年，充廣東鄉試副考官，尋遷御史，轉給事中。自以身居言路，當周知天下利弊，陳之於上，方不負職。故其數年中陳奏，多見施行，而其條陳虧空弊端一疏，尤爲深切著名。二十四年，授福建延建邵道，尋調補臺灣道。臺灣素稱難治，承珙力行清莊弭盜之法，在臺三年，民番安肅。旋乞假歸里。道光十二年卒，年五十七。

承珙究心經學，尤專意於毛氏詩傳。歸里後，鍵户著書，與長洲陳奐討論，不絶於月，著毛詩後箋三十卷。其書主於申述毛義，自注疏而外，於唐、宋、元、明諸儒之説，及近人爲詩學者，無不廣徵博引，而於名物訓詁，及三家詩異同，類皆剖析精微，折衷至當。其最精者，能於毛傳本文前後，會出指歸，又能於西漢以前古書中，反復尋考，貫通詩義，證明毛旨。凡四易稿，手自寫定。至魯頌泮水章而疾作，遺言囑奐校補，奐乃爲續成之。又以鄭君注儀禮，參用古今文二本，撮其大例，有必用其正字者，有即用其借字者，有務以存古者，有兼以通今者，有因彼以決此者，有互見而並存者。閎意妙旨，有關於經實夥。遂取注中疊出之字，並讀如、讀爲、當爲各條，排比梳櫛，考其訓詁，明其假借，參稽旁采，疏通而證明之，作儀禮古今文疏義十七卷。又謂：「惠氏棟九經古義，未及爾雅。」遂補撰數十條，成二卷。小爾雅原本不傳，今存孔叢子中，世多謂爲僞書，作小爾雅義證十三卷，斷以爲真。復著有求是堂詩文集三十卷。

胡秉虔，字伯敬，安徽績谿人。嘉慶四年進士，官刑部主事，改甘肅靈臺縣知縣，升丹噶爾廳同知，卒於官。秉虔自幼嗜學，博通經史。嘗入都肄業成均，夜讀必盡燭二條，應酬紛紜，課不少減。後出彭元瑞、朱珪、阮元之門。又與姚文田、王引之、張惠言爲同年友，故其學有根柢。尤精於聲音訓詁，著古韻論三卷，辨江、戴、段、孔諸家之説，細入毫芒，確不可易。説文管見三卷，發明古音古義，多獨得之見，末論二徐書，有灼見語，蓋其所致力也。他著有周易小識八卷，尚書小識六卷，論語小識八卷，卦本圖考一卷，尚書序録一卷，漢兩京博士考二卷，甘州明季成仁録四卷，河州景忠録三卷。又有經義聞斯録、槐南麗澤編、月令小識、四書釋名、小學卮言、對牀夜話、惜分齋叢録、消夏録、詩文集。

朱珔，字蘭坡，安徽涇縣人。生三歲而孤，祖命爲季父後，珔事嗣母孝，與生母同。嘉慶七年，成進士，改庶吉士，與幸翰林院柏梁體聯句宴，賜什物，散館授編修。十二年，充山東鄉試副考官，尋擢贊善，遷侍講。與修明鑑，以事降編修。二十五年，充會試同考官。道光元年，入直上書房，屢蒙宣宗嘉奬，有「品學兼優」之褒。二年，充會試同考官，尋以母病乞養歸。

珔愛書如命，治經蒐討古訓，不隅守一家之説，而必求心之所安。儀徵阮元稱其腓字手弓諸解，徵實精碻。嘉興沈濤稱其言易象辭、爻辭皆用韻，乾三爻「終日乾乾」，與田、人、天、淵韻，説文引「夕惕若夤」，夤亦韻，初九「潛龍勿用」，龍與用韻，上九「用九」，悔與首韻。又言詩鄭箋申毛，非改毛。毛公訓詁用假借字，鄭所改字，即傳之假借字。皆前人所未道。珔以我朝經學書散而不聚，因捃拾各家文集、札記，分典章、名物、訓詁、音韻四類，爲詁經文鈔七十卷、續二十卷。告歸後，主事鍾山、正誼、紫陽書院垂三十年，以實學造士，成就者衆。著有説文假借義證二十八卷，經文廣異十二卷，文選集釋二十四卷。古文宗桐城，有小萬卷齋詩文集七十卷。又輯有國朝古文彙鈔二百七十二卷。三十年卒，年八十二。

【校記】

〔一〕依清國史，朱琦本自領一傳，並附胡世琦、左暄、包世榮三家。姑從清史稿編次，移附胡承珙傳。

凌曙　薛傳均

清史稿　卷四百八十二　儒林三

凌曙〔一〕，字曉樓，江都人。國子監生。曙好學根性，家貧，讀四子書未畢，即去鄉雜作傭保，而績學不倦〔二〕。年二十，爲童子師，問所當治業於涇包世臣。世臣曰：「治經必守家法，專法一家以立其基，則諸家漸通。」乃示以武進張惠言所輯四子書漢説數十事。曙乃稽典禮，考古訓，爲四書典故覈六卷，歙洪梧甚稱之。既治鄭氏學，得要領，又從吴沈欽韓問疑義，益貫穿精審。後聞武進劉逢禄論何氏公羊春秋而好之。及入都〔三〕，爲儀徵阮元校輯經郛，盡見魏、晉以來諸家春秋説。深念春秋之義，存於公羊，而公羊之學，傳自董子。董子春秋繁露，識禮義之宗，達經權之用，行仁爲本，正名爲先，測陰陽五行之變，明制禮作樂之原，體大思精，推見至隱，可謂善發微言大義者。然旨奥詞賾，未易得其會通，淺嘗之夫，横生訾議，經心聖符，不絕如綫。乃博稽旁討，承意儀志，梳其章，櫛其句，爲注十七卷。又病宋、元以來學者，空言無補，惟實事求是，庶幾近之，而事之切實無過於禮，著公羊禮疏十一卷〔四〕，公羊禮説一卷，公羊問答二卷。家居讀禮，以喪服爲人倫大經，後儒舛議，是非頗謬，作禮論百篇，引申鄭義。阮元延曙入粵課諸子〔五〕，曙書〔六〕與元商確，乃删合三十九篇，爲一卷。道光九年卒，年五十五。

曙有甥儀徵劉文淇，貧而穎悟，愛而課之，遂知名。其學實自曙出云〔七〕。

薛傳均，字子韻，甘泉人。諸生。博覽群籍，强記精識。就福建學政陳用光聘〔八〕，用光見所著書，恨相見晚。旋以疾卒於汀州試院，年四十一〔九〕。傳均於十三經注疏功力最深，大端尤在小學，於許君原書，鉤稽貫串，洞其義而熟其辭。嘉定錢大昕文集内，有説文答問一卷，深明通轉假借之義。傳均博引經史以證之，成説文答問疏證六卷。又以文選中多古字，條舉件繫，疏通證明，爲文選古字通十二卷。

【校記】

〔一〕清史稿之凌曙傳，並所附薛傳均傳，皆源出清國史，載儒林傳下卷卷三十一。惟各自爲傳，不相領附。

〔二〕清國史之凌曙傳，本自包世臣撰國子監生凌君墓表。包文原作：「君生貧而居市，十歲就塾，年餘讀四子書未畢，即去香作，雜傭保。然停作，輒默誦所已讀書。」文中之「香作」，乃謂製香之作坊。清國史改「香」爲「鄉」，已屬誤讀。清史稿以訛傳訛，且擅將「作雜」二字顛倒順序，以致難成句讀。

〔三〕凌曙何時入都，助阮元校經郛？清史稿、清國史皆失記。據阮常生績編雷塘庵主弟子記，阮元在京編録十三經經郛，時當嘉慶十五年。翌年四月，成稿百餘卷。

〔四〕公羊禮疏，清國史作十卷，誤。據傳主公羊禮疏自序，當作十一卷。清史稿所改甚是。

〔五〕凌曙何時應阮元聘入粵，授阮氏子學？清史稿清國史皆失記。據王章濤阮元年譜，時在嘉慶二十三年。二十五年冬，始離粵歸揚州。

〔六〕「書」字，清國史本作「出」，係清史稿誤改，當改回。

〔七〕劉文淇既亦入儒林傳，此處當依前例，增「文淇自有傳」數語。

〔八〕薛傳均何時應聘入陳用光學署？清史稿、清國史皆失記。據清國史陳用光傳，用光官福建學政，時始道光八年八月。

〔九〕薛傳均卒於何年？清史稿、清國史皆失記，且所記得年亦不確。據劉文淇撰文學薛君墓誌銘，傳均卒於道光九年八月二十日，得年四十有二。

凌曙　薛傳均〔一〕

清史列傳　卷六十九　儒林傳下二

凌曙，字曉樓，江蘇江都人。國子監生。曙好學根性，家貧，讀四子未畢，即去鄉〔二〕作雜傭保，而績學不倦。年二十，爲童子師，問所當治業於歙〔三〕包世臣。世臣曰：「治經必守家法，專法一家以立其基，則諸家漸通。」乃示以武進張惠言所輯四子書漢説數十事。曙乃稽典禮，考故訓，爲四書典故覈六卷，歙洪梧甚稱之。既治鄭氏學，得要領，又從吴沈欽韓問疑義，益貫穿精審。後聞武進劉逢禄論何氏公羊春秋，而好之。及入都，爲儀徵阮元校輯經郛，盡見魏、晉以來諸家春秋説。深念春秋之義，存於公羊，而公羊之學，傳自董子。董子春秋繁露，識禮義之宗，達經權之用，行仁爲本，正名爲先，測陰陽五行之變，明制禮作樂之原，體大思精，推見至隱，可謂善發微言大義者。然旨奥詞賾，未易得其會通，淺嘗之夫，横生訾議，經心聖符，不絶如綫。乃博稽旁討，承意儀志，梳其章，櫛其句，爲注十七卷。又病宋、元以來學者，空言無補，惟實事求是，庶幾近之，而事之切實無過於禮，著公羊禮疏十卷〔四〕，公羊禮説一卷，公羊問答二卷。家居讀禮，以喪服爲人倫大經，後儒舛議，是非頗謬，作禮論百篇，引申鄭義。阮元延曙入粤課諸子，曙出與元商榷，乃删合爲三十九篇，爲一卷。道光九年卒，年五十五。

曙有甥儀徵劉文淇，貧而穎悟，愛而課之，遂知名。其學實自曙出云。

薛傳均，字子韻，江蘇甘泉人。諸生。少工駢文，矞麗冠儕輩。

後博覽群籍，强記精識，然沉潛謙退，不以所能自高。十赴鄉試，輒報罷。以家貧，就福建督學陳用光聘，用光見所著書，恨相見晚。旋以疾卒於汀州試院，年四十一〔五〕。傳均於十三經注疏及資治通鑑，功力最深。注疏本手自校勘，旁行斜上，朱墨爛然。於先儒訓詁，抱殘守闕，實事求是，未嘗以臆竄改。讀史則研究治亂得失之故，於遺文瑣事，亦記誦靡遺。嘉定錢大昕說文答問，深明通轉假借之義，傳均博引經史以證之，成疏證六卷。又以文選中多古字，條舉件繫，疏通證明，爲文選古字通十二卷。

【校記】

〔一〕薛傳均本另領一傳，姑依史稿編次，移附凌曙。

〔二〕「鄉」字誤，當作「香」。詳見前史稿校文。

〔三〕「歙」字誤。包世臣乃安徽涇縣人，當作「涇」。

〔四〕公羊禮疏非十卷，當作十一卷。詳見前史稿校文。

〔五〕薛傳均得年，當爲四十二。詳見前史稿校文。

劉逢禄 宋翔鳳 戴望

清史稿 卷四百八十二 儒林三

劉逢禄〔一〕，字申受，武進人。祖綸，大學士，謚文定，自有傳。外王父〔二〕莊存與、舅莊述祖，並以經術名世，逢禄盡傳其學。嘉慶十九年進士，選翰林院庶吉士，散館，改禮部主事。二十五年，仁宗大事，逢禄搜集大禮，創爲長編，自始事至奉安山陵，典章具備。道光三年，通政司參議盧浙請以尚書湯斌從祀文廟，議者以斌康熙中在上書房獲譴，乾隆中嘗奉駁難之。逢禄攬筆書曰：「后夔典樂，猶有朱、均；吕望陳書，難匡管、蔡。」尚書汪廷珍善而用之，遂奉俞旨。四年，補儀制司主事。越南貢使陳請爲其國王母乞人葠，得旨賞給，而諭中有「外夷貢道」之語，其使臣欲請改爲「外藩」，部中以詔書難更易。逢禄草牒復之曰：「周官職方，王畿之外分九服，夷服去王國七千里，藩服九千里。是藩遠而夷近。説文羌、狄、蠻、貊，字皆從物旁，惟夷從大、從弓。考東方大人之國，夷俗仁，仁者壽，有東方不死之國，故孔子欲居之。且乾隆間奉上諭，申飭四庫館，不得改書籍中『夷』字作『彝』〔三〕。舜東夷之人，文王西夷之人，我朝六合一家，盡去漢、唐以來拘忌嫌疑之陋，使者無得以此爲疑。」越南使者遂無辭而退。逢禄在禮部十二年，恒以經義決疑事，爲衆所欽服，類如此。

其爲學務通大義，不專章句。由董生春秋闚六藝家法，由六藝求觀聖人之志。嘗謂：「世之言經者，於先漢則古詩毛氏，後漢則今易虞氏，文詞稍爲完具。然毛公詳古訓而略微言，虞翻精象變而罕大義。求其知類通達，微顯闡幽者，則公羊在先漢有董生〔四〕，後漢有何劭公氏，子夏喪服傳有鄭康成氏而已。先漢之學，務乎大體，故董生所傳，非章句訓詁之學也。後漢條理精密，要以何劭公、鄭康成氏爲宗，然喪服於五禮，特其一端。春秋文成數萬，其旨數千，天道浹，人事備。以之貫群經，無往不得其原；以之斷史，可以决天下之疑；以之持身治世，則先王之道可復也。」於是尋其餘〔五〕貫，正其統紀，爲公羊春秋何氏釋例三十篇。又析其疑〔六〕滯，强其守衛，爲箋一卷，答難二卷。又推原穀梁氏、左氏之得失，爲申何難鄭四卷。又博徵諸史刑、禮之不中者，爲儀禮决獄〔七〕四卷。又推其意，爲論語述何、夏時經傳箋、中庸崇禮論、漢記述例各一卷。别有緯略二卷，春秋賞罰格一卷。愍時學者説春秋，皆襲宋儒「直書其事，不煩褒貶」之辭，獨孔廣森爲公羊通義能抉其蔽，然尚不能信「三科九旨」爲微言大義所在。乃著春秋論上下篇，以張聖權。又成左氏春秋考證二卷，知者謂與閻、惠之辯古文尚書等。

逢禄於易主虞氏，於書匡馬、鄭，於詩初尚毛學，後好三家。有易虞氏變動表、六爻發揮旁通表、卦象陰陽大義、虞氏易言補各一卷，又爲易象賦、卦氣頌提其指要。尚書今古文集解三十卷，書序述聞一卷，詩聲衍二十七卷〔八〕。所爲詩賦、連珠、論序、碑記之文，約五十篇。道光九年卒，年五十有六〔九〕。弟子潘準、莊繽樹〔十〕、趙振祈〔十一〕，皆從學公羊及禮有名。

宋翔鳳，字于庭，長洲人。嘉慶五年舉人，官湖南新寧縣知縣。亦莊述祖之甥。述祖有「劉甥可師，宋甥可友」之語，劉謂逢禄，宋謂翔鳳也。翔鳳通訓詁名物，志在西漢家法，微言大義，得莊氏之真傳。著論語説義十卷，序曰：「論語説曰：『子夏六十四人，共撰仲尼微言，以當素王。』微言者，性與天道之言也。此二十篇，尋其條理，求其恉趣，而太平之治、素王之業備焉。自漢以來，諸家之説，時合時離，不能盡一。嘗〔十二〕綜覈古今，有纂言之作。其文繁多，因别録私説，題爲説義。」又有論語鄭注十卷，大學古義説二卷，孟子趙注補正六卷，孟子劉熙注一卷，四書釋地辨證二卷，卦氣解一卷，尚書説一卷，尚書譜一卷，爾雅釋服一卷，小爾雅訓纂六卷，五經要義一卷，五經通義一卷，過庭録十六卷。咸豐九年重賦鹿鳴。踰年卒，年八十二〔十三〕。

戴望，字子高，德清人。諸生。始好詞章，繼讀博野顏元書，爲顏氏學。最後謁長洲陳奐，通聲音訓詁。復從翔鳳授公羊春秋，遂通公羊之學。著論語注二十卷，用公羊家法，演逢禄論語述何之微言。他著有管子校注二十四卷，顏氏學記十卷，謫麐〔十四〕堂遺集四卷〔十五〕。

【校記】

〔一〕清史稿之劉逢禄傳，並所附宋翔鳳戴望二家傳，皆源出清國史，載儒林傳下卷卷二十九。

〔二〕修史行文，當以曉暢通達，取便讀者爲要義。不宜片面追求典雅，棄通行語不用，而改取生僻。「外王父」雖即「外祖」，清國史既以「外祖」行文，則史稿大可不必改作「外王父」。

〔三〕據清國史「彝」字之下，尚脱一「裔」字。謂不得將舊籍中之「夷」字，改作「彝」或「裔」。

〔四〕清史稿、清國史之此段引文，語出劉逢禄公羊春秋何氏解詁箋自序，「董生」二字，傳主文原作「董仲舒氏」，其後方簡作「董生」。清國史引述不誤，惟清史稿擅改。

〔五〕「尋其餘貫」，「餘」字誤。當依清國史，作「條」。

〔六〕「析其疑滯」，「疑」字誤。當依清國史，作「凝」。傳主春秋公羊經何氏釋例自序，即作「凝」。

〔七〕「儀禮決獄」，「儀」字誤。當依清國史，作「議」。傳主文並諸家傳狀，皆作「議禮決獄」。

〔八〕據傳主詩聲衍自序稱：「劉子成詩聲衍，條例一卷，表一卷，長編二十六卷。」故全書當爲二十八卷。清史稿之劉逢禄傳作二十七卷，不確。同書藝文志作一卷，則大誤。

〔九〕劉逢禄卒年，清史稿、清國史皆誤作「五十六」。據李兆洛禮部劉君傳，逢禄生於乾隆四十一年〔一七七六〕，卒於道光九年〔一八二九〕，則終年五十有四。戴望撰故禮部儀制司主事劉先生行狀，亦稱：「道光九年八月十六日丁丑，卒於官，春秋五十有四。」逢禄子承寬撰先府君行述，記之最確：「生於乾隆四十一年六月十二日，卒於道光九年八月十六日，享年五十有四。」

〔十〕「莊縯樹」，「縯樹」二字不確。依清國史，當作「濱澍」。

〔十一〕「祈」字誤。依清國史，當作「祚」。

〔十二〕清史稿此處引文，語出宋翔鳳論語說義自序。「嘗」字之前，尚脱一「蒙」字。

〔十三〕宋翔鳳卒年，清史稿、清國史皆作「八十二」。江慶柏清代人物生卒年表，據傳主過庭録自序，作「八十四」，可信。

〔十四〕「麟」字，清國史作「麐」，二字同。惟傳主自稱及諸家所記，皆作謫麐堂集。

〔十五〕戴望卒年，清國史記之甚明，作「同治十一年卒，年三十七」。清史稿删而不録，失當。

劉逢禄 宋翔鳳　戴望

清史列傳　卷六十九　儒林傳下二

劉逢禄，字申受，江蘇武進人。祖綸，大學士，謚文定，自有傳。外祖莊存與、舅莊述祖，並以經術名世，逢禄盡傳其學。嘉慶十九年進士，改翰林院庶吉士，散館授禮部主事。二十五年，仁宗睿皇帝大事，逢禄搜集大禮，創爲長編，自始事至奉安山陵，典章具備。道光四年，補儀制司主事。時河南學政請以尚書湯斌從祀文廟，議者以斌康熙中在上書房獲譴，乾隆中嘗奉駁難之。逢禄攬筆書曰：「后夔典樂，猶有朱、均；吕望陳書，難匡管、蔡。」尚書汪廷珍善而用之，遂奉俞旨。是年，越南貢使陳請爲其國王母請人葠，得旨賞給，而諭旨有「外夷貢道」之語，其使臣欲請改爲「外藩」，部中以詔書難更易。逢禄草牒復之曰：「周官職方，王畿之外分九服，夷服去王國七千里，藩服九千里。是藩遠而夷近。説文羌、狄、蠻、貊，字皆從物旁，惟夷從大、從弓。考東方大人之國，夷俗仁，仁者壽，有東方不死之國，故孔子欲居之。自乾隆間奉上諭，申敕四庫館，不得改書籍中『夷』字作『彝』、『裔』。舜東夷之人，文王西夷之人。我朝六合一家，盡去漢、唐以來拘忌嫌疑之陋，使者無得以此爲疑。」越南使者遂無詞而退。逢禄在禮部十二年，恒以經義決疑事，爲衆所欽服，類如此。

其爲學務通大義，不專章句。由董生春秋闚六藝家法，由六藝求觀聖人之志。嘗謂：「世之言經者，於先漢則古詩毛氏，後漢則今易虞氏，文辭稍爲完具。然毛公詳故訓而略微言，虞翻精象變而罕大義。求其知類通達，微顯闡幽者，則公羊在先漢有董仲舒氏，後漢有何劭公氏，子夏喪服傳有鄭康成氏而已。先漢之學，務乎大體，故董生所傳，非章句訓詁之學也。後漢條理精密，要以何劭公、鄭康成氏爲宗，然喪服於五禮，特其一端。春秋文成數萬，其旨數千，天道浹，人事備。以之貫群經，無往不得其原；以之斷史，可以决天下之疑；以之持身治世，則先王之道可復也。於是尋其條貫，正其統紀，爲公羊春秋何氏釋例三十篇。又析其凝滯，彊其守衛，爲箋〔一〕一卷，答難二卷。又推原穀梁氏、左氏之得失，爲申何難鄭四卷。又博徵諸史刑、禮之不中者，爲議禮决獄四卷。又推其意爲論語述何、夏時經傳箋、中庸崇禮論、漢紀述例各一卷。别有緯略二卷，春秋賞罰格一卷。愍時學者説春秋，皆襲宋儒「直書其事，不煩褒貶」之説，獨孔廣森爲公羊通義能抉其蔽，然不能信「三科九旨」爲微言大義所在。乃著春秋論上下篇，以張聖權。

逢禄論春秋左氏傳，據太史公書本名左氏春秋，若晏子春秋、吕氏春秋比。自王莽時，國師劉歆增設條例，推衍事跡，彊以爲傳春秋，冀奪公羊博士。師法所當以春秋歸之春秋，左氏歸之左氏，而删其書法凡例及論斷之謬於大義，孤章斷句之依附經文者，庶以存左氏之本真，俾攻左者不得爲口實。更成左氏春秋考證二卷，知者謂與閻、惠之辨古文尚書等。逢禄於易主虞氏，於書匡馬、鄭，於詩初尚毛學，後好三家。有易虞氏變動表、六爻發揮旁通表、卦象陰陽大義、虞氏易言補各一卷，又爲易象賦、卦氣頌撮其指要。尚書今古文集解三十卷，書序述聞一卷，詩聲衍二十七卷。又以其餘力，取史記天官書及甘石星經爲之疏證，成書數卷。又著説文衍聲記，以舉分韻之要。又仿經典釋文之例，存異文古訓，爲五經考異，已就兩經而未成。他著石渠禮論一卷，詩文集八卷。道光九年卒，年五十六〔二〕。弟子潘準、莊濱澍、趙振祚，皆從學公羊及禮有名。

宋翔鳳，字于庭，江蘇長洲人。嘉慶五年舉人，湖南新寧縣知縣。亦莊述祖之甥。述祖有「劉甥可師，宋甥可友」之語，劉謂逢禄，宋謂翔鳳也。翔鳳通訓詁名物，志在西漢家法，微言大義，得莊氏之真傳。

著論語説義十卷，序曰：「論語説曰：『子夏六十四人，共撰仲尼微言，以當素王。』微言者，性與天道之言也。此二十篇，尋其條理，求其恉趣，而太平之治，素王之業備焉。自漢以來，諸家之説，時合時離，不能盡一。嘗綜覈古今，有纂言之作。其文繁多，因别録私説，題爲説義。」又有論語鄭注十卷，大學古義説二卷，孟子趙注補正六卷，孟子劉熙注一卷，四書釋地辨證二卷，卦氣解一卷，尚書説一卷，尚書譜一卷，爾雅釋服一卷，小爾雅訓纂六卷，五經要義一卷，五經通義一卷，過庭録十六卷，論語發微、經問、樸學齋札記。咸豐九年，重賦鹿鳴。次年卒，年八十二。

戴望，字子高，浙江德清人。諸生。望始好辭章，繼讀博野顏元書，爲顏氏學。最後謁長洲陳奐，通聲音訓詁。復從宋翔鳳授公羊春秋，遂通公羊之學。著論語注二十卷，用公羊家法，演劉逢禄論語述何之微言。他著有管子校注二十四卷，顏氏學記十卷，謫麐堂遺集四卷。望性倨傲，門户之見持之甚力。生平作書，點畫悉本小篆，見者以爲江聲復生。同治十一年卒，年三十七。

【校記】

〔一〕「箋」字後，原點校本據耆獻類徵，誤增一「説」字，不從。

〔二〕劉逢禄終年，當爲「五十四」。詳見前史稿校文。

雷學淇 王萱齡　崔述

清史稿　卷四百八十二　儒林三

雷學淇〔一〕，字瞻叔，順天通州〔二〕人。父鐏，字宗彝，乾隆二十七年舉人，選江西崇仁縣知縣。道光初元，詔天下臣民嚴冠服之辨，鐏著古今服緯，以申古義，抑奢侈。至九年書成，年九十矣。學淇，嘉慶十九年進士，任山西和順縣知縣，改貴州永從縣知縣〔三〕生平好討論之學，每得一解，必求其會通，務於諸經之文，無所牴牾。以父鐏著古今服緯，爲之注釋，附以釋問一篇，異同表二篇。又以夏小正一書，備「三統」之義，究心參考二十餘年。以堯典中星、諸經曆數，采虞史伯夷之説，據周公垂統之文，檢校異同，訂其譌誤，網羅放失，尋厥指歸，著夏小正經傳考二卷。又考定經傳之文，爲之疏證，成夏小正本義四卷。

每慨竹書紀年自五代以來，頗多殘闕，爰博考李唐以前諸書所稱引者，積以九年之蒐輯，頗復舊觀。嘗謂:「孟子先至梁，後至齊，此經之明文，即無他左驗，亦當從之爲説。況竹書紀年曰，梁惠成王後元十五年，齊威王薨，十七年，惠成王卒。然則惠王後元十六年，齊宣王始即位。孟子至梁，當即在後元十六年，王卒之前一歲也。史記誤謂惠王立三十六年即卒，故云三十五年，孟子至梁，而以惠王改元之後十六年，爲襄王之世。今據竹書稱，梁惠會諸侯於徐州，改元稱王，故孟子呼之曰王。史謂孟子至梁之二年，惠王卒，襄王立。以本經考之，其言可信。但卒於改元後之十七年，非三十六年也。襄王既立，孟子見其不似人君，乃東至齊。據竹書，即齊宣即位之二年也。梁至齊千數百里，故曰『千里而見王』。若孟子先見齊宣王，由鄒之齊六百餘里，不得云千里矣。齊人取燕，孟子明謂宣王時事。史記於齊，失載悼子、侯剡二代，將威、宣之立皆移前二十二年。於齊人伐燕事，不知折衷孟子，而年表謂在湣王十年。司馬温公終求其説而不得，乃將宣之即位下移十年，以遷就孟子。自後説者疑信各半，實皆未有定論。今據紀年，則伐燕在宣王七年，實周赧王之元年。凡孟子書所記古人年歲，以史記、漢書之説推之皆不合者，以紀年推之無不合。」且以竹書長曆推驗列宿之歲差，歷代之日蝕，自唐、虞以來，無有差貸。嘗自云：「傳箋注疏，取舍多殊，非敢訾議前賢，期於事理之合云爾。」他著有校輯世本二卷，古今〔四〕天象考十二卷，附圖説二卷，亦囂囂齋經義考及文集三十二卷〔五〕。

王萱齡，字北堂，昌平人。道光元年副貢，旋舉孝廉方正，官新安、柏鄉兩縣教諭。嗜漢學，精訓詁，受業於高郵王引之，經義述聞中時引其説。著有周秦名字解詁補一卷，即補引之所闕疑者。

崔述，字武承，大名人。乾隆二十七年舉人，選福建羅源縣知縣〔六〕。武弁多藉海盜邀功，誣商船爲盜，述平反之。未幾，投效〔七〕歸。著書三十餘種，而考信録一書，尤生平心力所專注。凡考古提要二卷，上古考信録〔八〕二卷，唐虞考信録四卷，夏商考信録四卷，豐鎬考信録八卷，豐鎬别録三卷，洙泗考信録四卷，洙泗餘録三卷，孟子事實録二卷，考古續説二卷，附録二卷。又有王政三大典考三卷，讀風偶識四卷，尚書辨僞二卷，論語餘説一卷，讀經餘論二卷，名考古異録〔九〕。其著書大旨，謂：「不以傳注雜於經，不以諸子百家雜於傳注。以經爲主，傳注之合於經者著之，不合者辨之，異説不經之言，則闢其謬而削之。」如謂：「易傳僅溯至伏羲，春秋傳僅溯至黄帝，不應後人所知反多於古人。凡緯書所言十紀，史所云天皇、地皇、人皇，皆妄也。」謂：「戰國楊、墨横議，常非堯、舜，薄湯、武，以快其私。毁堯則託諸許由，毁禹則託諸子高，毁孔子則託諸老聃，毁武王則託諸伯夷。太史公尊黄、老，故好采異端雜説，學者但當信論、孟，不當信史記。」謂：

「夏、商、周未有號爲某公者,『公亶父』相連成文，猶所謂『公劉』也。『古公亶父』，猶言『昔公亶父』也。」謂:「匡爲宋邑，似畏匡、過宋本一事。『匡人其如予何』,『桓魋其如予何』，似一時一事之言，記者小異耳。」其説皆爲有見。

述之爲學，考據詳明如漢儒，而未嘗墨守舊説而不求其心之安；辨析精微如宋儒，而未嘗空談虚理而不核乎事之實。然勇於自信，任意軒輊者亦多。他著有易卦圖説一卷，五服異同彙考三卷，大名水道考一卷，聞見雜記〔十〕四卷，知味録二卷，知非集三卷，無聞集五卷，小草集五卷。嘉慶二十一年卒，年七十七。

【校記】

〔一〕清史稿之雷學淇傳，並所附王萱齡、崔述二家傳，皆源出清國史儒林傳。雷學淇並附王萱齡，載下卷卷三十，崔述則載下卷卷十五。

〔二〕清史稿儒林傳，所記傳主籍貫，例不及行省，徑述縣名。而雷學淇傳，因避南北二通州之混淆，乃記及順天府名。雖事出有因，亦難免自亂體例之譏。

〔三〕雷學淇官永從知縣，究竟終老其職，抑或中途離任，清史稿失記。據徐世昌清儒學案卷一百九十五諸儒學案一，當爲「不久，即以親老告歸」。

〔四〕「古今天象考」,「今」字誤，當爲「經」。清國史不誤。據孫殿起販書偶記，古經天象考十二卷、圖説一卷，刊行於道光十九年。

〔五〕清史稿雷學淇傳，於傳主之治竹書紀年，既云「積以九年之蒐輯，頗復舊觀」，則當有著述傳世，而傳中竟失載著述名。據上引販書偶記，學淇治竹書紀年，有書二種傳世，一爲亦囂囂齋考訂竹書紀年十四卷，約嘉慶間刊，一爲竹書紀年義證四十卷、補遺一卷，乃底稿本。

〔六〕崔述何時選授福建羅源縣知縣？清史稿失記。據傳主門人陳履和撰崔東壁先生行略，時在嘉慶元年正月，四月，乃挈眷赴任。

〔七〕「未幾，投効歸」句，失誤有二。一是「未幾」所指時間不確，二是據清國史，「効」字乃「劾」字之訛。實則依前引行略，崔述辭官離閩，乃在嘉慶六年十月。距上任整整六年，似不可稱之爲「未幾」。又，辭官並非遭彈劾，乃係上官掣肘，早有退志，「會捐例開，始得以捐主事離任」。

〔八〕據前引行略及顧頡剛先生編崔東壁遺書，「上古考信録」書名，尚脱首字「補」，當爲「補上古考信録」。

〔九〕「考古異録」，依上引行略、遺書，「異」字誤，當作「翼」。

〔十〕「聞見雜記」，依上引行略，當作「見聞雜記，又名一消遺法」。

雷學淇 王萱齡　崔述〔一〕

清史列傳　卷六十九　儒林傳下二

雷學淇，字瞻叔，順天通州人。父鐏，字宗彝，乾隆二十七年舉人，江西崇仁縣知縣。道光初元，詔天下臣民嚴冠服之辨，鐏著古今服緯，以申古義，抑奢侈。至九年書成，年九十矣。學淇，嘉慶十九年進士，任山西和順縣知縣，改貴州永從縣知縣。生平好討論之學，每得一解，必求其會通，務於諸經之文，無所牴牾。以父鐏著古今服緯，爲之注釋，附以釋問一篇、異同表二篇。又以夏小正一書，備「三統」之義，究心參考二十餘年。以堯典中星、諸經曆數，采虞史伯夷之説，據周公垂統之文，檢校異同，訂其譌誤，網羅放失，尋厥指歸，著夏小正經傳考二卷。又考定經傳之文，爲之疏證，成夏小正本義四卷。

每慨竹書紀年自五代以來，頗多殘闕，爰博考李唐以前諸書所稱引者，積以九年之蒐輯，頗復舊觀。著考定竹書紀年十四卷，謂:「孟子先至梁，後至齊，此經之明文，即無他左驗，亦當從之爲説。況竹書曰，梁惠成王後元十五年，齊威王薨，十七年，惠成王卒。然則惠王後元十六年，齊宣王始即位。孟子至梁，當即在後元十六年，王卒之前一歲也。史記誤謂惠王立三十六年即卒，故云三十五年，孟子至梁，而以惠王改元之後十六年，爲襄王之世。今據竹書稱，梁惠會諸侯於徐州，改元稱王，故孟子呼之曰王。史謂孟子至梁之二年，惠王卒，襄王立。以本經考之，其言可信。但卒於改元後之十七年，非三十六年也。襄王既立，孟子見其不似人君，乃東至齊。據竹書，即齊宣即位之二年也。梁至齊千數百里，故曰『千里而見王』。若孟子先見齊宣王，由鄒之齊六百餘里，不得云千里矣。齊人取燕，孟子明謂宣王時事。史記於齊，失載悼子、侯剡二代，將威、宣之立皆移前二十二年。於齊人伐燕事，不知折衷孟子，而年表謂在湣王十年。司馬温公終求其説而不得，乃將宣之即位下移十年，以遷就孟子。自後説者疑信各半，皆未有定論。今據紀年，則伐燕在宣王七年，實同周赧王之元年。凡孟子書所記古人年歲，以史記漢書之説推之，皆不合者，以紀年推之無不合。」且以竹書長曆推驗列宿之歲差，歷代之日蝕，自唐、虞以來無有差貸。嘗自云:「傳箋注疏，取舍多殊，非敢訾議前賢，期於事理之合云爾。」他著校輯世本二卷，古經天象考十二卷，附圖説二卷，亦囂囂齋經義考及文三十二卷。

王萱齡，字北堂，順天昌平人。道光元年副貢，旋舉孝廉方正，官新安、柏鄉兩縣教諭。嗜漢學，精訓詁，受業於高郵王引之，經義述聞中時引其説。著有周秦名字解詁補一卷，即補引之所闕疑者。

崔述，字武承，直隸大名人。乾隆二十七年舉人，選授福建羅源縣知縣。時武弁多藉海盜邀功，遇漳、泉商船，索賄不與，遂誣爲盜。述平反之。調上杭，關税向贏數千金，述悉解充緝盜公費。未幾，投劾歸。卜居相州，閉門著述。著書三十餘種，而考信録一書，尤爲生平心力所專注。凡考古提要二卷，上古考信録〔二〕二卷，唐虞考信録四卷，夏商考信録四卷，豐鎬考信録八卷，洙泗考信録四卷，豐鎬别録三卷，洙泗餘録三卷，孟子事實録二卷，考古續説二卷，附録二卷。又有王政三大典考三卷，讀風偶識四卷，尚書辨僞二卷，論語餘説一卷，讀經餘論二卷，名考古異〔三〕録。其自叙著書大旨謂:「不以傳注雜於經，不以諸子百家雜於傳注。以經爲主，傳注之合於經者著之，不合者辨之，異説不經之言，則闢其謬而削之。」如謂:「易傳僅溯至伏羲，春秋傳僅溯至黄帝，不應後人所知反多於古人。凡緯書所云十紀，史所云天皇、地皇、人皇，皆妄也。」謂:「戰國時楊、墨横議，常非堯、舜，薄湯、武，以快其私。毁堯則託諸許由，毁禹則託諸子高，毁孔子則託諸老聃，毁武王則託諸伯夷。太史公尊黄、老，故好采異端雜説。學者但當信論、孟，不當信史記。」謂：「夏、商、周未有號爲某公者，『公亶父』相連成文，猶所謂『公劉』也。『古公亶父』，猶言『昔公亶父』也。」謂：「匡爲宋邑，似畏匡、過宋本一事。『匡人其如予何』，『桓魋其如予何』，似一時一事之言，記者小異耳。」其説皆爲有見。

然述學主見聞，勇於自信，雖有考證，而縱横軒輊，任意而爲者亦多有之。他著有易卦圖説一卷，五服異同彙考三卷，大名水道考一卷，荍田賸筆二卷，雜録二卷，瑣記二卷，綴語二卷，大恠談一卷，涉世雜談一卷，聞見雜記四卷，知味録二卷，知非集三卷，無聞集五卷，小草集五卷。嘉慶二十一年卒，年七十七。弟子石屏陳履和，爲刊其遺書。

【校記】

〔一〕清史列傳之崔述傳，原獨自立傳，載儒林傳下一。姑依清史稿編次，移置於此。

〔二〕「上」字之前，尚脱一「補」字。詳見前史稿校文。

〔三〕「異」字誤，當作「翼」。詳見前史稿校文。

胡培翬 楊大堉

清史稿　卷四百八十二　儒林三

胡培翬〔一〕，字載平〔二〕，績溪人。祖匡衷〔三〕，字樸蘇〔四〕，歲貢生。於經義多所發明，不苟與先儒同異。著有三禮劄記、周禮井田圖考、井田出賦考、儀禮釋官等書。其於井田多申鄭義，而授田一事，以遂人所言是鄉遂制，大司徒所言是都鄙制，鄭注自相違戾。作畿内授田考實一篇，積算特精密。其釋官則以周禮、禮記、左傳、國語與儀禮相參證，論據精確，足補注疏所未及。又著有周易傳義疑參十二卷，左傳翼服、論語古本證異、論語補箋、莊子集評、離騷集注、樸齋文集。年七十四卒。

培翬，嘉慶二十四年進士，官内閣中書、户部廣東司主事。居官勤而處事密，時人稱其治官如治經，一字不肯放過。絶不受財賄，而抉隱指弊，胥吏咸憚之。假照案發〔五〕，司員失察者數十人，惟培翬及蔡紹江無所污，然猶以隨同畫諾，鐫級歸里。後主講鍾山、雲間，於涇川一再至，並引翼後進爲己任。去涇川日，門人設飲餞者，相望於道。篤友誼，郝懿行、胡承珙遺書，皆賴培翬次第付梓。道光二十九年卒，年六十八。

績溪胡氏，自明諸生東峰以來，世傳經學。培翬涵濡先澤，又學於歙凌廷堪，邃精三禮。初著燕寢考三卷，王引之見而喜〔六〕之。既爲儀禮正義，上推周公、孔子、子夏垂教之旨，發明鄭君、賈氏得失，旁逮鴻儒經生之所議，張皇幽渺，闡揚聖緒，二千餘歲絶學也。其旨見與順德羅惇衍書，曰：「培翬撰正義，約有四例：一曰疏經以補注，二曰通疏以申注，三曰彙各家之説以附注，四曰采他説以訂注。書凡四十卷。至賈公彦之疏，或解經而違經旨，或申注而失注意，不可無辨，別爲儀禮賈疏訂疑一書。宫室制度，今以朝制、廟制、寢制爲綱，以天子、諸侯、大夫、士爲目。學制則分別庠、序，館制則分別公、私，皆先將宫室考定，而以十七篇所行之禮條繫於後，名宫室提綱。陸氏經典釋文，於儀禮頗略，擬取各經音義，及集釋文以後各家音切，挨次補録，名曰儀禮釋文校補。」培翬覃精是書，凡四十餘年，晚歲患風痺，猶力疾從事。尚有士昏禮、鄉飲酒禮、鄉射禮、燕禮、大射儀五篇，未卒業而歿。門人江寧楊大堉從學禮，爲補成之。他著有禘祫問答、研六室文鈔。

大堉，字雅輪。諸生。篤學寡交，研窮經訓。初從元和顧廣圻、吴縣鈕樹玉遊，備聞蒼、雅閫奥。著説文重文考六卷，純以聲音求假借，以偏旁繁省求古、籀異同之變。又作五廟考，專駁王肅之失。江督陶澍以防海議試諸生，大堉洋洋千言，大略謂:「中國官恃客氣，居上臨下，視洋人若小負販。顧彼雖好利，而越數萬里海洋至此，此必非無所挾持者。鹵莽行之，必生邊隙。」時承平久，人習附和之談，獨大堉卓識正論，侃然無忌諱。若豫卜有義律、璞鼎查之事〔七〕，讀者色變。他著論語正義、毛詩補注、三禮義疏辨正，皆佚。

【校記】

〔一〕清史稿之胡培翬傳，並所附楊大堉傳，源出清國史，載儒林傳下卷卷三十二。

〔二〕胡培翬字，史稿作載平，清國史同。汪士鐸撰户部主事胡先生墓誌銘則作載屏。

〔三〕「祖匡衷」下，清國史僅書「已有傳」三字，緣匡衷傳已附見於儒林傳下卷卷十之江永傳。

〔四〕匡衷之字，依清國史當作「樸齋」，清史稿改作「樸蘇」顯誤。

〔五〕「假照案發」，發於何時？清史稿失記。據清宣宗實録，嘉、道間之户部捐生假照案，自嘉慶二十一年肇始，至道光十年閏四月破案，歷時十餘載。吏胥營私舞弊，堂官瀆職貪贓，乃一時吏治敗壞之縮影。又據清儒學案卷九十四樸齋學案下，胡培翬於道光十一年，以失察鐫級。「未久，奉旨准捐復原官，而先生以親老不復出。」

〔六〕「王引之見而喜之」，據清國史，「喜」字本作「善」，係史稿臆改。

〔七〕據清國史，楊大堉之所議，「必生邊隙」後，尚有八字，「將來之患，不可勝言」。清史稿擅删此八字，竟將大堉所憂坐實，昌言：「若豫卜有義律、璞鼎查之事。」視修史若占卜，殊非良史之筆。

胡培翬 楊大堉

清史列傳　卷六十九　儒林傳下二

胡培翬，字載平，安徽績溪人。嘉慶二十四年進士，官内閣中書、户部廣東司主事。居官勤而處事密，時人稱其治官如治經，一字不肯放過。絶不受胥吏財賄，而抉隱指弊，胥吏咸憚之。假照案發，司員失察者數十人，惟培翬及蔡紹江無所污，然猶以隨同畫諾鐫級。歸里後，立東山書院，又主講鍾山、雲間，於涇川一再至，並引翼後進爲己任。去涇川日，門人設飲餞者，相望於道。篤友誼，郝懿行、胡承珙遺書，皆賴培翬次第付梓。道光二十九年卒，年六十八。門人祀之鍾山書院。

績溪胡氏，自明諸生東峰以來，世傳經學。培翬涵濡先澤，又學於歙凌廷堪，尤邃精三禮。官京師時，嘗與新城陳用光，涇朱珔、胡承珙，桐城徐璈、光聰諧，武進張成孫，元和蔣廷恩，太倉陳奐、陳兆熊，鶴山馮啓蓁，邵陽魏源，考訂鄭康成之生爲永建二年七月五日，公祀之萬柳堂。初著燕寢考三卷，王引之見而善之。既爲儀禮正義，上推周公、孔子、子夏垂教之恉，發明鄭、賈得失，旁逮鴻儒經生之所議，張皇幽渺，闡揚聖緒，二千餘歲絶學也。其旨見與順德羅惇衍書，曰：「培翬撰正義，約有四例：一曰疏經以補注，二曰通疏以申注，三曰彙各家之説以附注，四曰采他説以訂注。書凡四十卷。至賈氏公彦之疏，或解經而違經旨，或申注而失注意，不可不辨，别爲儀禮賈疏訂疑一書。宫室制度，以朝制、廟制、寢制爲綱，以天子、諸侯、大夫、士爲目。學制則分别庠、序，館制則分别公、私，皆先將宫室考定，而以十七篇所行之禮〔一〕，條系於後，名曰宫室提綱。陸氏經典釋文，於儀禮頗略，擬取各經音義，及集釋文以後各家音切，挨次補録，名曰儀禮釋文校補。」培翬覃精是書，凡四十餘年，晚歲患風痺，猶力疾從事。尚有士昏禮、鄉飲酒禮、鄉射禮、燕禮、大射儀五篇，未卒業而歿。門人江寧楊大堉從學禮，爲補成之。他著有禘祫問〔二〕答、研六室文鈔。

楊大堉，字雅輪，江蘇江寧人。諸生。篤學寡交，研窮經訓。初從元和顧廣圻、吴縣鈕樹玉遊，備聞蒼、雅閫奥。著説文重文考六卷，純以聲音求假借，以偏旁繁省求古、籀異同之變。又作五廟考，專駁王肅之失。江督陶澍以防海議試諸生，大堉洋洋千言，大略謂：「中國官恃客氣，居上臨下，視洋人若小買販。顧彼雖好利，而越數萬里海洋至此，此必非無所挾持者。鹵莽行之，必生邊郄，將來之患，不可勝言。」時承平久，人習附和之談，讀者變色。他著論語正義、毛詩補注、三禮義疏辨正，經亂皆散失。

【校記】

〔一〕「禮」字，原誤作「體」，據清國史改。

〔二〕「問」字原脱，據清國史補。

劉文淇 子毓崧　孫壽曾　方申

清史稿　卷四百八十二　儒林三

劉文淇〔一〕，字孟瞻，儀徵人。嘉慶二十四年優貢生。父錫瑜，以醫名世。文淇稍長〔二〕，即研精古籍，貫串群經。於毛、鄭、賈、孔之書，及宋、元以來通經〔三〕解誼，博覽冥搜，折衷一時。尤肆力春秋左氏傳，嘗謂：「左氏之義，爲杜注剥蝕已久，其稍可觀覽者，皆係襲取舊説。爰輯左傳舊注疏證一書，先取賈、服、鄭三君之注，疏通證明。凡杜氏所排擊者糾正之，所勦襲者表明之，其沿用韋氏國語注者，亦一一疏記。他如五經異義所載左氏説，皆本左氏先師；説文所引左傳，亦是古文家説；漢書五行志所載劉子駿説，實左氏一家之學；經疏、史注、御覽等書所引左傳注，不載姓名而與杜注異者，皆賈、服舊説。凡若此者，皆稱爲舊注，而加以疏證。其顧、惠補注，及近人專釋左氏之書，説有可采，咸與登列。末始下以己意，定其從違。」上稽先秦諸子，下考唐以前史書，旁及雜家筆記、文集，皆取爲證佐。期於實事求是，俾左氏之文義炳然著名。草創四十年，長編已具，然後依次排比成書，爲左氏舊注疏證。又謂：「左傳義疏多襲劉光伯述議，隋經籍志及孝經疏云，述議者，述其義，疏議之。然則光伯本載舊疏，議其得失，其引舊疏，必當録其姓名。孔穎達左傳疏序，祇云『據以爲本』，初非故襲其説。至永徽中，諸臣詳定，乃將舊注姓氏削去，襲爲己語。」因細加剖析，成左傳舊疏考正八卷〔四〕。

又據史記秦楚之際月表，知項羽曾都江都，核其時勢，推見割據之迹，成楚漢諸侯疆域志三卷。據左傳、吴越春秋、水經注等書，謂：

「唐、宋以前，揚州地勢南高北下，且東西兩岸未設隄防，與今運河形勢迥不相同。」成揚州水道記四卷。又讀書隨筆二十卷，文集十卷，詩一卷。

文淇事親純孝，父年篤老，目眚，侍起居，朝夕扶掖，寒夜足凍，侍親以温其足。舅氏凌曙極貧，遺孤毓瑞〔五〕，文淇收育之，延同里方申爲其師，並補諸生。申通虞氏易，皆其教也。卒年六十有六〔六〕。

子毓崧，字伯山。道光二十年，舉優貢生。從父受經，長益致力於學。以文淇故治左氏，纘述先業，成春秋左氏傳大義二卷。以文淇考證左傳舊疏，因承其義例，著周易、尚書、毛詩、禮記舊疏考正各一卷。又謂:「六藝未興之先，學各有官，惟史官之立爲最古。不獨史家各體各類，並支裔之小説家出於史官，即經、子、集三部，及後世之幕客、書吏，淵源所仿〔七〕，亦出於史官。班氏之志藝文，論述史官，尚未發斯旨。其叙九流，以明諸子所出之官，必有所授，而其中仍有分省失當者。」既析九流中小説家流歸入史官，又辨道家非專出於史官，改爲出於醫官。又增益者凡三家，曰名家出於司士之官，兵家出於司馬之官，藝術家出於考工之官。統爲十一家。博稽載籍，窮極根要，成史乘、諸子通義各四卷。又經傳通義十卷，王船山年譜二卷，彭城獻徵録十卷，舊德録一卷，通義堂筆記十六卷，文集十六卷，詩集一卷。卒年五十〔八〕。

孫壽曾，字恭甫。同治三年、光緒二年，兩中副榜。毓崧主金陵書局，爲曾國藩所重。毓崧卒後，招壽曾入局中，所刊群籍，多爲校定。初，文淇治左氏春秋長編，晚年編輯成疏，甫得一卷而文淇没〔九〕。毓崧思卒其業，未果。壽曾乃發憤以繼志述事爲任，嚴立課程，至襄公四年而卒，年四十五〔十〕。又讀左劄記、春秋五十凡例表，皆治左疏時旁推交通，發明古誼者。他著昏禮重别論對駁義、南史校義集評、傳雅堂集、芝雲雜記，各若干卷。

方申，字端齋。少孤，受學於文淇，通易，著諸家易象别録、虞氏易象彙編、周易卦象集證、周易互體詳述、周易卦變舉要〔十一〕。

【校記】

〔一〕清史稿之劉文淇傳，並所附劉毓崧、劉壽曾、方申三家傳，皆源出清國史，載儒林傳下卷卷三十二。

〔二〕史稿述劉文淇早年學行，既不及少小起步，逕接以「稍長」二字，文意突兀，顯屬删削失當。據繆荃孫先生儒林傳稿，於「父錫瑜以醫名世」之後，所接文字爲「文淇孝養承志，能得歡心。稍長，即研精古籍，貫串群經」。繆先生文，本自丁晏皇清優貢生候選訓導劉君墓誌銘，丁文「能得歡心」下，尚有「幼而穎異」四字。

〔三〕「通經解誼」之「經」字，史稿係沿用儒林傳稿及清國史舊文。據前引丁晏劉君墓誌銘，當作「通儒解誼」。揆以上下文意，丁銘所用「儒」字甚確。改「儒」爲「經」，背離原意，似是而非，當引以爲戒。

〔四〕據孫殿起販書偶記，左傳舊疏考正八卷，乃先成書，於道光十八年刊行。而左氏舊注疏證，迄於文淇逝世，亦未成書。故史稿記傳主治左傳之經歷，當先考正而後疏證。

〔五〕凌曙「遺孤毓瑞」，不確。據劉文淇青溪舊屋文集卷八文學方君傳，凌曙遺孤名鏞。

〔六〕劉文淇卒於何年？清史稿清國史皆失記。據前引丁晏劉君墓誌銘，文淇生於乾隆五十四年十月二十三日，卒於咸豐四年九月二十一日，享年六十有六。

〔七〕「淵源所仿」，「仿」字誤。依清國史，當作「淵源所昉」。昉、仿非同意，不可混用。

〔八〕劉毓崧卒於何年？清史稿、清國史皆失記。據劉恭冕撰清故優貢生劉君墓誌銘，毓崧生於嘉慶二十三年二月二十三日，卒於同治六年八月初九日，得年五十歲。

〔九〕「甫得一卷而文淇没」，據清國史，本作「甫得一卷而歿」。史稿改「歿」爲「没」，復增「文淇」二字，實嫌多此一舉。

〔十〕劉壽曾卒於何年？清史稿、清國史皆失記。據汪士鐸撰清故副榜貢生候選知縣劉君墓誌銘、劉恭冕撰劉君恭甫家傳，壽曾生於道光十八年七月初一，卒於光緒八年七月十六日，得年四十有五。

〔十一〕方申卒於何年？清史稿失記。清國史記爲：「道光二十年卒，年五十。」未盡準確。據前引劉文淇撰文學方君傳，方申卒於道光二十年十一月三日，年僅五十有四。

劉文淇 子毓崧　孫壽曾　方申

清史列傳　卷六十九　儒林傳下二

劉文淇，字孟瞻，江蘇儀徵人。嘉慶二十四年優貢生。父錫瑜，以醫名世。文淇研精古籍，貫串群經。於毛、鄭、賈、孔之書，及宋、元以來通經解誼，博覽冥搜，實事求是。尤肆力春秋左氏傳，嘗謂：「左氏之義，爲杜注剥蝕已久，其稍可觀覽者，皆係襲取舊説。爰輯左傳舊注疏證一書，先取賈、服、鄭三君之注，疏通證明。凡杜氏所排擊者糾正之，所剿襲者表明之，其沿用韋氏國語注者，亦一一疏記。他如五經異義所載左氏説，皆本左氏先師；説文所引左傳，亦是古文家説；漢書五行志所載劉子駿説，實左氏一家之學；經疏、史注、御覽等書所引左傳，不載姓名而與杜注異者，皆賈、服舊説。凡若此者，皆稱爲舊注，而加以疏證。其顧、惠補注，近人專釋左氏之書，説有可采，咸與登列。末始下以己意，定其從違。」上稽先秦諸子，下考唐以前史書，旁及雜家筆記、文集，皆取爲證佐，俾左氏之大義炳然著明。草創四十年，長編已具，然後依次排比成書，爲左氏舊注疏證八十卷。

又謂：「左傳義疏多襲劉光伯述議，隋經籍志及孝經疏云，述議者，述其義，疏議之。然則光伯本載舊疏，議其得失，其引舊疏，必當録其姓名。孔穎達左傳疏序，祇云『據以爲本』。初非故襲其説。至永徽中，諸臣詳定，乃將舊注姓氏削去，襲爲已語。」因細加剖析，成左傳舊疏〔一〕八卷。又據史記秦楚之際月表，知項羽曾都江都，覈其時勢，推見割據之迹，成楚漢諸侯疆域志三卷。又據左傳、吴越春秋、水經注等書，謂：「唐、宋以前，揚州地勢南高北下，且東西兩岸未設隄防，與今運河形勢迥不相同。」成揚州水道記四卷。又讀書隨筆二十卷，文集十卷，詩一卷。

文淇事親純孝，父年篤老，目眚，侍起居，朝夕扶掖，寒夜侍寢以温其足。舅氏凌曙極貧，遺孤毓瑞，文淇收育之，延同里方申爲其師，遂補諸生。卒年六十六。子毓崧，孫壽曾，能世其學。

毓崧，字伯山。道光二十年優貢生。從父受經，長益致力於學。以文淇故治左氏，纘述先業，成春秋左氏傳大義二卷。又以文淇考證左傳舊疏，因承其義例，著周易、尚書、毛詩、禮記舊疏考正各一卷。又謂：「六藝未興之先，學各有官，惟史官之立爲最古。不獨史家各體各類，並支裔之小説家出於史官，即經、子、集三部，及後世之幕客、書吏，淵源所昉，亦出於史官。班氏之志藝文，論述史官，尚未發斯旨。其叙九流，以明諸子所出之官，必有所授，而其中仍有分省失當者。」既析九流中小説家流歸入史官，又辨道家非專出於史官，改爲出於醫官。又增益者凡三家，曰名家出於司士之官，兵家出於司馬之官，藝術家出於考工之官。統爲十一家。博稽載籍，窮極根要，成史乘、諸子通義各四卷。又經傳通義十卷，王船山年譜二卷，彭城獻徵録十卷，舊德録一卷，通義堂筆記十六卷，文集十六卷，詩集一卷。卒年五十。

壽曾，字恭甫。同治三年、光緒二年，兩中副榜。父毓崧主金陵書局，爲江督曾國藩所重。毓崧卒後，招壽曾入局中，所刊群籍，多爲校定。初，文淇爲左氏春秋長編，晚年欲編輯成疏，甫得一卷而歿。毓崧思卒其業，未果。壽曾乃發憤以繼志述事爲任，嚴立課程，孜孜罔懈，至襄公四年而卒，年四十五。其讀左劄記、春秋五十凡例表，皆治左疏時旁推交通，發明古義者，屬草亦未竟。他著有昏禮〔二〕別論對駁義、南史校議集平、博〔三〕雅堂集、芝雲雜記。

方申，字瑞〔四〕齋，本出自申，爲舅氏後，故姓方，亦儀徵人。諸生。性至孝，少孤，奉母甘旨，備盡色養。受學於文淇，通虞氏易。自言：「幼年讀宋易注，怪其舍實象而言虚理。及長，博考古注，參閲諸緯與春秋内外傳，然後知易之有卦象，猶詩之有比興。箋詩者不言比興，則美刺之意不彰；述易者不言卦象，則吉凶之理不著。」著周易卦象集證一卷。又以易家言象，虞氏最密，惠棟所述凡三百三十則，張惠言所述凡四百五十六則。顧其所引，仍屬未備，且間有字誤。乃縷析條分，一一羅列，共得逸象千二百八十一則，著虞氏易象彙編一卷。又以諸家易象，雖與虞氏未盡符合，然揆其宗旨所在，則固不甚相遠，著諸家易象别録一卷。又著周易互體詳述一卷，周易變卦〔五〕舉要一卷。道光二十年卒，年五十〔六〕。

【校記】

〔一〕「左傳舊疏」下，尚脱「考正」二字，當據清國史補。

〔二〕「昏禮」二字下，尚脱一「重」字，當爲昏禮重别論對駁義。清國史亦誤。

〔三〕「博」字誤，當作「傳」。清國史亦誤。書名當作博雅堂集。

〔四〕「瑞」字誤，當作「端」。詳見史稿前校文。

〔五〕據劉文淇撰文學方君傳，方申所著，當爲周易卦變舉要。

〔六〕據上引劉文，方申卒於道光二十年，終年當爲五十有四。

丁晏

清史稿　卷四百八十二　儒林三

丁晏〔一〕，字柘堂〔二〕，江蘇山陽人。阮元爲漕督〔三〕，以漢易十五家發策，晏條封萬餘言，精奥爲當世冠。道光元年舉人。晏以顧炎武云〔四〕，梅賾僞古文雅密，非賾所能爲。考之家語後序及釋文、正義，而斷爲王肅僞作。蓋肅雅才博學，好作僞以難鄭君。鄭君之學昌明於漢，肅爲古文孔傳以駕其上，後儒誤信之。近世惠棟、王鳴盛頗疑肅作，而未能暢其旨，特著論申辨之，撰尚書餘論二卷〔五〕。又以胡渭禹貢錐指能知僞古文，而不能信好古學，踵謬沿譌，自逞臆見，後之學者，何所取正？既爲正誤〔六〕以匡其失，復采獲古文，甄録舊説，砭俗訂譌，斷以己意，期於發揮經文，無取泥古。引用前人説，各繫姓氏於下，輯禹貢集釋三卷。

生平篤好鄭學，於詩箋、禮注研討尤深。以毛公之學，得聖賢之正傳，其所稱道，與周、秦諸子相出入。康成申暢毛義，修敬作箋。孔疏不能尋繹，誤謂「破字改毛」，援引疏漏，多失鄭旨。因博稽互考，證之故書雅記，義若合符，撰毛鄭詩釋四卷。康成詩譜，宋歐陽氏補亡〔七〕，今通志堂刊本，譌脱踳駁。爰據正義排比重編，撰鄭氏詩譜考正一卷。以康成兼采三家詩，王應麟有三家詩考，附刊玉海之後，舛謬錯出，世無善本。乃蒐采原書，校讐是正，撰詩考補注二卷、補遺一卷。

鄭氏注禮至精，去古未遠，不爲憑虚臆説。迄今可考見者，如儀禮喪服注，多依馬融師説。士虞記「中月而禫」，注二十七月，依戴禮喪服變除。周禮大司樂鼓鼗，注依許叔重説，與先鄭不同。小胥「縣鐘磬」，注二八十六枚在一虡，依劉向五經要義。射人注稱今儒家，依賈侍中注。考工記「山以章」，注作獐，依馬季長注。禮記檀弓「瓦不成味」，注當作沬，依班固白虎通。王制大綏、小綏，注當作緌，依劉子政説苑。玉藻「元〔八〕端朝日」，鄭讀爲冕，依大戴禮朝事義。祭法幽宗雩祭，鄭讀爲禜，依許氏説文。鄭君信而好古，原本先儒，確有依據。凡此釋義，補孔之遺闕，皆前人未發之秘。疏通證明，灿若爟火，撰三禮釋注共八卷。又輯鄭康成年譜，署其堂曰「六藝」，取康成六藝論，以深仰止之思。然晏治經學，不剖擊宋儒，嘗謂：「漢學、宋學之分，門户之見也。漢儒正其詁，詁正而義以顯。宋儒析其理，理明而詁以精。二者不可偏廢。」其於易，述程子之傳，撰周易述傳二卷。於孝經，集唐玄宗、宋司馬光、范祖禹之注，撰孝經述注一卷。尤熟於通鑑，故經世優裕。嘗與人論鈔弊，謂：「輕錢行鈔，必有利而無害。」論禁洋煙，謂：「不禁則民日以弱，中國必疲。禁則利在所争，外夷必畔。且禁煙當以民命爲重，不當計利。立法當以中國爲先，不當擾夷。」後悉如其言。在籍時，辦隄工，司賑務，修府城，浚市河，開通文渠中支，均有功於鄉里。

咸豐三年〔九〕，粤匪蔓延大江南北。督撫檄行府縣，練勇積穀，爲守禦計。淮安以晏主其事，旋以事爲人所劾，奉旨遣戍黑龍江，繳費免行。十年，捻匪擾淮安北關，晏號召團練，分布要隘，城以獲全。十一年，以團練大臣晏端書薦，叙前守城績，由侍讀銜内閣中書加三品銜。晏少多疾病，迨長，讀書養氣，日益强固。治一書畢，方治他書，手校書籍極多，必徹終始。光緒元年卒，年八十有二。所著書四十七種，凡一百三十六卷。其已刊者，爲頤志齋叢書。

【校記】

〔一〕清史稿之丁晏傳，源出清國史，載儒林傳下卷卷三十三。

〔二〕清史稿本清國史，記丁晏字作「柘堂」。然傳主子丁壽恒等輯柘唐府君年譜、弟子丁一鵬輯丁柘唐先生歷年紀略，皆作「柘堂」。據年譜稱，晏「字儉卿，號柘唐，晚號石亭居士」。

〔三〕阮元何時任漕督？又何時以漢易十五家發策問諸生？清史稿、清國史皆失記。據阮常生等續編雷塘庵主弟子記，阮元接漕督印，時當嘉慶十七年九月。又據前引柘唐府君年譜，阮元以漕督舉觀風試於淮安，則在嘉慶十八年二月。時阮元年屆五十，丁晏則二十未滿。

〔四〕「晏以顧炎武云」，係清史稿、清國史誤讀丁晏文，以致張冠李戴，乖違史實。丁晏撰尚書餘論自叙有云：「鄉先生閻潛邱徵君著尚書古文疏證，抑黜僞書，灼然如晦之見明。今與吴澄書纂言，梅鷟尚書考異，並著録於四庫。古文之僞，至我朝而大著於世，晚進後生，皆知古文之爲贋鼎矣。顧徵君每云，梅賾作僞古文雅密，非梅氏所能爲也。愚考之家語後序及釋文、正義諸書，而斷其爲王肅僞作。」揆其前後文意，晏文此處之所謂「顧徵君」，本與顧炎武毫不相干。「徵君」乃專指叙首所稱閻若璩，而「顧」字在此，不可作姓氏讀，係句首發語詞，當訓作「惟」。亦可訓作「但」。

〔五〕「尚書餘論二卷」，不確。據前引歷年紀略及年譜，皆當作一卷。清史稿藝文志即記作一卷，不誤。

〔六〕「正誤」乃書名，即傳主道光五年所撰禹貢錐指正誤一卷。史稿點校本未加書名號，故逕補。

〔七〕「補亡」乃書名，專指歐陽修詩譜補亡。史稿點校本未加書名號，故逕補。

〔八〕「元端朝日」之「元」字，係清人避諱改字，當作「玄」。

〔九〕「咸豐三年」，係清史稿臆改。清國史本作「咸豐二年」，不誤。據前引歷年紀略咸豐二年壬子五十九歲條記：「冬十二月，制府檄行府縣，以粵匪直下楚鄂，蔓延豫章，大江南北一律防堵。府縣延先生主其事。」

丁晏

清史列傳　卷六十九　儒林傳下二

丁晏，字柘堂，江蘇山陽人。性嗜典籍，勤學不輟。阮元爲漕督，以漢易十五家發策，晏條對萬餘言。江藩稱其摭群籍之精，闡漢易之奥，好學深思，爲當世冠。道光元年舉人。晏以顧炎武〔一〕云，梅賾譌古文雅密，非賾所能爲。考之家語後序及釋文、正義而斷爲王肅僞作。謂肅雅才好博，好作僞以難鄭君。鄭君之學昌明於漢，肅爲古文孔傳以駕其上，後儒遂誤信之，而皆莫能發其覆。近世惠棟、王鳴盛頗疑肅作，而未能暢明其旨，特著論以申辨之，撰尚書餘論三卷〔二〕。又以胡渭禹貢錐指能知僞古文，而不能信好古學，既爲正誤以匡其失，復采獲古文，甄録舊説，斷以己意，自史、漢、水經注及許、鄭古學，傅以後儒之解，證以地志，輯禹貢集釋三卷。

生平篤好鄭學，於詩箋、禮注研討尤深。以毛公之學，得聖賢之正傳，其所稱道與周、秦諸子相出入。康成申暢毛義，修敬作箋。孔疏不能尋繹，誤謂「破字改毛」，援引疏漏，多失鄭旨。因博稽互考，證之故書雅記，義若合符，撰毛鄭詩釋四卷。康成詩譜，宋歐陽氏補亡，今通志堂刊本，譌脱踳駁。爰援正義，排比重編，撰鄭氏詩譜考正一卷。以康成兼采三家詩，王應麟有三家詩考，附刊玉海之後，舛謬錯出，世無善本。迺蒐采原書，校讐是正，撰詩考補注二卷、補遺一卷。鄭氏注禮至精，去古未遠，不爲憑虚臆説。迄今可考見者，如儀禮喪服注，多依馬融師説。士虞記「中月而禫」，注二十七月，依戴禮喪服變除。周禮大司樂「鼓鼗」，注依許叔重説，與先鄭不同。小胥「縣鐘磬」，注二八十六枚在一虡，依劉向五經要義。小宗伯注五精帝，依劉向五經通義。射人注稱今儒家，依賈侍中注。考工記「山以章」，注作獐，依馬季長注。禮記檀弓「瓦不成味」，注當作沬，依班固白虎通。王制「大綏」、小「綏」，注當爲緌，依劉子政説苑。玉藻「元〔三〕端朝日」，鄭讀爲冕，依大戴禮朝事義。祭法「幽宗」、「雩祭」，鄭讀爲禜，依許氏説文。鄭君信而好古，原本先儒，確有依據。凡此釋義，補孔之遺闕，皆前人未發之祕。疏通證明，燭若爟火，撰三禮釋注共八卷。又輯鄭康成年譜，署其堂曰「六藝」，取康成六藝論，以深仰止之思。

然晏治經學，不掊擊宋儒，嘗謂:「漢學、宋學之分，門户之見也。漢儒正其詁，詁正而義以顯。宋儒析其理，理明而詁以精。二者不可偏廢。」其於易，述程子之傳，撰周易述傳二卷。於孝經，集唐玄宗、宋司馬光、范祖禹之注，撰孝經述注一卷。尤熟於通鑑，故經世優裕。嘗謂與人論鈔弊，謂:「輕錢行鈔，必有利而無害。」論禁洋煙，謂:「不禁則民日以弱，中國必疲。禁則利在所争，外夷必畔。且禁煙當以民命爲重，不當計利。立法當以中國爲先，不當擾夷。」後悉如其言。在籍時，辦隄工，司賑務，修府城，浚市河，開通文渠中支，均有功於鄉里。

咸豐二年，粤匪蔓延大江南北。兩江總督檄行府縣，教練鄉勇，廣積穀米，爲守禦計。以晏主其事，旋以事爲人所劾，奉旨遣戍。捐繳臺費，部議免行。十年，捻匪擾淮安北關，晏號召團練，分部要隘，城以獲全。十一年，以團練大臣晏端書薦，奉旨隨同差遣委用。敘前守城績，以侍讀銜内閣中書，加三品銜花翎。同治十一年，重讌泮林。晏少多疾病，迨長，讀書養氣，日益强固。治一書畢，方治他事〔四〕，手校書籍極多，必徹終始。光緒元年卒，年八十二。所著書四十七種，凡一百三十六卷。其已刊者，爲頤志齋叢書。

【校記】

〔一〕「以顧炎武云」，誤，當出校記。詳見史稿前校文。

〔二〕當作一卷，詳見史稿前校文。

〔三〕「元」字誤，當改「玄」。詳見史稿前校文。

〔四〕「事」字誤，據清國史，當作「書」。

王筠

清史稿　卷四百八十二　儒林三

王筠〔一〕，字貫山，安丘人。道光元年舉人，後官山西鄉寧縣知縣〔二〕。鄉寧在萬山中，民樸事簡，暇則抱〔三〕一編不去手。權徐溝〔四〕，再權曲沃〔五〕，地號繁劇，二縣皆治，然亦未嘗廢學。

筠少喜篆籀，及長，博涉經史，尤長於説文。説文之學，世推桂、段兩家，嘗謂：「桂氏專臚古籍，取足達許説而止，不下己意。惟是引據失於限斷，且泛及藻績之詞。段氏體大思精，所謂通例，又前人所未知。惟是武斷支離，時或不免。」又謂：「文字之奥，無過形、音、義三端。古人之造字也，正名百物，以義爲本，而音從之，於是乎有形。後人之識字也，由形以求其音，由音以考其義，而文字之説備。六書以指事、象形爲首，而文字之樞機即在乎此。其字之爲事而作者〔六〕，即據事以審字，勿由字以生事。其字之爲物而作者〔七〕，即據物以察字，勿泥字以造物。且勿假他事以成此事之意，勿假他物以爲此物之形，而後可與倉頡、籀、斯相質於一堂也。今説文之詞，足从口，木从中，鳥、鹿足相似从匕，苟非後人所竄亂，則許君之意〔八〕荒矣。」乃標舉分別，疏通證明，著説文釋例二十卷〔九〕。「釋例」云者，即許書而釋其條例，猶杜元凱之於春秋也。又以二徐書多涉草略，加以李燾亂其次第，致分別部居之脈絡不可推尋。段玉裁既創爲通例，而體裁所拘，未能詳備。乃采桂、段諸家之説，著説文句讀三十卷〔十〕。「句讀」云者，用張爾岐儀禮鄭注句讀之名，謂：「漢人經説，率名章句。此書疏解許説，無章可言，故曰句讀也。」

筠治説文之學垂三十年，其書獨闢門徑，折衷一是，不依傍於人。論者以爲許氏之功臣，桂、段之勁敵。又有説文繫傳校録三十卷，文字蒙求四卷。他著有毛詩重言一卷，附毛詩雙聲疊韻説一卷，夏小正正義四卷，弟子職正音一卷，正字略二卷〔十一〕，蛾術編、禹貢正字、讀儀禮鄭注句讀刊誤〔十二〕，四書説略。咸豐四年卒，年七十一。

【校記】

〔一〕清史稿之王筠傳，源出清國史，載儒林傳下卷卷三十三。

〔二〕王筠何時官山西鄉寧知縣？清史稿失記。據鄭時輯王箓友先生年譜，時當道光二十四年，譜主已六十有一。而之前經歷，史稿幾無一字記及。據清國史之王筠傳，官山西前，尚有如下記載：「遊京師三十年，與漢陽葉志詵、道州何紹基、晉江陳慶鏞、日照許瀚商榷今古。」史稿顯然删削失當。

〔三〕「抱」字係史稿改。清國史據劉耀椿王箓友先生墓誌銘，本作「把」，即「暇則把一編不去手」。

〔四〕王筠何時權徐溝？史稿失記。據前引年譜，時當道光二十七年。

〔五〕傳主「再權曲沃」，史稿亦不記何時。據前引年譜，初權曲沃在道光二十五年冬，再署則爲咸豐二年夏。

〔六〕此處點校本句讀偶誤，逗號加於「事」字下，即「其字之爲事」。故逕改，移置「者」字後。

〔七〕此處點校本句讀亦誤，故逕將逗號由「其字之爲物」下，移置「而作者」後。

〔八〕「許君之意荒矣」之「意」字，誤。據王筠説文釋例自序，當作「志」。

〔九〕王筠撰説文釋例成書時間，史稿行文含糊不明。據前引年譜，乃成於道光十七年，在爲官山西前。

〔十〕説文句讀成書，史稿亦不記時間。據前引年譜，同樣在爲官山西前之道光二十三年。

〔十一〕正字略卷數，不確。據前引年譜，當作一卷。清史稿藝文志所記不誤，即作一卷。

〔十二〕讀儀禮鄭注句讀刊誤，係史稿倉促成書，以致混兩書爲一而致誤。據劉耀椿王箓友先生墓誌銘，當爲禮記讀、儀禮鄭注句讀刊誤。而何紹基撰箓友王君墓表，則作儀禮讀、儀禮鄭注句讀刊誤。

王筠

清史列傳　卷六十九　儒林傳下二

王筠，字貫山，山東安丘人。道光元年舉人。遊京師三十年，與漢陽葉志詵、道州何紹基、晉江陳慶鏞、日照許瀚商榷今古。後官山西鄉寧縣知縣。鄉寧在萬山中，民樸事簡，訟至立判，暇則把一編不去手。權徐溝，再權曲沃，地號繁劇，二縣皆治。然亦未嘗廢學。

少喜篆籀，及長，博涉經史，尤長於説文。嘗謂：「桂馥書專臚古籍，取足達許説而止，不下己意。惟是引據失於限斷，且泛及藻繢之詞。段玉裁書體大思精，所謂通例，又前人所未知。惟是武斷支離，時或不免。」又謂：「文字之奥，無過形、音、義三端。古人之造字也，正名百物，以義爲本，而音從之，於是乎有形。後人之識字也，由形以求其音，由音以考義，而文字之説備。六書以指事、象形爲首，而文字之樞機，即在乎此。其字之爲事而作者，即據事以審字，勿由字以生事。其字之爲物而作者，即據物以察字，勿泥字以造物。且勿假他事以成此事之意，勿假他物以爲此物之形，而後可與倉頡、籀、斯相質於一堂也。今説文之詞，足从口，木从中，鳥、鹿足相似从匕，苟非後人所竄亂，則許君之意〔一〕荒矣。」乃標舉分別，疏通證明，著説文釋例二十卷。「釋例」云者，即許書而釋其條例，猶杜元凱之於春秋也。又以二徐書多涉草略，加以李燾亂其次第，致分別部居之脈絡不可推尋。段玉裁既創爲通例，而體裁所拘，未能詳備。乃采桂、段諸家之説，著説文句讀三十卷。「句讀」云者，用張爾岐儀禮鄭注句讀之名，謂：「漢人經説，率名章句。此書疏解許説，無章可言，故曰句讀也。」

筠治説文之學垂三十年，其書獨闢門徑，折衷一是，不依傍於人。論者以爲許氏之功臣，桂、段之勁敵。其後吴縣潘祖蔭見其書，謂筠書晚出，乃集厥成，補弊救偏，爲功尤鉅云。又有説文繫傳校録三十卷，文字蒙求四卷。他著有毛詩重言一卷、附毛詩雙聲疊韻説一卷，夏小正正義四卷，弟子職正音一卷，正字略二卷，蛾術編、禹貢正字、讀〔二〕儀禮鄭注句讀刊誤、四書説略。咸豐四年卒，年七十一。同治四年，子彦侗由禮部進呈所著釋例、句讀二書，奉旨覽。

【校記】

〔一〕「意」字，誤，當作「志」。詳見前史稿校文。

〔二〕「讀」字，衍。詳見前史稿校文。

曾釗 林伯桐　李黼平

清史稿　卷四百八十二　儒林三

曾釗〔一〕，字敏修，南海人。道光五年拔貢生，官合浦縣教諭，調欽州學正。釗篤學好古，讀一書必校勘譌字脱文，遇秘本，或雇人影寫，或懷餅就鈔，積七八年，得數萬卷。自是研求經義文字，則考之説文、玉篇，訓詁則稽之方言、爾雅，雖奥晦難通，而因文得義，因義得音，類能以經解經，確有依據。入都時〔二〕，見武進劉逢禄，逢禄曰：「篤學若冕士，吾道東矣。」冕士，釗號也。儀徵阮元督粤〔三〕，震澤任兆麟見釗所校字林，以告元，元驚異，延請課子。後開學海堂，以古學造士，特命釗爲學長〔四〕，奬勸後進。嘗因元説日月爲易，爲合朔之辨在朔易，更發明孟喜卦氣，引繫辭懸象莫大乎日月，死魄會於壬癸，日上月下，象未濟爲晦時。元以爲足發古義，宜再暢言之，以明孟氏之學。因著周易虞氏義箋七卷。他著有周禮注疏小箋四卷〔五〕，又詩説二卷，又詩毛鄭異同辨一卷〔六〕，毛詩經文定本小序一卷，考異一卷〔七〕、音讀一卷〔八〕，虞書命羲和章解一卷，論語述解一卷，讀書雜志五卷，面城樓集十卷。

釗好講經濟之學，二十一年，英人焚掠海疆，以祁𡎴還督兩粤。番禺舉人陸殿邦獻議，填大石、獵德、瀝滘河道，以阻火船。𡎴舉以問釗，釗言：「易稱設險者，不恃天塹，不藉地利，在人相時設之而已。入省河道三，獵德、瀝滘皆淺，由大石至大黄滘，水深數丈。三四月夷船從此入，當先事防之，以固省城。城固，然後由内達外。」𡎴甚韙之，委釗相度堵塞形勢。釗以大石爲第一要區，糾南海、番禺二縣團勇三萬六千，晝夜演練，防務遂密。二十三年，墳謀修復虎門礮臺，釗進礮臺形勢議十條。已而廉洋賊起，墳以釗習知廉州情形，委釗與軍事，海賊投首〔九〕。咸豐四年，卒於家。

林伯桐，字桐君，番禺人。嘉慶六年舉人。生平好爲考據之學，宗主漢儒，而踐履則服膺朱子，無門户之見。事親孝，道光六年，試禮部歸，父已卒，悲慟不欲生。居喪悉遵古禮，蔬食、不入内者三年。自是不復上公車，一意奉母，與兩弟友愛。教授生徒百餘人，咸敦内行，勉實學。粵督阮元、鄧廷楨皆敬禮之。元延爲學海堂學長，廷楨聘課其二子。二十四年，以選授德慶州學正，閲三年〔十〕，卒於官，年七十。伯桐於諸經無不通，尤深於毛詩。謂：「傳、箋不同者，大抵毛義爲長。孔疏多以王肅語爲毛意，又往往混鄭於毛。爲毛詩學者，當分别觀之，庶幾不失家法。」因考鄭箋異義，爲毛詩通考三十卷，又著毛詩傳例二卷，又綴其碎義瑣辭，著毛詩識小三十卷，皆極精覈。他著有易象釋例十二卷，易象雅訓十二卷，三禮注疏考異二十卷，冠昏喪祭儀考十二卷，左傳風俗二十卷，古音勸學三十卷，史學蠡測三十卷，供冀小言二卷，古諺箋十一卷，兩粵水經注四卷，粵風四卷，修本堂稿四卷，詩文集二十四卷〔十一〕。

李黼平，字繡子，嘉應州人。幼穎異，年十四，精通樂譜。及長，治漢學，工考證。嘉慶十年進士，選翰林院庶吉士，散館，改昭文縣〔十二〕知縣。涖事一以寬和慈惠爲宗，不忍用鞭扑，獄隨至隨結。公餘即手一編，民間因有「李十五書生」之目。以虧挪落職，縶獄數年，乃得歸。會粵督阮元開學海堂，聘閲課藝，遂留授諸子經〔十三〕。所著毛詩紬義二十四卷。道光十二年卒，年六十三。他著有易刊誤二卷，文選異義二卷，讀杜韓筆記二卷。

【校記】

〔一〕清史稿之曾釗傳，並所附林伯桐、李黼平二家傳，皆源出清國史，載儒林傳下卷卷三十四。

〔二〕曾釗何時入都？清史稿、清國史皆失記。據清國史所本之繆荃孫儒林傳稿，此一史實乃出陳奐師友淵源記，時當嘉慶二十三年。細審所記劉逢祿語，可知曾釗是時尚在青年，遊學京城，問學於前輩劉逢祿。逢祿喜得傳人，方才欣然道出：「篤學若冕士，吾道東矣。」而此時之李黼平，已先於嘉慶十年成進士，林伯桐亦於嘉慶六年中舉人。就年輩論，皆屬前輩。若就於一方學術之影響言，曾釗亦遠不及林伯桐。因此，史稿以曾釗入正傳，而附見林、李二家，則未免失當。稍後，徐世昌主編清儒學案，以林伯桐領正案，李、曾依次入附案，則可謂編次有法。

〔三〕阮元何時出任兩廣總督？清史稿、清國史皆失記。據阮福績編雷塘庵主弟子記，元於嘉慶二十二年八月奉旨調補，十月蒞任。

〔四〕曾釗何時任學海堂學長？清史稿、清國史皆失記。據前引雷塘庵主弟子記，道光六年六月十三日，接部咨，奉上諭調補雲貴總督。行前，阮元頒學海堂章程，明令：「本部堂酌派出學長吳蘭修、趙均、林伯桐、曾釗、徐榮、熊景星、馬福安、吳應逵共八人，同司課事。」因此，容肇祖先生早年撰學海堂考，記曾釗於道光六年任學海堂學長，當可信據。

〔五〕周禮注疏小箋，據前引學海堂考，當爲五卷。

〔六〕據前引學海堂考，詩毛鄭異同辨，當爲二卷。

〔七〕據前引學海堂考，考異當爲二卷。

〔八〕據前引學海堂考，音讀當爲二卷。

〔九〕曾釗道光二十一年後之經歷，清史稿所記尚有闕略。前引學海堂考，據面城樓文鈔序、南海縣志記爲：「道光二十一年，祁𡎴任兩廣總督，時英人擾粤，釗爲之贊勷一切，經畫周密。議敘即用知縣，加知州銜。祁𡎴在粤，修碉築壩，募勇團守，旋已議款，敵兵不至，而所支帑不能報銷者至三十萬。二十四年五月，祁𡎴卒於廣州，後任以釗爲督府向用之人，免剳官。罷官後，以耕讀爲業。老年，藏書數萬卷亦質於人。」

〔十〕「閱三年，卒於官」,「閱三年」三字，係清史稿、清國史誤讀文獻所致。據張維屏林伯桐小傳:「君辛酉舉於鄉。道光甲辰，選授德慶州學正，卒於官，年七十。」又云:「道光丁未孟夏，其弟伯棠茂才奉先生柩，葬於白雲山雨花臺之原。」可見林伯桐乃卒於道光二十四年，二十七年方下葬。又據前引學海堂考，容肇祖先生本林伯桐弟子金錫齡撰林月亭先生傳，記伯桐卒年爲:「〔道光〕二十四年，選授德慶州學正。三月之官，十一月，尚能作冠婚喪祭考自序，十二月卒，年七十。」

〔十一〕林伯桐著述之存佚情況，前引學海堂考記之最詳，請參考。又清儒學案卷一百三十二之月亭學案，亦記云:「咸豐中，邑人重修番禺縣志，徵集各稿本，輯其序文載入藝文略内。會志局失慎，原稿悉燬於火。惟諸書中有自訂凡例者，爲弟子金錫齡鈔存一卷，以見梗概。其家有刻本通行於世者，則爲冠昏喪祭儀考十二卷，史記蠡測一卷，供冀小言二卷，古諺箋十一卷，學海堂志一卷，公車見聞録一卷，修本堂稿四卷，月亭詩鈔一卷，總名爲修本堂叢書云。」

〔十二〕「昭文縣」前，清國史本有「江蘇」二字，清史稿擅删省名，無理無據，殊不可取。

〔十三〕清史稿記李黼平晚年學行，止於在廣州授粵督阮元諸子經，闕略太甚。據考，道光六年六月，阮元已奉調雲南，至遲之前一年，黼平即因病離開阮氏家塾，應聘東莞，主持寶安書院講席。直至十二年逝世，歷時八年之久。所以黼平弟子梁廷枏撰昭文縣知縣李君墓誌銘，則會稱:「吾師之主講寶安書院也，及此八易寒暑矣。」清儒學案以黼平入月亭學案之附案，亦云:「會粵督阮文達開學海堂，因聘閱課藝。後主東莞寶安書院，課士一本諸經，人咸愛重之。」

曾釗 林伯桐　李黼平

清史列傳　卷六十九　儒林傳下二

曾釗，字敏修，廣東南海人。道光五年拔貢生，官合浦縣教諭，調欽州學正。釗篤學好古，讀一書必校勘譌字脱文，遇秘本或雇人影寫，或懷餅就鈔，積七八年，得數萬卷。自是研求經義，文字則考之説文、玉篇，訓詁則稽之方言、爾雅，雖奥晦難通，而因文得義，因義得音，類能以經解經，確有依據。入都時，見武進劉逢禄，逢禄曰：「篤學若冕士，吾道東矣。」冕士，釗號也。儀徵阮元督粤，震澤任兆麟見釗所校字林，以告元，元驚異，延請課子。後開學海堂，以古學造士，特命釗爲學長，獎勸後進。嘗因元説日月爲易，爲合朔之辨在朔易，更發明孟喜卦氣，引繫辭懸象莫大乎日月，死魄會於壬癸，日上月下，象未濟爲晦時。元以爲足發古義，宜再暢言之，以明孟氏之學。因著周易虞氏義箋七卷。他著有周禮注疏小箋四卷，謂「惟王建國」，國謂諸侯國，賈、馬説是。引左傳師服曰「天子建國」，注「立諸侯」；祭法「天下有王，分地建國」，注「建國，封諸侯」爲證。又引詩周頌序賚「大封於廟也」，樂記武王「未及下車，而封黄帝之後於薊，封帝堯之後於祝，封帝舜之後於陳」，以駁賈疏王國未立，先建諸侯之説。謂「辨方正位」，鄭司農云「正君臣之位」，其説不可破。鄭君引召誥謂「定宗廟」，失之。周營洛，原以均諸侯貢道，非有遷都之意。故周未東遷以前，宗廟皆在豐、鎬，詩振鷺、潛及黍離序可證。漢書韋玄成傳「禮，廟在大門内，不敢遠其親也」，五行志董仲舒災異對曰：「高廟不當居遼東。」譏原廟也。苟洛立宗廟，是原廟不始於漢矣。如斯之類，皆特精審。又詩説二卷，長洲陳奐詩疏中，往往采其説。又詩毛鄭異同辨一卷，毛詩經文定本小序一卷、考異一卷、音讀一卷，虞書命羲和章解一卷，論語述解一卷，讀書雜志五卷，面城樓集十卷。其輯古書，有楊議郎著書一卷，異物志一卷，交州記二卷，始興記一卷。歙程恩澤典試粤東，耳釗名，欲取作榜首，適釗持服未預試。榜發後，恩澤邀釗飲於蒲澗，作詩云：「我求明珠向南海，離朱喫詬驚愚頑。昆侖第一未即得，羊鬚首捋緣希慳。」謂釗也。

釗好講經濟之學，二十一年，洋人焚掠海疆，以祁墳還督兩粤。番禺舉人陸殿邦獻議，填大石、獵德、瀝滘河道，以阻火船。墳舉以問釗，釗言：「易稱設險者，不恃天塹，不藉地利，在人相時設之而已。入省河道三，獵德、瀝滘皆淺，由大石至大黄滘，水深數丈，三四月夷船從此入，當先事防之，以固省城。城固，然後由内達外。」墳甚韙之，委釗相度堵塞形勢。釗以大石爲第一要區，糾南海、番禺二縣團勇三萬六千，晝夜演練，防務遂密。二十三年，墳謀修復虎門礮臺，釗進礮臺形勢議十條。已而廉洋賊起，墳以釗習知廉州情形，委釗以軍事，海賊投首。咸豐四年，卒於家。

林伯桐，字桐君，廣東番禺人。嘉慶六年舉人。生平好爲考據之學，宗主漢儒，而踐履則服膺朱子，無門户之見。事親孝，道光六年，試禮部歸，父已卒，悲慟不欲生，居喪悉遵古禮，蔬食、不入内者三年。自是不復上公車，一意奉母，與兩弟友愛。教授生徒百餘人，咸敦内行，勉實學。嘗言：「内行者默而成之，不言而信者也。行之著於外，非其人之意，鶴鳴九皋，聲聞於天，不自知也。」又曰：「篤行君子，無所慕於外，而有所得於己，非學則不能，故稱人必曰學行也。」粤督阮元、鄧廷楨皆敬禮之，元延爲學海堂學長，廷楨聘課其二子。然伯桐以道自重，絶不預外事。二十四年，選授德慶州學正，閲三年卒於官，年七十〔一〕。

伯桐於諸經無不通，尤深於毛詩，謂：「傳、箋不同者，大抵毛義爲長。孔疏多以王肅語爲毛意，又往往混鄭於毛，爲毛詩學者，當分別觀之，庶幾不失家法。」因考鄭箋異義，爲毛詩通考三十卷。又著毛詩傳例二卷，又綴其碎義瑣辭，著毛詩識小三十卷，皆極精覈。他著有易象釋例十二卷，易象雅訓十二卷，三禮注疏考異二十卷，冠昏喪祭儀考十二卷，左傳風俗二十卷，古音勸學三十卷，史學蠡測三十卷，供冀小言二卷，古諺箋十一卷，兩粤水經注四卷，粤風四卷，修本堂稿四卷，詩文集二十四卷。

李黼平，字繡子，廣東嘉慶州人。幼穎異，年十四，精通樂譜。及長，治漢學，工考證。嘉慶十年進士，改翰林院庶吉士，散館，授江蘇昭文縣知縣。蒞事一以寬和慈惠爲宗，不忍用鞭扑，獄隨至隨結。公餘即手一編，民間因有「李十五書生」之目。以虧挪落職，繫獄數年乃得歸。會粤督阮元開學海堂，聘閲課藝，遂留授諸子經。所著毛詩紬義二十四卷，元爲刻入皇清經解中。後主東莞寶安書院，課士一本諸經，人咸愛重之。道光十二年卒，年六十三。他著有易刊誤二卷，文選異義二卷，讀杜韓筆記二卷。其論詩謂:「心聲所發，含宫嚼羽，與象箾胥鼓相應。」故所爲詩，專講音韻，能得古人不傳之秘。有著花菴集八卷，吴門集八卷，南歸集四卷、續集四卷。

【校記】

〔一〕林伯桐卒年有誤，詳見史稿前校文。

柳興恩 弟榮宗 許桂林 鍾文烝 梅毓

清史稿 卷四百八十二 儒林三

柳興恩〔一〕，原名興宗，字賓叔，丹徒人。道光十二年舉人。受業於儀徵阮元。初治毛詩，以毛公師荀卿，荀卿師穀梁，穀梁春秋千古絕學，元刻皇清經解，公羊、左氏俱有專家，而穀梁缺焉。乃發憤沉思，成穀梁春秋大義述三十卷。以鄭六藝論云「穀梁子善於經」，遂專從善經入手，而善經則以屬辭比事爲據，事與辭則以春秋日月等名例定之。其書凡例謂：「聖經既以春秋定名，而無事猶必舉四時之首月。後儒謂日月非經之大例，未爲通論。穀梁日月之例，泥則難通，比則易見，與其議傳而轉謂經誤，不若信經而併存傳說。述日月例第一。」謂：「春秋治亂於已然，禮乃防亂於未然。穀梁親受子夏，其中典禮，猶與論語夏時周冕相表裏。述禮例第二。」謂：「穀梁之經，與左氏、公羊異者以百數，漢書儒林傳云：『穀梁魯學，公羊乃齊學也。』此或由齊、魯異讀，音轉而字亦分。述異文第三。」謂：「穀梁親受子夏，故傳中用孔子、孟子說，其他暗合者更多。述古訓第四。」謂：「自漢以來，穀梁師授，鮮有專家，要不得擯諸師說之外。述師說第五。」謂：「漢儒師說之可見者，惟尹更始、劉向二家，然搜獲寥寥。其說已亡，而名僅存者，自漢以後，併治三傳者，亦收録焉。述經師第六。」謂：「穀梁久屬孤經，兹於載籍之涉穀梁者，循次摘録，附以論斷，並著本經廢興源流。述長編第七。」番禺陳澧嘗爲穀梁箋及條例，未成，後見興恩書，歎其精博，遂出其說備采，不復作。

他著有周易卦氣輔四卷，虞氏逸象考二卷，尚書篇目考二卷，毛詩注疏糾補三十卷，續王應麟詩地考〔二〕二卷，群經異義四卷，劉向年譜二卷，儀禮釋宫考辨二卷，史記、漢書、南齊書校勘記、説文解字校勘記、宿壹〔三〕齋詩文集。光緒六年卒，年八十有六。

弟榮宗，字翼南。著有説文引經考異十六卷。同時爲穀梁之學者，有南海侯康、海州許桂林、嘉善鍾文烝、江都梅毓。侯康自有傳。

許桂林，字同叔，海州人。嘉慶二十一年舉人。少孤，孝於母及生母，無間言。家貧，不以厚幣易遠遊，日以詁經爲事。道光元年，丁内艱，以毁卒，年四十三。桂林於諸經皆有發明，尤篤信穀梁之學。著春秋穀梁傳時日月書法釋例〔四〕四卷，其書有引公羊而互證者，有駁公羊而專主者。陽湖孫星衍嘗以條理精密、論辯明允許之。又著易確二十卷，大旨以乾爲主，謂全易皆乾所生，博觀約取，於易義實有發明。别有毛詩後箋八卷，春秋三傳地名考證六卷，漢世别本禮記長義四卷，大學中庸講義二卷，四書因論二卷。嘗以其餘力治六書、九數，著許氏説音十二卷，以配説文。又以岐伯言地大氣舉之，氣外無殼，其氣將散，氣外有殼，此殼何依？思得一説以補所未及。蓋天實一氣，而其根在北，北極是也。北極不當爲天樞，而當爲氣母。因采集宣夜遺文，以西法通之，著宣西通三卷。又以算家以簡爲貴，乃取欽定數理精蘊，撮其切於日用者，著算牖四卷。生平所著書四十餘種，凡百數十卷。甘泉羅士琳從之遊，後以西〔五〕算名世。

鍾文烝，字子勤，嘉善人。道光二十六年舉人，候選知縣。於學無所不通，而其全力尤在春秋。因沉潛反覆三十餘年，成穀梁經傳補注二十四卷。其書網羅衆家，折衷一是。其未經人道者，自比於梅鷟之辨僞書〔六〕，陳第之談古韻，略引其緒，以待後賢。文烝兼究宋、元諸儒書，書中若釋禘祫、祖禰謚法以及心志不通、仁不勝道、以道受命等，皆能提要挈綱，實事求是。又著論語序詳正一卷。卒年六十〔七〕。

梅毓，字延祖，江都人。同治九年舉人，候選教諭。著有穀梁正義長編一卷。

【校記】

〔一〕清史稿之柳興恩傳，並所附柳榮宗、許桂林、鍾文烝三家，皆源出清國史，載儒林傳下卷卷三十六。

〔二〕據清國史，績王應麟詩地考「地」字下，尚脱一「理」字，當補。

〔三〕據清國史，宿壹齋詩文集「壹」字誤，當作「臺」。

〔四〕據考，清國史之許桂林傳，本源自桂林弟子羅士琳所撰傳，載疇人傳卷五十一。依士琳之所記，其師著春秋穀梁傳時日月書法釋例，清史稿誤將「日月」二字顛倒，當作「時月日」。

〔五〕「西算」之「西」字，據清國史，當作「四」。清史稿擅改「四」作「西」，大誤。據考，清國史之羅士琳傳，本自諸可寶所撰傳，載疇人傳三編卷四。依可寶記，羅士琳係以精於天元四元之術，卓然名家，並非「以西算名世」。可寶於士琳傳末，有論曰：「羅明經之學，卓然名家。其始也顧習西法，幾以比例借根爲止境矣。既而周遊京國，連獲佚書，遂爾皤然改轍，盡廢其少壯所業，殫精乎天元四元之術。著作等身，墨守終老，惟以興復古學，昌明中法爲宗旨。」當年之清史館，以羅士琳入疇人傳，即據可寶傳述士琳之學云：「初精西法，後見四元玉鑒，服膺歎絶，遂壹意專精四元之術。」同樣一部清史稿，儒林傳之各自爲陣，不與他傳照應，以致釀成大誤，於此可見一斑。

〔六〕據清國史，鍾文烝之卒年記之甚明，作：「光緒三年卒，年六十。」清史稿擅刪「光緒三年」，以致卒年不明。顯屬失誤。

〔七〕此處之「僞書」，並非泛指古書真僞，乃係專指僞古文尚書，故當加一書名號。

柳興恩 許桂林　鍾文烝

清史列傳　卷六十九　儒林傳下二

柳興恩，原名興宗，字賓叔，江蘇丹徒人。道光十二年舉人。貧而好學，敦實行。受業於儀徵阮元，初治毛詩，以毛公師荀卿，荀卿師穀梁，穀梁春秋千古絶學。元刻皇清經解，公羊、左氏俱有專家，而穀梁缺焉，乃發憤沉思，成穀梁春秋大義述三十卷。以鄭六藝論云，穀梁子善於經。遂專從善經入手，而善經則以屬辭比事爲據，事與辭則以春秋日月等名例定之。其自序曰：「烏乎，穀梁之學之微也久矣。乃今而知春秋託始於隱之旨，獨在此矣。何言之？公羊予桓公以宜立，穀梁罪桓以不宜立。宜立則罪在桓，不宜立則罪在隱。傳曰：『先君之欲與桓，非正也，邪也。探先君之邪志以與桓，是則成父之惡也。』如傳意，則隱在惠公爲賊子。傳曰：『爲子受之父，爲諸侯受之君，廢天倫，忘君父。』如傳意，則隱於周室爲亂臣。孟子曰：『孔子成春秋而亂臣賊子懼。』夫所謂賊者，豈待剚之刃乃爲賊哉？成父之惡，即賊子矣。所謂亂者，豈但犯上作逆乃爲亂哉？廢倫忘君，即亂臣矣。烏乎，以輕千乘之國者，而不能逃亂賊之誅。然則千秋萬世臣子之懼心，必自隱公始矣。況傳曰：『先君既勝其邪心以與隱。是惠公未失正也，明其不必託始於惠也。傳曰：『讓桓不正。』見桓之弑逆，隱實啓之也。然則隱之元年，尤邪正絶續之交。春秋之託始於此，即以不書公即位見之。孔子志在春秋，故知我、罪我之言，亦出於不得已。此春秋之微言，亦即春秋之大義也。」其書凡例謂：「聖經既以春秋定名，而無事尤必舉四時之首月。後儒謂日月非經之大例，未爲通論。穀梁日月之例，泥則難通，比則易見。與其議傳而轉謂經誤，不若信經而併存傳說。述日月例第一。」謂：「春秋治亂於已然，禮乃防亂於未然。穀梁親受子夏，其中典禮，尤與論語夏時、周冕相表裏。述禮例第二。」謂：「穀梁之經，與左氏、公羊異者以百數，漢書儒林傳云：『穀梁魯學，公羊乃齊學也。』此或由齊、魯異讀，音轉而字亦分。述異文第三。」謂：「穀梁親受子夏，故傳中用孔子、孟子說，其他暗合者更多。述古訓第四。」謂：「自漢以來，穀梁師授，鮮有專家，要不得擯諸師說之外。述師說第五。」謂：「漢儒師説之可見者，惟尹更始、劉向二家，然搜獲寥寥，其說已亡，而名僅存者，自漢以後併治三傳者，亦收録焉。述經師第六。」謂：「穀梁久屬孤經，兹於載籍之涉穀梁者，循次摘録，附以論斷，并著本經廢興源流。述長編第七。」書甫成，就正於元，元惜其見之之晚。番禺陳澧嘗爲穀梁箋及條例，未成，後見興恩書，歎其精博，遂定交焉，並出其說備采，不復作。

他著有周易卦氣輔四卷，虞氏逸象考二卷，尚書篇目考二卷，毛詩注疏糾補三十卷，績王應麟詩地理考二卷，群經異義四卷，劉向年譜二卷，儀禮釋宫考辨二卷，史記漢書南齊書校勘記、説文解字校勘記、宿臺齋詩文集。光緒六年卒，年八十有六。

弟榮宗，字翼南。著有說文引經考異十六卷。同時爲穀梁之學者，有許桂林、鍾文烝。

許桂林，字同叔，江蘇海州人。嘉慶二十一年舉人。少孤，孝於母及生母，無間言。家貧，不以厚幣易遠遊。體素弱不耐勞，惟讀書始精神焕發，故日以詁經爲事。道光元年，丁内艱，以毁卒，年四十三。桂林於諸經皆有發明，尤篤信穀梁之學，著春秋穀梁傳時日月書法釋例四卷。其書有引公羊互證者，有駁公羊而專主者，陽湖孫星衍嘗以條理精密、論辨明允許之。又著易確二十卷，大旨以乾爲主，謂全易皆乾所生，博觀約取，於易義實有發明。别有毛詩後箋八卷，春秋三傳地名考證六卷，漢世别本禮記長義四卷，大學中庸講義二卷，四書因論二卷。嘗以其餘力治六書、九數，著許氏説音十二卷，以配説文，又著説文後解十卷。又以岐伯言，地大氣舉之。氣外無殼，其氣將散，氣外有殼，此殼何依？思得一説，以補所未及。蓋天實一氣，而其根在北，北極是也。北極不當爲天樞，而當爲氣母。因采集宣夜遺文，以西法通之，著宣西通三卷。又以算家以簡爲貴，乃取欽定數理精蘊，撮其切於日用者，著算牖四卷。生平所著書四十餘種，凡百數十卷。儀徵阮元嘗手書「談天秘欲傳宣夜，學海深須到鬱州」句贈之。甘泉羅士琳從之遊，後以四算名世。

鍾文烝，字殿才，浙江嘉善人。道光二十六年舉人。文烝於學，無所不通，而其全力，尤在春秋穀梁經傳補注一書。嘗謂：「春秋一書，非記人事，乃記人心也。凡人事皆人心之所爲也，惟穀梁子獨得此意。」又謂：「穀梁解春秋，似疏而密，甚約而該。經固難知，傳亦難讀。學者既潛心於兹，又必熟精他經，融貫二傳，備悉周、秦諸子及二千年説者之得失，然後補苴張皇，可無遺憾。」因沉潛反覆三十餘年，成書二十四卷，序曰：「魯之春秋，魯所獨也。孔子之春秋，孔子所獨也。故梁、鄭其名，石、鶂盡其辭，正隱治桓，皆卓然出於周初典策之上。夫梁、鄭舊文也，而名有所必正，則其加損舊文者可知矣。石、鶂微物也，而辭必有所盡，則大焉者可知矣。正隱治桓，揭兩字於卷首，則全書悉可知矣。然而斯義也，左氏、公羊不能道，獨穀梁子稱述而發明之。實爲十一卷大指，總要之處，推之千八百年，無所不通。故穀梁傳者，春秋之本義也。」其書網羅衆家，折衷一是，其未經人道者，自比梅鷟之辨僞書，陳第之談古韻，略引其緒，以待後賢。文烝兼究宋、元諸儒書，書中若釋禘祫、祖禰謚法，以及心志不通、仁不勝道、以道受命等，皆能提要挈綱，實事求是。又著論語序説詳正一卷。光緒三年卒，年六十。

陳澧 侯康 侯度 桂文燦

清史稿 卷四百八十二 儒林三

陳澧〔一〕，字蘭甫，番禺人。道光十二年舉人，河源縣訓導〔二〕。澧九歲能文，復問詩學於張維屏，問經學於侯康〔三〕。凡天文、地理、樂律、算術、篆隸，無不研究。中年讀諸經注疏、子、史及朱子書，日有課程。初，著聲律通考十卷〔四〕，謂：「周禮六律、六同，皆文之以五聲。禮記五聲、六律、十二管，還相爲宮。今之俗樂，有七聲而無十二律，有七調而無十二宮，有工尺字譜而不知宮、商、角、徵、羽。懼古樂之遂絶，乃考古今聲律爲一書。」又切韻考六卷，外篇三卷〔五〕，謂：「孫叔然、陸法言之學，存於廣韻，宜明其法，而不惑於沙門之説。」又漢志水道圖説七卷〔六〕，謂：「地理之學，當自水道始，知漢水道，則可考漢郡縣。」其於漢學、宋學，能會其通，謂：「漢儒言義理，無異於宋儒，宋儒輕蔑漢儒者非也。近儒尊漢儒而不講義理，亦非也。」著漢儒通義七卷〔七〕。晚年，尋求大義及經學源流正變得失所在，而論贊之，外及九流諸子、兩漢以後學術，爲東塾讀書記二十一卷〔八〕。

其教人不自立説，嘗取顧炎武論學之語而申之，謂：「『博學於文』，當先習一藝。韓詩外傳曰，好一則博。多好則雜也，非博也。讀經、史、子、集四部書，皆學也，而當以經爲主，尤當以『行己有恥』爲主。」爲學海堂學長數十年〔九〕。至老，主講菊坡精舍〔十〕，與諸生講論文藝，勉以篤行立品，成就甚衆。光緒七年，粵督張樹聲、巡撫裕寬，以南海朱次琦與澧皆耆年碩德，奏請褒異，給五品卿銜。八年卒，年七十三。他著有説文聲表十七卷，水經注提綱四十卷，水經注西南諸水考三卷，三統術詳説三卷，弧三角平視法一卷，琴律譜一卷，申范一卷，摹印述一卷，東塾集六卷。

侯康，字君謨，亦番禺人。道光十五年舉人。少孤，事母孝。家貧，欲買書，母稱貸得錢，買十七史讀之，卷帙皆敝，遂通史學。及長，精研注疏，湛深經術，與同里陳澧交最久〔十一〕。嘗謂：「漢志載春秋古經十二篇者，左經也，經十一卷者，公、穀經也。今以三傳參校之，大要古經爲優。穀梁出最先，其誤尚寡。公羊出最晚，其誤滋甚。」乃取其義意可尋者，疏通證明之，著春秋古經説二卷。又治穀梁以證三禮，以公羊雜出衆師，時多偏駮，排詆獨多，著穀梁禮證，未完帙，僅成二卷。又仿裴松之注三國志例注史，嘗曰：「注古史與近史異。注近史者，群書大備。注古史者，遺籍罕存，當日爲唾棄之餘，今日皆見聞之助，宜過而存之。」因爲後漢書補注續一卷，三國志補注一卷。後漢稱續者，以有惠棟注；三國志杭世駿注未完善，故不稱續也。又補後漢、三國藝文志，各成經、史、子四卷，餘未成。又考漢、魏、六朝禮儀，貫串三禮，著書數十篇，澧嘗歎以爲精深浩博。十七年卒，年四十。

弟度，字子琴。與康同榜舉人，以大挑知縣分發廣西，署河池州知州。廣西賊起，度伐木爲栅，因山勢聯絡，堅固可守。賊退，以病告歸，至家遂卒，年五十〔十二〕。度洽熟經傳，尤長禮學，時稱「二侯」。嘉興錢儀吉嘗稱其研覈傳注，剖析異同，如辨懿伯、惠伯之爲父子，三老、五更之爲一人，證明鄭義，皆有據依。所著書爲夷寇所焚，其説經文刻學海堂集中。

桂文燦，字子白，文燿之弟〔十三〕。道光二十九年舉人。同治二年正月，應詔陳言，曰嚴甄别以清仕途，曰設幕職以重考成，曰分三途以勵科甲，曰裁孱弱以節糜費，曰鑄銀錢以資利用。若津貼京員，製造輪船，海運滇銅，先後允行。光緒九年，選湖北鄖縣知縣，善治獄，以積勞卒於任〔十四〕。文燦守阮元遺言，謂：「周公尚文，範之以禮，尼山論道，教之以孝。苟博文而不能約禮，明辨而不能篤行，非聖人之學也。鄭君、朱子皆大儒，其行同，其學亦同。」因著朱子述鄭録二卷。他著四書集注箋四卷，毛詩釋地六卷，周禮通釋六卷，經學博采録十二卷。

【校記】

〔一〕清史稿之陳澧傳，並所附侯康、侯度、桂文燦三家，皆源自清國史。澧及所附二侯傳，載儒林傳下卷卷三十五，文燦則獨領一傳，載儒林傳下卷卷三十八。

〔二〕陳澧何時選授河源縣訓導？清史稿失記。據汪宗衍先生大著陳東塾先生年譜，譜主屢上春官不第，於道光二十九年正月，選授河源縣學訓導。明年春，會試再挫，遂於是年十一月赴任。在任僅兩月，即於咸豐元年正月，以病告歸。

〔三〕陳澧何時問學於張維屏、侯康？清史稿失記。據前引汪先生年譜，皆在道光七年，譜主時年十八。

〔四〕清史稿陳澧傳記傳主著述及爲學主張，先後倒置，部次失當，以致含混不清，有乖信史矩矱。傳中既云「初，著聲律通考十卷」，則是書當係傳主早年爲學初始時期之著述。其實不然。陳澧之著聲律通考，始自咸豐七年，時年已四十有八。該書原稱燕樂考源箋，後改題聲律通考。八年十月，撰聲律通考自序。史稿引述之主張，即摘自該文。序中，陳澧言之甚明，是書之作，乃緣於爲凌廷堪著燕樂考源補闕訂誤，時已「老之將至」。

〔五〕切韻考六卷、外篇三卷，並非同時之作。據前引汪先生年譜，切韻考初名切韻表，始撰於道光十七年，二十二年，成切韻表自序。外篇初名等韻通，該書自序撰於道光二十三年。同治七年，刻切韻考五卷。九年，續刻切韻考通論一卷，六卷之切韻考遂成。而其外篇，自序撰於光緒五年，至三卷之書刻竣，乃在光緒六年，傳主時已七十有一。故而澧之切韻考外篇自序云:「少日爲此，迄今數十年。舊稿叢雜，爲我審定者，門人廖澤群編修，通聲韻之學者也。」

〔六〕據傳主自記，道光十四年，始著漢地理圖，時年二十有五。道光二十五年以後，再著漢地理志水道圖説。二十八年，撰漢書地理志水道圖説自序。咸豐三年，全書七卷成，傳主已然四十有四。

〔七〕據汪先生年譜引傳主自記，漢儒通義始著於咸豐四年。六年六月，撰該書自序。八年，全書刻成，傳主時年四十有九。

〔八〕據前引年譜，東塾讀書記原題學思録，始撰於咸豐八年。同治十年以後，改題今名。至光緒六年，東塾讀書記刻成九卷。汪宗衍先生有按語云:「東塾讀書記凡廿五卷，爲先生生平大著作。卷一孝經，卷二論語，卷三孟子，卷四易，卷五書，卷六詩，卷七周禮，卷八儀禮，卷九禮記，卷十春秋三傳，卷十一小學，卷十二諸子，卷十五鄭學，卷十六三國，卷廿一朱子，計十五卷，皆先生手定付刊。」又稱:「其卷十三西漢一卷，則先生易簀前數月所寫定，後門人廖廷相等取遺稿付刻。其餘卷十四東漢，卷十七晉，卷十八南北朝，卷十九唐、五代，卷二十宋，卷廿二遼、金、元，卷廿三明，卷廿四國朝，卷廿五通論，均未成。」據此，汪先生於年譜末，附陳東塾先生著述考略記:「東塾讀書記凡二十五卷，已刻成十六卷。」又於東塾雜俎條稱:「先生逝世時，所著東塾讀書記，刻成十五卷。其未成之稿十卷，遺命兒子及門人編録，題曰東塾雜俎。殆未編成，故未見傳本也。」東塾讀書記、東塾雜俎二書，清國史皆記入陳澧傳中，稱:「所著讀書記已成十五卷。又稿本十卷，遺命名曰東塾雜俎」。清史稿删而不録，别出心裁，記東塾讀書記作「二十一卷」。根據何在?令讀史之後學訝然瞠目!

〔九〕陳澧何時始任學海堂學長?清史稿失記。據前引陳東塾先生年譜，時爲道光二十年十月，年三十有一。

〔十〕陳澧何時掌教菊坡精舍?清史稿失記。據容肇祖先生菊坡精舍考略，時爲同治六年秋，運使方濬頤創菊坡精舍，聘陳澧爲院長。光緒八年正月，澧卒。自後不設院長，仿學海堂例，公舉學長四人，分任評校。

〔十一〕清國史侯康傳，記康與同里陳澧之交有云：「與同里陳澧交最久。澧嚴事之，在師友之間。」清史稿擅刪「澧嚴事」以下文字，以致紊亂師友之誼。據侯康兄弟相繼去世之後，澧所撰二侯傳，曰：「余與二侯君，情好最密。計自弱冠，得交君模〔史稿作「謨」——引者〕，始知治經，是吾師也。子琴則同志，曰友者也。君模死，余爲傳，哭其殯而焚之。子琴死，乃爲合傳。」

〔十二〕侯度卒於咸豐五年，清國史本記之甚明，作「至家遂卒，時咸豐五年，年五十七」。清史稿擅刪「時咸豐五年」五字，殊屬無理。

〔十三〕桂文燦之籍貫，清國史記之甚明，作「廣東南海人」。清史稿故弄玄虛，改「廣東南海人」五字，作「文燿之弟」。桂文燿既未立傳，則以「文燿之弟」四字，言文燦籍貫，遂失去依託，甚是荒唐。

〔十四〕清國史之桂文燦傳，記有「光緒十年，海上事起，長江戒嚴」之後，傳主在江夏之治績，稱「未及期年，以積勞卒於任」。清史稿隨意斧鉞，擅刪傳主光緒十年經歷及「未及期年」四字，致使傳主卒年含混不明。

陳澧 侯康　侯度　桂文燦〔一〕

清史列傳　卷六十九　儒林傳下二

陳澧，字蘭甫，廣東番禺人。道光十二年舉人，河源縣訓導。澧九歲能爲詩文，及長，與同邑楊榮緒、南海桂文耀爲友，復問詩於張維屏，問經學於侯康，凡天文、地理、樂律、算術、古文、駢文、填詞、篆隸、真行書，無不研究。中年讀諸經注疏、子、史及朱子書，日有課程，遂輟作詩。初，著聲律通考十卷，謂：「周禮六律、六同，皆文之以五聲，禮記五聲、六律、十二管，還相爲宫。今之俗樂，有七聲而無十二律，有七調而無十二宫，有工尺字譜而不知宫、商、角、徵、羽。懼古樂之遂絶，乃考古今聲律爲一書。自周禮三大祭之樂，爲千古疑義。今考唐時三大祭，各用四調，而周禮乃可通。以此知古樂十二宫，本有轉調。又據隋書及舊五代史，而知梁武帝、萬寶常皆有八十四調。宋姜夔謂，八十四調出於蘇祇婆琵琶。近時凌廷堪燕樂考原，遂沿其誤。至唐、宋俗樂，凌氏已披尋門徑。然二十八調之四韻，實爲宫、商、角、羽，其四韻之第一聲，皆名爲黄鐘。凌氏於此未明，其説亦多不合。且宋人以工尺配律吕，今人以工尺代宫商，此今人失宋人之法，律吕由是而亡。凌氏乃以今人之法駁宋人，尤不可不辨。若夫古今樂聲高下，則有隋志所載歷代律尺，皆以晉前尺爲比。而晉前尺則有王厚之鐘鼎款識，傳刻尚存。今依尺以製管，隋以前樂律皆可考見。宋史載王朴律準尺，亦以晉前尺爲比。又可以晉前尺求王朴樂，求唐、宋、遼、金、元、明樂。高下異同，史籍具在，可排比句稽而盡得之。至於晉泰始之笛，可仿而造，唐開元之譜，可按而歌，古器古音，千載未泯。」又切韻考六卷、外篇三卷，謂：「孫叔然、陸法言之學，存於廣韻，宜明其法，而不惑於沙門之説。」又漢志水道圖説七卷，謂：「地理之學，當自水道始。知漢水道，則可考漢郡縣。」湘鄉曾國藩見聲律、水道二書，服其精博。南海鄒伯奇亦謂，所考切韻，超越前人。

其於漢學、宋學，能會其通。謂：「漢儒言義理，無異於宋儒，宋儒輕蔑漢儒者，非也。近儒尊漢儒，而不講義理，亦非也。」著漢儒通義七卷。晚年，尋求大義，及經學源流正變得失所在，而論贊之，外及九流諸子、兩漢以後學術，爲東塾讀書記。謂：「孝經爲道之根源，六藝之總會。」謂：「論語爲五經之錧鎋。」謂：「中庸肫肫其仁，此語最善形容，可據以增成朱注愛之理、心之德之説。愛是肫懇，心德亦是肫懇。論語言仁者五十八章，以愛與心德解之，而稍覺未密合者，以肫懇之意增成之，則無不合。」謂：「孟子所謂性善者，人人之性皆有善，荀、楊輩所未知。程、朱謂論性不論氣，不備。然孟子言性，非不兼氣質。性中有仁、義、禮、智者，乃所謂善，本無不圓備之病。」其論治經之法，謂：「説詩者解釋辨駁，然不可無紬繹詞意之功。」謂：「讀禮者既明禮文，尤明禮意，而禮意則鄭注最精。」謂：「鄭氏諸經注有宗主，復有不同。中正無弊，勝於許氏異義、何氏墨守之學。」時惠棟、張惠言、孔廣森、劉逢禄之書，盛行於世，澧謂：「虞氏易注多不可通，所言卦象，尤多纖巧。惠棟易學有存古之功，然當分別觀之。」又謂：「漢書儒林傳云，費直以彖、象、系辭十篇文言，解説上、下經，此千古治易之準的。」謂公羊以叔術爲賢者，此公羊之謬，不宜墨守。」謂：「何劭公注有穿鑿之病。」謂：「孔廣森通義序云，春秋重義不重事，以宋伯姬爲證。然若公羊不詳記此事，則伯姬死於火耳，何以見其賢？」又謂：「三傳各有得失。知三傳之病，而後可以治春秋；知杜、何、范注，孔、徐、楊疏之病，而後可以治三傳。三傳注疏之病，動關聖人之褒貶，宜棄其所滯，擇善而從。」其論漢以後諸儒，謂：「魏、晉以後，天下大亂，聖人之道不絶，惟鄭學是賴。」謂：「國朝考據之學，源出朱子，不可反詆朱子。」嘗曰：「吾之書但論學術，非無意於天下事也。以爲政治由於人才，人才由於學術，吾之意專明學術，幸而傳於天下，此其效在數十年後。故於論語之四科，學記之小成、大成，孟子之取狂狷、惡鄉原，言之尤詳，則意之所在也。」

其教人不自立説，嘗取顧炎武論學之語而申之，謂：「『博學於文』，當先習一藝。韓詩外傳曰，好一則博。多好則雜也，非博也。讀經、史、子、集四部書，皆學也，而當以經爲主，尤當以『行己有恥』爲主。」爲學海堂學長數十年，至老，主講菊坡精舍，與諸生講論文藝，勉以篤行立品，成就甚衆。邵陽魏源著海國圖志初成，中有可議者，澧論辨之。後源至粵，見而大悦，遂與定交，並改其書。寶應劉寶楠著論語正義，未成而卒，命子恭冕成之，並言當就正於澧。恭冕後寄書至粵道意。光緒七年，粵督張樹聲、巡撫裕寬，以南海朱次琦與澧皆耆年碩德，奏請褒異。奉旨：「朱次琦、陳澧均著加恩賞給五品卿銜。」八年卒，年七十三。卒後，門人請於大吏，祀其主菊坡精舍。所著讀書記，已成十五卷，又稿本十卷，遺命名曰東塾雜俎。他著有説文聲表十七卷，水經注提綱四十卷，水經注西南諸水考三卷，三統術詳説三卷，弧三角平視法一卷，琴律譜一卷，申范一卷，摹印述一卷，東塾集六卷。

子宗誼，字孝通。性孝友，勤學，尤好讀朱子書，著朱子語類日鈔一卷。年二十一卒。

侯康，字君謨，亦番禺人。道光十五年舉人。少孤，事母孝。家貧，欲買書，母稱貸得錢，買十七史讀之，卷帙皆敝，遂通史學。及長，精研注疏，湛深經術，時人比之孔廣森、汪中。與同里陳澧交最久，澧嚴事之，在師友之間。嘗謂：「漢志載春秋古經十二篇者左經也，經十一卷者，公、穀經也。今以三傳參校之，大要古經爲優。穀梁出最先，其誤尚寡。公羊出最晚，其誤滋甚。」乃取其義意可尋者，疏通證明之，著春秋古經説二卷。又治穀梁以證三禮。以公羊雜出衆師，時多偏駁，排詆獨多，著穀梁禮證，未完帙，僅成二卷。又以左氏傳注，近儒多尊賈、服而排杜，然杜固有勝賈、服者，欲著一書以持其平，亦未成。其餘群經小學，皆有論説，多前人所未發。又欲倣裴松之注三國志例，盡注隋以前諸史。嘗曰：「注古史與近史異。注近史者群書大備，注古史者遺籍罕存，當日爲唾棄之餘，今日皆見聞之助，宜過而存之。」因爲後漢書補注續一卷，三國志補注一卷。後漢稱續者，以有惠棟補注，三國志杭世駿注未完善，故不稱續也。又以隋以前古書多亡，著書者多湮没不彰，補撰後漢、三國、晉、宋、齊、梁、陳、魏、北齊、周十書藝文志，而自注之。後漢、三國成經、史、子三部，各四卷，餘未成。又考漢、魏、六朝禮儀，貫串三禮，著書數十篇。澧嘗歎以爲精深浩博。初擅詩名，又愛南北朝諸史所載文章，爲文輒效其體，爲粤督阮元所賞。體羸弱，而讀書恒至夜深，以此致疾。十七年卒，年四十。弟度。

侯度，字子琴。與康同榜舉人。以大挑知縣，分發廣西，署河池州知州。州居萬山中，無城。廣西賊起，度伐木爲柵，因山勢聯絡，堅固可守。又使民十家爲牌，民有從賊者，倣趙廣漢缿筩法，使良民告奸民，十得六七。既而賊攻桂林，巡撫復命度守城，宿堞旁數月。賊退，以病告歸，至家遂卒，時咸豐五年，年五十七。度治熟經傳，尤長禮學，時稱「二侯」。嘉興錢儀吉嘗稱其研覈傳注，剖析異同，如辨懿伯、惠伯之爲父子，三老、五更之爲一人，證明鄭義，皆有據依。所著書爲夷寇所焚。其説經文，刻學海堂集中。

桂文燦，字子白，廣東南海人。道光二十九年舉人。同治元年，獻所著經學叢書，諭曰：「桂文燦所呈諸書，考證箋注，均尚詳明。群經補正一編，於近儒惠棟、戴震、段玉裁、王念孫諸經説，多所糾正。薈萃衆家，確有依據，具見潛心研究之功。」二年正月，應詔陳言四十條，若津貼京員、製造輪船、海運滇銅諸奏，先後得旨允行。光緒九年，選湖北鄖縣知縣，留江夏治獄。每決一獄，大吏未嘗不稱善。十年，海上事起，長江戒嚴。文燦建議，宜增槍隊，練軍法，並在田家鎮多設守禦方略，以防未然。又以邪説誣民，宜正人心爲急務，擬宣講聖諭章程。及履任，無幕客，無家人，事無大小，皆躬親之。未及期年，以積勞卒於任。

粤東自阮元設學海堂，經學日興，人才彬彬輩出。其後承學之士，喜立門户，遵朱者與鄭違，遵鄭者又與朱違。文燦追述阮元遺言，謂：「周公尚文，範之以禮，尼山論道，教之以孝。苟博文而不能約禮，明辨而不能篤行，非聖人之學也。鄭君、朱子皆大儒，其行同，其學亦同。」因著朱子述鄭録二卷。他著有易大義補一卷，書古今文注二卷，禹貢川澤考四卷，毛詩傳假借考一卷、鄭讀考一卷、釋地六卷，詩箋禮注異考一卷，周禮通釋六卷、今釋六卷，春秋列國疆域考一卷、圖一卷，箴膏肓、起廢疾、發墨守評各一卷，四書集注箋四卷，論語皇疏考證十卷，重輯江氏論語集解二卷，孟子趙注考證一卷，孝經集證四卷，集解一卷，群經補證六卷，經學輯要一卷，經學博采録十二卷，群經輿地表一卷，説文部首句讀一卷，子思子集解一卷，弟子職解詁一卷，周髀算經考一卷，廣東圖説九十二卷，四海記一卷，海國表一卷，海防要覽二卷，群故紀聞二卷，疑獄紀聞一卷，牧令芻言二卷，潛心堂文集十二卷。

【校記】

〔一〕清史列傳之桂文燦，本獨自爲傳，載儒林傳下二。此處姑依清史稿，鈔附陳澧傳。

鄭珍 鄒漢勛　王崧

清史稿　卷四百八十二　儒林三

鄭珍[一]，字子尹，遵義人。道光五年拔貢生，十七年舉人，以大挑二等，選荔波縣訓導[二]。咸豐五年，叛苗犯荔波，知縣蔣家穀病，珍率兵拒戰，卒完其城。苗退，告歸[三]。同治二年，大學士祁寯藻薦於朝，特旨以知縣分發江蘇補用，卒不出。三年卒，年五十九。

珍初受知於歙縣程恩澤[四]，乃益進求諸聲音文字之原，與古宫室、冠服之制。方是時，海内之士崇尚考據，珍師承其説，實事求是，不立異，不苟同。復從莫與儔遊[五]，益得與聞國朝六七鉅儒宗旨[六]。於經最深三禮，謂:「小學有三，曰形，曰聲，曰義。形則三代文體之正，具在説文。若歷代鐘鼎款識及汗簡古文四聲韻，所收奇字，既不盡可識，亦多僞造，不合六書，不可以爲常也。聲則崑山顧氏音學五書，推證古音，信而有徵，昭若發蒙，誠百世不祧之祖。義則凡字書、韻書、訓詁之書，浩如煙海，而欲通經，莫詳於段玉裁説文注，邵晉涵、郝懿行爾雅疏及王念孫廣雅疏證。貫串博衍，超越前古，是皆小學全體大用[七]。」其讀禮經，恒苦乾、嘉以還，積漸生弊，號宗高密，又多出新義，未見有勝，説愈繁而事愈蕪。故言三禮，墨守司農，不敢苟有出入。至於諸經，率依古注爲多。又以餘力旁通子、史，類能提要鉤玄。儀禮十七篇，皆有發明，半未脱稿。所成儀禮私箋，僅有士昏、公食大夫[八]、喪服、士喪四篇，凡八卷。而喪服一篇，反覆尋繹，用力尤深。又以周禮考工記輪輿，鄭注精微，自賈疏以來，不得正解，解説者日益支蔓，成輪輿私箋三卷。

尤長説文之學，所著説文逸字二卷、附録一卷，説文新附考六卷，皆見稱於時。他著有鳧氏圖説、深衣考、汗簡箋正、説隸等書。又有巢經巢經説、詩鈔、文鈔，明鹿忠節公無欲齋詩注。

鄒漢勛，字叔績，新化人。父文蘇，歲貢生，以古學教授鄉里，闢學舍曰古經堂，與諸生肄士禮其中。其考據典物，力尊漢學，而談心性，則宗朱子。漢勛通左氏義〔九〕，佐伯兄漢紀撰左氏地圖説，又佐仲兄漢潢撰群經百物譜。年十八九，撰六國春秋，於天文推步、方輿沿革、六書九數，靡不研究。同縣鄧顯鶴深異之〔十〕，與修寶慶府志。又至黔中〔十一〕，修貴陽、大定、興義、安順諸郡志。咸豐九年，舉於鄉。訪魏源於高郵〔十二〕，同撰堯典釋天一卷。會粵賊陷江寧〔十三〕，漢勛以援、堵、守三策上書曾國藩，謂：「不援江西、堵廣西，湖南亦不能守。」國藩用其言，命偕江忠淑率楚勇千人援南昌。圍解，叙勞以知縣用。既從江忠源於廬州〔十四〕，守大西門，賊爲隧道三攻之，城坍數丈，賊將登陴，漢勛擊卻之。堅守三十七日，地雷復發，城陷。漢勛坐城樓上，命酒自酌，持劍大呼殺賊。賊至，與格鬬，手刃數人，力竭死之，年四十九，贈道銜。

所著讀書偶識三十六卷，自言：「破前人之訓故，必求唐以前之訓故，方敢用。違箋傳之事證，必求漢以前之事證，方敢從。」以漢人去古未遠，諸經注皆有師承，故推闡漢學，不遺餘力。尤深音韻之學，初著廣韻表十卷，晚爲五韻論，説尤精粹，時以江、戴目之。生平於易、詩、禮、春秋、論語、説文、水經，皆有撰述，凡二十餘種，合二百餘卷。同治二年，土匪焚其居，燔焉。今存者，讀書偶識僅八卷，五韻論二卷，顓頊曆考二卷，斆藝齋文三卷、詩一卷，紅崖石刻釋文一卷，南高平物産記二卷。

王崧，字樂山，浪穹人。嘉慶四年進士，授山西武鄉縣知縣。崧學問淹通，儀徵阮元總督雲、貴，延崧主修通志。著有説緯六卷。

【校記】

〔一〕清史稿之鄭珍傳，並所附鄒漢勛、王崧二人傳，皆源出清國史。鄭珍及所附王崧，載儒林傳下卷卷三十七。鄒漢勛原附魏源傳，載儒林傳下卷卷三十五。

〔二〕傳主何時列大挑二等？何時選荔波訓導？史稿皆失記。據錢大成鄭子尹年譜，譜主以舉人大挑得二等，授教職，乃道光二十四年春，禮闈不第後事。此後，凡三歷教職，至咸豐四年十一月，始選得荔波縣訓導。

〔三〕傳主何時在荔波離任告歸？史稿失記。據前引年譜，乃在咸豐五年九月。

〔四〕傳主與歙縣程恩澤何時相識？又因何受知？史稿皆失記。據清宣宗實録卷四十九，程恩澤於道光三年二月癸卯，以右春坊右中允提督貴州學政。又據凌惕安鄭子尹先生年譜，譜主時爲遵義縣學廩膳生員，道光三年十一月，恩澤視學遵義，因之而識譜主。道光五年，鄭珍遂得拔貢成均。

〔五〕傳主何時何緣而得從莫與儔遊？史稿失記。據上引凌氏輯年譜，道光三年，儔任遵義府學教授到官。自是凡在官十九年始卒。子友芝，年十三歲，隨來任所。

〔六〕「益得與聞國朝六七鉅儒宗旨」，「國朝」二字，清國史之鄭珍傳本無，係清史稿撰文者所增。此二字之增，不惟稱謂乖違史法，有悖常識，而且適足見其歷史觀之腐朽。落伍倒退，殊不可取。

〔七〕史稿此段引傳主之爲學主張，源自鄭珍子知同子尹府君行述，乃專論説文解字之「六書」説，與三禮並無直接關繫。史稿撰文者未能精心審讀，隨意剪裁知同文，以致鑿枘不合。據考，此段引文後之「其讀禮經」云云，亦係知同行述語。倘以之接「於經最深三禮」，則文從字順，可免張冠李戴之譏。

〔八〕史稿點校本，誤以「公食」爲篇名，將「大夫」二字讀從

「喪服」。故依儀禮逕改。

〔九〕「通左氏義」前，依清國史，尚有「年十五」三字。史稿擅删，失當。

〔十〕鄒漢勛何以爲同縣耆儒鄧顯鶴器重？道光二十年，漢勛致鄧湘皋學博書言之甚明，係因校刊王夫之船山遺書。清國史之鄒漢勛傳，本略有所記，稱：「初，應聘校刊王夫之遺書，凡五十一部，三百餘卷，均録其序跋，附以案語，以是知名。」清史稿輕率删削國史舊文，將校刊船山遺書事抹去，致使歷史真相不明，殊不可解。

〔十一〕鄒漢勛何時至貴州修志？史稿失記。據李景僑鄒叔績先生年譜，時在道光二十九、三十兩年。

〔十二〕鄒漢勛何時訪魏源於高郵？清國史本記之甚明，作：「公車報罷，訪同郡魏源於高郵。」時當咸豐二年。史稿删削失當，致使時間不明。

〔十三〕太平軍何時陷江寧？史稿失記。據清文宗實録，時爲咸豐三年二月。

〔十四〕鄒漢勛何時隨江忠源至廬州？史稿失記。據前引年譜，時當咸豐三年十一月。十二月十七日城破，漢勛戰殁。

鄭珍 王崧　鄒漢勛〔一〕

清史列傳　卷六十九　儒林傳下二

鄭珍，字子尹，貴州遵義人。道光十七年舉人，以大挑二等，選荔波訓導。咸豐五年，叛苗犯荔波，知縣蔣家穀病，珍率兵拒戰，卒完其城。苗退，告歸。同治二年，大學士祁寯藻薦於朝，特旨以知縣分發江蘇補用，卒不出。三年卒，年五十九。

珍初受知於歙縣程恩澤，語之曰：「爲學不先識字，何以讀三代、秦、漢之書？」乃益進求諸聲音文字之原，與古宮室、冠服之制。方是時，海内之士崇尚考據，珍師承其説，實事求是，不立異，不苟同，洞知諸儒者之得失。復從莫與儔遊，益得與聞鉅儒宗旨。於經最深三禮，墨守司農，不敢苟有出入。儀禮十七篇皆有發明，半未脱稿。所成儀禮私箋，僅有士昏、公食大夫、喪服、士喪四篇，凡八卷，而喪服一篇，反覆尋繹，用力尤深。又以周禮考工記輪輿，鄭注精微，自賈疏以來，不得正解，説者日益支蔓，成輪輿私箋三卷。尤長於説文之學，所著説文逸字二卷、附録一卷，説文新附考六卷，皆見稱於時。他著有鳧氏圖説、深衣考、汗簡箋正、説隸等書。又有巢經室〔二〕詩鈔、文鈔、明鹿忠節公無欲齋詩注。而所撰遵義府志，古今文獻，蒐羅精密，好古之士比之華陽國志。珍嘗謂：「遵義，漢牂柯也。自郡人尹珍道真從許慎、應奉受經書圖緯，教授南域，後無有以經術發聞者。」於是以道真自命，而取以爲名。故學成而裒然爲西南巨儒焉。子知同，能傳其學。

王崧，字樂山，雲南浪穹人。嘉慶四年進士，山西武鄉縣知縣。滇士最爲樸陋，崧獨遍覽群書，學問淹通。儀徵阮元總督雲、貴，延崧主通志，稱其地理、封建諸篇，能得魏收、杜佑之遺法。著有説緯六卷。

鄒漢勛，字叔績，湖南新化人。咸豐元年舉人。父文蘇，字望之，歲貢生，以古學教授鄉里，闢學舍曰古經堂，制度悉依周禮，與諸生肄士禮其中。其考據典物，力尊漢學，而談心性，則宗朱子，道光十一年卒，年六十三。子六人，皆以才稱。漢勛爲最，年十五，通左氏義，佐伯兄漢紀撰左氏地圖説、博物隨鈔，又佐仲兄漢潢撰群經百物譜諸書。年十八九，撰六國春秋。鄉居苦書少，詣群學借觀，鬻畝購書，未嘗計貧。以漢去古未遠，諸經注皆有師承，故推闡漢學，不遺餘力。所著讀書偶識三十六卷，自言:「破前人之訓故，必求唐前之訓故，方敢用。違箋傳之事證，必求漢前之事證，方敢從。」尤深音韻之學，初著廣韻表十卷，自叙謂:「五韻之别，萬有二千。經之以五，紀之以三，判之以八，程之以廿，奠之以五，而萬有二千具矣。何謂奠之以五？五者五音也，氐、卬、上、去、入是也。四聲本五，誤仞爲四，與夫言六音、七音、八音、十聲者，皆非也。何謂程之以廿？廿者，廿聲也。喉、舌、唇、齒，是謂四聲。有深喉、淺喉、舌頭、舌腹、齒本、齒頭、開唇、合唇聲，二之故八，是應八音。深喉、舌腹譬之八音，猶革木皆一聲，餘六物猶金石絲竹匏土，皆三聲。一其二，三其六，故有廿聲。何謂判之以八？八者八呼也。呼有内外，有大小，有輕重，錯之則八。釋家謂之八梵，等韻家謂之八等，漢、晉之儒謂之横口、閉口、籠口、踧口，而皆有輕重。總之曰外言、内言。何謂經之以五，紀之以三？均類之謂也。韻有宫、商、角、徵、霁，是謂五韻。韻有三統，五而三之，則十又五類。一曰戈，黄鐘爲宫之類；二曰孤，林鐘爲徵之類；三曰媧，大簇爲商之類，是爲宫韻；四曰岡，大簇爲宫之類；五曰公，南吕爲徵之類；六曰扃，姑洗爲商之類，是爲商韻；七曰官，姑洗爲宫之類；八曰昆，應鍾爲徵之類；九曰涓，蕤賓爲商之類，是爲角韻；十曰乖，林鐘爲宫之類；十一曰傀，大簇爲徵之類；十二曰該，南宫爲商之類，是爲徵韻；十三曰高，南吕爲宫之類；十四曰甘，姑洗爲徵之類；十五曰弇，應鐘爲霱之類，是爲霱韻。此之謂經之以五，統之以三。」晚爲五韻論，説尤精粹，時以江、戴目之。於史學長地理，嘗謂：「知古者期以用於今。今古之不相通，官名、氏族、法制、典章、州郡、地名，皆是。而地名尤叢雜難據。」故考覈獨詳。

性溺苦於學，衣履垢敝，不精修飾。初，應聘校刊王夫之之遺書，凡五十一部，三百餘卷，均録其序跋，附以案語，以是知名。後應聘修寶慶及貴陽、大定、興義、安順諸郡志。所撰新寧形勢説及貴陽循吏傳，皆洞中日後情事。公車報罷，訪同郡魏源於高郵，互出所著相參訂。漢勛研究曆算，與源共撰堯典釋天一卷，又爲繪天象諸圖。會賊陷江寧，乃間道歸長沙。時弟漢章已隨江忠源守南昌，漢勛上曾國藩以援、堵、守三策並用之説，謂：「不援江西，堵廣西，湖南亦不能守。」國藩用其言，命江忠淑偕漢勛率楚勇千人援南昌。圍解，叙勞以知縣用。未幾，忠源擢安徽巡撫，約漢勛從。既至廬州，助守大西門。賊三爲隧道攻之，城坍數丈，登陴矣，漢勛力擊卻之。忠源上其功，有詔褒獎，以同知直隸州用，賞戴花翎。凡堅守三十七日，水西門地雷復發，城遂陷。漢勛憤甚，痛飲，拔所佩刀直前殺賊十數人，力盡死之，年四十九。事聞，贈道銜，祀廬州及湖南昭忠祠。

生平於易、詩、禮、春秋、論語、説文、水經等書，皆有撰述，凡二十餘種，合二百餘卷。同治二年，土匪焚其居，俱燬於火。後人搜輯賸稿，惟存讀書偶識八卷，五韻論二卷，顓頊曆考二卷，斆藝齋文三卷、詩一卷，紅崖刻石釋文一卷，南高平物産記二卷。

【校記】

〔一〕清史列傳之鄒漢勛傳，原不附鄭珍，乃附魏源。姑依史稿例，附録於此。

〔二〕「室」字誤，據清國史，當作「巢」。

劉寶楠 子恭冕

清史稿　卷四百八十二　儒林三

劉寶楠〔一〕，字楚禎，寶應人。父履恂，字迪九，乾隆五十一年舉人，國子監典簿，著有秋槎札記。寶楠生五歲而孤，母氏喬教育以成。始寶楠從父台拱，漢學精深，寶楠請業於台拱，以學行聞鄉里。爲諸生時，與儀徵劉文淇齊名，人稱「揚州二劉」。道光二十年，成進士，授直隸文安縣知縣。文安地稱窪下，隄堰不修，遇伏秋水盛漲，輒爲民害。寶楠周履隄防，詢知疾苦，爰檢舊册，依例督旗屯及民同修，而旗屯恒怙勢相觀望，寶楠執法不阿，功遂濟。再補元氏，會歲旱，縣西北境蝗，袤延二十餘里。寶楠禱東郊蜡祠，蝗争投阬井，或抱禾死，歲則大熟。咸豐元年，調三河。值東省兵過境，故事，兵車皆出里下。寶楠謂兵多差重，非民所堪，雇車應差，給以民價，民得不擾。寶楠在官十六年，衣冠樸素，如諸生時。勤於聽訟，官文安日，審結積案千四百餘事，雞初鳴坐堂皇，兩造具備，當時研鞫，事無鉅細，均如其意結案，悖者照例治罪。凡涉親故族屬訟者，諭以睦婣，概令解釋。訟獄既簡，吏多去籍歸耕，遠近翕然著循良稱。咸豐五年卒，年六十五。

寶楠於經，初治毛氏詩、鄭氏禮，後與劉文淇及江都梅植之、涇包慎言、丹徒柳興恩、句容陳立約，各治一經〔二〕。寶楠發策得論語，病皇、邢疏蕪陋，乃蒐輯漢儒舊説，益以宋人長義，及近世諸家，仿焦循孟子正義例，先爲長編，次乃薈萃而折衷之，著論語正義二十四卷。因官事繁，未卒業，命子恭冕續成之。他著有釋穀四卷，於豆、麥、麻三種，多補正程氏九穀考之説。漢石例六卷，於碑志體例，考證詳博。寶應圖經六卷，勝朝殉揚録三卷，文安隄工録六卷。

恭冕，字叔俛。光緒五年舉人。守家學，通經訓。入安徽學政朱蘭幕〔三〕，爲校李貽德春秋賈服注輯述，移補百數十事。後主講湖北經心書院，敦品飭行，崇尚樸學。幼習毛詩，晚年治公羊春秋，發明「新周」之義，闢何劭公之謬説〔四〕，同時通儒皆韙之。卒年六十〔五〕。著有論語正義補、何休論語注訓述、廣經室文鈔。

【校記】

〔一〕清史稿之劉寶楠傳，並所附其子恭冕傳，皆源自清國史，載儒林傳下卷卷三十七。

〔二〕劉寶楠與諸學友約，各治一經，不惟係傳主一生爲學之大節目，而且乃可據以窺知一時學術消息。史稿不記其時間，僅述一「後」字，當屬失誤。據劉恭冕論語正義後叙，時在道光八年。又據劉文興纂寶應劉楚楨先生年譜，譜主時年三十八歲，訂約諸友，尚有甘泉薛傳均。

〔三〕劉恭冕何時入安徽學政朱蘭幕？史稿失記。劉嶽雲撰族兄叔俛事略，僅記作其父「捐館後」。據錢維福清秘述聞續卷十一，朱蘭任安徽學政，時當同治三年至六年間。

〔四〕一致百慮，殊途同歸，乃數千年中國學術演進之正道。修史而憑一己之見，遂論定學術是非，斥某家爲「謬説」，實有失輕率。

〔五〕劉恭冕卒於何年？史稿失記。據前引事略，時在光緒九年六月。

劉寶楠 子恭冕

清史列傳　卷六十九　儒林傳下二

劉寶楠，字楚禎，江蘇寶應人。父履恂，字迪九，乾隆五十一年舉人，國子監典簿，著有秋槎雜記。寶楠生五歲而孤，母氏喬教育之。始從從父台拱請業，以學行聞鄉里。爲諸生時，與儀徵劉文淇齊名，人稱「揚州二劉」。道光二十年進士，授直隸文安縣知縣。文安地窪下，隄堰不修，遇伏秋水盛漲，輒爲民害。寶楠周履隄防，詢知疾苦，爰檢舊册，依例督旗屯及民同修，而旗屯恒怙勢相觀望，寶楠執法不阿，功遂濟。嘗夜冒雨至大城，助修固、獻等隄，堵塞演馬莊隄工决口。在縣三歲，皆獲有秋。再補元氏，會歲旱，縣西北境蝗，袤延二十餘里。寶楠禱東郊蜡祠，令邨保設廠購捕，蝗争投阬井，或抱禾死，歲則大熟。咸豐元年，調三河。值東省兵過境，故事，兵車皆出里下。寶楠謂兵多差重，非民所堪，雇車應差，給以民價，民得不擾。在官十六年，衣冠樸素如諸生時。勤於聽訟，官文安日，審結積案千四百餘事。每雞初鳴，燭入，噉食少許，興坐堂皇，隨鞫隨結，毋許吏胥攙言。凡涉親故族屬訟者，諭以睦婣，概令解釋。訟獄既簡，吏多去籍歸耕，曹舍晝閉，或賃與人爲書畫肆，遠近翕然著循良稱。咸豐五年卒，年六十五。

寶南於經，初治毛氏詩、鄭氏禮，後與劉文淇及江都梅植之、涇包慎言、丹徒柳興恩、句容陳立約，各治一經。寶楠發策得論語，病皇、邢疏蕪陋，乃蒐輯漢儒舊説，益以宋人長義，及近世諸家，仿焦循孟子正義例，先爲長編，次乃薈萃而折衷之，著論語正義二十四卷。其最有功經訓者，如謂有子言禮之用章，是發明「中庸」之説，夫子五十知天命，是「天生德於予」之義；告子遊、子夏問孝，是言士之孝；乘桴浮海，是指今高麗地；興於詩，立於禮，成於樂，民可使由之，不可使知之，是夫子教門弟子之法；文王既没，文不在兹乎，是指所得之簡策；言樊遲從游於舞雩之下，問崇德、修慝、辨惑，是魯行雩祭，樊遲舉雩祭之詞以問；朋友切切偲偲，兄弟怡怡，是言朋友責善，兄弟不可責善；謂伯魚爲周南、召南，是謂伯魚受室後，示以閨門之戒；四海困窮，是指洪水之災，堯舉舜敷治之。凡此，皆先聖賢之旨，沉霾二千餘載，一旦始發其藴。至八佾、鄉黨二篇，所説禮制，皆至詳確。因官事繁，未卒業，命子恭冕績成之。他著有釋穀四卷，於豆、麥、麻三種，多補正程氏九穀考之説。漢石例六卷，於碑志體例，考證詳博。寶應圖經六卷，勝朝殉揚録三卷，文安隄工録六卷。所爲文淵雅翔實，有韞山樓詩文集。

恭冕，字叔俛。光緒五年舉人。守家學，通經訓。入安徽學使朱蘭幕，爲校李貽德春秋賈服注輯述，移補百數十事。後主講湖北經心書院，敦品飭行，崇尚樸學。幼習毛詩，晚年治公羊春秋，發明「新周」之義，闢何劭公之謬説，同時通儒皆韙之。卒年六十。著有論語正義補、何休論語注訓述、廣經室文鈔。

龍啓瑞　苗夔　龐大堃

清史稿　卷四百八十二　儒林三

龍啓瑞〔一〕，字翰臣，臨桂人。道光二十一年一甲一名進士，授翰林院修撰。二十四年，充廣東鄉試副考官。二十七年，大考翰詹，二等七名，以侍講升用。七月，簡湖北學政，著經籍舉要一書，以示學者。又以學政之職有三要，一曰防弊，二曰勵實學，三曰正人心風俗。三十年，丁父憂回籍。咸豐元年六月，廣西巡撫鄒鳴鶴奏辦廣西團練，以啓瑞總其事。二年七月，省城圍解，以守城出力，以侍講學士升用。六年四月，授通政司副使。十一月，簡江西學政。七年三月，遷江西布政使。八年九月，卒於官。

啓瑞切劘經義，尤講求音韻之學，貫穿於顧、江、段、王、孔、張、劉、江〔二〕諸家之書，而著古韻通説二十卷〔三〕。以爲論古韻者，自顧氏以前失之疏，自段氏以後過於密，江氏酌中，亦未爲盡善。陽湖張氏分二十一部，言「凡言古韻者，分之不嫌密，合之不嫌廣。惟分之密，其合之也脈絡分明，不至因一字而疑各韻可通，亦不至因各韻而疑一字之不可通」。啓瑞服膺是言，故其集古韻也，意主於嚴，而其爲通説也，則較之顧氏而尚覺其寬。不拘成説，不執私見，參之古書，以求其是而已。其論本音、論通韻、論轉音，皆確有據依，而以論通説總之，故以名其全書焉。他著有爾雅經注集證三卷，經德堂集十二卷。

苗夔，字仙簏，肅寧人。幼即嗜六書形聲之學，讀許氏説文，若有夙悟。已又得顧炎武音學五書，慕之彌篤，曰：「吾守此終身矣。」舉道光十一年優貢生，高郵王念孫父子禮先於夔，由是譽望日隆。夔以爲許叔重遺書，多有爲後人妄删或附益者，乃訂正説文八百餘字，爲説文聲訂二卷。顧氏音學所立古音表十部，宏綱已具，然猶病其太密，而戈、麻既雜西音，不應别立一部。於是併耕、清、青、蒸、登於東、冬，併戈、麻於支、齊，定以七部槩括群經之韻，字以聲從，韻以部分，爲説文聲讀表七卷。詩自毛傳、鄭箋而後，主義理者多，主聲均者少，雖有陸元朗詩經音義，亦不能專主古音，然古音時有未盡改者。夔治毛詩，尤精於諧聲之學。嘗以齊、魯、韓三家證毛，而又以許洨長之聲讀參錯其間，采太平戚氏之漢學諧聲、詩經正讀，無錫安氏之均徵，爲毛詩均訂十卷。咸豐丁巳〔四〕五月卒，年七十有五。

龐大堃，字子方，常熟人。嘉慶二十四年舉人。究心音韻之學，嘗謂：「顧、江、戴、段、孔、王諸家，分部互有出入者，以入聲配隸無準耳。入聲有正紐、反紐，今韻多從正紐，古韻多從反紐，陽奇陰偶，兩兩相配，一從陸氏法言〔五〕所定爲正紐，一從顧、江、戴、王所定爲反紐。其轉音之法有五，一正轉，同部者是也；一遞轉，同音者是也；一旁轉，相比及相生者是也；一雙聲，同母者是也。」又謂：「欲明古音，必先究唐韻，乃可定其分合。」爲唐韻輯略五卷、備考一卷，形聲輯略一卷、備考一卷，古音輯略二卷、備考一卷，等韻輯略三卷。他著有易例輯略五卷。

【校記】

〔一〕清史稿之龍啓瑞傳，並所附苗夔、龐大堃二家，皆源出清國史，載儒林傳下卷卷三十八。

〔二〕清國史「劉」字後，本無「江」字，而繆荃孫先生撰啓瑞傳稿，則有「江」字。繹其文意，前一「江」當指江永，後一「江」則謂江有誥。

〔三〕古韻通説二十卷，清國史及繆先生撰稿，皆作「二十部」，清史稿藝文志則作「四卷」。部、卷二字，所指有别，部謂古韻部類，卷則言書籍卷帙。然同言卷帙，儒林傳作「二十卷」，藝文志則作「四卷」，清史稿纂修之時，各自爲陣，互不照應，自然要彼此參差。

〔四〕苗夔卒於咸豐七年五月，清國史記之明確不誤。清史稿故作雅態，改「七年」爲「丁巳」，實乃多此一舉。

〔五〕「法言」本人名，史稿點校本誤作書名，故逕改，加人名號。

龍啓瑞 苗夔 龐大堃

清史列傳　卷六十九　儒林傳下二

龍啓瑞，字翰臣，廣西臨桂人。父光甸，字見田，嘉慶二十四年舉人，歷官黔陽、武陵知縣，乍浦、台州同知。所至斷滯獄，修文教，摘姦發伏，以廉幹稱。著有宰黔防乍録及詩文集，道光二十九年卒，年五十八。啓瑞，道光二十一年一甲一名進士，授翰林院修撰。二十三年，充順天鄉試同考官。二十四年，充廣東鄉試副考官。二十七年，大考翰詹，二等七名，以侍講升用。七月，提督湖北學政。湖北人士知禮尚文，啓瑞專以根柢之學振之，著經籍舉要一書以示學者。又以學政之職有三要，一曰防弊，二曰厲實學，三曰正人心風俗。故所作文檄，告誡周詳。既復舉舊日所聞及近所施行者，爲視學須知一卷。三十年，丁父憂回籍。咸豐元年六月，廣西巡撫鄒鳴鶴奏辦團練，以啓瑞總其事。二年七月，省城圍解，以守城叙功，得旨以侍講學士升用，並賞戴花翎。五年，回京。六年四月，擢通政司副使。十一月，提督江西學政。七年三月，授江西布政使。時髮逆踞東南，江西僅省會暨一府未没於賊，庫藏久虛。啓瑞焦勞籌度，饟糈賴以不絶。會歲旱蝗，齊心祈禱，力求驅捕之法，蝗患頓除。嘗勸民積穀備荒，復以暇修普濟、育嬰諸善政，惠心澤民，都邑感慕。八年九月，卒於官。同治十一年，奉旨入祀江西名宦祠。

啓瑞少與其鄉吕璜、朱琦、王錫振爲古文，步趨桐城。已從上元梅曾亮遊，文日益進。後交漢陽劉傳瑩，切劘經義，尤講求音韻之學，貫穿於顧、江、苗、段、王、孔、張、劉諸家之書，而著古韻通説二十部。其論古韻寬嚴得失曰：「論古韻者，自顧氏以前失之疏，自段氏以後過於密，江氏酌中亦未爲盡善。顧氏規模粗備，其考據精確，有不可磨滅者。段氏分之、脂、支三部，發前人所未發，餘所分者，求之古經，率多可據。雖分配入聲未極精審，不免千慮之失，然而分合周備，條理井然，可謂文而不煩，博而知要者矣。後之陽湖張氏、高郵王氏、曲阜孔氏、歙江氏，諸子之學，博足以綜其蕃變，精足以定其指歸，皆由段氏精而求之，以極於無可復加之地。至張氏之分爲二十一部，與高郵王氏略同，其依據説文，折衷經韻，使人觀形可以得聲之誤，復審音可以定形之譌，而於通轉流變之間，尤能言之盡意。同時武進劉氏，復有詩聲衍之作，觀其序論及標目部分，蓋亦竊取張氏之意而爲之者也。其論入聲，同部異韻及異部同用，較諸家尤爲明備，覺段氏之精於説文，猶未見及。張氏有言，凡言古韻者，分之不嫌密，合之不嫌廣。惟分之也密，故其合之也脈絡分明，不至因一字而疑各韻可通，亦不至因各韻而疑一字之不可通。故今之集古韻也，意主於嚴，而其爲通説也，則較之顧氏而尚覺其寬。其分也有所以可分之由，其合也有所以得合之故，皆爲剖而明之。不敢拘前人成説，不敢執一己私見，亦曰參之古書，以求其是，質之人心，而得其安而已。」論本音曰：「許書實兼音、形、義三者爲訓，諧聲一門，幾居全書之八。然比而論之，無不與經訓符合，未有母聲在此，而子聲在彼者。間有出入，即可據爲古音通轉之證。中有讀若、讀同之例，雖偶用方言俗字，未必盡出古音，然要取諸同部，其轉入他部者，亦必有説。每文下所載古文或體，亦然。今於經韻後載説文諧聲諸字，以見音隨字寓之原，而於偏旁讀若小異者，皆爲梳鬌而證明之。其有古今音變難爲强説者，仍從蓋闕。」論通韻曰：「二十部大旨，貴於密而不貴於疏。然證之於古，或齟齬而不合，則不得不爲之説，以通其變。然其所通者，必有其所以可通之故，而非若唐人之通韻，僅取便於時俗而已。」論轉音曰：「轉音即雙音之異名，天地間自有不可磨滅者。古經中用韻及字書偏旁有不合者，苟求之於是，無不可通。必謂古一字衹有一音，非確論也。此條所以濟本音通韻之窮，而讀古書及説文者，愈釋然而無疑矣。」論通説曰：「學者從事於二十部之古韻，則於其紛紜轇輵者，有若涇、渭之難淆，燕、越之各判矣。然於此而與之道古，或不免拘執而難通，又將諱其所不合以爲安，則又與於誣古欺人之甚。故爲之説有十以通之，大都本通韻之文爲之根柢，通韻衹通其數字，通説則舉其一字。蓋全書皆嚴其所以分之界，而於此終著其所以合之由，是古韻之學之大成也，故以名其全書焉。」

啓瑞又以爾雅一書，學者多苦其難讀，因采邵、郝、盧、阮諸説，於發疑正讀之交，講明至是，間復參以己見，著爾雅經注集證三卷。他著有小學高注補正、是君是臣録、班書識小録、通鑑識小録、諸子精言、莊子字詁，及經德堂詩文集十二卷。

苗夔，字仙簏，直隸肅寧人。幼即嗜六書形聲之學，讀許氏説文，若有夙悟。已又得顧炎武音學五書，慕之彌篤，曰：「吾守此終身矣。」舉道光十一年優貢生。高郵王念孫父子聞夔之説，禮先於夔，與暢論音學源流，由是譽望日隆。夔以爲許叔重遺書，多有爲後人妄删或附益者，乃訂正説文，凡六朝、五代以來，聲傳訛者八百餘字，爲説文聲訂二卷。顧氏音學所立古音表十卷〔一〕，宏綱已具，然猶病其太密，而戈、麻既雜西音，不應别立一部。於是併耕、清、青、蒸、登於東、多〔二〕，併戈、麻於支、齊，定以七部，檃括群經之韻，字以聲從，韻以部分，爲説文聲讀表七卷。宋濂篆韻集鈔謂：「説文建首五百四十字，即蒼頡讀。六朝、五代人，無能得其句讀者，皆以俗韻失之也。」夔以毛詩韻部定其音紐，爲建首字讀一卷。詩自毛傳、鄭箋而後，主義理者多，主聲韻者少，雖有陸元朗詩經音義，亦不能專主古音，然古音時有未盡改者。夔治毛詩，尤精於諧聲之學。嘗以齊、魯、韓三家證毛，而又以説文之聲讀參錯其間，采太平戚氏之漢學諧聲、詩經正讀，無錫安氏之均徵，爲毛詩韻訂十卷。書出，識者歎其精審。他著有説文聲讀考、集韻經存、韻補正、經韻鉤沉四種。咸豐七年五月卒，年七十五。生平苦思專一，雖處困約，有以自怡。將歿，戒其子葬衆書叢中。子玉璞，乃擇書之尤嗜者，納棺中殉焉。

龐大堃，字子方，江蘇常熟人。嘉慶二十四年舉人。究心音韻之學，嘗謂:「顧、江、戴、段、孔、王，諸家分部互有出入者，以入聲配隸無準耳。入聲有正紐、反紐，今韻多從正紐，古韻多從反紐。」故用王氏説，别出緝、盍十八部。第一部歌、戈、麻，分支、齊、佳。第二部魚、虞、模，分麻，其入鐸、陌、昔，分藥、覺、麥、錫，皆喉音。第三部蒸、登、分、耕。第四部之、咍，分皆、灰，尤，其入職、德，分屋、麥。第五部東、冬、鍾、江。第六部尤、侯、幽，分虞、蕭、宵、肴、豪，其入屋、沃、燭、覺，分錫。第七部陽、唐、耕。第八部蕭、宵、肴、豪，其入藥，分鐸、屋、沃、覺、麥、錫。第九部耕、清、青，分庚。第十部支、佳，分齊，其入麥、錫，分昔，皆鼻音。第十一部真、諄、臻、文、殷、魂、痕、先，分删、山、仙。第十二部脂、微、齊、皆、灰，分咍、祭，其入質、術、櫛、物、迄、没、黠、屑，分舝、薛。第十三部元、寒、桓、删、山、仙，分先。第十四部祭、泰、夬、廢，分霽、怪，其入月、曷、末、舝、薛，分黠、屑，皆舌齒音。第十五部侵、覃、添、咸、凡，分鹽。第十六部緝、合、帖、洽、乏，分葉。第十七部談、鹽、銜、嚴。第十八部盍、葉、狎、業，分帖，皆脣音。祭無平上聲，緝、盍無平上去聲。陽類、陰類各九部，陽奇陰偶，兩兩相配，一從陸氏法言所定爲正紐，一從顧、江、戴、王氏所定爲反紐。其轉音之法有五，一正轉，同部者是也；一遞轉，同音者是也；一旁轉，相比及相生者是也；一雙聲，同母者是也。

大堃又謂:「欲明古音，必先究唐韻，乃可定其分合。」因取徐鉉所引孫愐音切，參以徐鍇之篆韻譜，按部排纂，爲唐韻輯略五卷、備考一卷。又以説文正字，按部排纂，以聲相統，而别出其流變之字，爲形聲輯略一卷、備考一卷。又以説文諧聲，經典用韻，合之唐韻，按部排纂，以紐相承，而表出其分收之字、别收之字，爲古音輯略二卷、備考一卷。其論等韻，則謂字母三十六，爲天地自然之音，不可增減，不可移易。取切韻指掌圖、四聲等子、切韻指南參互考訂，合門法爲八，分十六攝爲六十一圖，以唐韻、廣韻、集韻、五音集韻及玉篇、玉海之字，按紐排纂，附注切音爲總圖以提其綱，爲略例以舉其凡，爲備考以覈其實。又推之玉篇、廣韻、皇極經世之論音，以暢其説。又推之天竺、西番藏經十二家之譯字，以盡其變，爲等韻輯略三卷。他著有易例輯略五卷。子鍾璐，官至刑部尚書。

【校記】

〔一〕「卷」字誤，依音學五書之古音表，當作「部」。

〔二〕「多」字誤，據傳主説文聲讀表叙，當作「冬」。

陳立

清史稿　卷四百八十二　儒林三

陳立[一]，字卓人，句容人。道光二十一年進士[二]，二十四年，補應殿試，選翰林院庶吉士。散館，改[三]刑部主事，升郎中，授雲南曲靖府知府。請訓時，文宗有「爲人清慎」之褒。時以道梗，不克之任[四]。

少客揚州[五]，師江都梅植之，受詩古文辭，師江都凌曙、儀徵劉文淇，受公羊春秋、許氏説文、鄭氏禮，而於公羊致力尤深[六]。文淇嘗謂：「漢儒之學，經唐人作疏，其義益晦。徐彦之疏公羊，空言無當。近人如曲阜孔氏、武進劉氏，謹守何氏之説，詳義例而略典禮、訓詁。」立乃博稽載籍，凡唐以前公羊古義，及國朝[七]諸儒説公羊者，左右采獲，擇精語詳。草創三十年，長編甫具。南歸後，乃整齊排比，融會貫通，成公羊義疏七十六卷。

初治公羊也，因及漢儒説經師法，謂莫備於白虎通。先爲疏證，以條舉舊聞、暢隱扶[八]微爲主，而不事辨駁，成白虎通疏證十二卷。幼受爾雅，因取唐人五經正義中所引犍爲舍人、樊光、劉歆、李巡、孫炎五家，悉甄録之。謂郭注中精言妙諦，大率胎此。附以郭音義及顧、沈、施、謝諸家切釋，成爾雅舊注二卷。又以古韻之學，敝蝕已久，而聲音之原，起於文字，説文諧聲，即韻母也。因推廣歸安姚氏説文聲系之例，剌取許書中諧聲之文，部分而綴叙之。以象形、指事、會意爲母，以諧聲爲子，其子之所諧，又即各綴於子下。其分部則兼取顧、江、戴、孔、王、段、劉、許諸家，精研而審核之，訂爲二十部，成説文諧聲孳生述三卷。其文淵雅典碩，大抵考訂服制典禮及聲音訓詁爲多，成句溪雜著六卷。卒年六十一〔九〕。

【校記】

〔一〕清史稿之陳立傳，源出清國史，載儒林傳下卷卷三十八。

〔二〕「道光二十一年進士」，不確。據清國史，陳立乃道光二十四年進士。又據江慶柏清代進士題名録，陳立雖爲道光二十一年貢士，但未參加殿試。二十四年，始補殿試，爲二甲第三十八名進士。

〔三〕「改」字不確。清制，庶吉士非實官。散館，始獲授官，或任職翰林院，或以部屬用，或即用知縣。故史稿不依清國史舊文，以「改」字换「授」字，不妥。

〔四〕傳主既因亂道阻，不克赴任，此後經歷若何？依清國史，本有「流轉東歸」云云文字。清史稿悉數不存，致使傳主生平中斷失記。

〔五〕「少客揚州」，整理本原接「不克之任」，未作分段處理。依上下文意，改作另起一段。

〔六〕陳立之致力春秋公羊學，固緣師從凌曙，而據先前之劉寶楠傳，亦係道光八年，南京鄉試，與諸師友相約各治一經。史稿於此，倘若存之數語，不惟可見傳主生平學行之重要節目，而且亦可前後照應，存學術演進之一段消息。

〔七〕清史開館，已入民國，尚以「國朝」稱「亡清」，史觀落伍倒退，殊不可取。

〔八〕「暢隱扶微」，「扶」字形近而誤。據傳主白虎通疏證自序，當作「暢隱抉微」。

〔九〕陳立卒於何年？史稿失記。據劉恭冕撰清誥授中憲大夫曲靖府知府陳君墓誌銘，時當同治八年十月二十二日。

陳立

清史列傳　卷六十九　儒林傳下二

陳立，字卓人，江蘇句容人。道光二十四年進士，改翰林院庶吉士。散館，授刑部主事，洊升郎中，記名御使，授雲南曲靖府知府。召對時，顯皇帝有「爲人清慎」之褒。時以道梗，不克之任，流轉東歸。所至賓禮，先後受事皆刑名至重，立處以詳慎。於喪服變除，宗法淆異，多能折衷，協於禮律。

少讀書過目成誦，隨父客揚州，師江都梅植之，受詩古文辭，師江都凌曙、儀徵劉文淇，受公羊春秋、許氏說文、鄭氏禮，而於公羊致力尤深。文淇嘗謂：「漢儒之學，經唐人作疏，其義益晦。徐彥之疏公羊，空言無當。近人如曲阜孔廣森、武進劉逢禄，謹守何休之説，詳義例而略典禮、訓詁。」立乃博稽載籍，凡唐以前公羊古義，及國朝諸儒説公羊者，左右采獲，擇精語詳，草創三十年，長編甫具。南歸後，乃整齊排比，融會貫通，成公羊義疏七十六卷。

初治公羊，因及漢儒説經師法，謂莫備於白虎通，先爲疏證，以條舉舊聞，暢隱抉微爲主，而不事辨駁，成白虎通疏證十二卷。幼受爾雅，因取唐人五經正義中所引犍爲舍人、樊光、劉歆、孫炎、李巡五家，悉甄録之，謂郭注中精言妙諦，大率胎此。附以郭音義及顧、沈、施、謝諸家切釋，成爾雅舊注二卷。又以古韻之學蔽蝕已久，而聲音之原起於文字，說文諧聲即韻母也。因推廣歸安姚文田說文聲系之例，剌取許書中諧聲之文，部分而綴叙之。以象形、指事、會意爲母，以諧聲爲子，其子之所諧，又即各綴於子下。其分部則兼取顧、汪〔一〕、戴、孔、王、段、劉諸家，精研而審覈之，訂爲二十部，成說文諧聲孳生述三卷。爲文淵雅典碩，不尚空言，大抵考訂服制典禮及聲音訓詁爲多，有句溪雜著六卷。生平甘淡泊，恥干謁，與人交，懇款惻怛。客揚州久，師門誼最篤。卒年六十一。

【校記】

〔一〕「汪」字誤。據傳主說文諧聲孳生述略例，當作「江」，謂江永。

陳奐 金鶚

清史稿　卷四百八十二　儒林三

陳奐〔一〕，字碩甫，長洲人。諸生。咸豐元年，舉孝廉方正。奐始從吴江沅治古學〔二〕，金壇段玉裁寓吴，與沅祖聲善，嘗曰：「我作六書音韻表，惟江氏祖孫知之，餘匙有知者。」奐盡一晝夜，探其梗概。沅嘗假玉裁經韻樓集，奐竊視之，加朱墨。後玉裁見之，稱其學識出孔、賈上，由是奐受學玉裁〔三〕。高郵王念孫暨子引之、棲霞郝懿行、績溪胡培翬、涇胡承珙、臨海金鶚，咸與締交〔四〕。

奐嘗言：「大毛公詁訓傳，言簡意賅〔五〕。」遂殫精竭慮，專攻毛傳。以毛傳一切禮數名物，自漢以來，無人稱引，韜晦不彰，乃博徵古書，發明其義。大抵用西漢以前舊説，而與東漢人説詩者不苟同。又以毛氏之學，源出荀子，而善承毛氏者，惟鄭仲師、許叔重兩家，故於周禮注、説文解字，多所取説，著詩毛氏傳疏三十卷。又以疏中稱引，博廣難明，更舉條例，立表示圖，爲毛詩説一卷。準以古音，依四始爲毛詩音四卷。倣爾雅例，編毛傳爲義類十九篇一卷。以鄭多本三家詩，與毛異，爲鄭氏箋考徵一卷。又有詩語助義三十卷，公羊逸禮考徵一卷，師友淵源記一卷，褅郊或問、宋本集韻校勘記各若干卷。

其論尚書大傳，與毛傳同條共貫；論春秋之學，從公羊以知例，治穀梁以明禮，穀梁文句極簡，必得治禮數十年，而後可明其要義；論釋名，與毛傳、説文多不合，然可以討漢、宋〔六〕説經家之源流。其論丁度集韻云：「集韻總字，具見類篇。先以類篇校集韻，再參之釋文、説文、玉篇、廣韻、博雅，則校讐之功過半矣。」又云：「陸氏釋文宋本，當於集韻求之。今尚書釋文，經開寶中陳諤等删改之本，集韻則未經删改者也。」於子書中尤好管子，嘗令其弟子元和丁士涵，爲管子案四卷。

家居授徒，從遊者數十人。同郡管慶祺、丁士涵、馬釗、費鍔〔七〕，德清戴望，其尤著也。同治二年卒，年七十有八。

金鶚，字誠齋，臨海人。優貢生。博聞强識，邃精三禮之學。受知於山陽汪廷珍，與析難辨論，成禮説二卷。嘉慶二十四年，卒於京邸。所著求古録一書，取宫室、衣服、郊祀、井田之類，貫串漢、唐諸儒之説，條考而詳辨之。鶚又嘗輯論語鄉黨注，釐正舊説，頗得意解。卒後稿全佚，陳奂求得之，釐爲求古録禮説十五卷，鄉黨正義一卷。

【校記】

〔一〕清史稿之陳奂傳，並所附金鶚傳，皆源出清國史，載儒林傳下卷卷三十九。

〔二〕「奂始從吴江沅治古學」，據清國史，「吴」下尚脱一「縣」字。「吴」與「吴縣」，所指不盡相同，「縣」字不可省。據傳主師友淵源記，其師江沅乃江蘇吴縣人，奂追隨問學，始於嘉慶十五年，時年二十有五。

〔三〕傳主何時受學段玉裁？史稿失記。據前引師友淵源記：「若膺諱玉裁，一字懋堂，金壇人。乾隆二十五年庚辰舉人，官四川巫山縣，年四十二即告養引歸。僑居蘇州金閶門外白蓮橋枝園，鍵户不問世事者數十年。嘉慶十七年壬申冬十二月，會説文解字注授梓，子蘭師之閩，而以校讐委任，奂遂受業師門。」

〔四〕傳主何時與王念孫、引之父子及諸儒林中人締交？史稿失記。據前引師友淵源記，時當嘉慶二十三年入都，及其後之一二年間。

〔五〕史稿引陳奂語，出毛詩傳疏叙録，係語意轉述，而非原文。「言簡意賅」四字，奂文本作「文簡而義贍」。史稿若照録原文，不惟尊重歷史，而且亦可存傳主遺詞之個性。

〔六〕「漢、宋説經家之源流」句，依清國史之陳奐傳，本作「漢末説經家之沿流」。國史所記，源出傳主弟子戴望撰孝廉方正陳先生行狀。戴文云：「其論小學，謂：『釋名與毛傳、説文多不合，然可以討漢季説經家之沿流者。』清國史改「季」作「末」，並删句末「者」字，尚無大謬。而清史稿不惟改「沿」作「源」，而且將「末」改作「宋」，竟將不相涉的宋人牽扯其中，實爲差之毫厘，謬以千里。

〔七〕「費鍔」，據傳主師友淵源記，當作「費寶鍔」。清國史不誤。史稿所脱「寶」字，當補。

陳奐 金鶚

清史列傳　卷六十九　儒林傳下二

陳奐，字碩甫，江蘇長洲人。諸生。咸豐元年，舉孝廉方正。奐始從吴縣江沅治古學，金壇段玉裁寓吴，與沅祖聲善，嘗曰：「我作六書音韻表，惟江氏祖孫知之，餘鮮有知者。」奐盡一晝夜，探其梗概。沅嘗假玉裁經韻樓集，奐竊視之，加朱墨。後玉裁見之，稱其學識出孔、賈上。由是奐遂受學玉裁。刻説文解字注，校訂之力，奐居多。遊京師，高郵王念孫暨子引之、棲霞郝懿行、績溪胡培翬、涇胡承珙、臨海金鶚，咸與奐締交。引之著經義述聞，每一卷成，必出相質。承珙撰毛詩後箋，自魯頌泮水以下，奐爲補編。郝氏爾雅義疏、胡氏儀禮正義、金氏求古録，皆爲校刊以行。

奐嘗言：「大毛公詁訓傳，言簡意該，漢儒不遵行，錮蔽久矣。」遂殫精竭慮，專攻毛傳。以毛傳一切禮數名物，自漢以來無人稱引，韜晦不彰，乃博徵古書，發明其義。大抵用西漢以前舊説，而與東漢人説詩者不苟同。又以毛氏之學，源出荀子，而善承毛氏者，惟鄭仲師、許叔重兩家。故於周禮注、説文解字，多所取説，著詩毛氏傳疏三十卷。叙曰：「鄭康成初學韓詩，後見毛詩義精好，爲作箋，亦復間雜魯詩，並參己意。故作箋之旨，實不盡同毛義。近代説詩，兼習毛、鄭，不分時代，不尚專修，不審鄭氏作箋之旨，而又苦毛義之簡深，猝不得其涯際，漏辭偏解，迄無鉅觀。竊以毛詩多記古文，倍詳前典，或引伸，或假借，或互訓，或通釋，或文生上下而無害，或辭用順逆而不違。要明乎世次得失之迹，而吟詠情性，有以合乎詩人之本志。故讀詩不讀序，無本之教也。讀詩與序而不讀傳，失守之學也。漢書藝文志，毛詩二十九卷，毛詩故訓傳三十卷。古經傳本各自爲書，自傳與箋合併，而久失原書之舊。今置箋而疏傳者，宗毛詩義也。」是書剖析同異，訂證闕訛，有功毛氏不淺。如葛覃傳「父母在」以下九字，爲箋語竄入，引泉水箋爲證，與我行其野篇「宣王之末」以下十九字，爲傳誤入箋者，皆確不可易。毛於言告、言歸下，既云婦人謂嫁曰歸，於此則第訓寧爲安。蓋歸寧即序之歸安父母，謂已嫁而可以安其父母之心，即所謂無父母遺罹也。潛夫論斷訟篇云：「不枉行以遺憂，故美歸寧之志，一許不改。蓋所以長真潔而寧父母也。」此正足以發明序傳之義。又如以煩攪解生民之蹂黍，里旅證公劉之廬旅，皆確有依據。而以爾雅之「不遹不蹟不徹」爲一句，以釋日月、沔水、十月之交三詩，尤爲精絕。又以疏中稱引博廣難明，更舉條例，立表示圖，爲毛詩説一卷。準以古音，依四始爲毛詩音四卷。倣爾雅例，編毛傳爲義類十九篇一卷。以鄭多本三家詩，與毛異，爲鄭氏箋考徵一卷。又有詩語助義三十卷，公羊儀〔一〕禮考徵一卷，師友淵源記一卷，禘郊或問、宋本集韻校勘記。

其論尚書大傳，與毛傳同條共貫；論春秋之學，從公羊以知例，治穀梁以明禮，穀梁文句極簡，必得治禮數十年，而後可明其要義；論釋名，與毛傳、説文多不合，然可以討漢末説經家之沿流。論丁度集韻云：「集韻總字，具見類篇。先以類篇校集韻，再參之釋文、説文、玉篇、廣韻、博雅，則校讐之功過半矣。」又云：「陸氏釋文，宋本當於集韻求之。今尚書釋文，經開寶中陳諤等删改之本，集韻則未經删改者也。」皆爲後學開塗徑。於子書中尤好管子，嘗命其弟子元和丁士涵，爲管子案四卷。家居授徒，從遊者數十人，同郡管慶祺、馬釗、費寶鍔，浙西戴望、蔣仁榮，其尤著也。同治二年卒，年七十有八。

金鶚，字誠齋，浙江臨海人。優貢生。博聞强識，邃精三禮之學。受知於山陽汪廷珍，至京師，居廷珍第中，與廷珍析難辨論，成禮説二卷。陳奐往見之，與語，恨相見晚。嘉慶二十四年，卒於京邸。所著求古録一書，取宫室、衣服、郊祀、井田之類，貫串漢、唐諸儒之説，條考而詳辨之，發明三禮，不拘墨守。奂書稱其鎔鑄故訓，真爲一代大作手。胡承珙毛詩後箋中，亦往往引用其説。鶚又嘗輯論語鄉黨注，釐正舊説，頗得意解。卒後，稿全佚，奂求得之，釐爲求古録禮説十五卷，鄉黨正義一卷。後吴縣潘祖蔭復得其遺著，彙刊之爲禮説補遺二卷。

【校記】

〔一〕「儀」字誤，據傳主師友淵源記，當作「逸」。

黄式三 子以周　從子以恭

清史稿　卷四百八十二　儒林三

黄式三〔一〕，字薇香，定海人。歲貢生。事親孝，嘗赴鄉試，母裘暴疾卒於家，馳歸慟絶。父老且病，卧牀第數年，衣食醴洗，必躬親之。比歿，持喪以禮，誓不再應鄉試〔二〕。於學不立門户，博綜群經，治易，治春秋，而尤長三禮。論禘郊宗廟，謹守鄭學，論封域、井田、兵賦、學校、明堂、宗法諸制，有大疑義，必釐正之。有復禮説、崇禮説、約禮説。嘗著論語後案二十卷，自爲之序。他著有書啓幪四卷，詩叢説一卷，詩序説通二卷，詩傳箋考二卷，春秋釋二卷，周季編略九卷，儆居集經説四卷，史説四卷。同治元年卒，年七十四。子以周，從子以恭，俱能傳其學。

以周，本名元同，後改今名，以元同爲字。同治九年優貢，旋舉於鄉。大挑以教職用，補分水縣訓導〔三〕。以學臣奏，加中書銜〔四〕，以教授升用〔五〕，旋選處州府教授，而年已七十，遂不就。以周篤守家學，以爲三代下之經學，漢鄭君、宋朱子爲最，而漢學、宋學之流弊，乖離聖經，尚不合於鄭、朱，何論孔、孟？有清講學之風，倡自顧亭林〔六〕。顧氏嘗云：「經學即是理學〔七〕。」乃體顧氏之訓，上追孔、孟之遺言，於易、詩、春秋皆有著述，而三禮尤爲宗主。所著禮書通故百卷，列五十目，古先王禮制備焉。又以孟子學孔子，由博反約，而未嘗親炙孔聖。其間有子思子，綜七十子之前聞，承孔聖以啓孟子。乃著子思子輯解七卷，而舉子思所述夫子之教，必始於詩、書，而終於禮、樂，及所明仁義爲利之説，謂其傳授之大怡〔八〕。是深信博文約禮之經學，爲行義之正軌，而求孟子學孔聖之師承，以子思爲樞軸。暮年多疾，因曰：「加我數年，子思子輯解成，斯無憾。」既書成而疾瘥，更號哉生。江蘇學政黄體芳建南菁講舍於江陰，延之主講。以周教以博文約禮、實事求是，道高而不立門户。宗源翰建辨志精舍於寧波，請以周定其名義規制，而專課經學，著録弟子千餘人。卒年七十有二〔九〕。

以恭，字質庭。光緒元年舉人。著有尚書啓幪疏二十八卷，讀詩管見十二卷。

【校記】

〔一〕清史稿之黄式三傳，並所附傳主子以周、從子以恭二傳，皆源出清國史，載儒林傳下卷卷四十。

〔二〕傳主「誓不再應鄉試」，依清國史所記，本在母卒之後，史源爲譚廷獻撰黄先生傳。史稿擅改國史舊文，不知根據何在。

〔三〕傳主何時「大挑以教職用」？清史稿失記。據繆荃孫撰中書銜處州府學教授黄先生墓誌銘，乃在光緒六年。又據章太炎撰黄先生傳，傳主光緒六年大挑之後，歷署遂昌、海鹽、於潛訓導，始獲補分水縣訓導。

〔四〕傳主何時「以學臣奏，加中書銜」？清史稿失記。據清國史，時在光緒十四年。

〔五〕傳主何時「升用教授」？清史稿失記。當依清國史，記作光緒十六年。

〔六〕「有清講學之風，倡自顧亭林」。此語不見清國史，乃清史稿撰文者之一家言，出之無本，似是而非。據考，顧亭林一生從未登壇講學，於晚明講學之風，最是憎惡，昌言：「能文不爲文人，能講不爲講師。」史稿若將「講」字改作「經」，抑或能得要領。

〔七〕「經學即是理學」，語出全祖望亭林先生神道表，係祖望對亭林「理學，經學也」主張的歸納，原作「經學即理學」。史稿於「即」

字後添一「是」字，實爲多餘。

〔八〕「謂其傳授之大恉」，語本清國史。「其」字下，尚脱一「爲」字，故語意不全。當補。

〔九〕黄以周卒於何年？清史稿失記。據前引章太炎黄先生傳，傳主卒於光緒二十五年十月。

黄式三 子以周　從子以恭

清史列傳　卷六十九　儒林傳下二

黄式三，字薇香，浙江定海人。歲貢生。事親孝，父興梧性端嚴，先意承志，恒得歡心。嘗赴鄉試，母裘暴疾卒於家，馳歸痛絶，誓不再應鄉試。父老且卧病數年，衣食澣洗，必躬親之。比歿，持喪以禮。於學不立門户，博綜群經。治易，言：「卦辭一意相承，六十四卦爻辭同者，亦一意相承。」又釋繫辭傳衰世之意，謂：「伏羲氏衰而神農作，易之興也，其於中古乎。中古謂神農也。」以此申鄭君、神農重卦之義，著易釋四卷。治春秋，作釋救執、釋人、釋名、釋殺盗、釋人〔一〕、釋以，以訂杜預釋例之訛。謂：「魯春秋一國之史，不赴告不書。孔子修之，不得增史之所不書。傳引列國史文之異者，以備參考，疑以傳疑。其事不可牽合爲一，必牽合反害於經也。」著春秋釋二卷。尤長三禮，論禘郊宗廟，謹守鄭學，論封域、井田、兵賦、學校、明堂、宗法諸制，有大疑義，必釐正之。其復禮説、崇禮説、約禮説，識者以爲不朽之作。

生平於經説，不拘漢、宋，擇是而從。恒恐私智穿鑿，得罪聖經，中夜自思，怵然不寐。嘗著論語後案二十卷，謂：「鄭康成就魯論篇章，考之齊、古爲之注，當時貴之。魏末，何平叔之徒，酷嗜莊、老，而作集解以行世。晉、宋、齊、梁，媚佛成俗，聖教不明。其始以儒亂釋，其終遂以釋亂儒。皇疏黜鄭注而宗何，有由來矣。邢氏祗删皇氏而就簡耳。自朱子注既出，六百餘年之儒説，群奉正宗。後之人補輯鄭君之遺逸，考校何氏之異同，各明媠家。卒未聞有繼漢軼魏，實能駕朱子上者。則朱子之所得，大且多也。雖然，漢、魏諸説之醇，有存於何氏之解、皇、邢之疏，及陸氏釋文諸書，而不可盡廢者。諸經注疏，與子史中雜引經文，及諸説解，有可拾遺而補闕者。元、明數百年，遵朱子注，有能發明之而糾正之者。近日大儒，實事求是，各盡所長。有考異文者，精訓詁者，辨聲類者，稽制度名物者，撰聖賢事蹟者；有考驗身心，辨析王霸，學務見其大者；有不惑於老、釋，復明析於儒之近老、釋，學務得其正者。凡此，古今儒説之薈萃，苟有裨於經義，雖異於鄭君、朱子，皆宜擇是而存。因廣收衆説，附以己意，而爲是書。」吴縣吴鍾駿、上元朱緒曾，皆以爲漢、宋持平之著，可垂國胄。他著有尚書啓蒙四卷，詩叢説一卷，詩序説通二卷，詩傳箋考二卷，周季編略九卷，儆居集經説四卷、史説四卷。嘗作求是室記曰：「天假我一日，即讀一日之書，以求其是。」作畏軒記曰：「讀經而不治心，猶將百萬之兵而自亂之。」蓋自道云。

讀史喜文獻通考，而時論定馬氏之闕失。嘗應聘佐軍幕，當路以外寇問，作備外寇議，問者色沮。式三曰：「不從此言，數年後必有大寇。」事果驗。同治元年卒，年七十四。從子以恭、子以周，俱能傳其學。江東稱經師者，必曰黄氏。

以周，字元同。同治九年舉人，由大挑教職，歷署遂昌、海鹽、於潛訓導，補分水訓導。光緒十四年，以學政瞿鴻禨保薦，賜内閣中書銜。十六年，復以學政潘衍桐保薦，奉旨升用教授，旋補處州府教授。二十五年卒，年七十二。性孝友，四歲喪母，長而追思不已，事繼母如所生。少傳父式三學，與從兄以恭作經課，互相質。督學吴存義試寧波，以明堂考命題。以周據隋宇文愷傳謂：「考工記夏后氏世室『堂修二七』，二爲衍文。」存義深賞之。嘗居浙城，聞兵警，以周獨研索經義，積十晝夜，而知孟子夏五十、殷七十、周百畝之異，異在步尺，非在井疆。自謂：「足破二千年之疑難。」其堅鋭如此。

初治易，著十翼後録，治群經，著讀書小記，而三禮尤爲宗主，以爲三代下經學，鄭君、朱子爲最，而漢學家破碎大道，宋學家棄經臆説，不合鄭、朱，何論孔、孟？因守顧炎武「經學即理學」之訓，以追討孔門之博文約禮。其考帝王典禮，務在求通，以告後聖可行。如後世不明報祀立廟之典，説之曰：「劉歆云天子七廟，七者其正法，數可常數者也。宗不在此數中，宗變也，苟有德則宗之，不可預爲設數。故周公爲無逸之戒，舉殷三宗以勸成王。劉氏此説甚明。蓋殷三宗，周成、宣後，世宗其德，别立廟以報祭之。凡報必有廟，特不在宮寢左，與正廟並爾。展禽言虞報幕，夏報杼，商報上甲微，周報高圉、太王。竊謂三宗祖甲，亦商之所報也。姜嫄、亞圉、成王、宣王，亦周之所報也。魯頌閟宮，毛傳以爲先妣姜嫄之廟在周。左傳敢忘高圉、亞圉，賈逵、服虔以爲周人不毀其廟而報祭之。王子朝之亂，單子盟百官於平宮，杜預以爲平王廟時尚在，則成王、宣王亦必有宮矣。」又如舊説誤指饋食爲時享禮，説之曰：「周官大宗伯分肆獻祼、饋食、時享爲三等。禮經特牲、少牢皆以饋食名篇，非時享矣。士虞禮云，孝子某哀薦祫事，適爾皇祖某甫，以隮祔爾孫某甫。皇祖者太祖也，故稱新死者爲爾孫。適爾皇祖者，謂之太祖廟而合祭之也，故曰哀薦祫事。其祔祭之禮，亦明云如饋食，則饋食合祭也明矣。特牲禮筮日筮尸之命辭云，適其皇祖。文同士虞禮。少牢禮云，用薦歲事於皇祖。歲事者祫事也，以薦歲事於皇祖。告即特牲禮告以適爾皇祖之義，則特牲、少牢饋食爲薦祫事也明矣。自注疏不以饋食爲祭名篇，禮家遂以此爲大夫士之時祭禮，而天子時享據此爲例，則天子饋食禮遂失，而時享一日歷七廟，反有日力不足之疑矣。時享之禮殺於饋食，鄭注以饋食當時享，失之。時享日享一廟，而七廟之牲，可同日視之。祭後有繹爲饋食，時享無繹。」又如詳考明堂封禪之制，則曰：「封禪古禮也，自漢人侈其志，後世莫敢舉；明堂古制也，自漢人侈其事，後世莫敢行，皆議禮者之失也。」詳考學校選舉之制，則以古學校必升士，而斥漢以後學校不升士之弊。以古鄉舉里選在學校，賢能皆有學之人，而斥漢以後選舉不由學校之弊。凡此，類皆務告古禮可行。

初讀秦蕙田五禮通考，病其吉禮好難鄭，軍禮太阿鄭，因著禮説略。後乃仿戴君石渠奏議、許君五經異義，爲禮書通故一百卷，凡叙目四十九，閲十九年而後成書。自叙稱：「高密箋詩而屢易毛傳，注禮而屢異先鄭，識已精通乎六藝，學不專守於一家。是書之作，竊取兹意。」論者謂其博學詳説，去非求是，足以窺見先王制作之堂奥。比秦蕙田書博雅不及，精或過之。又以經有訓詁，所以明經而造乎道也，乃仿儀徵阮元性命古訓，廣爲二十四目，著經訓比義三卷。論者謂陳北溪字義墨守師説，戴震孟子字義疏證專難宋儒，是書詳引諸經各注，異於陳、戴之自立一幟，有益後學。生平以明經傳道爲己任，辨虚無，辨絶欲，而以執一端、立宗旨爲賊道。鎮海胡洪安悦象山之言，與以周縱言義禮〔二〕，以周曰：「經外之學，非所知也。」江蘇學政黄體芳，聘主南菁講舍凡十五年。又兼課寧波辨志精舍諸生經，成就甚衆。晚以子思承孔聖以啓孟子，著子思子輯解七卷，舉子思所述夫子之教，必始詩、書而終禮、樂，及所明仁義爲利之説，謂其爲傳授之大旨。書成，年六十九矣。他著有軍禮司馬法考徵二卷，儆季雜著二卷，黄帝内經九卷、集注九卷〔三〕。

以恭字質庭。光緒元年舉人。著有尚書啓蒙疏二十八卷，讀詩管見十二卷。八年卒，年五十四〔四〕。

【校記】

〔一〕依清國史，「入」字尚前脱一「歸」字。

〔二〕依清國史，「禮」字誤，當作「理」。

〔三〕「黄帝内經九卷」，「九卷」二字疑衍。據清儒學案，作黄帝内經集注九卷。

〔四〕以恭傳本緊接式三傳，姑依清史稿編次，移置以周傳後。

俞樾 張文虎

清史稿　卷四百八十二　儒林三

俞樾〔一〕，字蔭甫，德清人。道光三十年進士，改庶吉士。咸豐二年，散館，授編修。五年，簡放河南學政。奏請以鄭公孫僑從祀文廟，聖兄孟皮配享崇德祠，並邀俞允〔二〕。七年，以御史曾登庸劾試題割裂，罷職。樾歸後，僑居蘇州，主講蘇州紫陽、上海求志各書院〔三〕，而主杭州詁經精舍三十餘年，最久。課士一依阮元成法，遊其門者，若戴望、黄以周、朱一新、施補華、王詒壽、馮一梅、吴慶坻、吴承志、袁昶等，咸有聲於時。東南遭赭寇之亂，典籍蕩然，樾總辦浙江書局，建議江、浙、揚、鄂四書局，分刻二十四史，又於浙局精刻子書二十二種〔四〕，海内稱爲善本。

生平專意著述，先後著書卷帙繁富，而群經平議、諸子平議、古書疑義舉例三書，尤能確守家法，有功經籍。其治經以高郵王念孫、引之父子爲宗，謂：「治經之道，大要在正句讀、審字義、通古文假借。三者之中，通假借爲尤要。」王氏父子所著經義述聞，用漢儒「讀爲」、「讀曰」之例者居半，發明故訓，是正文字，至爲精審。因著群經平議，以附述聞之後。其諸子平議則仿王氏讀書雜志而作，校誤文，明古義，所得視群經爲多。又取九經、諸子，舉例八十有八，每一條各舉數事以見例，使讀者習知其例，有所據依，爲讀古書之一助。

樾於諸經皆有纂述，而易學爲深。所著易貫，專發明聖人觀象繫辭之義。玩易五篇，則自出新意，不拘泥先儒之説。復作艮宧〔五〕易説，卦氣值日考、續考，邵易補原，易窮通變化論，互體方位説〔六〕，皆足證一家之學。晚年所著茶香室經説，義多精確。古文不拘宗派，淵然有經籍之光。所作詩温和典雅，近白居易。工篆隸。同時如大學士曾國藩、李鴻章，尚書彭玉麟、徐樹銘、潘祖蔭，咸傾心納交。日本文士，有來執業門下者。樾湛深經學，律己尤嚴，篤天性，尚廉直，布衣蔬食，海内翕然稱曲園先生。光緒二十八年〔七〕，以鄉舉重逢，詔復原官，重赴鹿鳴筵宴。三十二年卒，年八十有六。著有群經平議三十五卷，諸子平議三十五卷，及第一樓叢書，曲園雜纂，賓萌集，春在堂雜文、詩編、詞録、隨筆〔八〕，右台仙館筆記，茶香室叢鈔、經説，其餘雜著，稱春在堂全書。

同時以耆年篤學主講席者，則有南匯張文虎。文虎〔九〕，字嘯山。諸生。嘗讀元和惠氏、歙江氏〔十〕、休寧戴氏、嘉定錢氏諸家書，慨然歎爲學自有本，則取漢、唐、宋注疏經説，由形聲以通其字，由訓詁以會其義，由度數名物以辨其制作，由語言事蹟以窺古聖賢精義，旁及子史，莫不考其源流同異。精天算，尤長校勘。同治五年，兩江書局開，文虎爲校史記三注，成札記五卷，最稱精善。卒年七十有一〔十一〕。著有舒藝室遺書。

【校記】

〔一〕清史稿之俞樾傳，源自清國史，載儒林傳後編。

〔二〕傳主督學河南，所奏二事在何年？清史稿失記。據其曲園自述詩，乃咸豐六年事。

〔三〕據清國史，「求志」書院後，尚有「德清清溪、歸安龍湖」二書院，當補。

〔四〕「子書二十二種」，乃叢書專用名，故逕加書名號。

〔五〕「艮宧易説」，「宧」字誤。據傳主曲園雜纂，當作「宧」。清國史不誤，係史稿誤鈔。

〔六〕「互體方位説」，非一書。據傳主俞樓雜纂，當爲二書，一名周易互體徵，一爲八卦方位説。清國史不誤，係史稿誤鈔。

〔七〕「光緒二十八年，鄉舉重逢」，誤。據傳主補自述詩，當作二十九年。傳主於此有詩注曰：「余甲辰恩科舉人，例應於明年癸卯正科，重賦鹿鳴。」

〔八〕據清國史，「隨筆」下，尚脱「尺牘」二字，當作「隨筆、尺牘」。

〔九〕清史稿之張文虎傳，源出繆荃孫州判銜候選訓導張先生墓誌銘。

〔十〕「歙江氏」，「歙」字誤。依上下文意，江氏係指江永，永非歙人，乃婺源籍。前引墓誌銘本誤，史稿沿而未改。

〔十一〕「卒年七十有一」，誤。據前引墓誌銘，張文虎卒於光緒十一年，終年七十有八。又清史列傳未著録俞樾傳，張文虎傳，則見文苑傳四，因非史稿所本，故從略。

王闓運

清史稿　卷四百八十二　儒林三

王闓運〔一〕，字壬秋，湘潭人。咸豐三年舉人〔二〕。幼好學，質魯，日誦不能及百言。發憤自責，勉强而行之，昕所習者，不成誦不食，夕所誦者，不得解不寢。於是年十有五明訓詁，二十而通章句，二十四而言禮。考三代之制度，詳品物之所用。二十八〔三〕而達春秋微言，張公羊，申何學，遂通諸經。潛心著述，尤肆力於文。溯莊、列，探賈、董，其駢儷則揖顔、庾，詩歌則抗阮、左，記事之體，一取裁於龍門。闓運刻苦勵學，寒暑無間。經史百家，靡不誦習，箋注抄校，日有定課。遇有心得，隨筆記述，闡明奥義，中多前賢未發之覆。嘗曰:「治經〔四〕，於易，必先知『易』字有數義，不當虚衍卦名；於書，必先斷句讀；於詩，必先知男女贈答之辭，不足以頒學官，傳後世。一洗三陋，乃可言禮。禮明，然後治春秋。」又曰:「説經以識字爲貴，而非識説文解字之字爲貴。」又曰:「文不取裁於古則亡法，文而畢摹乎古則亡意。」又嘗慨然自歎曰:「我非文人，乃學人也。」

學成出遊〔五〕，初館山東巡撫崇恩。入都，就尚書肅順聘〔六〕，肅順奉之若師保，軍事多諮而後行。左宗棠之獄，闓運實解之。已而參曾國藩幕，胡林翼、彭玉麐等，皆加敬禮。闓運自負奇才，所如多不合，乃退息，無復用世之志，唯出所學以教後進。四川總督丁寶楨聘主尊經書院〔七〕，待以賓師之禮，成材甚衆。歸爲長沙思賢講舍、衡州船山書院〔八〕山長。江西巡撫夏旹延爲高等學堂總教〔九〕。光緒三十四年，湖南巡撫岑春蓂上其學行，特授檢討。鄉試重逢，加侍讀〔十〕。闓運晚睹世變，與人無忤，以唯阿自容。入民國，嘗一領史館〔十一〕，遂歸。丙辰年〔十二〕卒，年八十有五。

所著書以經學爲多，其已刊者，有周易說十一卷〔十三〕，尚書義三十卷〔十四〕，尚書大傳七卷〔十五〕，詩經補箋二十卷，禮記箋四十六卷〔十六〕，春秋公羊傳箋十一卷〔十七〕，穀梁傳箋十卷〔十八〕，周官箋六卷〔十九〕，論語注二卷〔二十〕，爾雅集解十六卷〔二十一〕。又墨子、莊子、鶡冠子義解十一卷〔二十二〕，湘軍志十六卷〔二十三〕。湘綺樓詩文集及日記等。子女並能通經，傳其家學。次子代豐，早世，著有公羊例表。

【校記】

〔一〕清史稿之王闓運傳，因爲傳主卒於民國，故而自然不會入清國史。又由於闓運與清史開館的特殊因緣，傳主去世，行述、行狀一類文字，亦當及時送入館中。筆者不學，未知確切史源，敬請方家賜教。惟往日讀史得受教益者，一爲傳主子代功編湘綺府君年譜，一爲錢基博先生撰王闓運傳。

〔二〕「咸豐三年舉人」，誤。據王家相撰清秘述聞續，咸豐三年，並非鄉試之年。由於太平軍興，咸豐二、五兩年，湖南鄉試皆停科。七年，方補行二科鄉試。又據王代功編湘綺府君年譜咸豐七年丁巳、二十六歲條，湖南補行壬子、乙卯兩科鄉試，譜主領鄉薦，中式第五名舉人。

〔三〕「二十八而達春秋微言」，誤。據上引年譜，傳主始治公羊春秋，時當同治八年己巳，年三十有八。

〔四〕「治經」二字後，據錢基博王闓運傳，尚脱「之法」二字，當補。又據上引年譜，「學官」之「官」字，當作「宮」。

〔五〕傳主何時「學成出遊」？清史稿失記。據上引年譜，時當咸豐九年春，入京應禮部試。四月，榜發報罷，先入權臣肅順幕，十月，方至濟南，入山東巡撫署。

〔六〕王闓運應肅順聘事，據前引年譜記：「時龍文皞臣居户部尚書肅順公宅，授其子讀。李文篁仙供職户部主事，爲肅所重。肅公才識開朗，文宗信任之，聲勢烜赫，震於一時，思欲延攬英雄，以收物望，一見府君，激賞之。八旗習俗，喜約異姓爲兄弟，又欲爲府君入貲爲郎，府君固未許也。嚴先生正基聞之，懼府君得禍，手書誨以立身之道，且舉柳柳州急於求進，卒因王叔文得罪，困頓以死，言之深切。府君得書感動，假事至濟南。」

〔七〕傳主何時應聘入川，主講尊經書院？清史稿失記。據前引年譜，應聘入川，始於光緒四年冬，迄於十二年春，離蜀返鄉。

〔八〕傳主執教長沙、衡州二書院，清史稿未記時間。據前引年譜，代主長沙思賢講舍，始於光緒十三年五月，主講衡州東洲講席，則始於光緒十七年二月。

〔九〕傳主何時至江西？主持高等學堂教席事有否實現？清史稿皆未記。據上引年譜，江西巡撫夏時聘傳主任江西大學堂總教習，事在光緒二十九年秋。十一月，闓運抵贛面辭，十二月返湘。又，據年譜引上諭，「總教」二字後，史稿尚脱一「習」字。

〔十〕傳主「鄉試重逢，加侍讀」爲何時事？清史稿失記。據前引年譜，宣統三年「正月元日，湖南巡撫楊公文鼎送來電諭，以府君鄉舉周甲，加翰林院侍講銜」。又據宣統政紀，宣統二年十二月二十九日，「以鄉舉重逢，賞翰林院檢討王闓運侍講銜」。又，史稿「侍讀」誤，當作「侍講」。

〔十一〕傳主「入民國，嘗一領史館」爲何年事？清史稿失記。據前引年譜，民國三年三月，傳主應袁世凱邀入京，籌商開館修清史事。闓運未允，十一月，陳情辭職歸。

〔十二〕清史開館，已入民國，凡涉民國史事，理當依民國記年。王闓運卒於民國五年，清史稿直書「五年」即可，避之不用，而改以干支記年，殊不足取。

〔十三〕「卷」字，前引年譜作「篇」。

〔十四〕「尚書義」之「義」字，年譜作「箋」，湘綺樓全書亦作「箋」。當改作「箋」。

〔十五〕「尚書大傳」後，當依年譜、全書，補「補注」二字。

〔十六〕「卷」字，年譜作「篇」，全書亦作「卷」。

〔十七〕「卷」字，年譜作「篇」，全書亦作「卷」。

〔十八〕穀梁傳箋十卷，年譜作穀梁申義一卷。全書未著録。

〔十九〕「卷」字，全書同，年譜作「篇」。

〔二十〕論語注二卷，全書「注」作「訓」，年譜作論語集解訓二十篇。

〔二十一〕爾雅集解，全書作「十九卷」，年譜作爾雅集解注十九篇。

〔二十二〕全書作莊子注二卷，墨子注七卷，鶡冠子一卷。年譜作莊子内篇注七篇，雜篇注二篇，墨子注七十一篇，鶡冠子注一卷。

〔二十三〕「卷」字，全書同，年譜作「篇」。

王先謙

清史稿　卷四百八十二　儒林三

王先謙〔一〕，字益吾，長沙人。同治四年進士，選庶吉士，授編修〔二〕。光緒元年，大考二等，擢中允〔三〕，充日講起居注官〔四〕。歷上疏言言路防弊，請籌東三省防務，並劾雲南巡撫徐之銘。六年，晉國子監祭酒。八年，丁憂歸。服闋，仍故官。疏請三海停工，出爲江蘇學政〔五〕。十四年，以太監李蓮英招搖，疏請懲戒。略言：「宦寺之患，自古爲昭。本朝法制森嚴，從無太監攬權害事〔六〕。皇太后垂簾聽政，一稟前謨，毫不寬假。此天下臣民所共知共見者。乃有總管太監李蓮英，秉性奸回，肆無忌憚。其平日穢聲劣迹，不敢行諸奏牘。惟思太監等給使宮禁，得以日近天顏，或因奔走微長，偶邀宸顧，度亦事理所有。何獨該太監誇張恩遇，大肆招搖，致太監篦小李之名，傾動中外，驚駭物聽。此即其不安本分之明證。易曰『履霜堅冰』，漸也。皇太后、皇上於制治保邦之道，靡不勤求夙夜，遇事防維。今宵小橫行，已有端兆，若不嚴加懲辦，無以振綱紀而肅群情。」疏上不報。

先謙歷典雲南、江西、浙江鄉試〔七〕，搜羅人才，不遺餘力。既蒞江蘇，先奏設書局，仿阮元皇清經解例，刊刻續經解一千四百三十卷。南菁書院創於黃體芳，先謙廣籌經費，每邑拔取才士入院，而督教之，誘掖獎勸，成就人才甚多。開缺還家〔八〕，歷主思賢講舍，嶽麓、城南兩書院，其培植人才，與前無異。三十三年〔九〕，總督陳夔龍、巡撫岑春蓂奏以所著書進呈，賞内閣學士銜。宣統二年，長沙饑民鬨圍撫署，衛兵開槍擊斃數人，民情愈憤，匪徒乘之放火燒署。省城紳士電請易巡撫，以先謙名列首，先謙不知也。總督瑞澂奏參，部議降五級。同鄉京官胡祖蔭等，以冤抑呈遞都察院，亦不報。國變〔十〕後，改名遯，還居鄉間。越六年卒〔十一〕。著有尚書孔傳參正三十六卷，三家詩集義疏〔十二〕二十八卷，漢書補注一百卷，荀子集解二十卷，日本源流考二十二卷，外國通鑑三十卷〔十三〕，虚受堂詩文集三十六卷〔十四〕等。

【校記】

〔一〕清史稿之王先謙傳，當源出吴慶坻撰王葵園先生墓誌銘。據民國十年，先謙弟子陳毅撰先師長沙祭酒王先生墓表，先謙傳出繆荃孫手撰，繆先生故世，史館中人復有改動。

〔二〕王先謙何時授編修？據王先謙自訂年譜，爲同治七年四月。

〔三〕清制，中允有左右之别。據前引年譜，光緒元年，先謙擢補乃右中允，三年正月，始轉補左中允。

〔四〕清制，日講起居注官乃兼職。據前引年譜，譜主光緒五年五月初一日，升補翰林院侍講。初十日，奉旨充補日講起居注官。史稿失記侍講一職。

〔五〕王先謙何時出爲江蘇學政？清史稿失記。據前引年譜，時爲光緒十一年八月初一日。

〔六〕史稿此處引先謙疏，語出前引年譜光緒十四年戊子、四十七歲條。「害事」二字間，尚脱「政之」二字，當作「害政之事」。

〔七〕據前引年譜，譜主同治九年，簡雲南鄉試副考官；十三年，充會試同考官；光緒元年，簡放江西恩科鄉試正考官；光緒二年，簡放浙江鄉試副考官；光緒六年，充會試同考官。

〔八〕「開缺還家」，不確。據前引年譜，光緒十四年八月，譜主於江蘇學政任，請假兩月，回籍修墓。十五年二月，假滿，以病呈請湖南巡撫代奏開缺。三月二十日，奉硃批准其開缺。

〔九〕「三十三年」，誤。據清德宗實録及前引年譜，王先謙獲賞内閣學士銜，乃在光緒三十四年六月初三日。

〔十〕「國變」，行文失當。宜如之前王闓運傳，作「入民國」，或逕作「清亡」。

〔十一〕「越六年卒」，含混不明。據前引墓誌銘、墓表，王先謙卒於民國六年十一月二十六日，終年七十有六。

〔十二〕「三家詩集義疏」，誤。據前引年譜、墓誌銘，當作「詩三家義集疏」，或「三家詩義集疏」。

〔十三〕「三十卷」，誤。據前引年譜、墓誌銘，外國通鑑爲三十三卷。

〔十四〕「虛受堂詩文集三十六卷」，不確。據前引墓誌銘，當作虛受堂文集十五卷、詩集十七卷。

孫詒讓

清史稿　卷四百八十二　儒林三

孫詒讓〔一〕，字仲容，瑞安人。父衣言，自有傳。詒讓，同治六年舉人，官刑部主事〔二〕。初〔三〕，讀漢學師承記及皇清經解，漸窺通儒治經、史、小學家法。謂：「古子群經，有三代文字之通假，有秦、漢篆隸之變遷，有魏、晉正〔四〕草之混淆，有六朝、唐人俗書之流失，有宋、元、明校讐〔五〕之羼改。匡違捃〔六〕佚，必有誼〔七〕據。」先成札迻十二卷〔八〕。又著周禮正義八十六卷〔九〕，以爲：「有清經術昌明，於諸經均有新疏，周禮以周公致太平之書，而秦、漢以來諸儒，不能融會貫通。蓋通經皆實事實字，天地山川之大，城郭、宮室、衣服制度之精，酒漿、醯醢之細，鄭注簡奥，賈疏疏略，讀者難於深究，而通之於治，尤多謬盭。劉歆、蘇綽之於新、周，王安石之於宋，膠柱鍥舟，一潰不振，遂爲此經詬病。」詒讓乃以爾雅、説文正其訓詁，以禮經、大小戴記證其制度，研覃廿載，稿草屢易。遂博采漢、唐以來，迄乾、嘉諸經儒舊説，參互繹證，以發鄭注之淵奥，裨賈疏之遺闕。其於古制，疏通證明，較之舊疏，實爲淹貫〔十〕。而注有違牾，輒爲匡糾。凡所發正數十百事，匪敢壞「疏不破注」家法，於康成不曲從杜、鄭之意，實亦無誖。而以國家之富强從政教入，則無論新舊學均可折衷於是書。識者韙之。

光緒癸卯〔十一〕，以經濟特科徵，不應。宣統元年〔十二〕，禮制〔十三〕館徵，亦不就。未幾卒，年六十二〔十四〕。所著又有墨子閒詁十五卷，目録、附録二卷，後語二卷。精深閎博，一時推爲絶詣。古籀拾遺三卷，逸周書斠補四卷，九旗古義述一卷。

【校記】

〔一〕孫詒讓乃晚清大儒，樸學殿軍，名重一代。光緒三十四年五月二十二日病逝。據章梫孫詒讓傳記：「翰林院侍讀吴士鑑，奏請宣付國史館，列入儒林傳。從之。」清德宗實録卷五九五，光緒三十四年八月壬戌條亦記：「以潛心經術，深明教育，予浙江瑞安已故刑部主事孫詒讓，列入國史儒林傳。」又據台灣朱滙森等編清史稿校注，儒林傳卷三注一百五十二，台灣地區藏有清國史館孫詒讓傳。可見，清史稿之孫詒讓傳，當源自清國史儒林傳。惟復旦大學藏本，並未見孫詒讓傳。緣由不明，敬請大雅賜教。

〔二〕孫詒讓何時官刑部主事？清史稿失記。據前引章梫撰傳記，此官係捐貲而得，「簽分未久，引疾歸」。朱芳圃撰孫詒讓年譜，此職分見於兩年，一爲光緒元年，一爲光緒十一年。前者語出無據，當屬誤植。後者有譜主文自稱「資郎」，當可信據。又張謇孫徵君墓表，記爲光緒二十一年，疑誤。

〔三〕此處之「初」謂何時？史稿不明。傳主札迻叙云：「年十六七，讀江子屏漢學師承記及阮文達公所集刊經解，始知國朝通儒治經、史、小學家法。」前引朱芳圃編年譜，因之繫於同治二年，可信。

〔四〕史稿此處引文，源出傳主札迻叙，惟文字有臆改。「正」字，當依傳主文作「真」。

〔五〕「讐」字，依札迻叙當作「槧」。

〔六〕「捃」字，依札迻叙當作「茵」。

〔七〕「誼」字，依札迻叙當作「義」。

〔八〕「先成札迻十二卷」，「先」謂何時？史稿不明。據前引年譜，札迻成於光緒十九年十一月。

〔九〕「又著周禮正義八十六卷」，「又著」謂何時？史稿不明。據前引年譜，周禮正義始撰於同治十一年，傳主時年二十五。至光緒二十五年成書，詒讓已五十有二。

〔十〕史稿此處之大段引文，係裁綴周禮正義卷首叙及凡例，復參己意改寫而成。「實爲淹貫」四字，傳主原文本作「爲略詳矣」。「爲略詳矣」四字之道出，足見詒讓爲人爲學之嚴謹謙遜，與「實爲淹貫」相去不可以道里計。史稿如此行文，不惟違悖著者原意，而且亦脱離了吾國學人爲人爲學之基本法度。文末「無論新舊學均可折衷於是書」，與傳主叙末所言「或以不佞此書爲之擁篲先導，則私心所企望而旦莫遇之者與」，更是不可同日而語。因此，引文之下引號，衹宜置於「遂爲此經詬病」下。

〔十一〕「光緒癸卯」，即光緒二十九年。史書述史，當準確暢達，有便讀者。史稿改明確繫年爲干支，實爲多餘。

〔十二〕「宣統元年」，誤。據清德宗實録，清廷開禮學館，時當光緒三十三年六月。又據前引年譜，譜主被徵而不就，乃是年冬事。而宣統元年，詒讓已去世一年矣。

〔十三〕「禮制館」，「制」字誤。據清德宗實録，當作「禮學館」。

〔十四〕「未幾卒，年六十二」，誤。若依史稿此處行文，傳主當卒於宣統元年以後，得年六十二。據諸家年譜、傳文，孫詒讓卒於光緒三十四年五月二十二日，終年六十有一。

鄭杲 宋書升　法偉堂

清史稿　卷四百八十二　儒林三

鄭杲〔一〕，字東甫，遷安〔二〕人。父鳴岡，爲即墨令，卒於官，貧不能歸，因家焉。杲事母孝。光緒五年，舉山東鄉試第一。明年成進士，授刑部主事。肆力於學，以讀經爲正課，旁及朝章國故，矻矻終日，視仕進泊如也。嘗謂：「治經在信古傳，經者淵海，傳其航也。漢代諸儒，主乎此者不能通乎彼。唐、宋而降，能觀其通矣，乃舉古説而悉排之，惟斷以己意。若是者，皆非善治經者也。」杲以母憂歸〔三〕，主講灤源書院。服闋，遷員外。時朝政維新，兩宫已積疑釁，杲獨惓惓言天子當竭誠以盡孝道。具疏草，莫敢爲言者。二十六年夏，熒惑入南斗，復上書請修省，不報。未幾卒〔四〕。

杲之學深於春秋，其言曰：「左氏明魯史舊章，二傳則孔、孟〔五〕推廣新意，口授傳指。公羊明魯道者也，穀梁明王道者也，左氏則備載當時行用之道。當時行用之道，霸道也。所以必明魯道者，爲人子孫，道在法其祖也。穀梁則損益四代之趣咸在焉，惟聖人蹶〔六〕起在帝位者，乃能用之也。」其爲説兼綜三傳，而尤致嚴於事天、事君、事親之辨。謂：「春秋首致謹於元年正月，正月者，正即位也。正月謹始也，必能爲父之子，然後能爲天之子矣。春秋之有三正，由其有天、君、父之三命也。春者天也，王者君也，正月者父也。將以備責三正，而單舉正月何也？事天、事君皆以事親爲始也。」凡杲所論著如此。

與杲同時者，有宋書升〔七〕，字晉之，濰縣人。光緒十八年進士，改庶吉士。里居十年，殫心經術，易、書、詩均有撰述，尤精推步之學。

法偉堂〔八〕，字小山，膠州人。光緒十五年進士，官青州府教授〔九〕。精研音韻之學，考訂陸德明經典釋文，多前人所未發。

【校記】

〔一〕清史稿之鄭杲傳，未見清國史著録。繆荃孫先生纂録續碑傳集卷七十五，有馬其昶先生撰鄭東父傳，或係清史稿之重要史源。又據朱滙森先生等編清史稿校注，王樹枏先生亦爲清史館撰鄭杲傳稿。

〔二〕傳主籍貫，馬氏鄭東父傳，亦記爲直隸遷安。徐世昌清儒學案，則記爲山東即墨。

〔三〕「以母憂歸」，何時歸？歸至何處？清史稿皆失記。據前引鄭東父傳，當於光緒二十年甲午戰後，居喪山東，並主講濟南濼源書院。

〔四〕「未幾卒」，史稿未明確何年，亦不記終年幾何。據前引清儒學案，鄭杲卒於光緒二十六年，終年四十有九。

〔五〕「孟」字，不確，係史稿臆改。據前引鄭東父傳及清儒學案摘録案主筆記，皆作「孔子」。

〔六〕「蹶」字，誤。據鄭東父傳及清儒學案，皆當作「崛」。

〔七〕清史稿之宋書升傳，史源俟考。清儒學案謂，案主門人郭育才等撰有行狀，或即史稿撰傳之所據。又書升卒於民國四年，終年七十有三。

〔八〕清史稿之法偉堂傳，史源俟考。汪兆鏞先生輯碑傳集三編卷三十五，著録法徵君墓誌銘，由孫葆田先生撰，或即史稿之史源。又據孫先生記，法偉堂卒於光緒三十三年十月二十三日，終年六十有五。

〔九〕「官青州府教授」，未知所據。依孫先生撰法徵君墓誌銘，法偉堂並未任青州府教授，而係主講海岱書院，因之居青州十有餘年。「後選授武定府教授，以疾辭未赴」。